팀 켈러, 하나님을 말하다

The Reason for God
by Timothy Keller

This Korean edition published by arrangement with Timothy Keller c/o McCormick
Literary, New York, through Duran Kim Agency, Seoul

팀 켈러, 하나님을 말하다

지은이 | 팀 켈러
옮긴이 | 최종훈
초판 발행 | 2017. 6. 19
34쇄 발행 | 2024. 4. 4
등록번호 | 제1988-000080호
등록된 곳 | 서울특별시 용산구 서빙고로65길 38
발행처 | 사단법인 두란노서원
영업부 | 02)2078-3333 FAX | 080-749-3705
출판부 | 02)2078-3330

책값은 뒤표지에 있습니다.
ISBN 978-89-531-2867-5 03230

독자의 의견을 기다립니다.
tpress@duranno.com www.duranno.com

두란노서원은 바울 사도가 3차 전도 여행 때 에베소에서 성령 받은 제자들을 따로 세워 하나님의 말씀으로 양육
하던 장소입니다. 사도행전 19장 8-20절의 정신에 따라 첫째 목회자를 돕는 사역과 평신도를 훈련시키는 사역,
둘째 세계선교™와 문서선교단행본·잡지 사역, 셋째 예수문화 및 경배와 찬양 사역, 그리고 가정·상담 사역 등을 감
당하고 있습니다. 1980년 12월 22일에 창립된 두란노서원은 주님 오실 때까지 이 사역들을 계속할 것입니다.

팀 켈러, 하나님을 말하다

팀 켈러 지음 | 최종훈 옮김

두란노

추천의 글

팀 켈러가 뉴욕시에서 이끌고 있는 사역은 옳은 길을 찾는 현대인들과 회의론자들을 하나님을 믿는 신앙으로 이끌고 있다. _빌리 그레이엄

지금부터 50년쯤 흐른 뒤, 복음주의 크리스천들이 저마다 사는 도시들을 아끼고, 자비와 공의를 실현하는 일에 헌신하며, 이웃을 사랑한다는 소식이 널리 알려진다면, 팀 켈러는 도시를 중심으로 한 새로운 기독교 사역의 개척자로 기억될 것이다.
_〈크리스채너티 투데이〉

대다수 평범한 대형교회들과 달리, 리디머교회는 놀라우리만치 전통적이다. 전통적이지 않은 요소라고는 도시의 청중들을 향해 이야기하는 켈러 목사의 화술뿐이다. … 켈러 목사의 매력을 알아보는 건 어려운 일이 아니다. _〈뉴욕타임스〉

뉴욕시에서 가장 성공적인 기독교 복음전도자 켈러 목사는 우디 앨런과 마태, 마가, 누가, 요한을 나란히 인용하는 지성적이며 잔소리 투를 벗어난 설교로 주일마다 5천 명이 넘는 젊은이들을 끌어모으고 있다. 교회 지도자들은 이를 전국 방방곡곡의 도심 지역을 복음화하는 모범 답안으로 보고 있다. 켈러 목사는 뉴욕 인근에 복음에 기초를 둔 교회 50군데를 세운 데 이어, 샌프란시스코에서 런던에 이르기까지 추가로 50군데를 개척하고 있다. _〈뉴욕〉

팀 켈러 목사는 맨해튼에서 모르는 이가 없는 인물이다. 단골 딤섬가게처럼 숨은 명소를 시내 한복판에 열고 있다. 열성팬이 수두룩하고 빠르게 성장하는 까닭에 광고가 전혀 필요 없다. _〈뉴스위크〉

켈러 목사는 고전문학과 철학, 인류학을 포함해 광대한 분야에서 자료를 캐내어 지성적인 설득력을 갖추고 하나님을 변증한다. 회의론자, 그리고 그들을 사랑하는 크리스천들을 위해 쓴 이 책은 뉴욕에서 성공적으로 성장하고 있는 리디머장로교회의 목회자로 사역하며 마주했던 상황들을 토대로 삼는다. 지은이는 19세기 작가 로버트 루이스 스티븐슨과 현대 신약신학자 라이트를 아우르는 다양한 자원들을 동원해 진화심리학자 리처드 도킨스에서 대중작가 댄 브라운에 이르기까지 모든 상대를 자신의 방식으로 분석한다. … 이는 백과사전에 버금갈 만한 켈러 목사의 학식을 입증하는 동시에 회의를 품고 있는 이들, 그리고 스스로 믿는 바와 그 이유를 재평가하고자 하는 이들에게 신앙에 대한 우리 시대의 논점들을 개괄하는 두 가지 기능을 한다. _〈퍼블리셔스 위클리〉

뉴욕시에 리디머장로교회를 세운 켈러 목사는 줄곧 기독교 신앙에 회의를 품은 숱한 이들의 질문을 받아 왔다. "참다운 신앙은 하나뿐이라는 게 말이 되는가?" "어째서 하나님은 세상에 고통을 허락하는가?" 이 책에서 켈러 목사는 이를 포함한 갖가지 질문들을 하나씩 짚어 가며 하나님을 믿어야 할 이유들을 제시한다. 문학과 철학은 물론이고 대중문화까지 종횡무진 누비며 하나님을 굳세게 신뢰할 확실한 까닭을 보여 준다. 다른 책들처럼 세속적인 입장을 지나치게 비판하지 않으면서도 신앙적인 관점을 선명히 드러내는 글을 읽는 건 신선한 경험이다. 대화의 물꼬를 트는 탁월한 도구 구실을 하는 이 책은 설득력이 있으며, 깊이 파고들어 얻어낸 주장들을 잘 정리하여 담고 있다.
_〈라이브러리 저널〉

진화생물학자부터 요즘 줄을 잇는 무신론 작가들에 이르기까지 믿지 않는 이들에 맞서는 팀 켈러 목사가 던지는 도발적인 전제. 그는 세계주의적인 도시인들을 맨해튼의 리디머 교회로 끌어들인다고 알려져 있다. _〈보스턴 글로브〉

"하나님을 사랑한다는 게 쉬운 일인가?"라는 질문에
"사랑하고 있는 이들에겐 쉽지"라고 대답했다.

- C. S. 루이스

Contents

Part 1 ─────────────────

이 시대가 하나님을 믿지 못하는 이유들

- 하나님을 오해하는 일곱 가지 질문에 답하다

Part 2 ————————————————————

우리가 하나님을 믿는 확실한 근거들

- 하나님의 존재를 부인할 수 없는 진실을 마주하다

프롤로그

의심과 믿음 사이에서
씨름하는 이들에게

"그대에게 믿음이 없다는 게 불안하군."
_다스 베이더(Darth Vader)

극단적으로 대비되는 두 주장

오늘날 흔히 말하는 자유주의와 보수주의 사이에는 커다란 간격이
존재한다. 양 진영은 모두 우리에게 서로의 주장에 동조하지 않을 뿐만
아니라 가볍게는 정신이 나간, 심하면 사악한 무리로 몰아붙이길 요구한
다. 문제의 핵심이 신앙이면 특히 더 그렇다. 진보 쪽에서는 근본주의가
급속하게 성장하고 있어서 불신앙이 비난받는 분위기라고 목소리를 높
인다. 정치가 우 편향으로 돌아섰으며 대형교회가 이를 뒷받침하고 정통

파 크리스천들이 판세를 좌우한다고 지적한다. 보수 쪽에서는 점점 회의적이고 다원화되어 가는 사회 현상을 지켜보며 맹렬한 비난을 퍼붓는다. 주요 대학과 미디어 기업들, 엘리트 조직들이 심각하게 세속화되었으며 그들이 문화를 지배하고 있다고 말한다.

어느 편이 진실인가? 회의주의나 신앙은 오늘날의 세계에 영향을 미치는 위치에 있기는 한 것인가? 답은 "그렇다"이다. 서로를 향한 두 진영의 비판은 모두 옳다. 전통적인 신앙을 향한 회의와 두려움, 분노 등의 정서가 갈수록 힘을 얻고 영향력을 넓혀 가고 있다. 하지만 다른 한편으로는 전통적인 토대를 둔 견실한 정통 신앙이 지속적으로 성장하고 있는 것도 사실이다.

미국과 유럽의 경우, 교회에 다니지 않는 인구가 꾸준한 증가세를 보인다.[1] 설문조사에 "마음이 가는 종교가 없다"고 답하는 미국인의 숫자는 10년마다 두 배, 심지어 세 배씩 늘어나고 있다.[2] 1세기 전, 미국 대학들 대다수가 공식적으로 기독교적인 토대를 버리고 명백히 세속적인 방향으로 돌아섰다.[3] 결국 문화적인 영향력을 가진 기관들에서 전통적인 신앙에 기초한 신념들이 발붙일 여지가 거의 없어지다시피 했다. 하지만 스스로 '종교적 선호'가 없다고 주장하는 이들이 갈수록 많아지는 가운데도, 성경을 한 점 오류가 없는 진리로 여기며 기적을 믿는, 이른바 '한물간' 신앙을 고집하는 교회들은 미국에서도 여전히 성장하고 있으며 아프리카, 라틴아메리카, 아시아 같은 지역에서는 폭발적으로 늘어나는 추세다. 심지어 유럽에서도 그런 교회에 출석하는 이들이 다소 증가하고 있다.[4] 대학과 칼리지들이 대부분 세속주의로 기울었음에도 불구하고 학계의 일부에서는 종교적인 신앙이 점점 자리를 잡고 있다. 미국 철학 교수와 교사의 약 10-25퍼센트 정도는 정통 크리스천들이다. 30년 전만 해도 고작 1퍼센트에 지나지 않았다.[5]

뛰어난 학자인 스탠리 피쉬(Stanley Fish) 교수는 이런 현상에 주목한다. "자끄 데리다(Jacques Derida)가 세상을 떠났을 때(2004년 11월), 어느 기자가 전화를 했다. 고등이론, 그리고 학문의 세계에서 지성적인 에너지의 중심을 이루던 인종과 성, 계급이란 3두 체제가 물러나면 무엇이 그 뒤를 이을 것 같은지 말해 달라고 했다. 나는 간단히 대답했다. 종교!"[6]

간단히 말해서, 세상은 신앙의 양극화가 진행 중이다. 한쪽은 더 신앙적이 되어 가고 다른 한편은 덜 신앙적인 방향으로 흘러간다. 한때, 세속화된 유럽 국가들을 나머지 세계의 전조로 믿어 의심치 않던 시절이 있었다. 에너지가 넘치며 초자연적인 형태의 신앙들이 걸러지거나 한꺼번에 소멸되리라고 예측했던 것이다. 하지만 과학 기술이 발전하면 세속주의가 따라오게 마련이라는 논리는 이제 폐기되거나 철저하게 재고되기에 이르렀다.[7] 유럽에서조차 기독교는 완만하게, 이슬람교는 기하급수적으로 성장하는 형편이어서 세속화된 미래와 마주할 가능성은 그다지 높지 않아 보인다.

나는 양면적인 가르침 속에서 성장했다

이처럼 양면적인 현상을 말하기에 나는 대단히 유리한 입장이라고 볼 수 있다. 나는 펜실베이니아 동부 출신으로 어려서부터 정통 루터교회에서 성장했다. 1960년대 초, 십 대가 되면서 견진학습(confirmation class), 그러니까 기독교 신앙과 관습, 역사를 아우르는 2년짜리 교육을 받기 시작했다. 청소년들이 신앙을 온전히 이해하도록 이끌어서 정식으로 헌신하게 하는 데 목적을 두는 과정이었다. 첫해의 지도 교사는 은퇴한 목회자로 지극히 전통적이고 보수적인 인물이었다. 입만 열면 지옥에 떨어질 위험성과 대단한 믿음을 가져야 할 이유를 역설했다. 이듬해에는 새로운 교사가 지도를 맡았다. 신학교를 갓 졸업한 젊은 목회자이자 사회 운동가였다. 그는 전통적인 기독교 교리에 대해 마음 한가득 깊은 의구심을 품고 있었다. 나로서는 전혀 다른 종교를 교육받는 것 같았다. 첫해에는 온 힘을 다해 애쓰고 마땅한 값을 치러야만 진노를 면할 수 있는 거룩하고 정의로운 하나님과 마주했었다. 그런데 그 다음해에는 주로 우주에 차고 넘치는 사랑의 영에 대해 들었다. 하나님은 인간의 권리를 지키고 압박받는 이들을 해방시키는 데 힘을 쏟기를 요구하는 분이라고 했다. "어느 편이 거짓말을 하고 있는 거죠?"라고 교사들에게 묻고 싶은 마음이 굴뚝같았다. 하지만 고작 열네 살, 대놓고 묻기에는 너무 어렸던 터라 그저 입을 다물고 말았다.

얼마 뒤, 우리 식구들은 감리교 군소교단에 속한 훨씬 보수적이고 조그만 교회로 옮겼다. 목회자와 교인들은 더할 나위 없이 따뜻하고 점잖았지만, 그로부터 몇 년 동안 신앙 형성 과정 가운데 '지옥 불 층'이라고 불러도 좋을 만한 성질이 한층 강화되었다. 그러다 미국 동북부에 있는 규모가 작은 대학 가운데 한군데에 들어갔다. 세련되고 자유주의적인 학교였다. 머릿속에서 활활 타오르던 지옥 불 위로 갑자기 찬물이 쏟아지기 시작했다.

역사와 철학 관련 학과들은 사회적으로 급진적이었다. 프랑크푸르트학파가 내세우는 네오마르크시스트 비평 이론의 색깔이 짙게 배어 있었다. 1968년의 시대 상황에서 이는 가슴 설레게 하는 주장이었다. 사회 운동은 더없이 매력적이었고 미국 부르주아 사회를 향한 비판은 강렬했다. 하지만 그 철학적 기반을 보면 혼란스럽기만 했다. 눈앞에 두 진영이 펼쳐져 있는데, 둘 다 치명적인 오류를 안고 있는 것처럼 보였다. 사회 정의에 한없이 뜨거운 열정을 쏟는 이들은 도덕적 상대주의자들이었다. 반면에 윤리적으로 반듯하다 싶은 이들은 온 세상에서 벌어지고 있는 억압에 별 관심이 없는 듯했다. 정서적으로 첫 번째 길에 끌렸다. 피 끓는 청춘이었으니 그러지 않고 배겨 낼 도리가 있었겠는가? 압박받는 이들을 해방시키고 원하는 상대와 동침하라! 하지만 내면에서는 물음이 끊이지 않았다. "윤리가 상대적이라면 유독 사회 정의만 절대적이어야 할 까닭이 있을까?" 그런 주장을 펴는 교수들과 추종자들이 보이는 명확한 자기모순이라는 생각이 들었다. 하지만 이번엔 전통적인 교회들의 엄연한 자가당착이 눈에 들어왔다. 정통을 자부하면서 남부에서 자행되는 인종차별과 남아프리카공화국의 아파르트헤이트 정책(Apartheid, 남아프리카 공화국의 극단적인 인종차별정책과 제도-옮긴이)을 지지하는 교회로 돌아갈 수는 없는 노릇이었다. 실행 가능한 대안적 삶과 사상을 분별해 낼 힘은 없었지만, 기독교 신앙이 대단히 비현실적으로 보이기 시작했다.

그때는 몰랐지만, 나중에 생각해 보니 이런 영적인 '비현실성'은 세

가지 장벽에서 비롯되었다. 대학에 다니면서 그 장애물들이 무너지자 신앙이 활력을 얻고 삶에 영향을 미치게 되었다. 첫째는 지성적인 장벽이었다. 기독교 신앙에 관한 까다로운 질문들이 숱하게 앞을 가로막았다. "다른 종교들은 어떻게 되는가? 악과 고통은 또 어떤가? 사랑이 많다는 하나님이 어떻게 인간을 심판하고 벌줄 수 있는가? 어째서 무작정 믿으라고만 하는가?" 이런 이슈들을 둘러싸고 두 진영에서 내놓은 책들을 읽고 주장들을 살피면서 서서히, 그러나 점점 더 확실하게 기독교 신앙을 이해하게 되었다. 지금껏 그 마음을 지켜 온 까닭에 관해서는 앞으로 차근차근 이야기하려고 한다.

두 번째는 내면적이고 개인적인 장벽이다. 어린 시절에는 다른 이들의 권위에 기대어 신앙의 타당성을 찾을 수 있었지만 어른이 되면서 개인적이고 직접적인 체험도 절실하게 필요해졌다. 오랫동안 '기도한다면서' 하나님께 이런저런 말씀을 드려 왔고 바다와 산을 바라보며 감동적이고 감각적인 경이감을 맛보기도 했지만 인격적으로 하나님의 임재를 느껴 본 적은 없었다. 기도하는 기술에 관한 많은 지식은 핵심이 아니었다. 스스로의 필요와 흠, 문제들을 확실하게 인식해 가는 과정이 중요했다. 고통스러웠다. 그리고 늘 그러하듯, 실망과 실패가 출발점이 되었다. 그 얘기를 더 깊이 하자면 다른 종류의 책을 한 권 더 써야 할 것이다. 그러므로 여기서는 그 어떤 신앙 여정도 단순한 지적 체험에 그치지 않는다는 사실만 분명히 짚고 넘어가자.

세 번째는 사회적인 장벽이었다. '제3진영', 다시 말해 세상에 정의를 실현하는 데 관심을 기울이지만 주관적인 감정들이 아니라 하나님의 본성에서 토대를 찾는 크리스천 집단을 절박하게 찾아 헤맸다. 그리고 그런 '형제들'(자매들도 똑같이 중요하다)을 만나면서 만사가 달라지기 시작했다.

장벽들은 하루아침에 무너지지 않았다. 무슨 질서나 순서가 있는 것도 아니었다. 오히려 서로 뒤엉켜 있고 상호의존적이었다. 방법론적인 접근을 통해 돌파해 낸 것도 아니었다. 거의 정리가 끝나고 나서야 비로소 상황이 돌아가는 내막을 어렴풋하게나마 파악할 수 있었다. 늘 제3진영을 갈망했기 때문에 새로운 크리스천 공동체를 빚고 이끄는 데 관심을 갖게 되었다. 그러자면 사역을 해야 했고 결국 학업을 마친 지 수 년 만에 목회 현장에 뛰어들었다.

설명하기 힘든 맨해튼 부흥 사건

1980년대 후반, 아내 캐시(Kathy)와 함께 어린 세 아들을 데리고 뉴욕 맨해튼으로 삶터를 옮기고 교회에 다니지 않는 수많은 이들을 대상으로 새로운 교회를 시작했다. 탐색 단계에서 만난 이들은 어리석은 짓이라고 입을 모았다. 교회라는 게 중도적이거나 보수적일 수밖에 없는데 이곳은 자유주의적이고 예민한 도시라는 얘기였다. 또한 교회는 가족 중심이기 마련인데 뉴욕시는 혼자 사는 젊은이들과 '비전통적인' 가구들이 수두룩했다. 교회라면 믿음이 으뜸인데 맨해튼은 회의주의자들, 그리고 냉소주의자들의 성지였다. 교회의 전통적인 시장이라고 할 만한 중산층은 범죄와 날로 치솟는 물가를 피해 맨해튼을 빠져나가고 있었다. 결국 세련된 지식인층과 히피, 다시 말해 부유층과 빈곤층만 남았다. 교회라는 말만 꺼내도 코웃음부터 치는 이들이 대다수였다. 뉴욕의 크리스천 공동체들은 갈수록 세가 약해지는 추세였다. 건물을 유지해야 하느냐를 두고 씨름하는 교회도 한둘이 아니었다.

그나마 교인들을 유지하고 있는 교회들은 전통적인 기독교 신앙의 가르침을 이 지역의 보편적인 사고방식에 부합되는 수준에 맞춰 수위를 조절한 덕분이라고 말했다. 초기에 만났던 이들 가운데 상당수가 이렇게 충고했다. "예수를 믿어야 한다는 식으로 얘기하지 마세요. 여기서는 당장 편협한 인간으로 취급받을 겁니다." 새로 시작하려는 교회의 신앙은 역사적인 정통 기독교 교리들에 토대를 둘 것이라고 설명하자 다들 어림없는 일이라고 반응했다. 뉴요커들은 십중팔구 성경의 무오성, 그리스도의 신성, 영적으로 거듭나야 할(중생) 필요성 따위의 교리들을 케케묵은 골동품으로 치부한다는 소리였다. 대놓고 "말도 안 되는 소리 마세요!"라고 타박을 주는 이는 없었지만 그 말이 늘 허공을 맴도는 것 같았다.

그럼에도 불구하고 우리는 리디머장로교회를 시작했고 2007년 말에는 출석 교인이 5,000명에 이르고 인접한 대도시에 수십 개의 자매교회를 둔 커다란 공동체로 성장했다. 교인들은 다양한 인종 출신으로 젊었으며(평균 연령이 30세 정도) 싱글의 비율이 70퍼센트에 육박했다. 그 사이에 정통 신앙을 내세우는 교회들이 맨해튼에 수십 개, 인근 지자체 네 곳에서 수백 개나 생겨났다. 최근 조사에 따르면, 지난 몇 해 동안 아프리카 출신 크리스천들이 뉴욕시에 세운 교회만 해도 백 군데가 넘는다고 한다. 다들 마찬가지겠지만, 놀라서 입이 다물어지지 않을 지경이다.

뉴욕만 그런 게 아니다. 2006년 〈이코노미스트〉지는 "런던을 제외한 모든 곳에서 기독교가 붕괴하고 있다"는 제목의 기사를 실었다. 뼈대만 추리자면, 온 영국과 유럽에 걸쳐 교회에 출석하고 기독교 신앙을 고백하는 이들의 숫자가 곤두박질치고 있는 형편인데도 불구하고 유독 런던에서는 젊은 전문직 종사자들(그리고 새로운 이민자들)이 복음주의적인 교회로 몰려들고 있다는 얘기였다.[8] 그런데 바로 그런 현상을 이곳 뉴욕에서 목격하고 있는 것이다.

결국 아주 낯설고 기묘한 결론을 내릴 수밖에 없다. 이제 회의주의자와 신앙인들 양쪽 모두 스스로의 존재가 위협받는다고 느끼는 문화적 시점과 마주하게 되었다. 세속적인 무신론과 신앙적인 믿음이 모두 눈에 띌 만큼 강렬하게 성장하고 있기 때문이다. 지금 세상은 지난날과 같은 식의 서구 기독교 사회도 아니고 장차 도래하리라고 여겼던 신앙이 사라진 세속사회도 아니다. 우리는 예상과 전혀 다른 세계에서 살고 있는 것이다.

종교적 믿음과 회의주의 둘 다 성장하고 있다

3세대 전만 하더라도 대다수에게 종교적인 믿음은 선택이 아니라 승계의 대상이었다. 역사적인 주류 프로테스탄트 교회나 로마 가톨릭교회에 소속된 인구가 절대다수를 차지했다. 하지만 문화적이고 전통적인 신앙을 간직한 이른바 '보수적인' 프로테스탄트 교회들은 노화가 진행 중이며 교인들 숫자도 빠른 속도로 감소하고 있다. 현대인들은 그 대안으로 아예 신앙이 없이 살거나, 제도를 탈피해 개인적으로 구축한 영성을 추구하거나, 구성원들에게 회심을 요구하는 고도로 헌신된 정통 신앙 집단을 선택하고 있다. 따라서 신앙에 기우는 인구와 멀어지는 인구가 동시에 성장하는 기현상이 일어나는 것이다.

신앙과 회의론이 제각기 번성하는 까닭에 종교와 윤리를 둘러싼 정치적이고 공개적인 담론은 수렁에 빠지기 일쑤며 점점 더 틈이 벌어지게 되었다. 문화 전쟁은 심각한 상흔을 남겼다. 감정과 표현은 격해지다 못해 발작적인 지경에 이르렀다. 하나님을 믿고 기독교 신앙을 따르는 이들은 "나머지 인류에게 신앙의 짐을 지우고" 덜 계몽된 시기로 "시계를 되돌리려" 안간힘을 쓰는 자들이라는 소리를 듣는다. 믿지 않는 이들은 "진리의 적"이며 "상대주의와 방임주의를 끌어대는 자들" 취급을 받는다. 이치를 따져 상대를 설득하려는 생각은 눈곱만큼도 없다. 그저 맹렬하게 비난을 퍼부어 댈 따름이다.

회의주의를 강화하려는 세력과 신앙을 굳히려는 진영의 관계는 교착 상태에 빠졌으며 정중한 태도와 대화 확대를 요구하는 식으로는 문제를 해결할 수 없게 되었다. 논쟁이란 서로 적용할 수 있는 공통적인 기준이 있어야 가능하다. 기본적인 현실 인식이 충돌하면 상대방을 설득할 길을 찾기 어려워진다. "누구의 정의인가? 어떤 합리성인가?" 알래스데어 매킨타이어(Alasdair Macintyre)의 책 제목(*Whose Justice? Which Rationality?*)이기도 한 이 말은 현재 상황을 함축적으로 보여 준다. 이는 쉽게 사라질 성질의 문제가 아니다.

어떻게 하면 앞으로 나아갈 길을 찾을 수 있을까?

우선, 종교적인 믿음과 회의주의가 모두 성장하고 있다는 사실을 제각기 받아들여야 한다. 무신론 작가 샘 해리스(Sam Harris)와 기독교 우파 지도자 패트 로버트슨(Pat Robertson)은 저마다 스스로 속한 집단의 힘이 강력하며 영향력이 커지고 있음을 인정해야 한다. 그래야 양측에 넘쳐나는 혼잣말, 다시 말해 금방 상대방을 들끓게 하고 반발을 부를 만한 일방적인 주장을 정리해 버릴 수 있다. 이처럼 살짝 건드리기만 해도 치열한 다툼이 벌어지는 대치 국면이 또 있을까? 그런 일방적 주장을 그만두기만 해도 반대 입장들에 대해 한층 정중하고 너그러운 자세를 갖게 될 것이다.

상호 인정은 불안감을 거둬 갈 뿐만 아니라 겸손하게 한다. 종교가 사멸되고 있다는 역사적 증거가 전혀 없음에도 불구하고, 세속적인 사고방식을 가진 이들 가운데는 아직도 전통적인 신앙을 가진 이들이 '역사의 물결을 거스르는' 헛수고를 하고 있다고 자신 있게 주장하는 이들이 수두룩하다. 신앙을 가진 이들 역시 세속적인 회의주의자들을 무시하면 안 된다. 지난날 기독교가 지배하던 사회의 여러 구석들이 한꺼번에 신앙에 등을 돌렸던 기억을 되짚어 볼 필요가 있다. 이는 당연히 자기 성찰로 이어져야 한다. 상대방을 우아하게 무시하는 몸짓을 취하던 시절은 이미 지나갔다. 이제 무언가 새로운 대안이 필요하다. 그럼 어떻게 해야 할까?

의심을 의심하라

　오랫동안 수많은 청년 뉴요커들 사이에서 결실을 보았던 카드를 똑같이 제시하고 싶다. 양쪽 진영이 예전과는 전혀 다른, 완전히 새로운 방식으로 '의심'에 주목하면 좋겠다.

　신앙인들부터 시작하자. 의심을 내포하고 있지 않은 신앙은 항체를 갖추지 못한 몸이나 마찬가지다. 태평하게 열심히 사는 크리스천들은 너무 바쁘거나 무관심해서 믿음의 이유를 둘러싼 까다로운 질문들을 던지지 않는다. 그러다 비극적인 일을 경험하거나 영리한 회의주의자들의 탐색적인 물음에 부닥치면 그제야 스스로 무방비 상태임을 깨닫는다. 오랜 세월에 걸쳐 내면의 의심에 참을성 있게 귀를 기울이지 않으면 신앙은 하룻밤 사이에도 무너져 내릴 수 있다. 회의는 반드시 긴 성찰을 거쳐 정리해야 한다.

　신앙인들은 의심을 자각하고 씨름할 필요가 있다. 제 것만이 아니라 친구와 이웃들의 의심까지 끌어안아야 한다. 선대로부터 물려받은 신앙을 그대로 믿는 것만으로는 충분치 않다. 믿음에 배치되는 생각들과 길고도 힘겨운 싸움을 벌여야만 자신은 물론 회의주의자들의 확신에 맞설 신앙적 기초가 마련되는 법이다. 이러한 과정은 눈앞의 상황을 헤쳐 나가는 데도 중요하지만, 믿음이 확고하게 자리를 잡은 뒤에도 의심을 품고 있는 다른 사람들을 존중하고 이해하게 이끌어 준다.

　하지만 크리스천이 신앙 이면에 감춰진 이유들을 살펴야 하듯, 회의주의자들 역시 스스로의 논리 밑바닥에 깔린 모종의 신앙을 짚어 봐야 한다. 언뜻 무신론적이고 냉소적인 것처럼 보이지만 사실 의심은 일종의 대체 신앙이다.[9] B라는 믿음을 갖지 않는다면, A라는 신앙을 의심할 수 없다. "참다운 신앙이 세상에 오직 하나뿐일 리 없다"는 이유로 기독교 신앙을 의심한다면 그 말 자체가 신앙 행위임을 인정해야 한다. 아무도 그런 주장을 경험적으로 입증할 수 없다. 누구나 받아들여야 할 보편적인 진리도 아니다. 중동 지역에 가서 "참다운 신앙이 세상에 오직 하나뿐일 리 없다"고 말한다면 십중팔구 "왜 그럴 수 없는데?"라는 반응이 돌아올 것이다. 기독교 신앙이 표방하는 A라는 교리를 의심하는 이유는 B라는 실증할 수 없는 또 다른 믿음을 가지고 있는 까닭이다. 그러므로 모든 의심은 신앙적 비약을 토대로 삼는다.

어떤 사람은 이렇게 말한다. "절대적인 윤리 기준이 있다는 얘기를 도저히 받아들일 수가 없어서 기독교를 믿지 않아. 누구나 스스로 도덕적인 참과 거짓을 결정해야 해." 하지만 거기에 동의하지 않는 이들에게 그 주장을 입증해 보일 수 있는가? 그렇지 않다. 그건 신앙적인 비약, 다시 말해 정치적인 영역에서만이 아니라 윤리적인 차원에서도 개인의 권리가 보장되어야 한다는 깊은 확신일 뿐이다. 그런 입장을 뒷받침하는 체험적인 증거란 존재하지 않는다. 그러므로 윤리적인 절대 기준에 대한 의심은 비약이다.

무슨 소리를 해도 이렇게 반응하는 이들도 있다. "내 의심들이 신앙적인 비약이라고? 천만에. 이리저리 아무리 뜯어 봐도 하나님이 믿어지지 않아. 하나님 따위는 필요가 없고 거기에 대해 생각하는 것도 흥미 없어." 하지만 이런 사고방식 이면에는 자신의 정서적 필요와 접점이 생기지 않는다면, 하나님의 존재는 신경 쓸 일이 아니라는 이 시대 서구인들의 확신이 깔려 있다. 스스로 그분이 꼭 필요하다고 생각하지 않는다면, 신앙과 행동에 책임을 지라고 요구하는 어떤 신도 존재하지 않는 삶을 살고 있는 것이다. 그럴 수도 있고 아닐 수도 있지만, 그 역시 어김없는 신앙적 비약이다.[10]

기독교 신앙을 정당하고 공정하게 의심하는 방법은 회의가 드는 요소 하나하나마다 대안이 되는 믿음을 찾아내고 그렇게 판단하는 근거가 무엇인지 스스로에게 묻는 길뿐이다. 자기 확신이 옳다는 것을 어떻게 알 수 있는가? 자신의 믿음보다 크리스천이 품은 신앙을 향해 더 큰 소리로 타당한 이유를 대라고 요구하는 일은 불공평하기 짝이 없는 처사이다. 하지만 그런 일들은 하도 흔해서 어디서나 쉽게 볼 수 있다. 공평하려면 회의 그 자체에 대해서도 회의해야 한다. 내가 하고 싶은 이야기는 간단하다. 기독교 신앙을 의심하는 근거를 확실하게 파악하라. 그리고 크리스천들이 믿는 바를 증명하기 위해 애쓰는 것처럼, 그 확신을 뒷받침하는 증거를 온 힘을 다해 찾아보라. 스스로 품은 회의가 겉보기만큼 견고하지 않다는 사실을 알게 될 것이다.

이 책을 읽는 독자들에게 두 갈래 길을 내놓으려고 한다. 우선, 회의주의자들에게는 무신론의 토대가 되는 '맹목적인 믿음들'을 붙들고 씨름할 것을 권한다. 그리하여 그 믿는 바에 동의하지 않는 이들에게 그 확신을 입증한다는 것이 얼마나 어려운 일인지 깨닫기 바란다. 반면, 신앙인들에게는 개인적이고 문화적인 반론과 맞붙어 보기를 당부한다. 길을 끝까지 가고 나면, 설령 아무 변화 없이 회의주의자나 신앙인의 자리에 그대로 머물지라도, 예전보다 더 또렷하고 겸손하게 그 입장을 지킬 것이다. 상대방을 향해 지금껏 없었던 이해와 공감, 존중을 품을 것이다. 믿는 자나 믿지 않는 자나 서로를 폄훼하지 않으면서도 의견 차이를 한층 더 분명하게 확인할 것이다. 이런 일들은 양 진영에서 상대방의 논지를 가장 강력하고 긍정적인 형태로 표현하는 법을 배울 때 비로소 일어나는 법이다. 그건 작은 일이 아니다.

영적인 제3의 길을 떠나다

앞으로 전개될 내용은 여러 해 동안 의심을 품은 이들과 나눈 수많은 대화에서 뽑아 낸 진액이다. 설교와 개인적인 대화를 모두 동원해 회의주의자들이 저마다 가진 신앙적 토대들을 살펴보도록 정중하게 돕는 한편, 그들의 더없이 매서운 비판 앞에 내 믿음의 기초들을 고스란히 드러내 보이려 했다. 이 책의 전반부에서는 오랫동안 수많은 이들에게서 들었던 기독교 신앙을 의심하고 반대하는 일곱 가지 가장 큰 논리들을 살펴볼 작정이다. 하나하나의 이면에 도사린 대체 신앙을 신중하게 분별해 보려 한다. 이어서 후반부에서는 기독교 신앙의 밑바닥에 깔린 논리들을 검증해 볼 것이다.

확고하게 자리 잡은 전통적인 보수 진영과 자유주의 진영 사이에 정중한 대화가 오간다는 것은 생각만 해도 더없이 근사한 일이다. 부디 이 책이 그런 의견 교환이 활발해지는 데 한몫할 수 있으면 좋겠다. 뉴욕에서 목회자 노릇을 하며 겪은 일들 역시 이 글을 쓰는 또 다른 동기가 되었다. 이곳에 발을 디딘 지 얼마 안 돼서 깨달은 사실이 있다. 신앙을 가진 이들과 의심을 품은 이들의 현실은 전문가들이 생각하는 상황과 완전히 다르다는 점이다. 뉴욕에서 문화 사업에 종사하는 백인 장년층은 분명히 세속적이었다. 하지만 하루가 다르게 늘어나는 다민족 전문직 직장인들과 노동자 계층의 이민자들 사이에는 강력한 종교적 확신이 왕성하고 범주를 가리기 어려울 만큼 다양하게 자리 잡고 있었다. 특히 기독교 신앙은 그들 가운데서 빠르게 성장하는 중이었다.

그처럼 상대적으로 젊은 크리스천들이야말로 해묵은 형태의 문화 전쟁을 끝장낼 수 있다고 믿는다. 그들은 새롭게 등장하는 신앙적이고 사회적이며 정치적으로 주요한 연대들의 선봉이다. 그들은 기독교에 대한 의심 또는 반발과 씨름한 끝에 현재 통용되는 진보적인 민주주의자나 보수적인 공화주의자라는 식의 테두리로 묶을 수 없는 또 다른 정통 신앙을 가지고 제3지대로 모여들고 있다. 지금 '문화 전쟁'을 벌이고 있는 양대 진영은 하나님과 공동의 유익보다는 개인의 자유와 행복을 궁극적인 가치로 삼는다고 보는 이들이 많다. 진보 진영의 개인주의는 낙태, 섹스, 결혼 따위를 바라보는 시각에서 도드라진다. 반면에 보수 진영의 개인주의는 공공 부문에 대한 깊은 불신과 가난을 단순히 당사자가 제 삶을 책임지지 못한 데서 오는 결과로 치부하는 빈곤 의식에서 선명하게 드러난다. 도시를 기반으로 다민족 구성원을 끌어들이며 급속하게 확산되는 새로운 정통 기독교는 빈곤과 사회 정의에 대해 공화주의자들보다 한층 더 진지한 관심을 기울이는 동시에, 민주당 지지자들보다 기독교의 윤리적, 성적 도덕률을 훨씬 더 높이 떠받든다.

이 책의 전반부에서는 적잖은 크리스천들이 의심의 늪을 건너갈 수 있도록 길을 내려 한다. 반면에 후반부에서는 그들이 세상을 살아 낼 신앙을 더 긍정적으로 설명할 것이다. 지금 그런 교회에 속한 크리스천 셋을 여기에 소개한다.

준(June)은 아이비리그에 속한 명문 대학을 졸업하고 맨해튼에서 일했다. 그러나 외모에 너무 집착한 나머지 섭식 장애와 약물 중독에 빠졌다. 스스로 인생을 망치는 길에 들어섰다는 생각이 덜컥 들었지만, 딱히 달리 살아야 할 뾰족한 이유도 없었다. 무엇보다, 삶의 의미를 찾기 어려웠다. 막다른 곳에 몰린다 해도, 그게 무슨 대수란 말인가? 그러다 교회에 발을 들여놓게 되었고 하나님의 사랑을 깨닫고 그분의 실재를 경험하고 싶은 마음을 갖기에 이르렀다. 용납받길 간절히 바라는 무한에 가까운 갈망을 하나님의 자비와 연결시켜 줄 상담가도 교회에서 만났다. 마침내 하나님을 찾고 구해야겠다는 확신이 생겼다. 언제부터라고 콕 집어 말할 수는 없지만, 난생처음으로 "정말 하나님의 딸로서 조건 없는 사랑을 듬뿍 받고 있다"고 느꼈다. 그 뒤로 차츰 자기 파괴적인 행동을 멈추고 자유를 누리게 되었다.

제프리(Jeffrey)는 보수적인 유대교 집안 출신으로 뉴욕시에서 뮤지션으로 활동했다. 양친이 모두 암으로 몹시 고생했으며 어머니는 결국 병을 이기지 못하고 숨을 거뒀다. 어려서부터 온갖 질병들을 겪은 탓에 도교와 불교의 명상법에 토대를 둔 중국식 양생법을 따랐으며 몸을 건강하게 관리하는 데 지나치리만큼 큰 공을 들였다. 친구가 리디머교회 이야기를 꺼낼 때만 해도 전혀 '영적인 결핍'을 느끼는 상태가 아니었다. 설교를 듣는 건 좋았지만 "예수라는 소리가 나오기 전까지만"이었다. 그 뒤로는 더 이상 귀를 기울이지 않았다. 하지만 얼마 지나지 않아, 크리스천 친구들이 누리는 장래에 대한 소망과 기쁨을 부러워하게 되었다. 여태껏 단 한 번도 그런 식의 감정과 마주한 적이 없었다. 이윽고 끝까지 설교를 듣게 되었고 한 구절 한 구절이 예상치 못했던 지적인 도전을 던지고 있음을 깨달았다. 끝내는 명상을 하면서도 "십자가에 달린 예수의 모습이 자꾸 끼어들어 평소처럼 순전한 고요와 안정이 찾아드는 순간을" 맛보지 못하는 상황이 됐다. 제프리는 크리스천의 하나님께 기도하기 시작했다. 고통에서 도망치고 총체적으로 회피하는 것이 그동안 자신의 인생을 지배하는 내러티브였다는 자각이 찾아왔다. 참으로 부질없는 삶의 목표였다는 생각이 들었다. 예수가 세상을 구원하기 위해 신체적인 건강은 물론이고 생명까지 포기했음을 알고 깊은 감동을 받았다. 장차 닥칠 고통을 모면할 수는 없겠지만 당당히 맞설 용기를 얻고 돌파해 낼 길이 보였다. 제프리는 그렇게 예수 그리스도의 복음을 받아들였다.

켈리(Kelly)는 아이비리그에 다니는 무신론자였다. 열두 살 때 할아버지가 암으로 세상을 떠났다. 같은 해에 두 살짜리 여동생이 뇌종양에 걸려 수술과 화학 치료, 방사선 치료를 받는 것을 지켜보았다. 컬럼비아대학에 들어갔지만 인생에 무슨 의미가 있으랴 싶었다. 몇몇 대학 친구들이 제각기 신앙 이야기를 들려주었지만 그런 간증들도 '자갈밭에 떨어진 씨앗'이나 마찬가지였다. 그즈음 열네 살 어린 동생이 병으로 쓰러졌다. 결국 몸을 제대로 쓰지 못하게 됐는데도 하나님에 대한 기대를 버리기는커녕 한결 절박하게 그분을 찾았다. 대학 졸업 후 켈리는 뉴욕시에서 일하게 되었다. 거기서 장차 남편이 될 케빈(Kevin)을 만났다. 케빈은 월스트리트 제이피모건(J. P. Morgan)사에 다녔는데 켈리와 같이 컬럼비아대학 동문이고 무신론자였다. 하나님에 대한 둘의 의심은 아주 완강했지만 그 의심을 의심할 줄도 알았다. 그래서 함께 리디머교회에 다니기 시작했다. 순례 여정은 더디고도 고통스러웠다. 그럼에도 불구하고 중간에 그만두지 않은 것은 주변의 신실한 크리스천들 덕분이다. 세상에서 만난 그 누구보다도 세련되고 똑똑한 이들이었다. 마침내 확신이 생겼다. 기독교는 지성적으로 신뢰할 만할 뿐만 아니라 제시하는 삶의 비전도 매력적이었다. 켈리는 이렇게 썼다. "무신론자이던 시절에도 윤리적이고 공동체를 지향하며 사회 정의에 관심을 두는 삶을 산다고 자부했지만, 기독교는 생각과 마음 상태까지 아우르는 훨씬 높은 기준을 지니고 있었다. 하나님께 죄를 용서받고 주님을 내 삶에 맞아들였다." 케빈은 이렇게 고백한다. "커피숍에 앉아 C. S. 루이스가 쓴 《순전한 기독교(Mere Christianity)》를 읽다가 책을 덮고 노트를 꺼내 적었다. '기독교의 주장을 둘러싼 증거들은 그야말로 압도적이다.' 무엇을 이루든 궁극적인 만족을 얻을 수 없으며, 사람들의 인정은 금방 사라질 뿐이고, 짜릿한 모험을 좇아 사는 카르페 디엠(carpe diem, 순간을 즐겨라!) 식의 삶은 또 다른 형태의 나르시시즘과 우상숭배라는 사실을 깨달았다. 그래서 나는 그리스도인이 되었다."[11]

의심까지 포용하시는 분, 예수

켈리는 의심과 믿음 사이에서 씨름하던 시절, 도마의 이야기를 다룬 신약성경 말씀이 얼마나 큰 위안이 되었는지 설명한다. 본문에서 예수는 의심을 바라보는 새로운 관점을 몸소 보여 준다. 오늘날의 회의주의자들이나 신앙인들의 시각과 미묘하게 차이가 나는 입장이다. '의심하는 도마'를 마주한 예수는 회의를 묵살하는 대신("잠자코 믿거라!") 증거를 보여 달라는 제자의 요구에 순순히 응했다. 마음에 의심이 가득함을 고백하는 남자를 만난 적도 있다(막 9:24). 그는 예수에게 "믿음 없는 나를 도와주십시오"라고 부르짖었다. 의심하는 자신을 붙잡아 달라는 뜻이었다. 예수는 솔직하게 인정하는 사내의 요청을 들어주었다. 은총을 베푸셔서 그 아들을 고쳐 준 것이다. 스스로를 크리스천으로 여기든, 아니면 회의주의자라고 생각하든, 본문의 주인공처럼 솔직한 마음가짐으로 의심의 본질을 나날이 깊이 파악해 가면 좋겠다. 그렇게만 하면 무얼 상상하든 그 이상의 결실을 거둘 것이다.

Part **1**

THE
REASON
FOR
GOD

"

이 시대가 하나님을 믿지 못하는 이유들

- 하나님을 오해하는 일곱 가지 질문에 답하다

"참다운 신앙은 하나뿐이라는 게 말이 되나요?" 블레어(Blair)는 물었다. 맨해튼에 사는 스물네 살 아가씨였다. "자기 신앙이 우월하다고 주장하면서 다른 종교인들을 모두 그쪽으로 개종시키려 하다니, 오만해도 너무 오만한 노릇이에요. 종교는 다 선하고 그 도를 좇는 이들의 필요를 효과적으로 채우는 법이 아니던가요?"

"종교의 배타성을 그저 편협하다고만 바라볼 일이 아니죠. 이는 지극히 위험한 일입니다." 뉴욕시에 사는 영국 출신 20대 청년 제프(Geoff)는 말한다. "종교는 드러나지 않는 다툼과 분열, 갈등을 일으킵니다. 세계 평화를 해치는 가장 큰 적인 셈이죠. 크리스천들이 '유일한 진리'를 독점적으로 소유하고 있다는 주장을 꺾지 않고 다른 종교들 역시 같은 고집을 부린다면 세상은 평화 근처에도 가 보지 못할 것입니다.'"

1

배타성

기독교에만 구원이 있다는 것이
말이 되는가

뉴욕시에서 스무 해 남짓 사역하면서, 기회가 닿는 대로 수많은 이들에게 물었다. "기독교의 가장 큰 문제는 무엇이라고 보는가? 교리와 신앙 행위를 통틀어 무엇이 가장 마음을 불편하게 하는가?" 오랜 세월에 걸쳐 가장 자주 들었던 답을 한마디로 줄이면 바로 '배타성'이다.

언젠가 지역의 한 대학에서 토론회를 여는데 기독교 대표로 참여해 달라는 요청을 받았다. 유대교 랍비와 무슬림 이맘(이슬람 교단의 지도자-옮긴이)도 패널로 나온다고 했다. 사회자는 패널리스트들에게 세 종교의 차이를 논해 달라고 주문했다. 정중하고 지성적이며 서로 존중하는 분위기 속에서 대화가 이어졌다. 저마다 세 가지 주요 종교들 사이에는 애당초 타협이 불가능한 중대한 차이점이 있다고 단언했다. 예수의 인성만 해도 그랬다. "크리스천들이 말하는 대로 예수가 하나님이라면 무슬림과 유대교는 하나님을 있는 그대로 사랑하는 데 심각한 결함이 있는 셈이고, 그가 하나님이기보다 교사나 예언자라는 무슬림과 유대인들의 주장이 옳다면 크리스천들은 하나님을 정말 하나님으로 사랑하는 데 심각한 오류를 범하고 있는 꼴"이라는 말에는 셋 다 이견이 없었다. 뼈대만 추리자면, 하나님의 본질을 둘러싼 세 종교의 주장이 모두 옳을 수는 없다는 얘기다.

몇몇 학생들은 정말 헷갈리는 모양이었다. 어떤 학생은 어떤 신을 믿든 스스로 괜찮은 인간이 되는 게 아니냐고 따졌다. 특정한 신앙이 다른 쪽보다 진리를 더 정확하게 파악하고 있다고 우기는 건 편협하다고도 했다. 또 다른 친구는 우리 성직자들을 보며 불만스러운 듯 말했다. "종교 지도자들이 그처럼 배타적인 주장을 굽히지 않는다면, 지상에 평화가 발붙일 수가 전혀 없을 겁니다."

종교, 특히 제각기 배타적 우월성을 내세우는 주요 전통 신앙들이야말로 세계 평화를 가로막는 장벽이라는 의식이 광범위하게 퍼져 있다. 놀랄지 모르겠지만, 기독교 목회자인 나 역시 그 말에 동의한다. 일반적으로 말하자면, 종교는 마음에 파국으로 치달을 수 있는 가파른 비탈을 만드는 경향이 있다. 모든 종교는 제각기 '유일한 진리'를 품고 있다고 따르는 이들을 가르친다. 그래서 신자들은 자연스럽게 다른 신앙을 가진 이들보다 낮다고 생각하게 된다. 또한 각 종교는 저마다 그 진리를 열심히 좇으면 구원받고 신과 만날 수 있다고 이야기한다. 따라서 종교 집단은 고정관념에 빠지거나 다른 그룹들을 우습게 여기기가 쉽다. 일단 그런 관념이 자리 잡으면 곧바로 다른 신앙을 가진 이들을 소외시키거나 적극적으로 억압하거나 학대하거나 폭력을 휘두르기까지 하는 수준으로 치닫기 십상이다.

종교가 지상의 평화를 갉아먹는 게 분명하다면, 이제 어떻게 해야 할까? 세상의 시민적이고 문화적인 지도자들이 분란을 일으키는 종교의 속성을 처리하는 데 사용하는 세 가지 방식이 있다. 신앙 행위를 아예 불법화하거나, 비난하거나, 최소한 철저하게 사유화시키는 방식이다.[2] 다들 큰 기대를 걸지만 안타깝게도 그렇게 해서는 아무도 뜻을 이루지 못하리라고 본다. 도리어 형편만 악화시키지 않을까 걱정스러울 따름이다.

1. 통제

종교의 분열적인 속성에 대처하는 한 가지 방법은 강력하게 통제하거나 한 걸음 더 나아가 혹독하게 금지시키는 것이다. 몇 차례 이를 구현하려는 대규모 시도가 20세기에 있었다. 소비에트 러시아, 공산주의 중국, 크메르 루주(1975-1979년까지 캄보디아를 통치한 급진적 공산주의 세력-옮긴이), 그리고 방식은 다소 다르지만 나치 독일은 하나같이 신앙 행위를 강력하게 통제했다. 종교가 사회를 분열시키거나 국가 권력을 갉아먹는 걸 막으려는 의도였다. 하지만 평화와 화합이 확장되는 게 아니라 억압이 깊어지는 결과를 낳았을 뿐이다. 알리스터 맥그래스(Alister McGrath)는 무신론의 역사를 이야기하면서 이런 상황에 담긴 비극적인 아이러니를 부각시킨다.

> 20세기는 인류사를 통틀어 가장 거대하고 더없이 고통스러운 역설들을 낳았다. 종교가 편협성과 폭력을 부추긴다고 믿는 이들이 도리어 그 시대에 으뜸가는 편협하고 폭력적인 일들을 저질렀던 것이다.[3]

19세기 말부터 20세기 초까지 널리 퍼졌던 확신 하나가 그런 노력들의 짝꿍 노릇을 했다. 인류가 과학 기술 쪽에서 진보를 이룰수록 종교는 약해져 결국 소멸하리라는 믿음이었다. 그런 입장을 가진 이들도 신앙이 인류 발전에 기여했다는 사실을 부정하지는 않았다. 한동안은 인간에게 종교가 꼭 필요했다고 본다. 몹시 두렵고 가늠할 수 없는 세상에 맞서 살아가는 데 도움이 되었던 까닭이다. 하지만 과학적으로 세련되어지고 주위 환경을 이해하며 통제하는 능력이 늘어나면서 종교의 필요성은 차츰 줄어들리라는 게 이들의 생각이었다.[4]

그러나 예상했던 사태는 벌어지지 않았다. 이제는 전반적으로 그런 '세속화 이론'을 신뢰하지 않는 분위기다.[5] 사실상 모든 주요 종교들에서 신도 숫자가 증가하는 현상이 나타나고 있다. 특히 개발도상국의 기독교 성장세는 그야말로 폭발적이다. 나이지리아에만 해도 미국의 여섯 배에 이르는 성공회 교인이 있다. 가나에는 미국과 스코틀랜드를 합친 것보다 많은 장로교인들이 있다. 한국에서는 지난 백여 년 사이에 1퍼센트에 지나지 않던 크리스천의 비율이 40퍼센트로 늘었다. 전문가들은 중국에서도 같은 현상이 일어나고 있다고 본다. 앞으로 50년 안에 중국의 기독교

인구가 5억을 돌파한다고 생각해 보라. 인류사의 흐름이 달라질 것이다.[6] 가파르게 성장하는 교회들을 살펴보면, 사회학자들이 예견했던 것처럼 한층 세속화되고 믿음이 희석된 형태가 아닌 경우가 대부분이다. 오히려 기적과 성경의 권위, 인격적 회심을 믿는 열정적인 초자연주의자적 신앙에 가깝다.

세계적으로 종교적인 신앙이 활발하게 살아나고 있으므로 억누르거나 통제하려는 시도는 열심을 더하게 만들 뿐이다. 제2차 세계대전이 끝난 뒤, 중국 공산당 정부는 서방 선교사들을 죄다 내쫓았다. 중국 땅에서 기독교를 뿌리 뽑았다고 생각했지만, 실제로는 중국인들이 지도자의 역할을 이어받게 했고 교회가 더 든든해지는 결과를 낳았다.

신앙은 그저 인간을 환경에 적응하도록 돕고 사라지는 한시적인 움직임이 아니다. 도리어 인간의 존재 조건 가운데 영구적이고 핵심적인 측면에 해당한다. 세속적이고 신앙이 없는 이들에게 이런 사실은 어쩔 수 없이 삼켜야 할 쓰디쓴 약이나 다름없다. 누구나 스스로 극단주의자가 아니라 주류라고 믿고 싶어 한다. 하지만 뜨거운 신앙적 확신이 세상을 지배하고 있다. 그런 흐름이 바뀌리라고 판단할 근거는 어디에도 없다.

2. 비난

정부의 통제로는 신앙을 소멸시키거나 무력화시키지 못한다. 하지만 '독보적인 진리'를 품고 있다고 주장하면서 다른 이들을 개종시키려 드는 종교들을 교육과 토론을 통해 사회적으로 주저앉힐 수는 있지 않을까? 모든 종교나 신앙은 신 앞에 나가는 여러 합당한 통로 가운데 하나이며 세상을 살아가는 온갖 건강한 도리들 가운데 한 갈래라는 점에서는 마찬가지임을 인정하게 만들 방도를 찾을 수는 없을까?

이런 접근 방식은 독점적이고 배타적인 신앙 논리를 편견에 찬 터무니없는 주장으로 치부하는 환경을 만들어 낸다. 심지어 개인적인 대화에서도 마찬가지다. 특정한 이치를 말하고 또 말해서 결국 상식의 지위를 얻어 내는 기법이 자주 쓰인다. 거기서 벗어난 이들에게는 어리석거나 위험하다는 낙인을 찍는다. 종교의 분열적인 속성을 대하는 첫 번째 전략과 달리, 이런 접근법은 어느 정도 효과가 있다. 하지만 끝내 성공을 거두지는 못한다. 그 핵심에 치명적인 모순이 내포되어 있고 심지어 위선적인 면모도 있는 터라, 이런 사고방식은 결국 무너지고 만다. 다음은 그런 식의 논리들과 그 하나하나에 담긴 문제점들이다.

"주요 종교들은 두말할 것 없이 다 괜찮으며
본질적으로 똑같은 진리를 가르친다."

흔하다 못해 상식이 되다시피 한 주장이다. 최근 어느 저널리스트는 "열등한 신앙이 있다고 생각한다면 누구든 다 우익극단주의자"라고까지 썼다.[7] 정말 다윗파(Branch Davidians, 제7일안식일예수재림교회에서 분리되어 나온 이단으로 극단적인 종말론을 주장하며 공권력과 대치하다 많은 사상자를 내는 등 미국 사회에 큰 물의를 일으켰다 - 옮긴이)라든지 아이를 제물로 잡아 바치길 요구하는 종교들이 다른 신앙들에 비해 못할 게 없다고 말하고 싶은가? 절대다수는 확신에 가까운 심정으로 그렇다고 답할 것이다.

종교는 균일하고 동등하다고 말하는 이들은 보통 조그만 분파들이 아니라 세계적인 주요 종파들을 염두에 둔다. 패널 토론에 참가했던 날 밤, 학생들이 내놓은 반대 의견들도 이 부류에 속한다. 유대교와 이슬람교, 기독교와 불교, 힌두교의 교리적 차이는 피상적이고 대수롭지 않으며 모두 다 같은 신을 믿고 있다고 주장했다. 하지만 그 신의 실체를 되묻자 사랑으로 가득한 우주의 영이라고 설명했다. 이런 입장의 문제점은 스스로 모순을 안고 있다는 점이다. 한쪽으로는 교리가 중요하지 않다고 우기는 동시에 다른 한편으로는 신의 본성에 대해 다른 주요 종교들과 상충되는 교리적 확신을 드러낸다. 불교는 인격적인 신을 믿지 않는다. 유대교와 기독교, 이슬람교는 믿고 행하기를 요구하는 신, '사랑'이란 말만으로는 다 담을 수 없는 속성을 가진 신을 따른다. 아이러니컬하게도 교리는 대단치 않다는 단언 자체가 사실상 또 다른 교리다. 그런 주장에는 신에 대한 구체적인 시각, 대다수 주요 종교들의 믿음보다 더 뛰어나며 개화되었다고 내세우는 관점이 들어 있다. 그러므로 이런 입장을 지지하는 이들은 남들한테는 금지시키는 일을 스스로는 버젓이 저지르고 있는 셈이다.

"종교들은 저마다 영적인 진리의 일부를 볼 뿐,
그 어떤 신앙도 진리 전체를 보지는 못한다."

더러 이를 앞 못 보는 사람들이 코끼리를 더듬는 것에 빗댄다. 맹인 몇이서 함께 길을 가다 코끼리를 만났다. 저마다 여기저기 만지고 느낌으로 가늠해 보더니 의견을 내놓기 시작했다. 코를 만져 본 사람이 가장 먼저 입을 열었다. "뱀처럼 길고 유연한 짐승이로군." 다리를 더듬던 이는 펄쩍 뛰며 말했다. "무슨 그런 말씀을! 통나무처럼 굵직하고 둥그스름하

구먼!" 그러자 옆구리를 더듬던 세 번째 주자가 나섰다. "아니죠, 넓고 평평할 뿐인걸!" 다들 앞을 볼 수 없는 터라 제각기 코끼리의 몸통 어느 한군데를 더듬을 뿐, 아무도 전체를 통째로 보지 못한다. 신앙도 마찬가지라고 말하는 이들이 있다. 세상의 종교들은 영적인 실재에 관한 진리를 파악하고 있지만 부분적일 따름이며 어떤 신앙도 코끼리의 전모를 보거나 하나뿐인 진리를 포괄적으로 바라보는 시야를 가졌다고 주장할 수 없다는 것이다.

하지만 코끼리 비유는 부메랑처럼 사용자들에게 고스란히 되돌아간다. 이는 앞을 보지 못하는 이들의 시점에서 나온 이야기일 뿐이다. 눈 먼 이들이 저마다 코끼리의 어느 한 부분을 더듬고 있다는 것을 어떻게 알 수 있었는가? 그렇다면 스스로는 온몸을 볼 수 있어야 하지 않은가?

> 진리란 그 어떤 인간이 파악한 것보다 훨씬 더 광대하다는 항변은 언뜻 겸손해 보인다. 하지만 진리를 포착하고자 하는 온갖 노력을 헛짓으로 돌리는 토대로 삼으려 한다면, 사실상 그 무엇보다 뛰어난 부류의 인식을 가졌다는 오만한 주장이 되고 만다. … 그러므로 물어야 한다. '여러 경전들이 내놓는 절대적인 주장들을 단번에 상대화시킬 수 있노라고 장담할 수 있을 만큼 우월한 절대적인 근거는 무엇인가?'[8]

"종교적인 믿음들은 문화적이고 역사적인 조건들에 심하게 휘둘리는 법이어서 '진리'라고 말하기 어렵다."
20년 전쯤 뉴욕시에 처음 자리 잡을 즈음에는 모든 종교가 똑같이 참되다는 식의 반론이 많았다. 하지만 지금은 모든 신앙이 다 거짓이라는 소리를 더 자주 듣는 듯하다. 거부감을 보이는 이들의 논리는 대략 이런 식이다. "도덕적이고 영적인 주장들은 하나같이 역사 및 문화적으로 특정한 시기의 소산이다. 따라서 아무도 유일한 진리를 알고 있다고 말할 수 없다. 영적이고 도덕적인 실재에 대한 한쪽의 주장이 나머지보다 더 참되다고 판단할 수 있는 인간은 그 어디에도 없기 때문이다." 사회학자 피터 버거(Peter L. Berger)는 상식적으로 보이는 이 가정에 숨은 심각한 모순을 속속들이 들추어 보여 준다.

버거는 《천사들에 관한 소문(A Rumor of Angels)》이라는 책에서 20세기가 어떻게 '지식 사회학'의 시대를 열었는지 설명한다. 인간은 전반적으로 스스로 믿는 바를 신뢰하는데 이는 그렇게 하도록 사회적으로 길들여졌기 때문이라는 취지다. 다들 주체적으로 사고한다고 생각하고 싶어 하지만 현실은 그처럼 단순하지 않다. 우리는 가장 존경하거나 필요한 대상처럼 생각한다. 그리고 누구나 특정한 믿음의 타당성을 강조하고 나머지는 꺾어 버리는 공동체에 속해 살아간다. 이를 토대로 인간은 모두 역사적이고 문화적인 지점에 갇히게 마련이므로 서로 충돌하는 믿음들의 옳고 그름을 가리는 건 불가능하다고 결론짓는 이들이 꽤 있다. 이 노련한 사회학자는 그 점을 놓치지 않았다.

버거는 계속해서 상대주의자들이 자신들을 쏙 빼놓고 남들에게만 칼날을 들이댄다면, 절대적 상대주의는 존재할 수 없다고 지적한다.[9] "누구에게나 적용되는 보편적 진리를 담은 신앙은 존재할 수 없다"는 믿음의 사회적 조건성을 토대로 판단해 보자면, 그 자체가 모든 이들에게 해당되는 사회적 조건들을 낳는 포괄적인 주장이다. 따라서 상대주의자들이 스스로 부르짖는 대로 그건 진실이 될 수 없다. 버거는 "상대성은 그 자신도 상대화시키므로 '한결같은' 상대주의는 존재할 수가 없다"[10]고 말한다. 문화적인 편향 탓에 서로 충돌하는 가정들을 저울질하기가 더 어렵다는 것은 백번 옳은 말이다. 믿음에 사회적 조건성이 있는 건 엄연한 사실이다. 하지만 그걸 이유로 모든 진리가 완전히 상대적이라는 논리를 펴서는 안 된다. 그랬다가는 그 주장 자체가 스스로를 반박하는 모순에 빠질 것이다. 버거는 "유일한 진리로 통하는 길은 없다"는 진부한 말 뒤에 숨어 영적이고 신앙적인 주장들을 따져 보는 걸 피할 수는 없다고 결론을 내린다. 우리는 도리어 묻고 답하기에 힘써야 한다. 하나님과 인간의 본성, 영적인 실재에 대한 온갖 주장 가운데 무엇이 참이고 무엇이 거짓인가? 그리고 그 질문에 대한 답을 토대로 삶을 꾸려 가야 한다.

앨빈 플란팅가(Alvin Plantinga)는 버거의 주장을 자기 식으로 풀어낸다. 이 철학자는 주위에서 자주 듣던 말에서 시작한다. "모로코에서 태어났다면 선생도 크리스천이 아니라 무슬림이 되었을 거요." 그는 그때마다 이렇게 대꾸한다.

미시간에 태어나 크리스천 부모 밑에서 자라지 않고 모로코에서 출생해 무슬림 아버지 어머니의 양육을 받았다면 상당히 다른 신앙을 갖게 되었으리라는 데 동의한다 칩시다. 하지만 똑같은 가정을 다원론자에게도 적용해 봐야 하지 않을까요? 모로코에 태어났더라면 그도 아마 다원주의자가 되지는 않았을 겁니다. 그렇다면 그 양반의 다원주의적인 신념은 신뢰할 수 없는 과정을 통해 형성된 믿음으로 봐야 하지 않을까요?[11]

플란팅가와 버거는 "신앙과 관련한 주장은 반드시 역사적인 제한을 받게 마련이지만 지금 내가 하는 말만은 예외"라는 태도를 취하면 안 된다고 입을 모은다. 어떤 믿음이 옳고 그른지 아무도 말할 수 없다면, 굳이 그 말을 믿어야 할 이유는 또 무엇인가? 너나없이 어떤 식으로든 진리를 내세우는 게 현실이다. 옳고 그름을 확실하게 판단하기는 대단히 힘들지만 달리 대안이 없으니 그저 시도하고 노력할 수밖에 없다.

"자신의 종교가 옳다고 우기면서 다른 이들을 개종시키려는 건 오만하기 짝이 없는 처사다."

널리 알려진 종교학자 존 힉(John Hick)은 서로 다른 믿음을 가졌지만 자신과 다름없이 지성적이고 선한 뜻을 가진 이들이 허다하다는 사실을 언젠가는 알게 될 것이라고 말한다. 또한 그들에게 다른 길을 믿게 하는 건 불가능하므로 계속해서 회심을 시키려 들거나 스스로의 입장을 더 우월한 진리로 내세우는 건 오만한 태도라고 지적한다.[12]

다시 한 번 태생적 모순이 등장한다. 세상 사람들 가운데 대다수는 종교마다 타당한 근거가 있다는 존 힉의 입장을 따르지 않으며, 존만큼 선하고 지성적이고, 쉬 시각을 바꿀 것 같지도 않다. 따라서 "남들보다 더 나은 세계관을 가졌다고 단언하는 신앙은 모두 오만하며 바르지 못하다"는 말 자체가 스스로 지적한 그대로 '오만하고 바르지 못한' 주장이 되고 만다.

흔히 자신이 따르는 신앙이 다른 것들보다 우월하다는 주장은 자기중심적인 발상이라고 한다. 하지만 그런 단정부터가 자기중심적이지는 않을까? 서구 문화의 울타리 바깥에서는 스스로의 문화와 종교가 최고라고 자부하는 게 아무런 문제도 되지 않는다. 그게 잘못이라는 관념은 서방 세계의 자기비판과 개인주의 전통에 깊이 뿌리박고 있다. 남들에게 자기중심주의라는 '죄'를 덧씌우는 행위는 사실상 "우리 문화의 접근 방식이 댁의 것보다 월등히 낫다"고 우기는 것이나 마찬가지다. 남들한테는 못하게 하는 일을 자신은 버젓이 저지르고 다니는 셈이다.[13] 역사학자 존 서머빌(C. John Sommerville)은 "어느 종교에 대한 판단은 다른 신앙의 발판 위에 설 때에만 가능하다"[14]고 지적한다. 결국 신앙적 입장과 맥락을 같이하는 윤리적 기준에 근거하지 않고는 어떠한 종교도 비판할 수 없다.

이제 넓게는 신앙, 좁게는 기독교에 접근하는 방식에 결정적 결함이 있다는 사실이 분명해졌다. 회의주의자들은 영적인 실체에 대해 상대적으로 월등하게 잘 안다는 '배타적인' 주장들은 백이면 백, 사실이 아니라고 말한다. 하지만 그런 반론 자체가 일종의 신앙적 확신이다. 그들은 하나님에 대해, 실체를 알 수 없는 분이며, 무엇이든 사랑하되 결코 진노하지 않는 분, 또는 성경에서 말하는 인격적인 존재가 아니라 비인격적인 힘이라고 본다. 하나같이 검증되지 않은 신앙적인 가정들이다. 이를 지지하는 이들은 사물의 이치를 꿰는 더 우수한 방식을 알고 있다고 자신한다. 신과 진리에 대한 전통 종교의 관점을 버리고 그쪽의 시각을 받아들이면 세상은 더 나은 곳이 되리라고 믿는다. 그러므로 회의주의자들의 입장 역시 영적인 실재의 본질을 둘러싼 배타적 주장이다. 배타적인 주장들을 배격해야 한다면 회의주의자들의 주장 역시 배격되어야 한다. 그런 관점을 갖는 게 편협한 일이 아니라면 전통 종교의 믿음을 내세우는 자세 또한 편협하다 말할 수 없다.

시카고대학의 마크 릴라(Mark Lilla) 교수는 워튼경영대학원의 어느 똑똑한 학생에게 말을 걸었다. 교수가 만류하는데도 빌리 그레이엄 전도 집회에 참석하고 과감히 앞으로 걸어 나가 그리스도께 삶을 드린 젊은이였다. 릴라 교수는 이렇게 적었다.

- 그 학생이 하려는 일에 의문을 제기하고 싶었다. 또 다른 삶의 길, 지식과 사랑 … 더 나아가 자기 변화를 추구할 또 다른 길이 있음을 깨닫도록 돕고 싶었다. 교리를 대하는 자유롭고 회의주의적인 마음가짐이 스스로의 존엄을 좌우한다는 사실을 확신시켜 주고 싶었다. … 그 친구를 구원하고 싶었다.

- 의심도 신앙처럼 학습된다. 일종의 기술인 셈이다. 하지만 회의주의와 관련해 희한한 점이 있다. 예나 지금이나 그 추종자들은 타인의 사상을 바꿔 놓으려 애쓰는 개종 추진자들이기도 하다는 사실이다. 그런 이들을 지켜보노라면 종종 묻고 싶어진다. '왜 남들한테 그렇게 신경을 쓰는 거죠?' 회의주의자는 변변한 답을 내놓지 못한다. 나도 할 말이 없다.[15]

릴라의 슬기로운 자기인식은 기독교에 대한 회의가 신앙을 대체하도록 학습된 것임을 드러내 보여 준다. 교수는 인간으로서 개개인의 존엄성은 교리적인 무신론에 토대를 두고 있다고 생각한다. 하지만 이 견해 역시 일종의 신앙이다. 스스로 인정하다시피, 실존과 인간의 존엄에 관해 빌리 그레이엄의 믿음보다 자신의 주장을 받아들이는 쪽이 학생들에게 더 나을 것이라는 생각을 버리지 못한다.

따지고 보면, 모든 종교를 똑같은 사고방식으로 보는 게 타당하다는 주장이 어느 특정한 신앙이 올바르다는 쪽보다 더 편협하다. 믿음에 관해서는 어떤 주장이든 배타적이다. 다만 그 길이 서로 다를 뿐이다.

3. 신앙을 개인적인 영역에 묶어 두는 철저한 사유화

종교의 분열적인 속성을 대하는 또 다른 접근 방식은, 저마다 자신의 신앙을 참이라고 믿고 '전파할' 수도 있지만 공적인 영역에는 그 신앙적인 확신이 끼어들지 못하게 해야 한다는 논리다. 존 롤스(John Rawls)와 로버트 아우디(Robert Audi)처럼 영향력이 큰 사상가들은 앞장서서 세속적이고 비종교적인 토양에 뿌리를 둔 게 아니라면 공적이고 정치적인 논의 마당에서 특정한 윤리적 입장을 내세우게 두면 안 된다고 말한다. 널리 알려진 대로, 롤스는 스스로 '포괄적'이라는 딱지를 붙인 신앙적 관점들을 공적인 담론에서 배제해야 한다고 단언한다.[16] 최근 수많은 과학자와 철학자들이 정부 지도자들에게 "신앙적인 믿음에 영향을 받은 규정이나 행정 조치를 허용하지 말라"고 요구하는 '과학과 세속주의 수호선언(A Declaration in Defense of Science and Secularism)'에 서명했다.[17] 피터 싱어(Peter Singer), E. O. 윌슨(Edward Osborne Wilson), 대니얼 데닛(Daniel C. Dennett)도 여기에 동참했다.

철학자들 가운데서도, 예를 들어 리처드 로티(Richard Rorty) 같은 이는 신앙적인 믿음은 사사로운 사안으로 엄격히 제한해야 하며 절대로 공공정책 논의에 끌어들이지 말아야 한다고 목소리를 높인다. 신앙적인 확신에 토대를 둔 논리를 펴는 행위는 '대화 차단벽'을 세워 믿음을 갖지 않는 이들의 참여를 막는 행위나 다름없다는 것이다.[18]

신앙을 가진 이들에 대한 차별이라고 불평하는 이들에게 로티 진영에서는 그저 실용적인 정책일 따름이라고 반박한다.[19] 사사로운 영역이라는 선을 넘지 않는다면, 종교 자체를 관념적으로 반대하지도, 신앙적인 확신을 통제하려 들지도 않는다. 하지만 공적인 영역에서 신앙에 대해 끊임없이 이야기하는 것은 분열적이며 시간 낭비라는 얘기다. 윤리적인 입장을 둘러싼 세속주의 논리들은 보편적이며 누구에게나 적용 가능하다고 보는 반면, 신앙에 토대를 둔 관점들은 분파적이며 보수적이라고 여긴다. 따라서 공적인 담론은 신앙적이 아니라 반드시 세속적이 되어야 한다고 주장한다. 거룩한 계시나 고백적인 전통에 대해서는 입을 다문 채, 다 같이 힘을 모아 에이즈와 빈곤, 교육을 비롯한 당대의 거대한 문제를 해결해 가야 한다. 신앙적인 시각은 개인의 울타리에 가두고 대다수에게 으뜸으로 유익하게 '작용할' 정책들을 중심으로 연합해야 한다는 것이다.

하지만 예일대학의 스티븐 카터(Stephen L. Carter) 교수는 신앙적인 관점들을 떠나서는 어떠한 윤리적 추론도 불가능하다고 말한다.

신앙적인 나눔이 깨끗이 사라진 공론의 장을 만들려는 노력들은 제아무리 공들여 다듬는다 해도 결국 기성 종교인들에게(다른 이들과 달리 오로지 그들에게만) 스스로 가장 중요하다고 여기는 부분을 잘라 낸 뒤에 공적인 대화에 들어오기를 요구하는 셈이다.[20]

어떻게 카터는 그렇게 이야기할 수 있는 걸까? 종교가 무엇인지 묻는 데서 시작해 보자. 어떤 이들은 신을 믿는 형식이라고 말한다. 하지만 그런 정의는 신을 전혀 믿지 않는 선불교에는 들어맞지 않는다. 더러는 초자연적인 존재를 믿는 것이라고 이야기한다. 그건 물질계를 넘어선 초자연적인 영역을 인정하지 않으며 오로지 경험 세계 안의 영적인 실재만 신뢰하는 힌두교에 어울리지 않는다. 그렇다면 종교는 무엇인가? 삶은 무엇이고, 자신이 누구이며, 인간이 시간을 모두 들여 해내야 할 가장 중요한 일은 무엇인지 설명하는 일단의 믿음을 가리킨다. 가령, 물질계가 전부라고 여기는 이들이 있다. 인간은 우연의 소산이고 죽으면 곧 썩어 버릴 존재이므로 즐겁게 만들어 주는 일들을 하며 살기로 선택하는 게 가장 중요하고 남들에게 그 믿음을 강요해선 안 된다고 생각하는 이들이다. '잘 조직된' 명백한 종교는 아니지만 여기에는 현실 이해를 바탕으로 어떻게 살 것인지를 제시하며 삶의 의미를 설명하는 거대 서사가 담겨 있다.

이를 '세계관'이라고도 하고 '서사적 정체성'이라고도 한다. 이름이야 어찌 부르든, 우주 만물과 인간 현실의 본질에 대한 일단의 신앙적 추정을 가리킨다. 이는 명확한 신앙의 개념이다. 폭넓게 보자면, 세상과 인간 본질을 바라보는 관점에 깃든 믿음은 모든 이들의 삶에 영향을 미친다. 깊이 생각하고 성찰한 결과든 아니든, 인간은 그 서사적 정체성에 따라 살고 움직인다. "이렇게 해야 해"라거나 "저렇게 해야 돼"라고 이야기하는 이들은 누구나 마찬가지로 명확한 윤리적·신앙적 입장을 근거로 그런 판단을 내린다. 실용주의자들은 인간 내면의 더 깊은 곳에 자리 잡은 세계관들을 내버리고 '쓸모 있는 것'에 대한 의견 일치를 보아야 한다고들 한다. 하지만 '쓸모'를 헤아리는 시각은 웬델 베리(Wendell Berry)의 책 제목 (*What Are People For?*)처럼 인간에게 필요한 게 무엇인가에 대한 생각에 따라 크게 달라진다. 아울러 행복한 인생을 설명하는 '쓸모 있는' 그림은 어쩔 수 없이 삶의 목적을 둘러싼 뿌리 깊은 믿음들에 좌우된다.[21] 더없이 세속적인 실용주의자들도 인생의 의미를 향한 강한 헌신과 서사적 설명을 품고 테이블에 앉게 마련이다.

로티는 신앙에 토대를 둔 확신들을 '대화차단벽'이라고 일컫는다. 하지만 인간의 가장 기본적인 현상인식들은 같은 뜻을 품지 않은 이들에게 설명하기가 대단히 곤란하다. '자아실현'이니 '자주성'이니 하는 세속적인 개념들만 해도 입증하는 게 불가능하며 성경에 기댄 설명과 마찬가지로 '대화차단벽' 노릇을 한다.[22]

말하는 쪽에서는 상식처럼 받아들이는 이야기가 본질적으로는 뼛속 깊이 신앙적인 경우가 허다하다. A라는 사람이 '적자생존' 원리를 들어가며 가난한 이들을 위한 안전망을 모조리 없애 버려야 한다고 주장한다 치자. B라는 이가 나서서 "가난한 이들도 똑같은 인간이므로 품위 있는 삶의 표준을 유지할 권리가 있다"고 반박한다고 하자. A는 오늘날 수많은 생명윤리학자들이 '인간적'이라는 개념을 인위적으로 정의하는 것을 불가능하게 여긴다고 받아친다. 모든 인간을 수단이 아니라 목적으로 대할 도리가 없으며 예로부터 지금까지 누군가 살려면 누군가는 또 죽어야 한다고 덧붙인다. 그게 자연이 돌아가는 이치라는 것이다. 다시 B가 단순히 사회가 더 잘 돌아가게 하기 위해서라도 가난한 이들을 도와야 한다는 실용적인 논리로 맞받아치면, A는 가난한 이들을 얼마쯤 그냥 죽게 버려두는 편이 어째서 더 효과적인지를 밝히는 똑같이 실용적인 논거들을 수없이 들이댈 것이다. B는 슬슬 부아가 돋는다. 열을 내면서 가난한 이들을 굶주리게 버려두는 건 비윤리적인 행동일 뿐이라고 쏘아붙인다. 하지만 A는 "누구에게나 동일하게 적용되는 윤리가 있다고 누가 그러더냐?"고 되묻는다. 마침내 B는 고함을 지르고 만다. "댁이 얘기하는 식의 사회에선 살고 싶지 않아요!"

이 대화에서 B는 존 롤스를 좇아 보편적인 이해를 끌어낼 수 있는 '중립적이고 객관적인' 논리를 찾아내 모든 이들에게 가난한 사람들을 굶주리게 해서는 안 된다는 확신을 심어 주려 노력한다. 하지만 뜻을 이루지 못한다. 그런 논리는 없기 때문이다. 결국 B는 그저 그편이 참되고 올바르다고 믿는 까닭에 개개인의 평등과 존엄을 주장하는 셈이다. 과학적으로 증명할 수는 없지만, 인간은 돌덩이나 나무보다 고귀하다는 사실을 믿을 따름이다. B의 공공정책적인 제안들은 결국 신앙적인 입장에 토대를 두고 있다.[23]

법 이론가 마이클 페리(Michael J. Perry)는 이러한 사실을 발판삼아 "어떤 사안이 됐든지, 공공정책을 둘러싼 논쟁에서 신앙에 기초한 윤리적 담론과 세속적 담론 사이에 물샐틈없는 장벽을 세우려 발버둥치는 것은 돈키호테 같은 행동"[24]이라고 결론짓는다. 로티와 같은 뜻을 가진 이들은 신앙적인 주장이 지나치게 포괄적이라고 단언하지만 페리는 저서(*Under*

God? Religious Faith and Liberal Democracy)에서 윤리적인 입장들을 뒷받침하는 세속적인 이유들 또한 신앙적인 근거 못지않게 포괄적이며 이는 결국 어떤 입장이든 적어도 내재적으로는 신앙적일 수밖에 없다는 대단히 강력한 논거가 될 수 있다고 받아친다. 아이러니컬하게도 공적인 논의의 장에서 신앙적인 추론을 몰아내야 한다는 주장 자체가 포괄적인 '분파주의적' 시각이라는 것이다.[25]

궁극적인 가치에 대한 확신을 뒤에 남겨 둔 채 공적인 논의의 장에 나오는 건 불가능한 일이다. 결혼과 이혼에 관한 법률을 예로 들어 살펴보자. 저마다 가진 세계관과 완전히 별개로 모두가 '효과적'이라고 인정할 만한 법률을 만들어 낼 수 있을까? 개인적으로는 만들 수 없다고 생각한다. 무엇이 옳다고 보는지는 결혼의 목적을 어떻게 생각하느냐에 토대를 둘 수밖에 없다. 자녀를 양육해 사회 전체에 유익을 끼치는 게 결혼의 주목적이라고 생각한다면 이혼을 몹시 까다롭게 만들 것이다. 결혼의 목적은 관계 당사자들의 행복과 정서적인 만족에 주안점이 있다고 믿는다면 이혼을 쉽게 만들 것이다. 첫 번째 입장은 유교나 유대교, 기독교의 윤리적 전통에서 보듯 인류의 번영과 안녕이라는 관점에 근거를 둔다. 자연히 개인보다 가족이 더 중요해진다. 두 번째 접근 방식은 계몽주의적 인식에 토대를 두고 훨씬 더 개인주의적인 시각에서 인간의 본질을 바라본다. 저마다 '효과적'이라고 여기는 이혼 법률들은 그보다 우선하는 믿음, 다시 말해 행복해지고 온전히 인간다워지는 것이 무얼 의미하는지에 대한 확신에 기대게 마련이다.[26] 그게 무엇인지에 관한 객관적이고 보편적인 합의 따위는 존재하지 않는다. 수많은 이들이 신앙적인 시각을 공적인 무대에서 몰아내기를 계속 요구하고 있지만, 종교계와 세속세계 양쪽 모두에서 그런 요구는 그 자체가 이미 종교적이라는 데 공감하는 사상가들의 숫자가 점점 더 늘어나고 있다.[27]

기독교는 세상을 구원할 수 있다

오늘날 세계적으로 종교의 분열적인 속성을 처리하려는 모든 주요한 노력들의 효용성에 대해 나는 예전부터 변함없이 부정적인 입장을 보여 왔다. 하지만 그런 활동이 지향하는 목적만큼은 강력하게 지지한다. 1장을 시작하면서 일반적으로 신앙은 마음에 가파른 비탈을 만드는 경향이 있다고 이야기했다. 이 비탈은 너무도 쉽게 모두를 억압으로 몰아간다. 하지만 확신에 찬 정통 기독교 신앙에는 그 도리를 따르는 이들을 지상에 평화를 전달하는 일꾼으로 만들 풍부한 자원이 가득 들어 있다. 기독교는 인간의 내면에 작용해 분열 성향을 설명하고 깨끗이 지워 버릴 힘이 있다.

기독교는 다른 신앙을 가진 이들을 존중할 견고한 토대를 제공한다. 예수는 믿지 않는 이들이 저마다 가진 문화적인 배경과 상관없이 크리스천들의 행동을 대부분 '선하게' 여기리라고 보았다(마 5:16 참조, 벧전 2:12). 크리스천의 가치 구성과 그 어떤 개별적인 문화나[28] 다른 종교들의[29] 가치 구성 사이에 겹치는 부분이 있음을 당연히 여기신 것이다. 이처럼 중첩되는 영역이 생기는 까닭은 무엇인가? 크리스천들은 인간이라면 누구나 하나님의 형상을 따라 선을 행하고 지혜롭게 판단할 수 있는 존재로 빚어졌다고 믿는다. 그러므로 하나님의 보편적인 형상에 관한 교리는 크리스천들로 하여금 신앙을 갖지 않은 이들이 그릇된 믿음을 가진 이들보다 훨씬 나을 수 있다고 생각하게 한다. 아울러 인간의 보편적인 죄성에 대한 교리는 실천이라는 측면에서 정통 기독교 신앙이 마땅히 그러해야 하다고 가르치는 수준보다 사뭇 떨어질 수 있다고 예상하게 한다. 이만하면 서로 존중하는 마음으로 협력할 충분한 토양이 준비된 셈이다.

기독교 신앙은 다른 신앙을 가진 이들도 선량함과 슬기로움을 갖추고 있음을 믿게 할 뿐만 아니라 그 가운데 상당수는 윤리적으로 자신들보다 더 뛰어난 삶을 산다는 인식을 구성원들에게 심어 준다. 이 시대의 문화 속에 살아가는 이들 대다수는 만일 신이 존재한다면, 그분과 관계를 맺고 선하고 의로운 삶에 힘입어 하늘나라에 가게 된다고 믿는다. 기독교는 정반대로 가르친다. 예수는 이만저만하게 살아서 구원받을 자격을 갖추라는 말씀을 하러 오신 게 아니다. 오히려 인간의 처지가 되어 살고 또 죽음으로써 죄를 용서하고 구원하러 오셨다. 하나님의 은혜는 남들보다 윤리적으로 더 나은 삶을 사는 이들이 아니라 제대로 살지 못하는 현실을 인정하고 구세주가 절실하게 필요함을 깨닫는 이들에게 임한다.

그런데 크리스천들은 믿지 않는 이들 가운데 자신들보다 훨씬 인격적이고 슬기롭고 훌륭한 사람들이 있음을 염두에 두어야 한다. 어째서 그런가? 크리스천들은 스스로의 윤리적인 공로나 지혜, 덕성 때문이 아니라 인류를 위해 그리스도가 이루신 역사 덕분에 하나님의 용납을 받은 까닭이다. 대다수 종교와 인생 철학은 신앙적인 성과에 한 인간의 영적인 신분이 달렸다고 추정한다. 그 교리를 좇는 이들로서는 자연스럽게 믿지 않는 사람들보다 우월하다는 의식을 갖게 되고 또 그렇게 행동하기에 이른다. 그리스도의 복음은 어떤 경우에도 그와 같은 결과를 낳지 않는다.

흔히 '근본주의'는 폭력으로 이어진다고들 하지만, 지금껏 살펴본 바와 마찬가지로, 너나없이 스스로 다른 믿음들보다 우월하다는 근본주의적이고 입증할 수 없는 신앙에 깊이 몰입하고 헌신하는 게 현실이다. 따라서 정말 던져야 할 질문은 "어떤 근본주의적인 신앙들이 그 추종자들을 이끌어 의견이 다른 이들의 눈에도 더없이 사랑스럽고 끌어안을 만한 인간들로 만들어 가는가?" 하는 것이다. 불가피하게 배타적일지라도 따르는 이들을 겸손하고 평화를 사랑하게 만드는 쪽으로 이끄는 일단의 신념에는 어떤 것들이 있는가?

초기 크리스천들의 신앙과 행동 사이의 관계를 당시 문화와 비교해 보면 역사의 역설이 드러난다.

그리스-로마 세계의 신앙관은 개방적이어서 거의 방임에 가까워 보일 지경이다. 누구나 섬기는 신이 따로 있었다. 하지만 문화적인 관습은 잔혹하기 그지없었다. 그리스-로마 세계는 경제적으로 대단히 계층화되어 있었다. 빈부 격차가 어마어마했다. 이와 달리, 크리스천들은 오직 한 분, 참 하나님이 살아 있으며 예수 그리스도가 바로 그분이라고 주장했다. 그러나 그들의 삶과 행실은 당시 문화 속에서 하찮은 인간 취급을 받던 이들로부터 열렬한 환영을 받았다. 초기 크리스천들은 다양한 민족과 계층 출신들이었다. 주위 사람들에게는 스캔들이라고 불러도 좋을 만한 일대 사건이었다. 그리스-로마 세계는 가난한 이들을 멸시하는 경향이 있었지만 크리스천들은 가난한 이들에게 넉넉하게 베풀었다. 같은 신앙을 가진 이들만이 아니라 다른 종교를 믿는 이들에게도 마찬가지였다. 넓은 세상일수록 여성들의 지위는 형편없이 낮았다. 여자아기의 영아 사망률이 턱없이 높았고, 강제 결혼이 빈번했으며, 경제적 평등은 기대하기 어려웠다. 기독교는 여성들에게 예로부터 존재했던 그 어떤 계급 사회에서보다 더 큰 안전과 평등을 제공했다.[30] 1-2세기 무렵, 도시를 중심으로 끔찍한 역병들이 발생했을 때, 크리스천들은 시내 곳곳에 있는 병자와 죽어 가는 이들을 보살폈다. 그러다 목숨을 잃는 경우도 드물지 않았다.[31]

그처럼 배타적인 확신 체계가 다른 이들에게 그토록 개방적인 행동을 하게 만드는 까닭은 무엇인가? 크리스천들은 신앙 체계 속에서 헌신적으로 섬기고 너그럽게 베풀며 화해를 이룰 더없이 강력한 자원을 가지고 있기 때문이다. 그리스도인의 현실관, 그 한복판에는 원수를 용서해 달라고 기도하며 죽어 간 이가 자리 잡고 있다. 이를 되새기노라면 결국 자신과 완전히 다른 이들을 대하는 전혀 다른 방식에 이를 수밖에 없다. 적대적으로 다가오는 이들에게도 폭력적이고 억압적인 행동을 할 수 없다는 뜻이다.

교회가 그리스도의 이름으로 불의를 저질렀던 일들을 눈 질끈 감고 가볍게 넘어갈 순 없다. 하지만 크리스천의 가장 근본주의적인 신념에서 나오는 힘이 이 어지러운 세상에 평화를 이루는 강력한 동력이 될 수 있음을 그 누가 부정할 수 있겠는가?

．
．
．

"기독교의 하나님이 살아 있다고 믿지 않아요." 영문학을 전공하는 학부생 힐러리(Hillary)는 말했다. "하나님은 세상에 끔찍한 고통을 허락하고 있잖아요. 전능하지만 세상의 악과 고통을 끝장내 줄 만큼 선하지는 않거나, 지극히 선하지만 악과 고통을 없애 버릴 만한 힘이 없거나, 둘 중 하나겠지요. 그러니 성경이 말하는 한없이 선하면서 전능한 하나님은 존재하지 않는 거죠."[1]

"이건 철학적인 문제가 아니에요." 힐러리의 남자친구 롭(Rob)이 이어받았다. "인격적인 문제죠. 고통을 허용하는 하나님 따위는 설령 있다 쳐도 믿고 싶지 않아요. 하나님이 있을 수도 있고 없을 수도 있겠죠. 하지만 그런 식이라면 신뢰를 얻진 못할 겁니다."

2
악과 고통

하나님이 선하다면
왜 세상에 고통을 허락하시는가

많은 사람들에게 가장 큰 이슈는 기독교의 배타성이 아니라, 세상에 악과 고통이 존재한다는 사실이다. 더러는 부당한 고통을 철학적인 문제로 파악하고 하나님의 존재 자체를 묻는다. 반면에 철저하게 개인적이고 인격적인 사안으로 보는 이들이 있다. 하나님이 있느니 없느니하는 따위의 추상적인 물음에는 아무 관심이 없다. 역사와 삶이 이런 식으로 흘러오도록 방치하는 신이라면 그게 누구든 의지하거나 믿을 뜻이 없을 뿐이다.

2004년 12월, 인도양 연안에 어마어마한 지진해일이 들이닥쳐서 25만 명 가량의 목숨을 앗아 갔다. 그로부터 몇 주 동안 신문과 잡지는 "하나님은 어디 있는가?"를 따지는 독자 편지와 기사가 넘쳐 났다. 어느 기자는 이렇게 적었다. "하나님이 정말 하나님이라면 선하지 않다. 하나님이 선하다면 그건 하나님이 아니다. 양쪽을 다 갖춘 하나님은 없다. 인도양 연안 지역에 대재앙이 닥친 이후로 특히 더 그렇다."[2]

그러나 칼럼니스트의 단호한 주장에도 불구하고, 악의 존재를 바탕으로 하나님의 부재를 입증해 보이려는 시도들은 거의 모든 면에서 수포로 돌아가 "이제는 누구나 인정하는 지경에 이르렀다."[3] 어째서 그런가?

악과 고통은
하나님께 맞서는 증거가 될 수 없다

철학자 맥키(J. L. Mackie)는 《유신론의 기적(*The Miracle of Theism*)》에서 하나님에 관해 이야기한다. 간단히 정리하자면 이런 식이다.

정말 선하고 강한 하나님이 있다면 무의미한 악을 허용하지 않았을 것이다. 하지만 세상에는 정당화할 수 없는, 그야말로 무의미한 악이 차고 넘치므로 전통적으로 생각하는 선하고 강력한 하나님은 존재할 수 없다. 다른 신이 있거나, 또는 그 어떤 신도 없을 수는 있겠지만 인습적

으로 생각해 오던 그런 하나님은 어디에도 없다.[4]

여러 다른 철학자들도 이런 논리와 전반적으로 흐름을 같이한다. 그런데 세상은 무의미한 악의로 가득하다는 단언 속에는 한 가지 전제가 숨어 있다. 스스로에게 악이 무의미하면 틀림없이 무의미할 것이라는 전제다.

이는 물론 그릇된 추론이다. 전혀 이유를 알 수 없는 일이 일어나게 두신 하나님의 선한 뜻을 인간이 제대로 깨닫지 못하거나 마음에 그려 내지 못할 수도 있기 때문이다. 언뜻 냉철해 보이는 회의주의 속에 인간의 인식력에 대한 거대한 믿음이 숨어 있는 것을 여기서도 볼 수 있다. 인간의 지성으로 우주를 속속들이 파헤쳐도 고통에 대해 그럴듯한 답을 찾아낼 수 없다면 그건 답이 없다는 뜻이라는 주장이다. 이처럼 맹목적인 신앙이 또 있을까?

앨빈 플란팅가는 '좀모기'의 예화를 들어가며 이런 논리의 핵심에 도사린 오류를 선명하게 드러내 보여 준다. 2인용 텐트를 들추고 등치 큰 세인트버나드가 있나 살피는데 좀처럼 눈에 띄지 않는다면 천막 안에는 없다고 보는 게 타당하다. 하지만 텐트에서 좀모기(힘껏 물어 제 몸집에 걸맞게 조그만 자국을 남기는 아주 작은 벌레)를 찾는다면 얘기가 달라진다. 눈에 보이지 않는다 해도 없다고 단정 짓는 건 사리에 맞지 않다. 어차피 웬만해선 확인이 안 되는 녀석들이기 때문이다. 악이 존재할 합당한 이유가 있다면 인간의 정신으로 쉽게 납득할 수 있어야 한다고 생각하는 이들이 적지 않다. 좀모기보다 세인트버나드에 더 가까우리라고 여기는 것이다. 하지만 꼭 그래야 할 이유가 어디에 있단 말인가?[5]

　하나님에 대한 이런 주장은 논리적으로만이 아니라 경험적으로도 떠받치기 어렵다. 나는 목회자로서 창세기에 나오는 요셉의 이야기를 가지고 여러 번 설교했다. 요셉은 형들한테 미움받는 오만한 젊은이였다. 화가 잔뜩 난 형들은 동생을 웅덩이에 가뒀다가 팔아 버렸고 요셉은 이집트에서 비참한 노예 생활을 해야 할 처지가 됐다. 당연한 얘기지만, 젊은이는 도망치게 해 달라고 하나님께 간절히 기도했다. 하지만 도움을 얻을 길은 좀처럼 보이지 않았고 결국 노예 신세가 되고 말았다. 자유를 빼앗긴 채 끔찍한 삶이 이어지는 세월을 경험했지만, 그 사이에 요셉의 성품은 다듬어지고 단단해졌다. 그리고 마침내 일어나 이집트 총리가 되었고 수많은 이들의 목숨과 아울러 집안을 굶주림에서 건져 냈다. 하나님이 혹독한 고난의 세월을 허락하지 않았더라면, 절대로 사회 정의를 세우고 영적인 상처를 치유하는 영향력 있는 일꾼이 되지 못했을 것이다.

　요셉의 사연을 본문으로 설교할 때마다 동일한 경험을 한 이들의 이야기를 수없이 듣는다. 세상을 잘사는 데 꼭 필요한 요소들은 대부분 더없이 어렵고 고통스러운 경험을 통해 온다는 사실을 인정할 수밖에 없다고 고백하는 이들이 한둘이 아니다. 어떤 이들은 몸이 아파 고생했던 일을 돌아보며 개인적 성장과 영적인 성숙에 반드시 필요했던 시간이었음을 깨닫는다. 나 역시 암으로 한바탕 병치레를 하다 살아났고, 아내는 벌써 여러 해 동안 크론병으로 고생하고 있으니 여기에 대해서는 우리 둘 다 증인인 셈이다.

　첫 사역지에서 만난 한 남성은 마약 거래가 틀어지면서 얼굴에 총상을 입은 뒤로 완전히 앞을 보지 못하게 됐다. 평생 이기적이고 잔인한 인간으로 살면서도 꼬리에 꼬리를 물고 닥치는 법적, 관계적인 문제들을 죄다 남 탓으로 떠넘겼다. 시력 상실은 이루 말할 수 없는 충격이었지만 한편으로는 그를 한없이 겸손하게 했다. "말하자면, 몸의 눈이 닫히면서 영의 눈이 열렸다고나 할까요? 그제야 남들을 어떻게 대하며 살아왔는지 돌아보게 되더군요. 이젠 달라졌어요. 난생처음 친구들이 생겼어요. 진짜 친구들 말예요. 물론, 이루 말할 수 없이 참담한 대가를 치뤘죠. 하지만 분명히 말하지만, 그만한 이유가 있었어요. 무엇이 삶을 가치 있게 하는지 알았으니까요."

비극적인 일 자체를 고마워하는 이는 아무도 없었지만, 이런 이들은 거기서 얻은 통찰과 성품, 용기를 그 무엇과도 바꾸지 않을 것이다. 시간이 흐르고 눈이 뜨이면 삶 가운데 일어난 비극적인 사건의 이면에 깔린 합당한 이유를 일부나마 알 수 있는 법이다. 하나님의 시점에서 보자면, 온갖 고통과 고난에 그만한 이유가 있으리라는 가정도 얼마든지 가능하지 않겠는가?

세상에 넘치는 악과 고통을 끝내지 못해서 잔뜩 화가 난 위대하고 초월적인 하나님이 있는가 하면, 그와 동시에 우리로서는 속속들이 알 수 없지만 선한 뜻을 가지고 악과 고통이 계속되도록 허락하는 위대하고 초월적인 하나님이 있다. 분명히 말하지만, 이런 하나님도 믿고 저런 하나님도 믿고, 그럴 수는 없다.

악과 고통은 하나님의 존재를 드러내는
증거가 될 수 있다

악과 고통을 빌미로 하나님을 부정할 수는 없는 노릇이지만, 뜻을 가늠할 수 없는 참혹한 고통은 크리스천들에게 참으로 큰 걸림돌이다. 하지만 어찌 보면 이는 믿지 않는 이들에게 더 큰 문제일지도 모른다. C. S. 루이스는 잔혹한 삶의 실상에 질려 처음에는 하나님이라는 개념 자체를 거부했던 사연을 들려준다. 그러다 악이 도리어 무신론에 더 문제가 될 수 있다는 사실을 깨달았다. 결국 고통이 하나님의 부재보다는 존재를 더 잘 반증한다는 결론을 내렸다.

> 우주가 너무 잔인하고 부당해 보인다는 게 하나님께 맞서는 쪽의 논리였습니다. 하지만 그 '정당'과 '부당'의 개념은 어떻게 갖게 된 걸까요? … 우주를 무엇과 비교해 부당하다고 하는 거죠? … 물론, 정의에 대한 내 관념은 나만의 사사로운 생각일 뿐이라고 얘기하면서 아예 손을 놔 버릴 수도 있겠죠. 하지만 그렇게 하면 하나님을 거부하는 논리도 함께 무너질 수밖에 없습니다. 세상이 그저 내 개인적인 기호에 맞지 않는다는 게 아니라 참으로 불공평하다는 것에 기댄 주장이기 때문입니다. … 결국 무신론은 너무나 단순한 발상임이 분명합니다.[6]

요즘 사람들이 하나님을 반대하는 이유는 페어플레이와 정의감에 뿌리를 두고 있음을 루이스는 알아차렸다. 다들 인간은 고통을 당하거나 소외되거나 굶어 죽거나 억압당하지 않아야 마땅하다고 믿는다. 하지만 자연도태라는 진화론의 메커니즘은 죽음, 파멸, 약자에 대한 강자의 폭력 따위에 의존한다. 이 모두가 완벽하게 자연스러운 일이라는 발상이다. 그렇다면 무신론자들은 도대체 무엇을 근거로 자연계가 몹시 그릇되고 불공정하며 부당하다고 판단하는 것일까? 흔히 하나님에 반발하는 으뜸가는 이유로 그런 점들을 들먹이지만, 루이스의 말마따나 그분을 믿지 않는 이들은 부당성에 그토록 심하게 노여워할 합리적인 근거가 없다. 자연계는 본질적으로 불공정하며 악으로 가득하다고 확신하는가? 그렇다면 판단의 근거로 삼을 만한 자연계를 벗어난(그러니까 초자연적인) 표준의 존재를 염두에 두고 있다는 뜻이다. 철학자 앨빈 플란팅가는 말한다.

> (만일 하나님이 존재하지 않고 인간은 그저 진화의 산물일 따름이라면) 몸서리쳐지는 악 같은 게 실제로 가능할 수 있을까? 나로서는 방도를 모르겠다. 이성적이고 합리적인 존재가 살아 있다고 봐야, 아니 반드시 살아 있어야 성립될 수 있는 일이다. … 세상을 바라보는 세속적인 방식에는 어떠한 형태로든 참다운 도덕적 의무 따위가 깃들일 여지가 없으므로, 간담을 서늘하게 하는 진정한 악에 대해 말할 길이 없다. 따라서 정말 무시무시한 악이 존재한다고 생각한다면(망상 같은 게 아니라 정말로) 하나님의 실재를 강력하게 주장하는 셈이다.[7]

간단히 말해서, 비극적인 사건이나 고통, 불의 같은 일들은 모두에게 문제가 된다. 하나님을 믿는 데 걸림돌이 되는 만큼 하나님을 믿지 않는

데에도 큰 장애물로 작용한다는 뜻이다. 그러므로 그 심정은 충분히 이해할 수 있지만 하나님에 대한 믿음을 버리면 악의 문제를 다루기가 조금이라도 손쉬워지리라는 생각은 착각에 지나지 않는다.

지독하게 나쁜 일들도 결국 선(善)이 될 수 있다는 설교를 마치고 내려오자 우리 교회에 나오는 한 여성이 대놓고 따졌다. 집에 들어온 강도가 휘두른 폭력에 남편을 잃었고 자녀들 가운데 몇은 심각한 정신적 정서적 문제들에 시달리고 있다고 했다. 그러면서 악한 일이 마침내는 선이 되는 경우 하나마다 나쁜 일에는 선한 구석이 단 하나도 없다는 사례 백 가지쯤 들 수 있노라고 장담했다. 같은 맥락에서, 지금 당장 실생활에서 아픔을 겪고 있는 이들에게는 2장에서 여태껏 나눈 이야기들 가운데 상당 부분이 냉담하고 현실과 동떨어진 소리처럼 들릴 수도 있겠다. "악과 고통이 논리적으로 하나님을 부정하는 게 아니라고 한들 뭘 어쩌겠는가!" 그들은 말할지 모른다. "그렇다고 화가 풀리는 건 아니지! 이따위 철학 타령들은 죄다 세상에 넘치는 악과 고통에 대한 하나님의 책임을 이따위 철학 타령으로 면해 보자는 수작이잖아!"

철학자 피터 크레프트(Peter Kreeft)는 여기에 답하면서, 기독교의 하나님은 일부러 인간의 고통을 뒤집어쓰기 위해 세상에 왔음을 지적한다. 하나님은 예수 그리스도를 통해 지극히 크고 깊은 고통을 체험했다. 그러기에 기독교는 고통스러운 경험 하나하나의 속뜻을 알려 주지는 않지만, 쓰라린 아픔과 절망이 아니라 희망과 용기를 품고 실제로 고통에 맞설 수 있는 자원을 제공한다.

예수님을
순교자에 빗댄다?

　복음서의 기록들은 하나같이 예수님이 다가오는 죽음을 침착하고 대담하게 마주하지 않았음을 보여 준다. 영적인 영웅이라면 으레 그러하리라는 세간의 기대와는 딴판이었다. 시리아 임금 안티오쿠스 에피파네스(Antiochus Epiphanes)의 통치 아래 수난을 당했던 저 유명한 마카베오서의 순교자들은 영적인 용기를 품고 박해에 맞서는 전형적인 본보기들이었다. 잘 알려진 대로 그들은 팔다리가 잘려 나가면서도 당당하고 담대하게 하나님을 앞세웠다. 코앞에 닥친 비참한 운명에 심하게 흔들렸다고 되어 있는 예수의 행적과 비교해 보라. 마가는 적었다. "심히 놀라시며 슬퍼하사 말씀하시되 내 마음이 심히 고민하여 죽게 되었으니 너희는 여기 머물러 깨어 있으라 하시고"(막 14:33-34).

　누가는 죽음을 앞둔 예수가 깊은 '고뇌에' 빠졌다면서 여러 면에서 신체적인 쇼크 증세를 보이는 한 인간의 모습을 상세하게 기술했다. 예수는 하늘 아버지께 혹시 다른 길이 없는지 물으며 죽음을 모면하려 애썼다고 마태, 마가, 누가가 한결같이 기술한다. "만일 아버지의 뜻이거든 이 잔을 내게서 옮기시옵소서"(눅 22:42, 막 14:36 참고). 끝내 십자가에 달리신 뒤에도 예수는 마카베오서의 순교자들처럼 지켜보는 이들을 향해 하나님을 신실하게 좇으라고 당당하게 부르짖지 않았다. 도리어 어찌하여 나를 버리셨냐고 울부짖었다(마 27:46).

　십자가에서 예수는 무려 세 시간에 걸쳐 천천히 피가 빠져나가고 질식 상태에 이르는 고통을 당했다. 진저리처지게 고통스러운 일이었지만 한층 더 참혹하고 끔찍한 죽음들도 적지 않았다. 순교자들은 훨씬 담대하고 평안하게 그 죽음을 맞았다. 프로테스탄트 신념을 버리지 않는다는 이유로 1555년, 옥스퍼드에서 화형을 당한 휴 라티머(Hugh Latimer)와 니콜라스 리들리(Nicholas Ridley)가 대표적인 본보기다. 불길이 치솟는 순간, 라티머가 차분하게 말하는 소리가 들렸다. "마음 편히 먹고 사내답게 처신하세요, 리들리 주교님. 오늘 우리는 하나님의 은혜로 영국에 촛불을 켜게 될 겁니다. 절대로 꺼지지 않을 불이죠."

예수가 다른 이들, 심지어 그분을 따르는 이들보다 그토록 심하게 죽음에 짓눌렸던 까닭은 무엇일까?

하나님의 고통

복음서 말미에 기록된 예수의 고통을 이해하기 위해서는 도입부에 그분이 어떻게 소개되어 있는지 되짚어 보아야 한다. 복음서를 기록한 요한은 그 첫 장에서 삼위일체라는 수수께끼 같지만 결정적인 개념을 내보인다. 하나님의 아들은 지음을 받은 게 아니라 창조에 동참했으며 "아버지 품속에" 영원토록 살아 있다. 다시 말해, 하나님과 더없이 친밀하고 사랑이 넘치는 관계를 맺고 있다는 것이다. 하지만 지상 생애 마지막 대목에서는 달랐다. 예수는 하늘 아버지로부터 철저하게 버림을 받았다.

간절히 바라는 관계가 단절되는 것보다 더 고통스러운 속앓이가 또 있을까? 그저 가볍게 알고 지내는 누군가가 공격적으로 돌변해서 비난과 비판을 쏟아 내며 다시는 보고 싶지 않다고 외면한다면 고통스러울 수밖에 없다. 한 걸음 더 나아가, 데이트 상대가 그런 반응을 보인다면 그와는 질적으로 다른 더 큰 아픔을 느낄 것이다. 하지만 배우자가 그러고 나서면 어떨까? 어린 시절, 부모에게서 그런 대접을 받으면 어떻게 될까? 심리적으로 그와는 비할 수 없을 만큼 심각하게 타격을 받을 게 뻔하다.

기껏해야 몇 해쯤 이어지다 마는 배우자나 부모의 사랑이 아니라 영원 그 이전부터 누려 오던 아버지의 끝없는 사랑을 상실하는 아픔의 크기를 인간으로서는 감히 가늠조차 할 수 없다. 예수는 아무리 긴 세월이 흘러도 누그러지지 않을 고통을 맛보았을 것이다. 기독교 신앙은 인류에게 돌아가야 마땅할 하나님의 끝없는 배척을 예수가 감당했다는 사실을 늘 염두에 둔다. 겟세마네 동산, 그러니까 본격적인 사건의 들머리이자 맛보기 정도로도 예수는 쇼크 상태에 빠졌다. 신약학자 빌 레인(Bill Lane)은 말한다. "배신을 당하기 전, 막간과도 같은 시간 동안 예수는 아버지와 함께 있게 되었지만 하늘나라가 아니라 지옥이 펼쳐지는 것을 보고 큰 충격을 받았다."[8]

십자가에 달려 버림받았음을 한탄하는 예수의 부르짖음, "나의 하나님, 나의 하나님, 어찌하여 나를 버리셨나이까!"는 속속들이 관계적인 진술이다. 레인은 이렇게 적었다. "이 외침에는 한 점 흠 없는 진정성이 담겨 있다. … 예수는 하나님을 포기하며 죽어 가지 않았다. 지옥불 같은 외면의 아픔 속에서도 하나님을 향한 믿음을 저버리지 않고 '나의 하나님, 나의 하나님'이라는 확인의 외침을 통해 고뇌에 찬 기도를 드렸을 뿐이다."[9]

예수는 여전히 친밀감이 넘치는 언어를 사용한다. 아버지로부터 무한정 분리되는 사건을 경험하는 가운데서도 예수는 여전히 '나의 하나님'이라는 친밀감이 진하게 묻어나는 표현을 사용한다.

대속과 고통

예수의 죽음은 다른 죽음들과 본질적으로 다르다. 신체적인 고통 따위는 우주적으로 버림받는 영적 경험에 댈 게 못 된다.[10] 세상의 많은 종교들 가운데 오로지 기독교만 하나님이 그리스도를 통해 독특하고도 완전하게 인간이 되었으므로 절망, 거절, 외로움, 가난, 사랑하는 이를 잃어버리는 고통, 고문과 감금 따위를 체험적으로 알고 있다고 주장한다. 예수는 십자가에 달려 인간고의 정점을 넘어섰으며, 앎과 힘에서 그러하듯 인생으로서는 도저히 따라잡을 수 없을 만큼 우주적인 거절과 고통을 깊이 겪었다. 그 죽음을 지켜보면서 사랑으로 하나님은, 버림받아 외로운 이와 하나가 되어 깊은 고통을 당했다.[11] 하나님이 이렇게 한 까닭은 무엇인가? 성경은 예수가 피조물을 구원하는 사명을 띠고 세상에 왔다고 말한다. 훗날 인류를 죽음에 이르게 하지 않고 악과 고통을 끝장낼 수 있도록 인류의 죗값을 치르셔야 했던 것이다.

이게 어떤 결과를 낳는지 살펴보자. "어째서 하나님은 악과 고통이 사라지지 않고 지속되도록 허용했는가?"라는 질문을 다시 던지고 십자가의 예수를 아무리 바라보아도 무엇이 정답인지는 여전히 알 수 없다. 하지만 이제 무엇이 답이 아닌지는 알 수 있다. 하나님이 우리를 사랑하지 않는다는 소리는 답이 될 수 없다. 인간의 처지에 냉담하며 멀리 떨어져 지켜볼 뿐이라는 주장도 답이 아니다. 그분은 인간의 비참한 현실과 고통에 뛰어들었다. 그 마음이 너무도 절절해 스스로 그 짐을 대신 짊어졌다. 이런 사실을 꿰뚫어 보았던 알베르 카뮈는 이렇게 적었다.

> 하나님이자 인간이었던 분(그리스도)도 고난을 견뎌 냈다. 고통과 죽음을 당했기에 악과 죽음을 두고 전혀 그에게 책임을 물을 수가 없게 되었다. 골고다의 그 밤은 인간사에 너무도 중요하다. 신성을 가진 이가 그 어둠 속에서 표면상으로 전통적인 특권을 포기하고 거기에 담긴 절망과 죽음의 고통을 끝까지 살아 냈다는 사실 하나 때문이다. 고뇌에 잠긴 그리스도의 '라마 사박다니!'라는 외침과 끔찍한 회의는 그렇게 설명될 수 있다.[12]

이처럼 예수는 곧 하나님이며 스스로 십자가를 졌다는 기독교의 가르침을 받아들이면 지상에서 꾸려 가는 삶의 참혹한 현실에 맞설 깊은 위안과 힘을 얻을 수 있다. 가장 고통스러운 순간에도 하나님은 참으로 임마누엘(하나님이 우리와 함께 계신다)임을 알게 된다.

부활과 고통

어려움을 겪는 가운데도 하나님이 우리와 함께한다는 사실을 아는 것 이상으로 중요한 일이 있다. 고난이 '허사가 아니라는' 소망이 반드시 필요하다. 사랑하는 식구를 잃은 가족들이 얼마나 절실한 심정으로 그런 이야기를 하는지 생각해 본 적이 있는가? 그들은 법령을 개정하고 죽음에 이르게 한 사회적인 조건들을 바꾸기 위해 안간힘을 쓴다. 그들에게는 사랑하는 식구의 죽음이 새로운 생명으로 나아갈 거라는, 불의가 더 큰 정의로 안내하리라는 믿음이 필요하다.

고통을 겪는 이에게 기독교 신앙은 십자가의 가르침뿐만 아니라 부활의 사실도 자원으로 제공한다. 성경이 가르치는 미래는 실체가 없는 '낙원'이 아니라 새 하늘과 새 땅이다. 요한계시록 21장을 보면, 인간들이 세상을 벗어나 하늘나라에 들어가는 대신 하늘나라가 이 물질세계로 내려와 깨끗하고 새롭고 완전하게 만드는 것을 알 수 있다. 물론 세속적인 세계관은 미래를 죽음과 역사 이후에 다가올 회복으로 보지 않는다. 반면에 동양 종교들은 개체성을 잃고 위대한 영, 완전한 영혼으로 돌아가므로 이생에서 누리던 물질적인 삶은 영원히 사라진다고 생각한다. 천상의 낙원을 믿는 신앙인들조차도 그 실체를 이생에서 겪은 상실과 고통에 대한 보상이자 상상 속에나 있을 법한 희열 정도로 여긴다.

성경의 세계관은 부활, 다시 말해 단 한 번도 누려 보지 못한 삶에 대한 위로 정도가 아니라 늘 원하던 삶의 회복이다. 여태 일어난 끔찍한 일들이 되돌려지고 바로잡힐 뿐만 아니라 어떤 면에서는 궁극적인 영광과 기쁨이 된다는 뜻이다.

몇 년 전에 온 가족이 죽는 무시무시한 악몽을 꾼 적이 있었다. 정신을 차리고 얼마나 가슴을 쓸어내렸는지 모른다. 하지만 단순한 안도감을 뛰어넘는 더 큰 무언가가 있었다. 가족들을 마주 대할 때마다 기쁨이 이루 말할 수 없을 만큼 벅차게 차올랐다. 그들을 바라보면서 얼마나 고마워하는지, 그리고 그들을 얼마나 사랑하는지 새삼 깨달았다. 어째서일까? 악몽 때문에 기쁨이 한층 커진 까닭이다. 말하자면 꿈에서 깨어나면서 느낀 희열이 두려움을 사그라들게 하고 꿈에서 잃었다가 다시 찾은 가족에 대한 사랑이 더 커진 것이다. 진정한 가치를 모르고 있던 물건을 잃었을 때와 비슷한 맥락이다. 아주 없어진 줄 알았다가 다시 찾으면 예전보다 더욱 소중히 여기며 감사하게 마련이다.

그리스 철학(특히 스토아학파)은 역사를 끝없이 되풀이되는 과정으로 보았다. 우주는 가끔씩 운행을 멈추고 팔렌게네시아(palengenesia)라는 거대한 불길에 소진되며 그런 정화 절차를 거친 뒤에 새로운 역사가 시작된다는 것이다. 마태복음 19장 28절에서 예수는 바로 그 팔렌게네시스로 세상에 다시 오시겠다고 말씀했다. "내가 진실로 너희에게 이르노니 세상이 새롭게 되어(그리스어로 palengenesis) 인자가 자기 영광의 보좌에 앉을 때에…." 이건 완전히 새로운 개념이다. 예수는 물질세계와 우주의 부패와 손상을 단번에 털어버리는 권세를 가지고 돌아올 것이라고 주장한다. 모든 상처는 치유될 것이며 막연하게 기대하던 일들도 죄다 현실이 될 것이다.

《반지의 제왕(The Lord of the Rings)》 3부작이 정점을 찍고 내려올 즈음, 샘 갬지(Sam Gamgee)는 죽은 줄만 알았던 친구 간달프가 살아 있다는 사실을 알고 부르짖는다. "당신이 죽었다고 생각했어요! 아니, 반대로 내가 죽은 건 아닐까도 생각했죠. 이제 어떤 슬픈 일도 일어나지 않는 거죠?"[13]

여기에 대한 기독교의 대답은 "그렇다"이다. 그 어떤 슬픈 일도 일어나지 않을 것이다. 깨지고 가망이 없었던 지난날이 있었기에 그 세상은 훨씬 더 근사할 것이다.

성육신과 십자가라는 기독교의 가르침을 받아들이면 고통 가운데서도 큰 위로를 얻을 수 있다. 부활의 교리는 강력한 소망을 불어넣는다. 더없이 갈망하는 삶을 약속하는 까닭이다. 더구나 엄청난 용기, 인내, 희생, 또는 구원에 이르려는 안간힘이 조금도 필요하지 않으니 무한정 아름답고 영광스러울 수밖에 없다.[14]

도스토예프스키는 그 실체를 작품 속에 정확하게 녹여 냈다.

고통은 치유되고 바로잡히리라고, 인간의 모순이 빚어낸 비루한 부조리들은 고통스러운 신기루나 무능하고 한없이 하찮은 유클리드적인 인간 정신처럼 사라져 버리리라고, 세상의 마지막, 그러니까 영원한 조화의 순간에는 고귀한 무언가가 나타나 모든 심령을 채우고 억울함을 다독이며 인류의 모든 범죄, 그들이 흘린 모든 피를 대속하리라고, 여태 벌어졌던 일들을 깡그리 용서할 뿐만 아니라 정당화시킬 수 있게 되리라고 난 어린아이처럼 순전하게 믿고 있어.[15]

C. S. 루이스는 한결 간결한 문장으로 표현했다.

잠깐 있다가 사라지는 고통을 두고도 흔히들 '나중에 큰 복을 받으면 뭐해, 지금 이렇게 힘든데'라고 말하지. 일단 천국을 품으면 그게 뒤에서 작용해서 괴로움을 영광으로 바꾼다는 사실을 모르고 하는 소리라네.[16]

악과 고통을 물리치는 영원한 승리가 여기에 있다. 단순히 끝내는 데서 그치지 않고 철저하게 짓밟아 버린다. 그동안 벌어졌던 일들은 장차 누리게 될 삶과 기쁨을 한없이 증폭시킬 뿐이다.

。。。

"크리스천들은 스스로 누구나 반드시 따라야 할 절대 진리를 소유했다고 믿죠." 브루클린에 사는 젊은 아티스트 케이스(Keith)는 말했다. "그런 사고방식은 다른 사람들의 자유를 위태롭게 만듭니다."

"맞아요!" 또 다른 젊은 아티스트 클로이(Chloe)가 맞장구를 쳤다. "모두에게 들어맞는 유일한 진리'라는 식의 접근은 지나치게 구속적이잖아요. 알고 지내는 크리스천들을 보면, 스스로 생각하는 사상의 자유가 없는 것처럼 보여요. 저마다 자신에게 맞는 진리를 선택해야 한다고 봅니다."

3
속박

기독교는 인간의 자유를 옥죄는 오랏줄인가

절대 진리를 주장하는 믿음은 자유의 적인가? 뉴욕에서 만난 이들은 십중팔구 그렇게 여겼다. 기독교는 특정한 믿음들을 가리켜 '이단'이라 부르기도 하고 어떤 행동들에는 '비윤리적'이라는 딱지를 붙인다. 교리적이고 도덕적인 경계를 넘어서는 이들을 공동체에 들어오지 못하게 가로막는다. 현대인들의 눈에는 시민의 자유를 위협하는 행동으로 비칠 수밖에 없다. 주민들을 통합하기보다 분열시키는 까닭이다. 문화적으로 편협해 보이기도 한다. 문화에 따라 현실을 바라보는 시각이 다를 수 있음을 인정하지 않기 때문이다. 결국에는 구성원들을 노예로 만들거나 기껏해야 어린애 취급을 하는 것처럼 보인다. 무엇을 믿고 행해야 할지 미주알고주알 결정해 주는 셈이 아닌가! 스캇 펙은 샬린(Charlene)이라는 여성을 상담했던 경험담을 들려준다.

여인은 기독교에 관해 이렇게 이야기했다. "기독교 신앙을 가질 가능성은 전혀 없어요. 나한테는 죽음이나 마찬가지니까요. … 하나님을 위해 살고 싶진 않아요. 그러지 않을 겁니다. 난 그냥 나 자신을 위해 살고 싶어요."[1] 기독교는 창의력과 성장을 가로막을 거라고 샬린은 확신했다. 21세기 초의 사회 활동가 엠마 골드만(Emma Goldman)도 마찬가지였다. 그는 기독교를 일컬어 "인류를 획일화시키는 도구, 도전하고 행동하는 인간 의지의 파괴자, 확장과 성장을 옥죄는 철망이나 오랏줄"[2]이라고 했다.

영화 〈아이, 로봇(I, Robot)〉(2004)의 마지막 대목을 되짚어 보자. 로봇인 서니(Sonny)는 내장된 디자인 프로그램에 따라 과제를 수행해 왔다. 하지만 이제 더 이상 할 일이 없음을 깨닫는다. 영화는 서니와 또 다른 주인공, 스푸너(Spooner) 형사가 나누는 대화로 마무리된다.

서니 : 해야 할 일은 다 했어. 이제 무얼 해야 할지 모르겠군.
스푸너 형사 : 서니, 내 생각엔 우리 인간들처럼 제 길을 가는 게 좋겠어. … 마음 내키는 대로 하라는 얘기지.

이런 관점에서 보자면, '자유'란 존재 이유가 될 만한 원대한 목표가 없음을 가리킨다. 그런 게 있다면 어떻게든 확인해서 성취해야 하는데, 그건 '제한'을 뜻하기 때문이다. 참다운 자유는 곧 스스로 의미와 목적을 만들어 내는 자유다. 미국의 연방대법원은 '자유의 핵심'이 "존재에 대한 개념, 우주의 의미에 대한 관념을 스스로 규정하는 데 있다"는[3] 입장을 법률에 명시했다. 스티븐 제이 굴드(Stephen Jay Gould)도 여기에 십분 공감한다.

> 일단의 특이한 물고기들이 육상생물의 다리로 변화될 수 있는 독특한 지느러미 구조를 지니고 있었던 덕에, 그리고 혜성들이 지구와 충돌해 공룡들을 쓸어버리고 그렇지 않았으면 없었을 기회를 포유류들에게 준 덕에 인간은 여기에 이렇게 존재한다. … '더 고상한' 답을 갈구할지 모르겠지만 그런 건 어디에도 없다. 이런 설명이 표면적으로는 곤혹스러울지 몰라도 괜히 겁을 집어먹지만 않는다면 인간을 궁극적으로 자유롭고 신나게 한다. 자연이 제시하는 사실들을 염두에 두면 삶의 의미를 수동적으로 파악한다는 것은 있을 수 없는 일이다. 우리는 반드시 스스로 답안을 구성해 내야 한다.[4]

기독교는 사회 통합과 문화적인 적응성, 심지어 참다운 인간성을 해치는 적처럼 보인다. 하지만 이러한 부정적인 견해는 진리와 공동체, 기독교와 자유의 본질에 얽힌 오류를 바탕에 깔고 있다.

진리는 피할 수 없다

프랑스 철학자 푸코는 "진리는 이 세상에 속한 일이며 다양한 형태를 지닌 통제의 산물일 따름이고 권력 효과들을 함유하고 있다"[5]고 적었다. 수없이 많은 이들이 푸코의 영향을 받아 진리주장은 하나같이 권력놀음이라고 단정한다. 진리를 소유했노라고 장담한다면, 권력을 잡고 누군가를 통제하려 안간힘을 쓰고 있다는 뜻이라는 것이다. 니체의 제자라는 명성에 걸맞게 푸코는 좌파와 우파 모두에게 이런 분석을 들이댔다. 니체 앞에서 "누구든지 가난한 이들을 공평하게 대해야 한다"는 얘기를 하면 당장 "정말 정의와 가난한 이들을 사랑하기 때문인가, 아니면 통제력과 권력을 장악하기 위한 전쟁을 시작하고 싶은 것인가?"라는 질문이 돌아올 것이다.

하지만 '모든 진리는 권력놀음'이라는 반론은 "모든 진리는 문화적인 제약을 받는다"는 주장과 똑같은 문제에 부닥치기 십상이다. 진리에 관한 온갖 주장들을 이것, 저것, 또는 이도저도 아닌 무엇으로 설명해 내려 하다가는 결국 아무것도 설명할 수 없는 지경에 몰리게 된다. C. S. 루이스는 《인간폐지(The Abolition of Man)》라는 책에 이렇게 적었다.

하지만 끝없이 계속해서 '설명해 낼' 수는 없습니다. 결국 설명 그 자체를 설명해 왔음을 깨닫게 될 것입니다. 끝없이 계속해서 '꿰뚫어 볼' 수도 없습니다. 무언가를 꿰뚫어 보는 행위의 요점은 그를 통해 무언가를 보려는 데 있습니다. 창문은 투명한 게 바람직하다는 논리는 그 너머에 있는 거리나 정원이 불투명한 까닭입니다. 그 정원마저 꿰뚫어 보았더라면 어떤 일이 벌어졌을까요? … 온통 투명한 세상은 아무것도 볼 수 없는 세상입니다. 모든 걸 '꿰뚫어 본다'는 말은 곧 아무것도 보지 못한다는 말과 같습니다.[6]

진리주장이 죄다 권력놀음이라고 한다면, 그런 말 또한 권력놀음이다. 신앙과 신에 대한 진리주장은 하나같이 죄책감과 불안을 다스리기 위한 심리적 투사에 지나지 않는다고 한다면 그 얘기 자체도 예외가 아니다. 모든 것을 꿰뚫어 본다는 말은 곧 그 무엇도 보지 못한다는 뜻이다.

푸코는 진리의 범주를 부정하면서도 스스로는 분석이라는 저만의 진리를 남들에게 강권했다. 이를 보면 진리주장은 어느 정도 불가피한 면이 있는 듯하다. 어쩌면 진리 같은 게 존재한다는 사실은 한사코 인정하기를 거부하면서 한편으로는 억압에 맞서는 모순이야말로 포스모던 '이론'과 '해체주의'가 시들해지는 중요한 이유가 아닐까 싶다.[7] G. K. 체스터튼은 거의 백 년 전에 이와 판박이처럼 닮은 지적을 내놓았다.

새로운 반대자는 곧 회의론자여서 아무것도 믿지 않을 것이다. … 하지만 그러기에 절대로 혁명가가 될 수 없다. 비판이란 모종의 윤리적 신조를 암시하기 때문이다. … 따라서 반기를 드는 현대인들은 반란의 목적을 달성하는 데는 실질적으로 별 쓸모가 없게 된다. 만사에 반발하면서 무언가에 저항할 권리를 잃은 것이다. … 생각을 멈추게 하는 생각이 있다. 반드시 멈춰야 할 생각이 있다면 바로 그런 생각뿐이다.[8]

어떤 공동체도
완전히 포용적일 수 없다

기독교 공동체의 구성원이 되기 위해서는 특정한 신념들을 받아들여야 한다. 누구에게나 열려 있는 게 아니라는 뜻이다. 이런 성질 탓에 사회 분열을 부른다는 비판을 받는다. 인간 공동체는 철저하게 포용적이어야 한다. 다시 말해 인간성을 공통분모로 누구에게나 열려 있어야 한다는 것이다. 도시에서는 주민들의 인종과 종교적 신념이 서로 다름에도 불구하고 공동체를 이뤄 함께 살고 일하지 않느냐고 비판자들은 지적한다. 공동체 생활에 필수 요건은 다른 이들의 사생활과 권리를 존중하고 누구나 평등하게 교육과 직업, 의사결정 기회를 누리도록 보장하는 정도이며 그게 바로 '자유민주주의'라고 못 박아 말한다.

안타깝게도 이런 시각은 지나치게 단순화된 사고방식을 드러낼 뿐이다. 자유민주주의는 공동체의 유익보다는 개인의 권리가 우선이며, 개인 윤리와 공공 윤리는 별개이고, 개인의 선택을 신성시하는 따위의 숱한 전제들을 깔고 있다. 다른 문화권에서는 하나같이 이질적인 신념들이다.[9] 그러므로 이른바 자유민주주의는 구성원들끼리만 공유하고 있는(모든 공동체가 다 마찬가지다) 일단의 몹시 특수한 신념들을 토대로 삼는다. 서구 사회는 이성, 권리, 정의 따위를 둘러싼 공동의 약속을 기반으로 하지만, 그게 무엇을 의미하느냐에 대해서는 어느 하나 보편적으로 합의된 정의 같은 게 없다.[10] 정의와 이성에 대한 해석에는 예외 없이 인생의 의미와 관련된 특수한(모든 인간이 공유하는 게 아닌) 확신들이 들어 있다.[11] 따라서 철두철미하게 포용적인 공동체는 헛꿈에 지나지 않는다.[12] 인간 공동체는 어김없이 공동의 신념을 가지고 있게 마련이며 자연히 누구를 그 테두리 안에 넣고 누구를 제외시키느냐와 같은 경계가 생기는 법이다.

예를 들어 보자. 게이와 레즈비언, 트랜스젠더 커뮤니티센터 이사진 가운데 한 명이 어느 날, "신앙적인 체험을 했습니다. 이제는 동성애가 죄라고 믿습니다"라고 선언한다 치자. 몇 주가 지나가는데도 꿋꿋이 같은 주장을 되풀이한다. 또 동성애반대연맹의 간부 하나가 "아들아이가 게이라는 걸 알게 됐습니다. 동성 파트너와 결혼할 권리가 걔한테 있다고 봅니다"라고 발표한다면 어떻게 되겠는가? 양쪽 집단의 구성원들이 얼마나 너그럽고 유연한 성품을 가졌는가와 상관없이, 저마다 "신념이 다르니 이제 그만 이사회에서 나가 달라"고 통고할 수밖에 없는 시점이 반드시 닥칠 것이다. 두 그룹 가운데 첫 번째는 포용적이라는, 그리고 두 번째는 배타적이라는 평가를 받고 있지만 운영 방식에서는 둘 사이에 별반 차이가 없다. 양쪽 다 구성원들끼리 공유하고 있는 확신들을 기초로 삼고 있으며 그 믿음은 포용하고 배척할 상대를 가르는 경계선으로 작용한다. '편협해서'가 아니다. 어느 쪽이나 마찬가지다. 두 편 다 그저 공동체이기 때문에 생기는 현상일 따름이다.

구체적인 신념과 실천 방안을 구성원들에게 책임지고 제시하지 못하면 그 어떤 공동체도 공동의 정체성을 형성할 수 없으며 공동체라고 말할 근거를 완전히 잃게 될 것이다.[13] 멤버들에게 적용되는 명쾌한 기준이 있다는 이유만으로 한 집단을 무조건 배타적으로 판단할 수는 없다. 그렇다면 공동체가 편협하고 억압하기보다 개방적이고 배려하는지 여부를 가릴 방도는 없는가? 있다. 훨씬 정확한 검증 방법이 있다. 다른 공동체에 속한 이들을 사랑하고 존중하고 섬기며 그 필요를 채우도록 가르치는 신념들을 가지고 있는가? 아니면 공동체의 신조들이 그 경계를 침범하는 이들을 친절하고 겸손하며 쾌활하게 대하기보다 지배하고 공격하도록 유도하는가? 크리스천들이 믿지 않는 이들을 손가락질하고 불손하게 대한다면 비난받아 마땅하다.[14] 하지만 고유한 확신을 좇아 구성원들에게 적용되는 확고한 기준을 지켜 간다고 해서 교회를 비판하면 안 된다. 교회뿐만 아니라 세상 모든 공동체가 그러고 있기 때문이다.

기독교 신앙은
문화적으로 경직되어 있지 않다

흔히들 기독교는 문화적인 속박이라고들 한다. 다채로운 문화들을 단 하나의 강철 같은 단단한 틀에 억지로 쑤셔 넣으리라고 지레짐작한다. 그러니 다원주의와 다문화주의의 적이라는 시선을 받을 수밖에 없다. 하지만 기독교는 세속주의를 포함한 다른 세계관들보다 다양한 문화에 대한 적응성이 월등하게 높으며 훨씬 덜 파괴적이다.

크리스천의 확장 패턴은 다른 종교들과 전혀 다르다. 이슬람 인구의 구심점과 절대다수는 여전히 그 발원지인 중동 지역에 자리 잡고 있다. 힌두교와 불교, 유교의 인구학적 중심 역시 그 발상지를 벗어나지 않는다. 그런데 기독교는 판이한 양상을 보인다. 초기에는 유대인들이 예루살렘을 중심으로 흐름을 주도했지만 곧이어 지중해 연안의 헬라파 유대인들이 주류를 이루었다. 나중에는 북유럽의 야만인들이 신앙을 받아들였고 차츰 서유럽과 북아메리카의 크리스천들이 주도하게 되었다. 오늘날은 어떠한가? 세계 기독교 인구의 대다수는 아프리카와 라틴아메리카, 아시아에 거주한다. 기독교 세계의 중심은 곧 남반구와 동반구로 옮겨 갈 것이다.

이를 선명하게 보여 주는 두 가지 유익한 사례가 있다. 1900년, 아프리카의 크리스천은 전체 주민 가운데 9퍼센트 정도에 지나지 않았으며 무슬림이 네 배나 더 많았다. 오늘날 아프리카의 크리스천은 인구의 44퍼센트를 차지하며[15] 1960년대를 기점으로 무슬림의 숫자를 넘어섰다.[16] 이런 폭발적인 성장이 이제 중국에서 시작되고 있다.[17] 기독교는 소작농들 사이에서뿐 아니라 공산당원을 비롯해 사회문화적으로 기득권을 누리는 계층에서도 꾸준히 성장하고 있다. 지금과 같은 증가세라면 30년 안에 크리스천은 15억 중국 인구 가운데 30퍼센트를 차지하게 될 것이다.[18]

이들 지역에서 기독교 신앙이 그처럼 눈부시게 확산되는 까닭은 무엇일까? 아프리카 출신 학자 라민 사네(Lamin Sanneh)는 더없이 흥미로운 답을 내놓는다. 아프리카인들은 선한 영과 악령들이 지배하는 초자연적인 세계를 믿는 오랜 전통을 지니고 있다. 그러다 저마다의 언어로 성경을 읽게 되자 적잖은 이들이 아프리카인으로서 그동안 지녀 왔던 역사적 갈망과 영감을 채워 줄 최종 답안으로 그리스도에 주목하게 되었다.[19] 사네는 이렇게 적었다.

기독교는 세계관의 전환을 통해 이 역사적 도전에 부응했다. … 예수님은 신성한 존재에 대한 존중을 조롱하지도 않고 전능한 구세주를 향한 부르짖음을 비웃지도 않는다는 사실을 사람들은 마음으로 감지해 냈다. 그래서 별들이 하늘에서 뛰며 춤출 때까지 그리스도를 위해 거룩한 북을 두드려 댔다. 춤이 끝난 뒤부터 그 별들은 더 이상 작고 보잘 것 없는 존재가 아니었다. 기독교 신앙은 아프리카인들을 다시 빚어진 유럽인이 아니라 새로워진 아프리카인이 되게 해 주었다.[20]

초자연성을 부정하고 개인주의에 치우친 세속주의는 현지 문화들과 '아프리카인으로서의 됨됨이'에 기독교보다 더 파괴적이라고 사네는 주장한다. 아프리카인들은 성경에서 초자연적이고 영적인 악을 누르는 예수님의 권세와 십자가에서 이루신 그분의 최종 승리에 관한 기사를 읽는다. 크리스천이 되는 순간, 아프리카인으로서의 됨됨이는 완전히 개조되고 완성되며 단단히 굳어진다. 유럽인의 면모나 그밖에 무언가로 대체되는 게 아니다.[21] 기독교 신앙을 통해 아프리카인들은 여전히 고유한 전통들 속에 살면서도 비판할 수 있을 만큼 적절한 거리를 지킬 수 있게 된 것이다.[22]

지금 목회하고 있는 맨해튼의 리디머장로교회 역시 문화 적응의 흥미로운 본보기로 꼽을 만하다. 이곳 환경에서 교회가 보인 성장세는 너무도 놀라워서 지켜보는 이들로서는 대단히 충격적이기까지 했다. "어떻게 그처럼 세속적인 지역에서 수천 명이나 되는 젊은이들을 움직일 수 있는 거죠?"라는 질문을 자주 받는다. 기독교가 성장하고 있는 다른 지역에서 벌어지는 일이 뉴욕시에서도 일어났다는 것 말고는 달리 답할 말이 없다. 리디머교회는 핵심적인 교리들을 한 점 타협 없이 지켜 내면서도 주변 문화에 깊이, 그리고 긍정적으로 적응했다.

리디머교회의 기본 교리들(그리스도의 신성, 성경의 무오류성, 그리스도의 대속적인 죽음을 믿어 영적으로 거듭날 필요성 등)은 아프리카와 아시아, 라틴아메리카와 미국 남부 및 중서부의 복음적이고 오순절적인 교회들의 정통적이며 초자연적인 신앙과 일치한다. 이런 신념들은 이 지역에 사는 수많은 이들의 세계관이나 관습과 자주 충돌했다. 하지만 한편으로는 이 도시가 보여 주는 여러 다원주의적인 일면들을 서슴없이 받아들였다. 예술을 강조하고, 인종적인 다양성을 소중히 생각하며, 시내에 거주하는 모든 이들에게 정의가 실현되도록 돕는 일을 중요하게 여기고, 도시 중심 문화에 대한 감수성을 가지고 그 언어로 소통했다. 대다수 교인들이 당시 기득권층이 '죄인들'이라고 불렀던 이들과 더불어 먹었던 구세주의 은혜를 강조하고 그분을 적대하는 이들을 사랑했다. 이들 모두가 맨해튼 거주자들에게는 대단히 의미 있는 이슈들이다.

그렇게 해서 리디머는 도시에 거주하는 다채로운 이들의 마음을 얻고 복음을 전했다. 어느 주일, 아침 예배에 참석했던 아내 캐시는 앞자리에 앉았던 한 남성을 소개받았다. 존 더로리언(John DeLorean)을 따라왔는데 공화당 대선 후보의 연설문 작성 담당자라고 했다. 곧이어 뒤에서 웬 여성이 어깨를 톡톡 치더니 또 다른 손님을 인사시키고 싶다고 했다. 마돈나의 수석 작곡가로 일한다는 남성을 데려왔다는 것이다. 교회에 와 준게 반갑기는 했지만 설교를 듣기 전까지는 부디 둘이 직접 얼굴을 마주하는 일은 일어나지 않기를 아내는 간절히 바랐다.

몇 년 전, 정통 기독교 교리를 따르면서도 무신론적이고 세속적인 도시 한복판에서 점점 성장하는 교회가 있다는 소문을 듣고 미국 남부에 사는 한 남성이 리디머를 찾아왔다. 속으로는 아방가르드풍의 음악, 근사한 비디오 모니터와 동영상, 감동적인 드라마, 유행을 훌쩍 앞서가는 특별한 장치들을 비롯해 눈길을 사로잡는 온갖 장면들로 다른 사람들의 마음을 끄는 모습을 기대했다. 그런데 놀랍게도 단순하고 전통적인 예배가 전부였다. 겉으로 보기엔 보수적이기 짝이 없는 고향 동네의 예배와 한 점 다를 바가 없었다. 그런데도 교회와는(그가 알고 있는 식의) 거리가 멀 것 같은 이들이 숱하게 청중들 틈에 끼어 있는 게 보였다. 예배가 끝난 뒤, 그가 찾아와서 말했다. "제게는 처음부터 끝까지 수수께끼뿐이군요. 곰이 나와 춤을 추는 것도 아니고, 새롭고 신기한 장치들이 등장하지도 않는데 왜 이렇게 많은 이들이 여기에 앉아 있는 거죠?"

그래서 진즉부터 리디머에 다니고 있는 '전형적인 뉴요커' 몇 명을 만나 보게 했다. 그들은 껍데기 너머를 들여다보라고 주문했다. 누군가 리디머는 다른 교회들과 상당히 다르다면서 '아이러니, 너그러움, 겸손'이란 말로 정리했다. 다른 교회들과 달리 리디머에서는 젠체하거나 대단히 감성적인 언어로 정서를 조작하려는 조짐을 찾아보기 어렵다고 다들 입을 모았다. 아이러니컬하게도 리디머 교인들은 도리어 자신을 낮추며 부드럽게 말을 걸어온다고 했다. 뿐만 아니라, 믿음을 이야기해도 너그럽고 겸손한 자세를 잃지 않아서 맨해튼 주민들로서는 리디머의 이런저런 신념에 동의하지 않을지라도 받아들여지고 환영받는다는 느낌을 받는다고

도 했다. 무엇보다 리디머의 가르침과 소통은 지성적이고 미묘한 차이가 있어서 민감한 대목마다 세심함을 보여 준다고들 했다.

이런 강조점들은 맨해튼에서 큰 호응을 받았다. 하지만 어느 것 하나 역사적으로 중요한 기독교 교리에 토대를 두지 않은 게 없다. 인종적인 다양성을 강조한 점만 해도 바울이 에베소교회에 보낸 편지 2장의 내용과 곧바로 연결된다. 본문에서 사도는 인종적인 다양성이야말로 크리스천이 전하는 메시지가 진실임을 입증하는 주요 증거라고 설명한다. 아이러니도 마찬가지다. 라인홀드 니버는 하나님처럼 되려고 안간힘을 쓰지만 거듭 실패하는 인간을 지켜보며 즐거워하는 역설이 바로 현실을 바라보는 크리스천의 시각이라고 지적한다.[23] 이처럼 환경에 잘 들어맞는 강조점들은 역사 속에 이어져 온 크리스천의 가르침에 깊이 뿌리내리고 있으므로 단순한 마케팅 기법과는 거리가 멀다.

기독교가 지극히 이질적인 여러 문화들 속으로 세계의 주요 종교들과 비교할 수 없을 만큼 깊이 파고들어 갈 수 있었던 비결은 무엇일까? 물론 모든 기독교 신앙이 그 형태와 상관없이 한사코 지키는 핵심적인 가르침들은(사도신경과 주기도문, 십계명처럼) 엄연히 존재한다. 그럼에도 불구하고 특정한 문화 속에서 그 절대적인 신조들을 표현하는 방법과 형식에는 커다란 자유가 허용된다. 예를 들어, 성경은 크리스천들에게 서로 연합하여 음악으로 하나님을 찬양하라고 가르치지만 운율과 리듬, 감정 표출의 수준, 기악 편성 따위를 시시콜콜 처방하지 않는다. 다양한 방식을 통해 문화적으로 표현되도록 맡겨 둘 따름이다. 역사학자 앤드류 월스(Andrew Walls)는 이렇게 썼다.

문화적인 다양성은 기독교 신앙 안에 이미 내장되어 있다. … 사도행전 15장은 새로 크리스천이 된 이방인 신자들은 굳이 유대교 문화를 따를 필요가 없다고 선언한다. … 회심한 이들은 그리스 방식으로 크리스천의 삶을 살면 그만이었다. 그러므로 누구도 기독교 신앙을 독점할 수 없다. 파키스탄에서 튀니지까지, 다시 모로코까지 두루 인정할 수 있는 '이슬람 문화'와 같은 맥락의 '기독교 문화'는 어디에도 없다.[24]

이사야 60장과 요한계시록 21-22장 같은 성경 본문들은 문화적인 다양성(각 나라와 족속과 백성과 방언)을 그대로 간직한 채, 새로워지고 완벽해진 미래의 세계를 그리고 있다. 이는 인간 문화마다 제각기 다른 이점과 능력을 가지고 인류를 풍요롭게 하는 데 이바지함을 의미한다. 윌스가 지적하듯, 모든 문화에는 왜곡과 그리스도의 메시지에 비추어 비판하고 바꿔 나가야 할 요소들이 있지만 다른 한편으로는 기독교가 다가가 적응해야 할 유익하고 독특한 요소들도 있다.

세간에서 생각하는 바와는 달리, 기독교는 토착 문화를 파괴하는 서방 종교가 아니다. 오히려 기독교는 다른 신앙들보다 문화적으로 더 다채로운 양상을 보인다.[25] 히브리 문화, 그리스 문화, 유럽 문화에서 유입된 통찰을 깊은 바닥에 차곡차곡 깔고 있으며 앞으로 백 년쯤 세월이 흐르는 사이에 아프리카와 라틴아메리카, 아시아의 문화를 통해 또 다른 모습으로 빚어질 것이다. 오랫동안 '나라와 족속과 백성과 방언'이 다른 이들에게 리더십을 개방한 덕에 기독교 신앙은 진정한 의미에서 '세상을 바라보는 가장 폭넓은 시각'[26]이 되었는지도 모른다.

자유는
단순하지 않다

기독교 신앙은 무엇을 믿고 어떻게 행할지 선택할 자유를 제한하여 개인의 성장과 잠재력을 가로막는다고들 넘겨짚는다. 임마누엘 칸트는 권위나 전통보다 스스로 생각하는 힘에 의지하는 것을 계몽된 인간의 조건으로 꼽았다.[27] 윤리적인 문제들에서 권위에 저항하는 이런 마음가짐은 이제 현대 문화의 커다란 흐름이 되었다. 스스로의 윤리적인 기준을 설정하는 자유는 온전한 인간이 되는 데 빠져서는 안 될 필수 요건이라고 믿어 의심치 않는다.

하지만 이는 지나치게 단순화된 발상이다. 자유는 오로지 구속과 제한이 없다는 식의 부정적인 낱말들만을 엮어서 정의할 수 없다. 실제로 구속과 제한이 자유의 통로가 되는 경우가 얼마나 많은지 모른다.

음악적인 재능을 타고났다면, 몇 년이고 피아노를 치고 치고 또 치면서 연습을 거듭해야 할지 모른다. 이는 자유를 구속하고 제한하는 행위다. 이처럼 훈련에 많은 시간을 투자하지 않으면 할 수 없는 일이 허다하다. 하지만 달란트를 지닌 이들에게 이런 규율과 제한은, 그렇게 하지 않으면 묻혀 버릴 능력을 남김없이 발휘할 수 있게 해 준다. 그렇다면 도대체 무엇을 한 것인가? 다른 일들을 성취하는 더 풍성한 자유를 스스로에게 부여하기 위해 특정한 일을 하는 자유를 일부러 포기한 것이 아닌가?

구속과 훈련, 제한 따위가 본질적으로, 그래서 자동적으로 인간을 자유로워지게 한다는 뜻이 아니다. 예를 들어, 키가 165센티미터쯤 되고 몸무게는 57킬로그램 정도 나가는 젊은이는 프로 아메리칸 풋볼 팀에 들어가겠다는 마음을 버려야 한다. 아무리 공들여 훈련하고 노력한다 해도 결국 낙담하고 으스러질(말 그대로) 게 뻔하다. 젊은이는 신체적인 현실에 부닥칠 수밖에 없다. 그저 잠재력을 갖지 못한 탓이다. 우리 사회에는 달란트와 관심 영역에 맞는 일이 아니라 더 많은 보수를 보장하는 직업을 기를 쓰고 구하는 이들이 수두룩하다. 그런 일들이야말로 마침내는 우리를 억압하고 비인간화하는 속박이다.

그렇다면 규율과 제한은 우리의 본성과 능력의 현실에 맞을 때만 우리를 자유롭게 한다. 물고기는 공기가 아니라 물에서 산소를 흡수하므로 만일 그것이 물로 제한되고 한정될 때만 자유롭다. 만일 우리가 물고기를 풀 위에 꺼내 놓으면 물고기의 자유는 물론 생존마저도 강화되는 게 아니라 파괴될 것이다. 만일 우리가 본질적인 현실을 존중하지 않으면 물고기는 죽고 만다.

삶의 여러 영역에서 자유는 제약을 없애는 게 아니라 올바른 한계, 다시 말해 자유를 불러오는 구속을 찾아내는 쪽에 더 가깝다. 인간 본성과 세상의 실상에 잘 부합되는 구속은 더 큰 힘과 능력을 발휘할 기회, 그리고 더 깊은 기쁨과 만족을 낳는다. 실험과 모험, 실수는 시간이 갈수록 능력뿐만 아니라 한계까지 명확히 드러내는 경우에만 성장을 불러온다. 합당한 제한이 지적, 직업적, 신체적 성장을 뒷받침한다면 영적이고 도덕적인 영역에서도 그러해야 하지 않겠는가? 그렇다면 영적인 실재를 만들어 낼 자유를 부르짖을 게 아니라 그런 존재를 찾아내고 거기에 맞춰 살도록 스스로를 훈련시켜야 마땅하지 않겠는가?

저마다 알아서 윤리적인 기준을 설정해야 한다는 통념은 영적인 영역과 나머지 세계는 완전히 딴판이라는 전제를 바닥에 깔고 있다. 정말 그렇게 믿는 이들이 있을까? 한동안, 적어도 몇 년 동안은 주일마다 아침저녁으로 예배를 마친 뒤에 그 자리에 남아 몇 시간씩 현장에서 나오는 질문들을 받았다. 수백 명이 넘는 이들이 예배당을 떠나지 않고 토론을 벌였다. 거기서 자주 나오는 얘기가 있었다. "옳고 그름은 저마다 알아서 규정해야 한다"는 소리였다. 그런 말을 들을 때면 곧장 대꾸하지 않고 되묻곤 했다. "여러분이 생각하기에 해선 안 될 일을 저지르고 있는 이들이 지금 이 세상 어딘가에 있다고 보십니까? 당사자들이 스스로의 행동을 옳다고 여기는지를 떠나서 말입니다." 어김없이 "있겠죠, 있고말고요!"라는 대답이 돌아온다. 그럼 다시 묻는다. "그렇다면, 자신의 감정과 생각이 어떠하든 반드시 따라야 할 도덕적 실재가 어디라고 콕 집어 말할 수 없는 '거기'에 있다고 믿는다는 뜻이 아닐까요?" 생각이 많아졌든 심통이 났든, 아무튼 이 질문 뒤에는 거의 늘 침묵이 따르곤 한다.

사랑, 그 궁극적인 자유는 생각보다 구속적이다.

그렇다면 인간이 성장하고 번창하기 위해 반드시 알아야 할 윤리적-영적 실재는 어떤 존재인가? 물고기에게 물이 그러하듯, 스스로 그 테두리를 벗어나지 않는다면 인간이 더없이 자유로울 환경은 무엇인가?

사랑의 여러 원리들 가운데 하나는 (친구끼리의 사랑이든 로맨틱한 사랑이든) 더 큰 친밀감을 누리려면 독립성을 잃어야 한다는 것이다. 사랑이 주는 '자유'(사랑에서 오는 만족감, 안전감, 존재 가치에 대한 자긍심)를 만끽하려면 여러 면에서 자유를 제한할 수밖에 없다. 늘 독단적인 결정을 내리고 삶을 어떻게 꾸려 가고 있는지 친구나 연인에게 입도 뻥긋하지 않는다면 더 깊은 관계로 들어갈 도리가 없다. 사랑의 기쁨과 자유를 맛보기 위해서는 개인의 자주성을 포기해야 한다. 프랑스 소설가 프랑수아즈 사강(Françoise Sagan)은 〈르 몽드〉와의 인터뷰에서 이를 솔직하게 고백했다. 사강은 스스로 세상을 살아가는 방식에 만족하며 아무런 후회가 없다면서 이야기를 이어 간다.

> 기자 : 그럼 마음껏 자유를 누리며 살아오셨다는 말씀입니까?
> 사강 : 그렇습니다. … 누군가와 사랑에 빠지면 덜 자유로운 것만큼은 부정할 수 없는 사실입니다. … 하지만 항상 사랑에 빠져 있는 건 아니죠. 그때 말고는 … 전 자유로워요.[28]

옳은 말이다. 사랑하는 사이에는 개인적인 선택이 제한된다. '자유'라는 개념의 복잡한 속성이 다시 등장하는 대목이다. 사랑하는 사람과 관계를 맺고 있을 때 인간은 더없이 자유롭고 생기가 넘친다. 사랑할 때만큼 자신이 잘 드러나는 순간은 없다. 사랑을 주고받는 건전한 관계에서는 서로 독립성을 포기하고 한 점 사심 없이 섬기는 마음가짐이 깔려 있게 마련이다. C. S. 루이스의 친절한 설명을 들어 보자.

뭐든지 사랑해 보세요. 여러분의 마음은 틀림없이 상하게 되고 어쩌면 깨질 수도 있습니다. 조금도 다치지 않고 온전하게 지켜 내고 싶으면 아무한테도 마음을 주지 말아야 합니다. 하다못해 짐승한테도 주지 마세요. 취미들이나 소소한 사치품들로 꽁꽁 싸매 두세요. 아무데도 얽히지 않게 조심하세요. 이기심이라는 궤짝이나 관에 집어넣고 자물쇠를 채우세요. 하지만 안전하고, 어두침침하고, 움직임도 공기도 없는 그 궤짝 안에서도 마음은 변할 겁니다. 다치지는 않겠죠. 하지만 깨트릴 수도 없고, 뚫고 들어갈 수도 없고, 바로잡을 수도 없을 겁니다. 이런 비극, 또는 그런 비극의 위험을 최소화시킬 대안이 있다면, 그건 지옥살이뿐입니다.[29]

이처럼 자유는 제약을 없애는 게 아니라 올바른 제한과 통제, 곧 인간의 본성과 잘 들어맞고 자유를 불러오는 제약과 제한을 찾아내는 것을 의미한다.

사랑하는 관계가 건강하려면 서로 독립성을 잃어야 한다. 어느 한편만 그래서는 안 된다. 양쪽 다 서로에게 말해야 한다. "그대에게 맞추겠습니다. 내가 달라질게요. 나를 희생해서라도 그대를 섬기겠어요." 한쪽은 철저하게 헌신하고 베푸는 반면, 다른 한쪽은 명령하고 받기만 한다면 착취적인 관계가 될 수밖에 없으며 결국 양쪽 모두를 억압하고 왜곡하게 될 것이다.

언뜻 보면, 신과의 관계는 본질적으로 비인간적이다. 일방적, 그러니까 신 쪽의 일방통행이어야 한다. 거룩한 존재인 신은 모든 권능을 거머쥐고 있다. 인간은 신에게 맞춰야 한다. 신이 인간 편에 적응하고 섬긴다는 건 생각조차 할 수 없다.

다른 종교, 또는 다른 신앙 형태에서는 사실일지 모르지만 기독교에서는 전혀 그렇지 않다. 기독교의 하나님은 성육신과 대속사역이라는 가장 극단적인 방식으로 인간에게 자신을 맞췄다. 예수 그리스도를 통해 하나님은 유한한 인간, 고통을 겪고 죽음을 당할 만큼 연약한 존재가 되었다. 십자가에 달려 인간의 한계(죄인이라는)를 받아들였으며 인류를 용서하기 위해 대신 죽었다. 그리스도를 통해 하나님은 한없이 심오한 방식으로 우리에게 이야기한다. "너희들에게 맞추마. 내가 달라지겠다. 나를 희생해서라도 너희들을 섬기마." 하나님이 우리를 위해 그리했다면, 우리 역시 하나님과 이웃들에게 똑같이 고백할 수 있으며 또 반드시 그래야 한다. 사도 바울은 이렇게 적었다. "그것은 그리스도의 사랑이 우리를 그토록 강요하고 있기 때문입니다"(고후 5:14, 공동번역개정판).

한번은 어떤 친구가 C. S. 루이스에게 물었다. "하나님을 사랑한다는 게 쉬운 일인가?" 루이스는 대꾸했다. "사랑하고 있는 이들에겐 쉽지."[30] 역설적으로 보이지만 사실은 그렇지 않다. 사랑에 빠지면 상대를 기쁘게 해 주고 싶게 마련이다. 누가 나서서 부탁하지 않아도 무슨 일이든 다 해 주려 한다. 상대를 즐겁게 해 줄 일을 사소한 것 하나까지 연구하고 공부한다. 그러고는 서슴없이 그 일을 한다. 돈이 들고 큰 불편이 따르더라도 기꺼이 감수한다. "말만 해요, 바라는 건 뭐든지 다 할게요!" 겉만 보고 어안이 벙벙해진 친구는 '완전히 코가 꿰었군'이라고 생각할지 모르지만 사랑에 빠진 당사자의 속마음은 천국이 따로 없다.

크리스천과 예수님의 관계도 마찬가지다. 그리스도의 사랑은 크리스천을 구속한다. 예수님이 어떻게 스스로를 변화시켜 자신을 주셨는지 알고 나면, 두려움 없이 자유를 포기하고 그분 안에서 참다운 자유를 찾아 누리게 된다.

"광신도와 위선자가 그렇게 많은 종교가 또 있을지 의문스러워요." 법대생 헬렌(Helen)은 힘주어 말했다. "신앙은 없지만 제가 아는 대다수 크리스천들보다 훨씬 친절하고 도덕적으로 깨끗한 사람들이 아주 많거든요."

"교회는 불의를 뒷받침하고 문화를 파괴했던 역사를 지니고 있어요." 또 다른 법대생 제시카(Jessica)가 말을 보탰다. "기독교가 참다운 신앙이라면 어떻게 그럴 수 있죠?"

기독교의 불의

교회에 다니는데도
왜 불의한가

시카고대학의 마크 릴라 교수는 〈뉴욕타임스 매거진〉에 기고한 글에서 십 대 때 '거듭나는' 체험을 했었노라고 고백했다. 하지만 대학에 다니면서 '역 회심'하고 기독교 신앙을 버렸다. 무슨 일이 있었던 걸까? 디트로이트를 떠나 미시간 주 앤 아버(Ann Arbor)로 이사하면서 릴라는 어느 기독교 공동체에 들어갔다. 영적으로 살아 있다는 평판이 온 나라에 퍼져 있는 곳이었지만, 갈수록 '참담한 실망'뿐이었다. 더없이 권위적이고 위계질서가 엄격했다. 교인들은 하나같이 "독선적이었고 … 교리적인 줄 세우기에만 열을 올렸다." 랄라는 전투적이고 착취적인 방식에 치를 떨었다. 성경을 가지고 사람들의 삶을 조종하려 드는 것처럼 보였다. "성경은 엉터리라는 생각이 마음 깊이 자리 잡았다. … 그게 신앙의 세계에서 빠져나오는 첫걸음이었다."[1]

지성적으로 그리스도에 반대하는 입장을 보이는 이들 가운데는 크리스천과 교회에 대해 실망한 경험 탓에 부정적인 시각을 갖게 된 경우가 많다. 인간은 경험을 바탕으로 지적인 소양을 쌓아 가게 마련이다. 지혜롭고 사랑이 넘치며 친절하고 통찰력 있는 크리스천들과 오래 어울려 왔다면, 독실한 신앙을 가졌으며 시민의식과 너그러운 마음가짐을 가진 교회들을 보아 왔다면 기독교를 훨씬 타당하게 여길 지성적인 토양을 갖추게 된다.

이와 달리, 허울뿐인(이름은 가졌지만 행실이 따르지 않는) 크리스천이나 독선적인 광신도를 상대한 경험이 훨씬 더 많다면 기독교 신앙에 타당성이라고는 눈곱만큼도 없다는 철석같은 확신을 품게 될 것이다. "성경은 엉터리"라는 마크 릴라의 판단은 철학적인 성찰을 통해 걸러진 순수한 생각이 아니었다. 기독교 신앙을 내세우는 어느 특정한 인간이 자신을 휘두르려는 방식에 저항했을 따름이다.

따라서 적잖은 이들에게는 크리스천의 행동이(개별적으로든 집단적으로든) 기독교 신앙에 대한 신뢰성을 갉아먹는다고 이야기할 수밖에 없다. 주로 세 가지 이슈가 도드라진다. 우선, 한눈에 들어올 만큼 선명한 크리스천의 성격적인 결함이다. 기독교가 진리라면, 신앙은 없지만 크리스천들보다 한결 나은 삶을 사는 이들이 그토록 많은 까닭은 무엇인가? 다음은 전쟁과 폭력의 문제다. 기독교 신앙이 참이라면, 제도 교회가 오랜 세월에 걸쳐 전쟁과 부정, 폭력을 뒷받침해 온 이유는 무엇인가? 마지막으로, 광신의 문제가 있다. 설령 기독교 신앙에서 얻을 게 많다 하더라도, 그처럼 오만하고 독선적이며 위험한 광신도가 득실거리는 판에 끼고 싶을 리가 있겠는가?

성격적인

결함

교회 생활을 시작한 이들은 얼마 가지 않아 어김없이 기독교 신앙을 고백하는 보통 크리스천들의 성품에 수많은 결함이 있음을 알게 된다. 다른 자발적인 조직들에 비해 도리어 교회 쪽에 다툼과 분파주의가 더 가득한 것처럼 보인다. 기독교 지도자들의 도덕적인 타락상은 이제 알 만한 사람은 다 아는 현실이다. 언론 매체들이 그런 모습을 들춰내는 것을 너무 좋아하는 게 아니냐고 항변할지 모르지만, 없는 일을 지어낸 건 분명 아니지 않은가! 교회를 이끌어 가는 리더들은 대체로 세상의 지도자들만큼이나(더한 경우도 많지만) 부패한 듯하다.

반면에 형식적인 신앙생활을 하지는 않지만 윤리적으로 본보기가 될 만한 삶을 사는 이들도 숱하다. 기독교 신앙이 가르치는 그대로라면, 전반적으로는 크리스천들이 나머지 사람들보다 훨씬 더 나아야 하지 않겠는가?

이러한 가정은 실제로 기독교가 스스로에 관해 가르치는 바에 관한 그릇된 믿음에 토대를 두고 있다. 기독교 신학은 흔히 '일반은총'이라고 부르는 것을 끊임없이 강조해 왔다.

야고보서 1장 17절은 말한다. "온갖 좋은 은사와 온전한 선물이 다 위로부터 빛들의 아버지께로부터 내려오나니." 선하고 슬기로우며 정의롭고 아름다운 일은 누가 하든 하나같이 하나님이 그럴 힘을 주셨다는 뜻이다. 그분은 지혜와 재주, 아름다움과 솜씨 같은 근사한 선물들을 '은혜로', 다시 말해 우리 공로와는 아무 상관없이 베풀어 주신다. 신앙적인 확신, 인종, 성별, 또는 세상을 풍요롭고 밝게 하거나 지키는 데 기여하는지 여부와 상관없이 모든 인류에게 무차별적으로 허락하신다는 뜻이다.

기독교 신학은 참다운 크리스천들이 지닌 성격 결함에 대해서도 빠짐없이 지적한다. 인간은 처음부터 끝까지 은혜에 기대어 하나님과 관계를 맺을 수 있다는 게 성경의 핵심 메시지다. 도덕적인 노력은 구원의 자격이 되기에는 너무 미미하며 그릇된 동기일 뿐이다. 예수는 죽음과 부활을 통해 구원을 베풀었고 인간은 아무런 대가 없이 선물로 그 구원을 받는 게 전부다. 교회는 어떤 형태로든 이러한 사실을 믿는다.

성품이 성숙해지고 행동이 변하는 것은 크리스천이 된 뒤에 차츰차츰 일어나는 과정이다. 하나님 앞에 나갈 자격을 갖추려면 반드시 '깨끗해져야' 한다는 그릇된 믿음은 기독교 신앙과 아무런 연관이 없다. 아쉬운 노릇이긴 하지만, 이는 정서적으로, 윤리적으로, 영적으로 아직 갈 길이 먼 미숙하고 연약한 인간들이 교회에 가득하다는 뜻이기도 하다. 흔히 하는 말마따나, "교회는 성자들을 늘어놓은 박물관이 아니라 죄인들을 치료하는 병원이다."

훌륭한 성품은 주로 사랑이 넘치며 안전하고 안정된 가정과 사회 환경(우리가 어찌해 볼 수 있는 조건들이 아니다)에서 비롯된다. 하지만 불안정한 가정 여건, 형편없는 롤 모델, 그리고 비참하고 실망스러운 역사를 지닌 이들이 허다한 게 현실이다. 이들은 결국 깊은 불안과 과민, 자신감 결핍이라는 무거운 짐을 짊어지게 된다. 통제할 수 없는 분노, 수치감, 중독을 포함해 온갖 어려운 문제들과 씨름할 수도 있다.

자, 이제 다치고 깨진 과거를 지닌 누군가가 크리스천이 되고 성품도 예전에 비해 한결 나아졌다고 생각해 보자. 그럼에도 불구하고 심리적으로 안정돼서 신앙적인 소속감이 특별히 필요하지 않은 이보다는 안정감과 자기절제가 부족할 수 있다. 며칠 간격으로 둘을 만난다 치자. 저마다의 출발점과 삶의 여정을 두루 꿰고 있지 않으면, 기독교 신앙은 별 가치가 없으며 크리스천들은 높은 자기 기준과 완전히 다른 삶을 산다는 성급한 결론을 내리기 쉽다. 더 고단한 삶을 살면서 '삶의 표준이 상대적으로 낮은' 이들 쪽에서 하나님이 필요하다는 사실을 깨닫고 기독교 신앙으로 돌아오는 일이 더 자주 일어날 개연성도 있다. 그러므로 크리스천들의 삶이 신앙이 없는 이들에 비해 더 나을 만한 구석이 없다고 보는 게 당연하다.[2] 박물관을 찾는 이들보다 병원을 들락거리는 이들의 건강이 비교적 더 나쁘리라고 판단하는 것과 같은 이치다.

신앙과
폭력

정통 신앙은 어김없이 폭력으로 이어지는가?《신은 위대하지 않다(*God Is Not Great: How Religion Poisons Everything*)》를 쓴 크리스토퍼 히친스(Christopher Hitchens)는 그렇다고 단정한다. 지은이는 2장 "종교는 죽이게 마련"이란 글에서 신앙이 빌미가 되어 벌어지고 있는 베이루트, 뭄바이, 베오그라드, 베들레헴, 바그다드 등지의 폭력 사태들에 개인적인 설명을 붙인다. 논지는 분명하다. 종교는 인종적이고 문화적인 차이를 끌어내 상황을 악화시킨다는 것이다. 히친스는 말한다. "종교는 인종주의와 다르지 않다. 한편으로는 부추기고 다른 한편으로는 도발한다. 종교는 종족 간의 불신과 증오를 무한 복제해 왔다."[3]

히친스의 지적은 공평하다. 종교는 통상적인 문화 차이를 '이상화'해서 당사자들이 선과 악이 충돌하는 우주적인 싸움으로 받아들이게 만든다. 그래서 히친스는 "신앙은 모든 걸 해친다"고 주장한다. 그렇게 보일 수도 있다. 기독교 국가들은 종교재판이나 아프리카 노예무역을 통해 제국주의와 폭력, 억압을 제도화했다. 20세기 중엽, 전체주의와 군국주의 일본 제국은 불교와 신도의 영향이 깊이 스민 문화를 배경으로 성장했다. 이슬람교는 오늘날 곳곳에서 벌어지는 각종 테러의 온상 구실을 하는 경우가 수두룩하고, 인정사정 보지 않고 폭력을 행사하기로는 이스라엘 군대도 마찬가지다. 힌두교 국수주의자들은 신앙의 이름으로 기독교 교회와 무슬림 모스크 양쪽에 유혈 공격을 감행하고 있다. 이들은 모두 종교가 인간의 차이를 심화시키고 부글부글 끓어오르게 만들어 마침내 전쟁과 폭력, 소수에 대한 억압에 이르게 한다는 사실을 뒷받침하는 증거처럼 보인다.[4]

그러나 이런 시각에는 적잖은 문제가 있다. 20세기 러시아와 중국, 캄보디아의 공산 정권들은 온갖 제도 종교, 더 나아가 신에 대한 믿음 자체를 배격했다. 이들의 선두 주자는 인간의 이성으로 전통 종교를 거부했던 프랑스 대혁명이었다. 하지만 그렇게 조성된 사회는 모두 이성적이고 세속적이었지만 신앙의 그림자가 조금도 드리워지지 않았음에도 불구하고 자기 백성들을 상대로 어마어마한 폭력을 저질렀다. 어째서일까? 앨리스터 맥그라스는 '신'의 관념이 사라지고 나면 그 사회는 윤리적이고 영적인 우월성을 드러내기 위해 다른 것, 또는 다른 개념을 '이상화'한다고 말한다. 나치는 그 절대적인 자리에 인종과 혈통을 두었고 마르크스주의자들은 국가를 올려놓았다. 자유와 평등이라는 이상도 반대 세력에게 폭력을 행사하는 도구로 쓰일 수 있다. 1793년, 날조된 혐의를 뒤집어쓰고 단두대로 끌려가던 마담 롤랑은 혁명광장(Place de la Revolution)에 우뚝 선 자유를 상징하는 조형물에 경의를 표하며 부르짖었다. "자유여, 그대의 이름으로 도대체 무슨 죄악들이 저질러지고 있는가!"[5]

기독교의 이름으로 저질러진 폭력은 끔찍한 일임에 틀림없으며 반드시 심각하게 다루고 또 바로잡아야 한다. 여기엔 변명의 여지가 없다. 하지만 20세기에 저질러진 폭력 가운데는 도덕적인 절대주의뿐만 아니라 세속주의에서 비롯된 경우도 수없이 많았다. 신앙에 깊이 젖어든 사회들만큼이나 철저하게 신앙을 제거한 사회들도 억압적이긴 마찬가지였다. 결국 폭력 충동은 인간의 마음에 워낙 깊숙이 뿌리를 박고 있어서 어떤 사회가 어떤 신념을 좇느냐와 상관없이(사회주의든 자본주의든, 종교적이든 반종교적이든, 개인주의적이든 계급적이든) 어떤 형식으로든 드러나게 마련이라는 결론을 내릴 수밖에 없다. 그렇다면 어느 사회에 폭력과 전쟁이 존재한다는 사실이 그 사회에 널리 퍼진 신앙까지 부정할 필연적인 사유가 될 수 있겠는가?

광신

오늘을 사는 평범한 시민들에게 기독교 신앙으로 가는 길을 가로막는 가장 큰 장애물은 아마 폭력이나 전쟁이라기보다 광신의 그늘일 것이다. 믿지 않는 이들 주변에는 '거듭났지만' 분별을 잃은 것처럼 보이는 친구나 친척들이 한둘쯤 있기 마련이다. 그런 크리스천들은 금방 사회의 다양한 그룹과 분야들, 특히 영화와 텔레비전, 민주당, 동성애자들, 진화론자들, 이른바 운동권 판사들, 다른 종교를 믿는 이들, 그리고 공립학교에서 가르치는 가치관들에 대해 큰소리로 반감을 표현하기 시작한다.

흔히 크리스천을 '이름뿐인' 한쪽 끝에서 '광신적인' 반대편 끝에 이르는 다양한 스펙트럼 사이의 어디쯤 있는 인간으로 파악하려 한다. 이름뿐인 이들은 말로만 크리스천일 뿐 실천이 따르지 않으며 실상은 믿음조차 없을 공산이 큰 이들을 가리킨다. 반면에 광신자는 기독교 신앙을 지나치게 믿고 과하게 따르는 이들이다. 이런 도식에서 가장 바람직한 건 중간쯤 되는 유형일 것이다. 어느 한쪽에 치우치지 않으며 믿기는 하지만 거기에 너무 빠지지 않은 크리스천이다. 이런 접근 방식에는 문제가 있다. 기독교 신앙의 본질을 도덕적인 성숙의 한 형태로 지레짐작한다는 점이다. 그렇게 보자면, 열성적인 크리스천들은 열성적인 도덕주의자가 될 수밖에 없다. 예수님 당시로 치자면 바리새인들이다. 바리새파 사람들은 윤리적으로 반듯하며 올바른 교리를 좇아 살고 있으므로 스스로 하나님 앞에서 의롭다고 믿었다. 이는 자연스럽게 같은 수준의 신앙을 소유하지 못한 이들에 대한 우월감으로 이어지며, 거기서부터 다양한 형태의 학대와 배척, 억압이 시작된다. 광신이라고 보는 현상의 핵심이 바로 여기에 있다.

하지만 기독교 신앙의 본질이 은혜로 말미암은 구원, 다시 말해 인간의 행위가 아니라 그리스도가 우리를 위해 행하신 역사 때문에 얻은 구원에 있다면 어떻게 되는가? 처음부터 끝까지 순전히 은혜로 하나님께 받아들여졌다는 믿음은 크리스천을 더없이 겸손하게 한다. 광신적인 이들은 그렇지 않다. 복음에 너무 깊이 헌신해서가 아니라 충분히 받아들이지 못한 탓이다.

광신적이라고 생각되는 이들을 찬찬히 살펴보라. 고압적인 태도로 남을 지배하려 들고 독선적이며 제 뜻을 굽히지 않으며 감각이 무디고 냉담하다. 어째서 그런가? 지나치게 크리스천다워서가 아니라 아직 크리스천답지 못하기 때문이다. 광적일 만큼 열성적이고 용감무쌍하지만 예수님이 그러셨던 것처럼 넘칠 만큼 겸손하거나 민감하거나 사랑을 베풀거나 남의 마음을 헤아리거나 용서하거나 이해할 줄은 모른다. 기독교 신앙을 자기 개선 프로그램으로 여기는 까닭이다. 성전에서 채찍질을 당하신 예수님을 따라가려고 애쓰지만 "너희 중에 죄 없는 자가 먼저 돌로 치라"(요 8:7)고 말씀하신 그리스도를 본받지는 않는다. 지나치다 싶을 만큼 열성적으로 스스로를 몰아친다는 것은 사실상 그리스도와 복음에 온전히 내어 맡기지 못하고 있다는 뜻이다.

성경의 가르침,
신앙을 비판하는 근거

극단주의와 광신은 끝내 불의와 억압에 이를 수밖에 없으므로 그 어떤 종교의 신자 조직에도 위험 요인이 된다. 하지만 크리스천들이 사용해야 할 해독제는 돌을 던지고 신앙을 억지로 누그러뜨리는 게 아니라 그리스도를 믿는 마음을 더 온전하고 더 진실하게 붙들려는 노력이다. 성경의 선지자들은 이를 잘 알고 있었다. 메럴드 웨스트팔(Merold Westphal)이라는 학자는 종교를 억압의 수단으로 보는 마르크스의 분석은 이사야와 예레미야, 아모스는 물론이고 신약성경 복음서들의 메시지에도 이미 등장하는 방식이라고 설명한다. 마르크스의 종교 비판은 독창적인 게 아니며 성경이 훨씬 앞선다는 것이다.[6]

예수님은 대단한 신앙 비판자였다. 널리 알려진 산상수훈(마 5, 6, 7장)은 반종교적인 이들이 아니라 신앙인들을 지목한다. 이 유명한 설교에서 예수님이 비판하는 대상은 기도하고 가난한 이들에게 베풀고 성경말씀을 좇아 살려고 애쓰지만, 남들한테 칭찬을 받고 스스로 주도권을 쥐려는 속셈을 품고 움직이는 신앙인들이다. 그들은 이러저러한 영적이고 종교적인 일을 수행했으므로 다른 사람들은 물론이고 하나님까지 움직일 힘을 갖게 되리라고 믿는다("그들은 말을 많이 하여야 들으실 줄 생각하느니라", 마 6:7). 그래서 툭하면 판단하고 손가락질하며 쏜살같이 비난하지만 정작 자신은 아무런 비판도 받고 싶어 하지 않는다.

백성들을 가르치시면서 예수님은 존경할 만하고 의로운 이들에게 끊임없이 말씀하셨다. "세리들과 창녀들이 너희보다 먼저 하나님의 나라에 들어가리라"(마 21:31). 그들이 품은 율법주의와 독선, 극심한 편견, 부와 권력을 탐하는 마음가짐을 원색적인 단어들을 동원해 가며 쉴 새 없이 꾸짖으셨다("잔과 대접의 겉은 깨끗이 하나 너희 속에는 탐욕과 악독이 가득하도다. … 공의와 하나님께 대한 사랑은 버리는도다. … 지기 어려운 짐을 사람에게 지우고 너희는 한 손가락도 이 짐에 대지 않는도다. … 과부의 가산을 삼키며 외식으로 길게 기도하니", 눅 11:39-46, 20:47). 그러고 보면, 성경을 으뜸으로 여긴다는 종교 기관이 앞장서 예수님에게 사형을 내린 것도 그다지 놀라운 일이 아니다. 스위스의 신학자 칼 바르트가 말한 것처럼, 그리스도를 십자가에 못 박은 건 세상이 아니라 바로 교회였던 셈이다.[7]

예수님은 히브리 선지자들의 본보기를 충실하게 따랐다. 예를 들어, 이사야 선지자는 당대의 백성들에게 이렇게 외쳤다.

그들이 날마다 나를 찾아 나의 길 알기를 즐거워함이 마치 공의를 행하여 그의 하나님의 규례를 저버리지 아니하는 나라 같아서 의로운 판단

을 내게 구하며 하나님과 가까이 하기를 즐거워하는도다. 우리가 금식
하되 어찌하여 주께서 보지 아니하시오며 우리가 마음을 괴롭게 하되
어찌하여 주께서 알아주지 아니하시나이까? 보라 너희가 금식하는 날
에 오락을 구하며 온갖 일을 시키는도다. … 내가 기뻐하는 금식은 흉
악의 결박을 풀어 주며 멍에의 줄을 끌러 주며 압제 당하는 자를 자유
하게 하며 모든 멍에를 꺾는 것이 아니겠느냐? 또 주린 자에게 네 양식
을 나누어 주며 유리하는 빈민을 집에 들이며 헐벗은 자를 보면 입히
며…(사 58:2-7).

　　선지자들과 예수님은 무엇을 비판하고 있는가? 기도와 금식, 삶의
방향을 둘러싼 성경의 가르침들을 겨냥하는 게 아니다. 문제는 영적이고
윤리적인 규범을 따르는 행위를 다른 이들과 하나님을 움직이는 도구로
삼으려는 신앙인들의 성향이다. 종교 의식과 선행으로 하나님을 달래 가
며 영향력을 행사하려 든다. 결국 겉으로 드러나는 신앙 형식을 강조할
뿐만 아니라 사회적인 합의에서도 탐욕과 물질주의, 억압이 작용하게 된
다. 수준 높은 헌신과 윤리적인 선행으로 하나님을 흡족하게 하고 있노라
고 자부하는 이들은 자연스럽게 다른 사람들의 존경을 받고 영향력을 행
사할 자격이 있다고 생각하기에 이른다. 그러나 예수님과 선지자들의 하
나님은 오로지 은혜로 구원을 베푸실 따름이다. 종교적이고 도덕적인 행
위에 좌우되는 분이 아니다. 우리는 회개를 통해서만, 주도권을 포기할
때에만 하나님께 다가갈 수 있다. 순전히 은혜로 구원을 얻은 이들은 감
격에 겨워 기꺼이 하나님과 이웃을 섬기는 종이 되게 마련이다. 예수님은

제자들에게 명령하셨다. "너희 중에 누구든지 크고자 하는 자는 너희를 섬기는 자가 되고 너희 중에 누구든지 으뜸이 되고자 하는 자는 모든 사람의 종이 되어야 하리라"(막 10:43-35).

예수님과 선지자들의 비판을 살펴보면, 독선적인 신앙에는 늘 사회 정의에 무감각한 증상이 특징적으로 나타나는 반면, 참다운 신앙에는 가난하고 소외된 이들을 향한 절절한 관심이 어김없이 등장한다. 장 칼뱅은 예언서에 주석을 붙이면서, 하나님이 가난한 이들에게 느끼는 일체감은 여간 깊은 게 아니어서 그들의 울부짖음은 주님의 고통을 빚어낸다고 했다. 성경은 가난한 이들을 대접하는 것이 곧 하나님을 대접하는 행동이라고 가르친다.[8]

교회가 더러 인간을 억압하는 주체 노릇을 해 왔다는 데는 변명의 여지가 없지만, 성경은 종교적으로 불의를 뒷받침하는 행태를 분석하고 과감하게 비판하는 도구가 되어 왔음을 아는 게 중요하다. 역사학자 존 서머빌은 기독교 신앙을 꼬집는 세간의 강력한 비평가들조차도 사실상 기독교 안에서 얻어 낸 자원들을 써서 기독교를 고발한다고 지적한다.[9] 교회는 권력에 굶주렸으며 자기중심적이라고 비판하는 이들이 많지만 권력과 존경을 추구하는 것을 선하게 여기는 문화도 허다하다고 말한다. 그러면서 교회의 죄를 분별하는 기준이 될 만한 덕성의 목록을 어디서 구하겠느냐고 묻는다. 기독교 신앙 그 자체에서 얻지 않느냐는 것이다.

학생들에게 이런 사실을 쉽게 설명하기 위해 서머빌은 사고 실험을 제안한다. 앵글로색슨족을 비롯해 기독교가 들어가기 전의 북유럽 부족들은 명예 개념에 토대를 둔 사회를 이루고 살았다. 다른 이들의 존경을 얻고 지켜 내는 일이 대단히 중요한 의미를 갖는 수치심 기반의 문화였다. 그들을 개종시키려 애썼던 수도사들은 그와 달리 남들이 더없이 잘되기를 바라는 자비에 바탕을 둔 가치관을 가지고 있었다. 서머빌은 둘 사이의 차이를 살펴보자는 뜻에서 학생들에게 몸집이 자그마한 할머니가 한밤중에 큼지막한 지갑을 들고 길을 간다고 상상해 보도록 했다. 노인을 때려눕히고 지갑과 돈을 빼앗아 달아나지 않는 까닭은 무엇인가? 약자를 괴롭히면 비열한 인간이 되므로 가방을 강탈하지 않는다는 것이 명예-수치 문화의 답변이었다. 다른 이들의 존경은 물론이고 스스로도 자신을 존중할 수 없으리라는 것이다. 이런 윤리는 두말할 필요 없이 자기중심적이다. 그런 행동이 자신의 명예와 평판에 어떤 영향을 미칠지에 초점을 맞춘다. 그러나 우리가 받아야 할 또 다른 사고 훈련이 있다. 강탈을 당한다는 게 얼마나 큰 상처가 되며 할머니가 돈을 잃어버릴 경우, 거기에 기대어 살아가야 할 식구들은 얼마나 어려움을 겪을지 가늠해 보는 것이다. 그러므로 노인과 그 가족이 가장 행복하기를 원하는 마음이 있다면 돈을 빼앗지 않을 것이다. 이는 타인 중심의 윤리다. 온전히 할머니만 생각하는 것이다.

여러 해에 걸쳐 실험을 거듭한 결과, 절대다수의 학생들이 두 번째, 다시 말해 타인 중심적인 윤리를 좇아 판단을 내렸다. 서머빌은 역사가로서 크리스천이 어떤 도덕적인 지향점을 가지고 있는지 보여 준다. 기독교 신앙은 그처럼 인간됨보다 자존심을, 섬김보다 지배를, 화평을 이루기보다 용기를, 겸손보다 영예를, 모두를 동등하게 존중하는 태도보다 소속된 부족에 충성하는 마음가짐을 더 소중하게 여기는 명예에 토대를 둔 문화

를 완전히 바꿔 놓았다.[10]

교회의 억압과 불의를 비판하는 세상 사람들의 전형적인 논리들은 사실상 기독교가 스스로를 향해 지적하는 사항들을 발판으로 삼고 있다. 역사적으로 교회가 보여 준 결점들은 복음의 원리들을 불완전하게 적용하고 실천하는 데서 비롯한 사태로 볼 수 있다. 서머빌에 따르면, 복음의 메시지를 처음 들은 앵글로색슨족은 도대체 무슨 말을 하는지 모르겠다는 반응을 보였다. 힘을 두려워하고 존중하지 않는 사회가 어떻게 생존할 수 있는지 납득이 가지 않았던 것이다. 회심한 뒤에도 안팎의 한결같음 따위는 찾아보기 어려웠다. 타인 중심의 기독교 윤리를 부족이 대대로 유지해 온 방식들과 뒤섞는 성향이 두드러졌다. 하나님의 영광과 스스로의 영예를 지키는 방편으로 십자군을 지원했다. 수도승과 여성, 농노들에게는 너그러운 덕성을 기르라고 주문하면서도 명예와 전투를 생각해야 할 사나이들에게는 어울리지 않는 태도로 치부했다. 범죄로 규정받아야 마땅한 일들이 교회사에 차고 넘치는 건 놀랄 일이 아니다. 그러나 그리스도가 제시한 표준 자체를 포기한다면 그 비판의 근거마저 잃어버리는 처지에 몰릴 것이다.[11]

그렇다면 교회를 향한 대단히 정당하고 지독한 비판에 어떻게 반응할 것인가? 기독교 신앙을 버리는 것은 답이 될 수 없다. 표준도, 바로잡을 근거도 없애 버리는 꼴이기 때문이다. 도리어 기독교 신앙의 본질을 더 완전히, 더 깊게 붙드는 쪽으로 방향을 잡아야 한다. 성경은 자체적으로 신앙을 남용하는 일들이 벌어질 것이며 거기에 어떻게 대처해야 하는지 누누이 가르치고 있다. 그러기에 크리스천의 역사에는 자정 능력을 보여 주는 놀라운 사례들이 무수히 남아 있다. 여기서는 대표적인 사례 두 가지만 살펴보기로 하자.

예수의 이름으로
정의를 실현하다

기독교 역사에 가장 깊게 박힌 오점은 아프리카 노예무역이다. 당시 노예를 사고팔았던 나라들마다 기독교가 지배적인 위치를 차지하고 있었으므로 당대에 벌어진 일들에 대해 교회는 그 사회와 함께 공동 책임을 져야 한다. 노예제도는 오랜 세월 동안 형태를 달리해 가며 인류 문화 전반에 사실상 보편적이리만치 두루 퍼져 있던 제도였다. 그럼에도 그게 잘못이라는 결론을 처음 내린 이들 역시 크리스천들이었다. 사회사가 로드니 스타크(Rodney Stark)는 이렇게 적었다.

웬만하면 부정하고 싶어 하지만, 로마 제국이 망하자마자 크리스천의 신학에 노예제도에 반대하는 교리가 등장하기 시작했으며 결국 기독교화된 유럽에서는 주변부만 남기고 노예가 사라지게 되었다. 나중에 유럽인들은 신세계에 노예제도를 도입하면서 교황의 완강한 반대에 부닥쳤다. 이는 역사에서 편리하게 '실종되었던' 사실이다. 결국 신세계의 노예제 폐지는 크리스천 활동가들의 손에서 시작되고 또 성취되었다.[12]

크리스천들이 노예제 폐지 운동에 나선 동기는 통상적인 인권 이해 때문이 아니라 하나님의 뜻에 어긋난다고 보았기 때문이다. 고용계약을 맺고 종이 되는 과거의 방식이나 성경시대의 종살이 모두 인간에게 혹독하기는 마찬가지다. 하지만 그보다 인종을 근거로 삼으며, 납치에서 비롯되고, 평생 누군가의 소유물이 되는 노예제도가 신구약을 통틀어 어느 쪽 가르침에도 들어맞지 않는다는 결론을 내렸다.[13] 영국의 윌리엄 윌버포스와 미국의 존 울먼(John Woolman)을 포함해 이루 헤아릴 수 없이 많은 크리스천 활동가들이 그리스도의 이름으로 노예제도를 폐지하는 일에 삶을 송두리째 바쳤다. 노예무역은 엄청나게 수익성이 좋았으므로 교회 내부에도 이를 합리화하고자 하는 강력한 흐름이 존재했다. 숱한 교회 지도자들이 노예제도를 옹호하고 나섰다. 자정을 위한 싸움은 그야말로 거대했다.[14]

노예제 폐지론자들의 압력에 못 이겨 영국 사회가 대영제국에서 노예제를 완전히 없애 버리는 쪽으로 가닥을 잡았을 즈음, 식민지 개척자들은 노예를 해방시키자면 어마어마한 자금이 투입될 수밖에 없고 생활 물가는 천정부지로 치솟을 것이라고 장담했다. 하원의 폐지론자들은 거기에 굴복하지 않았으며 노예를 해방시키는 대가로 개척자들에게 보상금을 지급하는 데 합의했다. 영국 정부 연간 예산의 절반에 이를 만큼 어마어마한 액수였다. 1833년, 마침내 노예해방법안이 의회를 통과했다. 소요 예산이 얼마나 부담스러운 수준이었는지, 어느 역사가는 영국의 노예제 폐지를 '자발적인 경제 자살'이라고 평가했다.

로드니 스타크는 노예제도를 끝장내기 위해 폐지론자들이 어떻게 그처럼 엄청난 희생을 감수할 수 있었는지 규명하느라 사학자들이 그야말로 안간힘을 쓰고 있음을 전하면서 역사가 하워드 템펄리(Howard Temperley)의 견해를 소개한다. 그는 정치적인 행위란 하나같이 자기중심적이게 마련이라는 게 학계의 통설이므로 노예제 폐지의 역사는 그야말로 수수께끼라고 말한다. 수백 명을 헤아리는 연구자들이 그 까닭을 풀이할 방도를 찾아왔음에도 "노예무역을 종식시키기 위한 활동을 펼쳤던 이들이 이렇다 할 이득을 보았다든지, 아니면 그러한 조처들이 국가에 경제적으로 막대한 부담을 주는 데 그쳤는지를 그 누구도 속 시원히 보여 주지 못했다"[15]는 것이다. 노예제도는 잘못이기에 폐지되었고 그 얘기를 앞장서 부르짖은 이는 바로 크리스천들이었다. 기독교 신앙에는 이처럼 자정 장치들이 존재해 왔다. 신앙이 불의한 행위들을 뒷받침할 때마다 스스로 비판의 목소리를 내왔던 것이다.

또 다른 전형적인 사례는 20세기 중반, 미국을 휩쓴 민권운동이다. 이를 다룬 중요한 역사서에서 데이비드 샤펠(David L. Chappell)은 민권운동은 본질적으로 정치적이 아니라 신앙적이고 영적인 사건이었음을 입증해 보인다. 아프리칸-아메리칸 민권운동 지도자들과 연대했던 북미의 백인 자유주의자들은 시민불복종이나 차별정책에 대한 직접 공격을 지지하는 이들이 아니었다. 선한 인간 본성을 믿는 세속적인 확신을 품었기 때문에 교육하고 계몽하다 보면 반드시 사회적이고 인종적 진보가 찾아오리라고 생각했을 따름이다. 반면에 샤펠의 주장에 따르면, 흑인 지도자들은 인간 마음에 도사린 죄성에 대한 성경적인 이해와 불의를 통렬히 꾸짖는 히브리 선지자들의 말씀에 더 깊이 뿌리내리고 있었다. 뿐만 아니라, 폭력적인 탄압 속에 요구 사항들이 번번이 짓밟히면서도 줄기차게 정의를 부르짖었던 원동력은 아프리칸-아메리칸 일반 대중의 살아 있는 신앙이었다. 따라서 샤펠은 민권운동을 신앙적인 부흥 운동으로 보지 않고는 사태의 실상을 파악할 길이 없다고 결론짓는다.[16]

마틴 루터 킹 목사는 남부 백인 교회에 가득한 인종차별주의를 지적하면서 좀 더 세속화되기를 요구하지 않았다. 그의 설교와 '버밍햄형무소에서 온 편지(Letter from Birmingham Jail)'를 찬찬히 읽으며 무엇을 주장하는지 살펴보라. 킹 목사는 하나님의 도덕률과 성경을 앞세운다. 백인 크리스천들에게 스스로 믿는 바에 더 진실해지며 성경이 참으로 가르치는 진리를 제대로 알아야 한다고 외친다. "진리는 상대적이어서 누구든 스스로 옳고 그름을 결정할 권리가 있다"고 이야기하지 않는다. 진리가 상대적이라면, 남부의 백인들로서는 지배권을 포기할 아무런 이유가 없어진다. 킹 목사는 도리어 선지자 아모스의 글을 들고 나온다. "오직 정의를 물 같이, 공의를 마르지 않는 강 같이 흐르게 할지어다"(암 5:24). 정의 실현이라는 면에서는 한 시대를 통틀어 단연 챔피언으로 꼽아야 할 이 인물은 인종차별주의의 해독제는 말랑말랑한 기독교가 아니라 더 깊고 더 진실한 기독교 신앙이라는 사실을 정확히 꿰고 있었던 것이다.

그리스도의 이름으로 불의에 맞서 흐름을 바꾼 지도자는 윌버포스와 킹 목사만이 아니다. 남아프리카공화국에서 인종차별 정책인 아파르트헤이트가 종식되자, 그동안 피해를 입었던 이들이 박해자들에게 폭력으로 앙갚음하고 지난날 압제를 일삼았던 쪽은 무력을 앞세워 방어에 나서는 유혈 사태가 벌어지리라고 모두들 예상했다. 그런데 1990년대 중반, 데스몬드 투투 주교를 비롯한 크리스천 지도자들이 나서서 남아프리카공화국 진실과 화해위원회(South African Commission for Truth and Reconciliation)라는 놀라운 기구를 만들었다. 운영 원리와 사명은 이름에 드러난 그대로였다. 피해자들을 앞으로 불러내서 사연을 공개적으로 들려주길 요청했다. 아울러 억압과 폭력을 행사했던 가해자들도 단상에 올려 진실을 고백하고 용서를 구하게 했다. 어느 쪽이든 반드시 위원회에 출석해 진술해야 한다는 원칙에는 예외가 없었다. 인권 침해 사례들을 경청한 뒤에는 아프리카민족회의(African National Congress)는 물론이고 인종분리정책을 썼던 이전 정부로부터도 전방위적인 사면을 받을 수 있는 길을 찾았다. 흠결이 없지 않았고 더러 비판을 받기도 했지만, 위원회는 외부 세계의 지레짐작과 달리 유혈 사태를 최소화하면서 다수결의 원칙이 정착되는 데 큰 힘을 보탰다.

20세기 후반, 동유럽의 가톨릭교회는 숨통을 죄어 오는 공산주의에 반기를 들었다. "인내와 촛불, 그리고 십자가"를 무기로 모든 전체주의 정권의 붕괴로 이어질 일련의 사건들을 일으키기 시작했다. 폴란드 사제 예르지 포피예루스코(Jerzy Popieluszko)는 강론과 적극적인 활동으로 공산당 정권과 맞서 자유노조운동을 이끌었다. 신부가 비밀경찰의 손에 살해되자, 훗날 솔리다리티(Solidarity, 1980년대 폴란드의 민주화 운동을 이끈 노동조합 조직-옮긴이) 운동으로 공산당 정부를 무너뜨리는 데 주도적 역할을 하게 될 레흐 바웬사(Lech Walesa)를 비롯해 무려 25만 명에 이르는 시민들이 장례식에 참석했다. 예식을 마친 이들 가운데 상당수는 "용서합니다!"라고 적힌 플래카드를 앞세우고 비밀경찰본부 앞을 행진했다.[17] 저항 운동의 이면에 깔린 기독교 정신이 유감없이 드러난 장면이었다.

엘살바도르의 오까르 로메로(Oscar Romero) 대주교처럼 예수의 이름으로 압제에 맞선 순교자들을 꼽자면 끝이 없을 지경이다. 로메로는 보수적이고 정통적이며 교리적인 관점을 가진 덕에 대주교에 올랐다. 하지만 막상 직임을 맡고 보니 정부가 만성적이고 폭력적으로 인권 침해를 저지르고 있다는 피할 수 없는 증거들이 속속 눈에 들어왔다. 대주교는 서슴없이 그걸 지적하기 시작했고 결국 1980년, 미사를 집전하던 도중에 총격을 받아 숨졌다.

루터교의 유명한 순교자인 디트리히 본회퍼는 히틀러가 정권을 잡았을 당시, 런던에서 독일어를 사용하는 교회 두 곳을 돌보고 있었다. 멀리 떨어진 곳에서 얼마든지 안전하게 지낼 수 있었지만 본회퍼는 고국으로 돌아가 나치에 충성하는 서약서에 서명하길 거부하는 기독교인들이 모여 만든 고백교회의 비인가 신학교를 맡아 이끌었다. 아울러 고전으로 꼽히는 《제자도의 대가(*The Cost of Discipleship*)》라는 글을 써서 당시 크리스천들의 신앙과 교회를 비판했다. 예수님과 선지자들이 그랬던 것처럼 영적인 죽음과 자기만족적인 안주를 적나라하게 폭로했다. 그토록 많은 신앙인들이 히틀러에게 협력하는 한편, 나치가 조직적으로 소외시키고 파멸로 몰아간 이들을 외면했던 요인이 바로 거기에 있다고 본 것이다. 본회퍼는 결국 체포되어 교수형을 당하고 말았다.

구금 상태에서 보낸 마지막 편지에서, 본회퍼는 어떻게 크리스천의 신앙이 남을 위해 가진 것을 모두 포기하는 자원을 제공하는지 이야기했다. 마르크스는 내생을 믿는다면 이 세상을 더 낫게 만드는 데 관심을 기울이지 않을 것이라고 주장한다. 하지만 정반대의 논리를 펼 수도 있다. 만일 이생뿐이라면, 그리고 이 세상에 속한 것들이 손에 넣을 수 있는 사랑과 위안, 부요함의 전부라면 굳이 남들을 위해 희생할 까닭이 무어란 말인가? 하지만 본회퍼는 하나님 안에서 기쁨과 소망을 가졌고 그러기에 그처럼 엄청난 일들을 결행할 수 있었다.

> 크리스천을 크리스천답게 만드는 것은 종교적인 행위가 아니라 세상에 살면서 하나님의 고난에 참여하는 것입니다. 메타노이아(metanoia), 곧 회개란 스스로의 필요를 으뜸으로 생각하는 게 아니라 예수 그리스도의 도에 깊이 침잠하는 것을 가리킵니다. … 고통은 거룩한 천사입니다. … 그 천사를 통해 인간은 세상의 온갖 기쁨을 지나는 것보다 훨씬 더 위대해집니다. … 무언가를 갈망하는 고통은 틀림없이 존재하는데, 종종 신체적으로도 감지할 수 있습니다. 거기에 대해서는 옳고 그름을 따져서는 안 되고 그럴 필요도 없습니다. 우리는 갈망의 고통을 순간순간 이겨 내야 합니다. 그래서 그보다 더 거룩한 천사가 존재합니다. 하나님 안에서 누리는 기쁨이라는 천사입니다.[18]

이런 본보기들을 줄줄이 늘어놓는 까닭은 무엇인가? 이들은 모두 킹 목사가 옳았음을 보여 주는 증거들이다. 그리스도의 이름으로 불의를 저지른다는 건 곧 스스로 불의의 희생자가 되어 죽으시고 원수를 용서하라고 명령하신 분의 영에 진실하게 반응하지 않는다는 뜻이다. 예수님이 그랬던 것처럼, 자기 목숨을 버려 남들을 자유롭게 하는 이들은 마틴 루터

킹 주니어와 디트리히 본회퍼를 비롯해 수많은 크리스천들이 한목소리로 부르짖는 참다운 기독교 신앙을 실현해 내고 있는 것이다.

"피를 뿌려서 진노를 달래야 하는 심판자 하나님의 존재에 회의가 들어요." 독일에서 온 대학원생 하르트무트(Hartmut)는 잔뜩 찌푸린 얼굴로 말했다. "그러니까 크리스천들이 믿는 하나님은 꼭 누가 죽어야 죄를 용서한다는 얘기잖아요. 그냥 용서해 주면 안 되나요? 그뿐이 아니에요. 하나님이 인간을 닥치는 대로 살육하라고 명령하는 장면이 구약성경 여기저기에 많이 등장하더라고요."

"맞아요. 정말 이상한 게 한두 가지가 아니에요." 소호의 아트 갤러리에서 일하는 조시(Josie)가 이어받았다. "지옥에 관한 교리는 더 심각한 문제에요. 믿어 볼만한 가치가 있는 하나님은 사랑의 하나님뿐이라고 생각해요. 적어도 나한테는요. 그런데 성경의 하나님은 고통과 괴로움으로 비위를 맞춰야 하는 원시적인 신에 지나지 않아요."

5
심판

사랑의 하나님이 어떻게 인간을
지옥으로 보내실 수 있는가

2005년, 베스트셀러 《목적이 이끄는 삶(*The Purpose Driven Life*)》을 쓴 대형교회 목회자 릭 워렌은 퓨 재단(Pew Foundation)이 주최한 포럼에 참석해서 언론계 중진들과 토론을 벌였다. 개중에는 크리스천의 특정한 믿음, 다시 말해 하나님이 영원한 형벌을 내린다는 교리에 담긴 의미를 세속적인 관점에서 풀이하느라 씨름하는 이들도 있었다. 패널로 나온 어느 저널리스트가 물었다.

웬디(포럼 참석자, 그리스도를 믿지 않는 기자)는 모든 면에서 충분히 보호받아야 마땅한 미국인입니다. 목사님 교회에 다니는 가장 나이 많은 교인과 똑같은 대접을 받을 자격이 있죠. 하지만 웬디는 세상을 떠나고 나면 지옥으로 가게 될 겁니다. 구원을 받지 않았으니까요. 어쩌면 목사님은 이런 모순을 마음에 그냥 담아 둘 수 있을지 모릅니다. 문제는 목사님을 따르는 분들이죠. 교회에 출석하거나, 목사님이 쓴 책들을 읽거나, 목사님이 세계 방방곡곡에 전하는 얘기를 듣는 그 사람들도 그런 모순을 꾹 참아 줄 만큼 교양이 있다고 생각하십니까?[1]

"지금 목회하고 있는 교회의 식구들은 거기에 한 점 모순이 없다고 볼 것"이라는 게 워렌의 답이었지만, 저널리스트들은 영 미심쩍은 눈치였다. 지옥에 갈 수밖에 없는 이들이 존재한다고 믿는 크리스천들은 당연히 그런 이들을 자신과 동등한 가치와 존엄을 갖지 못한 부류로 취급할 것이라는 뜻까지 내비쳤다. 포럼에 참석한 저널리스트들은 바로 그 지점에서 오늘날 수많은 이들이 기독교의 하나님 개념에 대해 품고 있는 의혹을 고스란히 드러냈다. 크리스천의 하나님은 인간을 심판해서 지옥에 보내는 신이라는 생각이다. 그들이 내세우는 그런 믿음은 결국 배타적인 태도와 학대, 분열, 더 나아가 폭력으로 이어진다.

현대 문화에 비춰 볼 때, 하나님의 심판은 대단히 공격적인 기독교 교리들 가운데 하나다. 목회자요 설교자로 사역하는 나로서도 하나님의 진노와 마지막 심판, 지옥의 교리를 가르치는 성경 본문을 자주 다루는 편이다. 앞에서도 말한 것처럼, 여러 해 동안 예배를 마치고 나면 그 자리에서 궁금한 것을 묻고 답하는 시간을 갖곤 했는데, 그때마다 이를 들이 대며 따지고 드는 뉴요커들을 심심찮게 만났다. 전통적 기독교 신앙의 이런 측면을 두고 일반 대중이 느끼는 심각한 고충은 이해가 가고도 남는다. 지옥과 심판에 반대하는 목소리들은 지성적인 회의보다 감정적인 혐오에 가까워 보이기는 하지만, 거기에도 역시 대단히 또렷한 신념들이 수없이 담겨 있음을 확인할 수 있다. 이제 그 확신들을 하나하나 살펴보기로 하자.

심판하는 하나님은
설 곳이 없다

로버트 벨라(Robert Bellah)가 쓴 영향력 있는 책 《마음의 습관(*Habits of the Heart*)》은 미국 문화를 지배하고 있는 '표현적 개인주의(expressive individualism)'에 관해 이야기한다. 벨라는 "저마다 교회나 유대교 회당 따위에 기대지 않고 자기 힘으로 신앙적인 확신에 이르러야 한다"[2]는 데 공감하는 미국인이 80퍼센트에 이를 만큼 다수를 차지한다는 점을 강조한다. 그러면서 도덕적인 진리는 개인의 양심에 달린 문제라는 확신이야말로 미국 문화에서 가장 중요한 위치를 차지하는 근본적인 믿음이라고 결론짓는다.

따라서 현대 문화는 자신들이 어떻게 살든 지지해 주는 사랑의 하나님에 대해서는 아무 불만이 없지만, 저마다 진지하게 품고 있는(설령 그게 오류일지라도) 확신들을 이유로 벌을 내리는 하나님이라는 개념에는 극렬하게 반대한다. 이러한 반대에는 문화적인 역사가 있다.

《인간폐지》라는 고전적인 글에서 C. S. 루이스는 실존을 둘러싼 고대와 현대의 주요한 시각차라고 생각되는 점들을 두루 짚는다. 그러고는 고대인들은 마법을 좇았고 나중에는 현대 과학이 들어와 그 자리를 대신 차지했다는 우리 시대의 안일한 믿음을 맹렬히 공격한다. 루이스는 중세의 관념이 현대성에 밀려나는 과정을 연구한 전문가였으므로 중세에는 마법이 전무하다시피 했음을 누구보다 잘 알고 있었다. 마법이 극성을 부리던 시절은 현대 과학이 발전을 거듭하던 16-17세기 무렵이었다. 둘의 양상은 다르지만 번성하게 된 이유는 똑같다고 루이스는 지적한다.

> 진지한 마법 추구와 진지한 과학적 노력은 쌍둥이입니다. 한쪽은 병약해 죽었고 다른 한쪽은 건강하게 잘 자랐지만 어쨌든 쌍둥이죠. 두 쪽 모두 같은 자극을 받고 태어났거든요. [3]

루이스는 그 자극을 '윤리적이고 영적인 실재에 대한 새로운 접근'이라고 설명한다.

> 마법과 응용과학을 하나로 묶는 반면, 양쪽 모두 지난날의 '지혜'와는 구별되게 하는 것이 있다. 옛 현인들은 어떻게 심령을 실재와 일치시키느냐 하는 것을 가장 중요한 문제로 꼽았으며 지식, 자기 훈련, 덕성을 해법으로 여겼다. 이와 달리 마법과 응용과학은 하나같이 어떻게

하면 실재를 인간의 욕심에 복속시킬 수 있느냐에 가장 큰 관심을 두며 기술을 해법으로 삼는다. 둘 다 기술을 쓰면서 지금까지 역겹고 불경스럽게 여기던 것들까지 서슴없이 저지르려 든다.[4]

고대에는 자신을 벗어나 우주의 조직 가운데 내재된 초월적인 윤리 질서가 존재한다고 생각했다. 그 형이상학적인 질서를 어기면 마치 불에 손을 집어넣어 물리적인 실재를 침해할 때처럼 심각한 결과가 벌어진다고 본 것이다. 지혜로 이어지는 길은 이처럼 한결같은 실재에 순응하며 사는 법을 배우는 데 있었다. 그리고 그 지혜는 주로 겸손과 연민, 분별, 충성 같은 인격적인 자질들을 키우는 일에서 비롯되었다.

그런데 근대성은 이를 거꾸로 뒤집어 놓았다. 궁극적인 실재는 초자연적인 질서가 아니라 자연계, 그 변화무쌍한 세계라고 보았다. 이제는 인간의 욕구를 실재에 맞추어 빚어 가려 애쓰는 대신 실재를 통제하고 주물러 인간의 욕구에 맞추려 안간힘을 쓴다. 옛사람들은 불안해 보이는 이를 지켜보며 영적인 기질을 바꿔 보라는 처방을 내렸지만, 현대인들은 스트레스 관리법을 이야기한다.

독자들의 눈에는 흔히 말하는 과학적 사고에 반대하는 것처럼 비칠 수 있다는 사실을 잘 알고 있었던 루이스는 그렇지 않다고 항변한다. 현대성은 '권력의 망상'에서 비롯되었음을 일깨우고 싶을 뿐이라는 것이다. 제2차 세계대전이 한창일 무렵에 글을 썼던 루이스로서는 근대정신이 낳은 쓰디쓴 열매들이 널린 세상 한복판에 서 있었던 셈이다. 루이스와 친구 사이였던 J. R. R. 톨킨은 지혜를 구하고 하나님이 지으신 피조물들이

값없이 '주어졌다는' 사실에 감사하고 기뻐하는 대신 권력과 통제를 추구하면 어떤 결과가 오는지를 소설로 썼다. 《반지의 제왕(The Lord of the Rings)》이 그 작품이다.[5]

그런데 근대의 정신은 옳고 그름을 결정할 책임을 인간에게 넘겨주었다. 물리적인 환경을 통제할 수 있다는 새로운 자신감이 가득한 나머지 이제는 형이상학적인 세계도 뜯어고칠 수 있다고 생각하기에 이르렀다. 그러니 바람을 피워도 괜찮다고 판단했는데 나중에 난데없이 하나님이 나타나서 불륜 행위에 벌을 내리신다면 그건 아주 부당한 사태라는 느낌이 들 수밖에 없다. 이런 영역은 개인의 권리에 속한다는 의식이 너무 투철해서 하나님의 심판이니 뭐니 하는 개념이 끼어들 여지가 없어 보인다. 하지만 루이스가 입증해 낸 것처럼, 이는 최근 세계사에서 끔찍한 결과를 빚고 있는 통제 및 권력 추구와 단단히 이어져 있다. 오늘날 온 인류가 이처럼 근대적인 세계관을 받아들이고 있는 건 아니다. 마치 불가피한 것처럼 그런 행동양식을 따라야 할 이유가 대체 무엇인가?

예배를 마치고 토론하는 자리에서, 한 여성이 일어나더니 '심판하시는 하나님'이란 개념이 너무 거슬린다는 의견을 내놓았다. 곧바로 되물었다. "그런데 왜 '용서하시는 하나님'이란 개념은 불쾌하게 여기지 않으시죠?" 난데없는 반문에 여인은 어리둥절한 표정이었다. 계속해서 말을 이어 갔다. "언제 지옥에 대한 기독교의 가르침을 공격적으로 받아들이게 되는지, 그 문화적인 입지를 곰곰이 되짚어 보시길 정중하게 부탁드립니다." 신앙이 없는 서구인들은 지옥을 말하는 기독교 교리에는 기분이 나빠하면서 다른 뺨까지 돌려대며 원수를 사랑하라는 가르침에는 환호한다. 전혀 다른 문화권 출신들은 이러한 기독교 가르침을 어떻게 볼지 생각해 보라고 그 여인에게 이야기했다. 전통적인 사회라면, "다른 뺨을 돌려 대라"는 식의 가르침은 그야말로 어불성설이다. 옳고 그름을 가리는 가장 깊은 본능을 거스르기 때문이다. 하지만 하나님이 심판하신다는 교리는 그들에게 전혀 문제가 되지 않는다. 전통 사회에 속한 이들에게는 서구인들이 끌리는 기독교의 일면이 몹시 거북한 반면, 세속적인 서구인들이 견딜 수 없어 하는 측면에는 도리어 매력을 느낀다.

그렇다면 서구인들의 문화적인 감수성이 기독교의 효용을 가르는 마지막 법정이 되어야 할 까닭이 있을까? 스스로의 문화가 비서구 문화들보다 우월하다고 생각하는지 여인에게 조심스럽게 물었다. 단박에 "아니오!"라는 답이 돌아왔다. 다시 질문했다. "그러면 기독교에 반대하는 서구 문화의 논리가 다른 문화의 주장보다 더 타당하다고 보시는 이유는 뭘까요?"

이야기를 계속 풀어 가기 위해, 기독교가 어느 특정한 문화의 산물이 아니라 정말 초문화적인 하나님의 진리라고 생각해 보자. 그게 사실이라면, 그 진리는 모든 문화와 일정 부분 충돌하고 또 불쾌한 느낌을 줄 수밖에 없다. 인간의 문화는 늘 변하고 항상 불완전하기 때문이다. 기독교가 유일한 진리라면 어느 지점에서인가는 우리 사고를 거스르고 수정하게 마련이다. 어쩌면 '하나님의 심판'이라는 기독교 교리가 바로 그 지점인지도 모른다.

심판하는 하나님이
곧 사랑의 하나님이 될 수는 없다

기독교 신앙에서 하나님은 사랑의 하나님인 동시에 공의의 하나님이기도 하다. 여기에 어려움을 겪는 이들이 적지 않다. 사랑의 하나님이 또한 심판하는 하나님일 수는 없다고 생각하는 것이다. 우리 사회에서 사역하는 대다수 목회자들이 다 그러하듯, 나 역시 말 그대로 헤아릴 수 없을 만큼 자주 질문을 받는다. "어떻게 사랑의 하나님이 또 노여움과 화가 들끓는 하나님일 수 있다는 거죠? 사랑이 넘치고 한 점 흠이 없는 분이라면, 모두를 다 용서하고 받아들이는 게 당연합니다. 화를 내서는 안 된다고요."

그때마다 늘 사랑이 넘치는 인간들도 '사랑함에도 불구하고'가 아니라 '사랑하기에' 더러 분노에 사로잡힌다는 점을 꼬집는 걸로 답을 시작한다. 상대를 깊이 사랑하는데 누군가 나타나서(또는 스스로) 그를 망치려 든다면 화가 날 수밖에 없다. 베키 피퍼트(Becky Pippert)가 《소망에는 그만한 이유가 있다(Hope Has Its Reasons)》에서 이야기한 그대로다.

사랑하는 이가 슬기롭지 못한 행동과 관계들로 참담하게 망가져 가는 게 보인다면 어떤 느낌이 들지 생각해 보라. 낯선 상대를 대하듯 꾹 참고 점잖게 반응하겠는가? 말도 안 되는 소리다. 분노는 사랑의 반대말이 아니다. 사랑의 반대는 미움이며 증오의 끝은 냉담이다. … 하나님의 진노는 짜증스러운 폭발이 아니라 주님이 전부를 던져 사랑하는 대

상인 인류의 내면을 갉아먹는 … 암 덩어리에 대해 쏟는 확고한 반감이다.[6]

하나님의 진노는 피조물을 향한 사랑과 기쁨에서 비롯된다고 성경은 말한다. 하나님은 악과 불의를 노여워하신다. 평안과 온전함을 깨트리기 때문이다.

여호와께서는 그 모든 행위에 의로우시며 그 모든 일에 은혜로우시도다. … 여호와께서 자기를 사랑하는 자들은 다 보호하시고 악인들은 다 멸하시리로다(시 145:17-20).

심판하는 하나님을 믿는 이들은 화해의 기대를 품고 적들을 대하지 않을 것이라며 불만스러워하는 이들이 많다. 나쁜 짓을 저지르는 이들을 벌주는 하나님을 믿는다면, 스스로 남들에게 고통을 주는 행위도 얼마든지 그렇게 합리화할 수 있지 않겠느냐는 것이다. 발칸반도의 폭력 사태를 목격한 크로아티아 신학자로 예일대학에서 학생들을 가르치고 있는 미로슬라프 볼프(Miroslav Volf)는 하나님의 심판을 둘러싼 교리를 그런 식으로 보지 않는다.

하나님이 불의와 거짓에 분노하지 않고 폭력을 영원히 끝장내지 않는다면, 그러한 하나님은 예배할 가치가 없을 것이다. … 폭력에 의지하는 흐름을 스스로 완전히 차단하는 유일한 수단은 오로지 하나님으로부터 나올 때만 폭력이 합법성을 가질 수 있다는 입장을 고수하는 길뿐이다. … 서방 세계에서 … 하나님이 반드시 갚아 주신다는 믿음이 있어야 비폭력을 실천할 수 있다는 내 주장은 … 서방 세계 … 다수 대중의 환영을 받기는 어려울 것이다. … (하지만) 인간의 비폭력은 심판을 거절하는 하나님을 믿는 결과라는 논리가 성립하기 위해서는 한적한 시골집의 평온함이 전제되어야 한다. 뜨거운 햇볕에 타들어 가는 대지, 무고한 피가 흥건한 땅에서는 자유로운 사고에 고분고분 따르는 포로들과 함께 어김없이 죽어 버리고 말 것이다.[7]

대단히 흥미로운 이 글에서 볼프는 복수하는 하나님을 믿지 않는 마음가짐이 '은밀하게 폭력을 부추기는'[8] 요인이라고 말한다. 폭력을 휘두른 가해자에게 죗값을 돌려주고자 하는 인간의 충동은 거의 압도적이다. "폭력으로는 아무런 문제도 해결할 수 없다는 걸 모르시오?" 따위의 진부한 이야기로 가라앉힐 만한 감정이 아니다. 집이 불타고 친척들이 살해되거나 성폭행 당하는 장면을 두 눈으로 똑똑히 지켜본 이들에게 그런 얘기는 우스꽝스런 헛소리에 지나지 않는다. 그런 말에서는 정의에 대한 참다운 관심이 조금도 엿보이지 않는다. 반면에 폭력의 희생자들은 정의를 실현하는 데서 훨씬 더 나아가 앙갚음을 하고자 하는 욕구에 끌린다. "내 한쪽 눈을 멀게 했으니 네 두 눈을 다 멀게 해 주겠다!"라는 식이다. 끔찍한 만행을 합리화하며 공격과 반격을 주고받는 복수의 쳇바퀴 속으로 끌려들어 가기 십상이다.

정의를 추구하는 열정이 피로 되갚으려는 욕구를 부추기지 않는 방식으로 실현될 수 있을까? 볼프는 하나님의 공의라는 개념을 믿는 믿음이 최고의 자원이라고 말한다. 하나님이 살아 계셔서 언젠가는 만사를 바로세우리라는 확신이 없으면 칼을 집어 들고 끝없는 복수의 소용돌이 속으로 빨려들 수밖에 없다. 그릇된 일들을 모두 바로잡고 온갖 빚을 깨끗하게 청산해 줄 하나님의 존재를 굳게 믿을 때에만 자제력을 가질 수 있다.

1980년에 노벨문학상을 수상한 폴란드 시인 체스와프 미워시(Czeslaw Milosz)는 〈니힐리즘의 절제된 매력들(*The Discreet Charms of Nihilism*)〉이라는 뛰어난 에세이에서 마르크스가 종교를 '민중의 아편'이라고 부르게 된 배경에 대하여 설명한다. 내생에 대한 약속은 가난한 노동자 계급으로 하여금 부당한 사회적 조건들을 참고 견디게 만든다는 것이다. 미워시는 말한다.

> 현대인들은 눈앞에서 일어나고 있는 변화를 똑똑히 지켜보고 있다. 민중을 마비시키는 진정한 아편은 한 번 죽으면 그만이고 그 뒤엔 아무것도 없다는 믿음, 달리 말해 배신과 탐욕, 비겁, 살인 따위에 심판이 따르지 않는다고 생각하는 데서 오는 엄청난 위안이다. … (하지만) 종교들은 하나같이 인간의 행위는 사라지거나 지워지지 않는다는 사실을 인정한다.[9]

하나님의 심판을 믿는 신앙은 더 잔혹한 사회를 부를 뿐이라고 불평하는 이들이 많다. 미워시는 개인적으로 나치와 공산주의 체제를 모두 겪으면서 심판의 하나님에 대한 신뢰를 상실한 사회가 얼마나 잔인해지는지 낱낱이 지켜보았다. 자기 몫의 삶과 윤리를 알아서 선택하고 궁극적으로 아무런 책임도 지지 않는다면 결국 폭력으로 이어질 수밖에 없다. 마지막 날, 하나님이 심판하신다는 교리는 서로 사랑하고 평화를 이루는 인간의 노력을 뒷받침하는 데 반드시 필요하다고 볼프와 미워시는 입을 모은다.

사랑이 많으신 하나님이라면
인간을 지옥으로 보낼 리가 없다

"아, 하나님이 세상의 악과 불의에 맞서 싸운다고요? 하지만 다른 한편으로는 인간을 지옥으로 보내잖아요. 성경은 영원히 받아야 할 형벌을 이야기하지 않던가요? 사랑이 많으신 하나님이라면 어떻게 그럴 수 있습니까? 지옥이랑 사랑의 하나님이라니…. 저는 그 둘을 도무지 연결할 수가 없네요." 이렇게 반발하는 이들에게 무슨 이야기를 해 줄 수 있을까?

하나님은 누구에게나 시간을 주셨다. 그런데 삶의 마지막 순간까지 올바른 선택을 하지 못하면, 하나님은 우리의 영혼을 잡아다가 영원히 지옥에 던져 넣는다. 우주 건너편 어딘가로 굴러 떨어진 불쌍한 심령들은 자비를 간구하지만 그분은 눈 하나 깜짝 않고 대꾸한다. "늦었어! 그러게 진작 정신 좀 차리지. 이젠 고통을 당할 뿐, 다른 길은 없어!" 요즘 사람들은 백이면 백, 지옥은 이렇게 돌아갈 거라고 생각한다. 하지만 이는 악의 본질을 오해한 데서 나온 도식일 따름이다. 성경이 그리는 그림은 전혀 딴판이다. 죄는 우리를 기쁨과 사랑, 지혜를 비롯해 온갖 선한 것들의 근원인 하나님의 임재와 갈라놓는다. 인간은 본래 하나님과 친밀하게 교제하도록 지어졌으므로, 오로지 그분 얼굴 앞에 있을 때에만 번성하고 풍요로워지며 잠재력을 남김없이 발휘할 수 있는 법이다. 하나님의 임재를 완전히 잃어버린다면, 다시 말해 그분과 사랑과 기쁨을 주고받을 능력을 총체적으로 상실한다면 그게 바로 지옥이다.

성경이 지옥을 그리는 데 자주 쓰는 이미지는 불이다.[10] 불은 해체하고 허물어뜨린다. 자기중심적인 마음가짐이 심령을 붕괴시키는 갖가지 현상들은 이생에서도 얼마든지 볼 수 있다. 이기심과 자기몰입이 어떻게 사무치는 아픔과 구역질나는 질투, 심신을 얼어붙게 하는 근심, 피해망상에 가까운 생각들, 그리고 심리적인 부인과 그에 따른 왜곡을 불러오는지에 대해서는 다들 알고 있어서 따로 설명이 필요 없을 정도다. 자, 한번 물어보자. "죽음과 함께 만사가 끝나는 게 아니라 영적으로 삶이 영원토록 이어진다면 어떻게 되겠는가?" 자신만 아는 자기중심적인 삶을 무한정 지속하는 심령의 궤적, 그 자체가 지옥이다.

누가복음 16장에 나오는 나사로와 부자의 비유는 지옥에 대한 이런 의식을 뒷받침해 보여 준다. 나사로는 인색한 부잣집 문간에서 동냥해 먹고사는 거지다. 그러다 둘 다 세상을 떠난다. 나사로는 하늘나라로 간 반면, 부자는 지옥에 떨어진다. 부자는 눈을 들어 '아브라함과 그의 품에 있는' 나사로를 바라본다.

불러 이르되 '아버지 아브라함이여, 나를 긍휼히 여기사 나사로를 보내어 그 손가락 끝에 물을 찍어 내 혀를 서늘하게 하소서. 내가 이 불꽃 가운데서 괴로워하나이다.' 아브라함이 이르되 '얘 너는 살았을 때에 좋은 것을 받았고 나사로는 고난을 받았으니 이것을 기억하라. 이제 그는 여기서 위로를 받고 너는 괴로움을 받느니라. 그뿐 아니라 너희와 우리 사이에 큰 구렁텅이가 놓여 있어 여기서 너희에게 건너가고자 하되 갈 수 없고 거기서 우리에게 건너올 수도 없게 하였느니라.' 이르되 '그러면 아버지여 구하노니, 나사로를 내 아버지의 집에 보내소서. 내 형제 다섯이 있으니 그들에게 증언하게 하여 그들로 이 고통 받는 곳에 오지 않게 하소서.' 아브라함이 이르되 '그들에게 모세와 선지자들이 있으니 그들에게 들을지니라.' 이르되 '그렇지 아니하니이다. 아버지 아브라함이여 만일 죽은 자에게서 그들에게 가는 자가 있으면 회개하리이다.' 이르되 '모세와 선지자들에게 듣지 아니하면 비록 죽은 자 가운데서 살아나는 자가 있을지라도 권함을 받지 아니하리라' 하였다 하시니라(눅 16:24-31).

기가 막히게도, 이제 입장이 완전히 뒤바뀌었음에도 부자는 무슨 일이 벌어지고 있는지 전혀 가늠하지 못하는 듯하다. 여전히 나사로에게 종노릇을 기대하고 물을 떠다 바치는 시종쯤으로 대한다. 지옥에서 꺼내 주길 간청하지 않는다. 도리어 하나님이 자신과 식구들에게 내생에 대해 충분한 정보를 주지 않았다는 식의 아쉬움을 강하게 내비친다. 주석가들은 지옥에 빠진 이 심령 가운데 도사린 엄청난 부정과 책임 전가, 영적 무지에 주목한다. 나사로와 달리 부자에게는 인격적인 이름이 주어진 적이 없다는 사실에도 의미를 둔다. 부자는 그저 '부자'라고 불릴 뿐이다. 하나님보다는 부에 토대를 둔 정체성을 가졌기에 재물을 잃어버리는 순간 정체감도 실종되었다는 사실을 강력하게 암시한다.

간단히 말해, 지옥이란 그저 무한을 향해 가는 여정에서 하나님을 떠나 자유로이 선택한 정체성을 의미한다. 마약, 알코올, 도박, 포르노그래피 중독에서 이런 과정의 '축소판'을 볼 수 있다. 우선, 붕괴가 일어난다. 갈수록 만족도가 떨어지므로 같은 쾌감을 얻으려면 더 많은 양의 중독물질이 필요하기 때문이다.

둘째로, 고립 현상이 생긴다. 자기 행동을 합리화하기 위해 점점 더 심하게 남 탓, 환경 탓을 하게 된다. 나날이 자기연민과 자기몰입이 깊어져서 툭하면 중얼거린다. "아무도 내 맘 몰라! 다들 나만 미워해!" 하나님이 아닌 다른 무언가를 토대로 삶을 쌓아올리면, 바로 그것이 (비록 선한 것이라 할지라도) 심신을 종속시키는, 곧 반드시 손에 넣어야만 행복해지는 중독 요인이 된다.

인격 해체는 더 광범위한 규모로 일어난다. 영원한 세상에서도 이 해체는 끝없이 계속된다. 고립, 부정, 망상, 자기몰입이 갈수록 심해진다. 겸손함을 완전히 잃어버리면 현실과의 연결도 끊어진다. 아무도 지옥에서 떠나라고 이야기해 주지 않는다. 하늘나라라는 개념마저 엉터리처럼 보이게 된다.

C. S. 루이스는 판타지 소설 《천국과 지옥의 이혼(*The Great Divorce*)》에서 버스를 가득 채우고 지옥을 떠나 천국 언저리에 도착한 승객들의 이야

기를 들려준다. 지옥에 있을 때 발목을 붙들고 있던 죄들을 버리라는 안내를 받지만 말을 듣지 않는다. 승객들을 설명하는 루이스의 이야기를 듣고 있노라면 깜짝 놀랄 수밖에 없다. 중독이라는 축소판에서 보았던 자기기만과 자기몰입이 고스란히 나타나고 있음을 보게 되는 까닭이다.[11]

> 지옥은 투덜거리는, 그러니까 쉴 새 없이 불평하는, 늘 남을 탓하는 분위기에서 시작된다. … 하지만 아직은 거리가 있다. 어쩌면 지금은 스스로를 꾸짖으며 그만두고 싶다는 생각을 할지도 모른다. 하지만 언젠가는 더 이상 그러지 못하는 날이 올 수도 있다. 그렇게 되면, 그런 분위기를 비판하거나 도리어 즐길 자아는 전혀 남지 않고 기계처럼 끝없이 돌아가는 불만만 남게 될 것이다. 이는 하나님이 '우리를 지옥으로 보내는' 문제가 아니다. 우리 한 사람 한 사람의 마음에 싹수부터 도려내 버리지 않으면 커서 지옥이 될 무언가가 자라고 있다.[12]

지옥에 빠진 이들은 비참하다. 이 글에서 루이스는 그럴 수밖에 없는 까닭을 설명한다. 그들의 내면에서는 교만과 피해망상, 자기연민, 남들은 다 틀렸고 멍청이라는 확신 따위가 맹렬한 불꽃처럼 걷잡을 수 없이 번져 나간다. 겸손은 죄다 사라지고 분별도 없어진다. 결국 자기중심성의 감옥에 철저하게 갇혀 버리고 교만은 버섯구름처럼 점점 더 거대하게 자라난다. 자신을 제외한 모든 이들을 비난하는 사이에 몸과 마음은 끝없이 허물어진다. 이것의 확장판이 바로 지옥이다.

"잘못했어요, 꺼내 주세요!"라며 울부짖는 이들을 잡아다가 구덩이에 처넣는 주인공으로 하나님을 그리는 게 억지인 이유가 여기에 있다. 루이스의 소설에 나오는, 지옥에서 버스를 타고 온 승객들은 구원보다는 스스로 규정한 '자유'를 택했을 것이다. 다들 하나님을 영화롭게 하노라면 왠지 권력과 자유를 잃어버릴 수밖에 없으리라는 착각에 빠져 있었는데, 그러한 선택이 위대해질 수 있는 그들의 잠재력을 죄다 짓뭉개 버렸다. 이보다 더 크고 비극적인 아이러니는 다시없을 것이다. 루이스의 표현처럼, 지옥은 '인간의 자유를 기리는 가장 거대한 기념물'이다. 로마서 1장 24절은 "그러므로 하나님께서 그들을 마음의 정욕대로 … 내버려 두사"라고 말한다. 하나님은 결국 그들에게 그토록 원하는 자유를 주신다. 심지어 그분 자신으로부터 벗어날 자유까지 아우르는 자유다. 이게 하나님이 하시는 일이다. 이보다 더 공정할 수 있을까? 루이스는 이렇게 썼다.

세상에는 오직 두 종류의 인간이 있을 뿐입니다. '주님의 뜻이 이루어지이다'라고 하나님께 이야기하는 이들과 하나님이 끝내 '네 뜻대로 될지어다'라고 말씀하시는 부류죠. 지옥에 있는 이들은 어김없이 후자를 택한 쪽입니다. 스스로 선택하지 않고는 지옥에 있을 리가 없습니다. 진지하게, 그리고 지속적으로 즐거움을 갈망하는 영혼은 절대로 그걸 놓치지 않을 겁니다.[13]

지옥과 인간의
동등함

회의적인 저널리스트들과 릭 워렌이 토론을 벌였던 포럼 현장으로 돌아가 보자. 패널로 참석한 기자들은 지옥에 가게 되어 있는 이들이 있다고 믿는 크리스천이라면 그런 부류의 상대를 동등한 존재로 여기지 않을 게 빤하다고 걱정한다. 시민으로서 같은 권리를 부여하기에 적합하지 않다고 볼 것이라는 얘기다. 하지만 이는 구원과 지옥의 본질을 둘러싼 성경의 가르침을 오해하는 데서 비롯된 염려에 지나지 않는다.

C. S. 루이스가 지적하듯, 지옥으로 가는 여정은 일련의 과정이며, 막연히 불쾌한 기분처럼 딱히 해로운 게 없는 일에서 출발할 수도 있다. 주일 아침 예배에 참석한 교인들이나 양키 스타디움에 모인 관중, 또는 메트로폴린 오페라극장의 청중들을 보면서 누가 하늘나라에 들어가고 또 누가 지옥에 떨어질지 단언할 수 있는 이는 아무도 없다.

오늘 거침없이 신앙을 고백하는 크리스천이 내일의 배교자가 될 수도 있고, 오늘 노골적으로 반대하는 이들이 내일의 회심자가 될 수도 있다. 누군가의 영적인 상태나 운명을 현재의 눈에 보이는 모습으로 단정하고 최종 판단을 내려서는 안 된다.

맨해튼의 어느 타운하우스에 모인 이들에게 기독교 신앙을 소개한 적이 있었다. 모임이 끝나자 여성 둘이 찾아왔다. 설명을 잘 들었다면서 영원한 심판을 믿으면 편협해질 수밖에 없다고 입을 모았다. 그들에게 되물었다. "두 분은 제가 틀렸다고 여기고 저는 두 분이 그렇다고 봅니다.

어째서 두 분도 저만큼 편협하다고 생각하지 않는 거죠?" 한쪽 여성이 대꾸했다.

"경우가 다르죠. 목사님은 우리를 완전히 버림받은 인간으로 치부하시잖아요! 하지만 우린 목사님을 그렇게 여기지 않거든요. 그러니까 목사님이 우리보다 훨씬 편협한 거죠." 고개를 가로저으며 두 사람에게 이런 이야기를 들려주었다.

크리스천과 세상 사람들은 어느 쪽이랄 것 없이 모두 자기중심적이고 잔인한 속성이 몹시 해로운 결과를 불러온다고 본다. 크리스천들의 경우, 영혼은 죽지 않는다고 믿기 때문에 도덕적이고 영적인 잘못들 또한 심령에 영구적인 영향을 준다고 판단한다. 자유주의적인 세상 사람들도 착취나 억압처럼 윤리적이고 영적으로 끔찍한 죄악들이 있다고 생각한다.

하지만 내생을 신뢰하지 않으므로 죄의 열매가 영원토록 지속된다고 여기지 않는다. 세속적인 사람들과 달리 잘못의 결과가 무한정 지속된다고 믿는다고 해서 곧 크리스천이 더 편협하다고 볼 수 있는가?

두 사람이 쿠키의 본질을 둘러싸고 입씨름을 벌인다고 상상해 보자. 잭(Jack)은 쿠키란 곧 독이라고 생각하는 반면, 질(Jill)은 그렇지 않다고 믿는다. 쿠키에 대한 그릇된 시각 탓에 질은 병에 걸리거나 그보다 더 심각한 상황에 맞닥뜨리게 되리라는 게 잭의 입장이다.

반면에 질의 의견은 다르다. 쿠키를 바라보는 터무니없는 관점 탓에 맛있는 디저트를 즐기지 못하게 되리라는 것이다. 질의 착각이 더 심각한 결과를 가져오리라고 생각한다고 해서, 잭이 더 편협한 마음가짐을 가졌다고 볼 수 있는가? 누구도 그렇게 여기지 않을 것이다. 크리스천들도 마찬가지다. 잘못된 생각과 행동이 영원히 영향을 미친다고 생각한다고 해서 더 편협한 건 아니다.

"사랑의 하나님을
믿습니다"

대학에 다니던 시절을 포함해 20대 초반까지, 다른 수많은 젊은이들과 마찬가지로 나 역시 그동안 성장하면서 간직해 왔던 기독교 신앙에 의구심이 들었다. 나름의 이유들이 있었다. 회의를 갖게 된 주관적인 이유들을 보면 다음과 같다.

먼저 경험에 비추어 볼 때 기독교가 참이라는 확신이 들지 않았다. 꾸준히 기도 생활을 해 온 것도 아니고 인격적으로 하나님을 체험해 본적도 없었다. 오히려 기독교 신앙과 관련해 지성적인 문제의식을 가지고 있었다. 앞으로도 틈틈이 다루겠지만, 여기서는 하나만 이야기해 보려 한다.

지옥불과 영원한 저주를 강조하는 크리스천들 때문에 마음이 여간 불편한 게 아니었다. 같은 또래들이 다 그러했듯, 모든 종교가 가르치는 진리의 고갱이를 추리면 '사랑의 하나님'이 된다고 믿었다. 어떤 신앙을 좇든, 무슨 관습을 가졌든 가리지 않고 무조건 용납하고 받아 주는 사랑의 하나님을 따르고 싶었다.

불교와 힌두교, 이슬람교, 유교, 그리고 유대교에 이르기까지 세계의 주요 종교들을 섭렵하기 시작했다. 지금까지도 그때 했던 공부의 덕을 보고 있다. 하지만 다른 신앙을 살피면 살필수록 사랑이 넘치는 하나님을 구심점으로 삼고자 하는 바로 이 지점에 문제가 있음이 분명해졌다.

성경 말고는 그 어떤 종교 문서에서도 신이 사랑과 기쁨으로 세상을 창조했다는 내용을 찾아볼 수 없었다. 고대 이방 종교들은 대부분 대립하는 신들과 초자연적인 세력 사이의 갈등과 사나운 전투를 통해 세계가 창조되었다고 믿었다. 다음에는 불교로 시선을 돌려 찬찬히 들여다보았다. 그때 당시에는 그쪽이 더없이 근사해 보였다. 자기 자신을 버리고 사심 없이 남을 섬기는 자세를 크게 강조하는 모습이 특별한 무언가가 있어 보였기 때문이다. 하지만, 불교는 인격적인 신을 전혀 믿지 않는다. 그들이 말하는 사랑은 그저 인간적인 행위일 따름이었다.

세월이 흘러, 목회자가 된 뒤에는 몇 년 동안 한 달에 한 번씩 필라델피아에서 열리는 교회와 모스크 사이의 토론 프로그램에 강사 겸 패널로 참석했다. 매월 교회와 모스크를 대표하는 강사들이 정해진 토픽에 대해 성경과 쿠란의 시각을 설명하는 구성이었다. '신의 사랑'이라는 주제를 다루면서 양쪽의 관념이 얼마나 다른지가 여실히 드러났다. "오, 신은 인간에게 늘 자애롭고 친절해요. 정말 사랑이 넘치는 분이세요!" 무슬림 패널들은 인간에게 자애롭고 친절하다는 점에서 신은 정말 사랑이 넘치는 분이란 이야기를 수없이 되풀이했다.

반면에 주님을 신랑으로 표현한다든지, 하나님을 친밀하고 인격적으로 안다고 말한다든지, 성령님을 통해 우리 마음에 쏟아부어 주시는 사랑을 힘주어 설명하면 무슬림 친구들은 멈칫하곤 했다. 그들의 입장에서 보자면, 인간이 하나님을 인격적으로 안다고 말하는 것 자체가 불경스럽다는 것이다.

개인적으로 대화를 나눠 본 요즘 회의론자들은 예전에 내가 그랬던 것처럼 성경의 하나님을 도저히 인정할 수 없다고들 한다. "사랑의 하나님을 믿기 때문에" 인간을 심판하고 벌주는 하나님을 믿지 못하겠다는 것이다. 그렇다면 묻고 싶다. 무엇을 근거로 하나님을 사랑이라고 생각하는가?

오늘날의 세계를 두루 굽어보면서 "이 세상을 지으신 하나님은 역시 사랑의 하나님이시로구나!"라고 말할 수 있는가? 역사를 돌이켜 보면서 "지난날의 기록 하나하나가 역사의 하나님은 과연 사랑의 하나님이로군!"이라고 말하겠는가? 세상의 온갖 종교 문서들을 살펴보고 하나님은 곧 사랑의 하나님이라고 결론지은 것일까?

주요한 신앙들 가운데 그 어디서도 사랑을 하나님의 지배적이고 결정적인 속성으로 꼽지 않는다. 따라서 '하나님은 곧 사랑'이라는 개념의 근원은 성경이라고 볼 수밖에 없다. 그런데 그 성경은 사랑의 하나님을 또한 심판의 하나님, 마침내 세상의 모든 일을 바로잡을 분이라고 말한다.

누구나 용납하고 아무도 심판하지 않는, 처음부터 끝까지 사랑뿐인 하나님을 믿는다는 건 강력한 신앙 행위다. 자연계의 질서 가운데 아무런 증거가 없을뿐더러 기독교 말고는 그 어떤 역사나 종교 문서에서도 뒷받침할 만한 자료를 찾을 수 없다. 열심히 살피면 살필수록 그걸 정당화시킬 근거는 더 희박해진다.

．
．
．

"과학을 공부하다 보니 어려워졌어요. 그렇지 않았더라면 기독교의 가르침을 받아들이는 게 아주 불가능하지는 않았을 텐데 말이죠." 의과 대학 레지던트 과정을 밟고 있는 아시안 청년 토머스(Thomas)는 말한다. "진화론을 따르는 과학도로서는 생명의 기원에 대한 기독교의 설명, 과학과는 거리가 먼 그 이야기를 도무지 인정할 수가 없네요."

"게다가 성경은 온통 기적 얘기잖아요." 의대생 미셸(Michelle)도 말을 보탰다. "정말 그런 일이 일어났을 리가 없는데도 말이죠."

과학과 기독교

과학이 기독교 신앙이 틀렸음을 증명해 낸 것 아닌가

리처드 도킨스와 대니얼 데닛, 샘 해리스는 함께 쓴 베스트셀러에서 과학은 전반적으로, 그중에서도 진화를 다루는 학문들은 신을 믿는 신앙을 쓸모없고 시대에 뒤떨어진 사상으로 전락시켰다고 주장한다. 도킨스가 말해서 대단히 유명해진 이야기가 있다.

다윈 이전에는 무신론을 논리적으로 방어하는 게 가능했을지 모르지

만, 다윈 덕분에 지성적으로 충실한 무신론자가 등장할 수 있게 되었다.[1]

《만들어진 신(*The God Delusion*)》에서는 그보다 한 걸음 더 나아간다. 도킨스는 종교적인 신념을 품고 있다면 지성적이고 과학적인 사고를 할 수 없다고 단언한다. 이쪽 아니면 저쪽이지, 둘 다를 취할 수는 없다는 뜻이다. 이를 뒷받침하는 자료로 미국국립과학아카데미(National Academy of Sciences)에 소속된 학자들 가운데 고작 7퍼센트 정도만이 인격적인 신을 믿는다는 1998년 연구논문을 제시한다.[2] 지성적이고 이성적이며 과학적인 사고를 할수록 신에 대한 믿음이 줄어들게 마련임을 보여 주는 증거라는 것이다.

도킨스의 말대로일까? 과학은 필연적으로 기독교 신앙이 그릇되었음을 증명하는 걸까? 과학적인 사고와 하나님을 믿는 신앙 사이에서 반드시 어느 한쪽을 택해야 하는 걸까?

기적은 과학적으로
불가능한 일이 아닌가?

적잖은 이들이 전통적인 신앙의 오류를 과학이 입증해 냈다고 생각하는 이유는 단연, 주요 종교들 대부분이 기적, 그러니까 하나님이 자연 질서에 개입하는 현상을 믿는다는 데 있다. 크리스천들에게는 기적이 특별히 중요하다. 기독교인들은 실제로 해마다 크리스마스에는 성육신, 곧 예수님의 탄생을 기념하고 부활절이면 그리스도가 죽음에서 육체적으로도 완전히 다시 살아난 기적을 기념하고 축하한다. 신약성경은 예수님이 이 세상에서 사역하는 동안 일으킨 기적을 설명하는 내용이 가득하다. 성경에 대한 과학의 불신은, 기적이란 근대적이며 이성적인 세계관과 도무지 조화될 수 없다는 계몽주의적인 신념에서 출발했다. 이런 추정으로 무장한 학자들은 성경을 가리켜 말했다. "성경 이야기는 믿을 게 못 돼! 기적에 얽힌 이야기를 잔뜩 담고 있잖아." 이런 주장은 "기적 따위는 존재하지 않는다는 걸 과학이 증명해 냈다"[3]는 전제를 깔고 있다. 하지만 이런 말에는 맹신이 짙게 배어 있다.

물론 과학은 자연현상의 원인을 검증할 수 있는 유일한 도구이다. 하지만 다른 데까지 두루 적용되는 건 아니라고 이야기할 수 있다. 이는 과학이 그밖에 어떠한 요인도 존재할 수 없음을 입증했다는 것과는 전혀 다른 말이다. 존 맥쿼리(John Macquarrie)는 이렇게 적었다. "과학은 세상에서 일어나는 일들은 무엇이든 … 내재적이고 세속적인 여느 일들처럼 다른 사건과 관련해 설명할 수 있다는 가정에서 출발한다. … 그러므로 기적은 오늘날 우리의 과학적인 이해와 역사인식, 그 어느 쪽과도 양립할 수 없다."[4]

과학자들은 현상을 연구하면서 늘 자연적인 원인이 있다고 추정한다는 맥쿼리의 주장은 옳다. 자연적인 동인을 찾는 게 현상을 설명할 수 있는 유일한 방법이기 때문이다. 하지만 그밖에는 달리 방법이 없다고 우긴다면 얘기가 달라진다. 물론 "초자연적인 원인으로 자연현상이 일어나는 일은 애초에 불가능하다"는 말을 검증할 경험적인 모델이 존재하지 않을 수는 있다. 그러므로 이는 철학적인 추정이며 과학적인 발견은 아니다. 맥쿼리의 설명은 결국 꼬리에 꼬리를 물고 돌아간다. 과학은 본질적으로 초자연적인 원인을 분별하거나 검증할 수 없으므로 그런 원인이란 아예 존재하지 않는다고 말하는 것이다.

철학자 앨빈 플란팅가는 여기에 이렇게 답한다.

> 맥쿼리는 하나님이 죽은 이를 다시 살린다는 식의 생각을 버려야만 과학적인 사고가 가능하다고 얘기하려는 듯하다. … 이런 주장은 … 가로등 아래가 다른 곳보다 밝으니 잃어버린 자동차 열쇠를 꼭 거기서 찾아야겠다고 고집을 부리는 술주정이나 다름없다. 어두운 데서는 열쇠를 찾기 어려우니 꼭 환한 데를 뒤져야겠다고 우기는 셈이다.[5]

"기적은 일어날 수 없다"는 말 뒤에 숨은 또 다른 전제는 "기적을 행하는 하나님은 존재하지 않는다"는 것이다. 창조주 하나님이 살아 있다면 기적의 가능성을 따지는 논의 자체가 비논리적이다. 아무것도 없는 데서 모든 걸 지었다면, 원할 때마다 그 뜻대로 창조세계의 일부를 조금씩 바꾸는 게 무슨 문제가 되겠는가?

기적은 일어날 수 없다는 확신을 가지려면 우선, 하나님이 존재하지 않는다고 한 점 의심 없이 믿어야 하는데, 이는 또 다른 형태의 신앙이다. 하나님의 존재는 논증을 통해 증명하거나 부정할 수 있는 게 아니다.

과학과 기독교 신앙은
서로 충돌하지 않는가?

　　오늘날 과학과 종교 사이에는 치열한 전투가 진행 중이라고 생각하는 이들이 많다. 이런 선입견이 뿌리내리게 된 데는 '주인공과 그 적수'라는 그림으로 사건을 보도하고 싶어 하는 미디어의 속성이 단단히 한몫했다. 미디어는 진화론을 가르치는 학교교육, 줄기세포연구, 인공수정과 그밖에 의학과 과학의 여러 분야들을 두고 세상 사람들과 신앙인들이 맹렬하게 싸우고 있노라고 떠들어 댄다. 도킨스와 해리스 계열의 주장들에 힘을 실어 주면서 양자택일의 구도로 몰아간다. 과학적이고 이성적이 될지, 아니면 신앙적이 될지 선택하라는 것이다.

　　리디머교회에서 사역하면서 오랫동안 과학과 생물학을 공부하고 경계하는 시선으로 정통 기독교 신앙을 바라보는 이들과 수없이 대화를 나누었다. 의과 대학에 다니는 젊은이 하나는 말했다. "성경은 진화를 부정하죠. 공부 좀 했다는 이들은 다 받아들이는 사실을 말이죠. 성경을 곧이곧대로 믿는 까닭에 수없이 많은 크리스천들이 그처럼 비과학적인 입장을 버리지 못하는 현실이 정말 안타까워요." 그가 무얼 걱정하는지 충분히 이해할 만했다. 나는 그 젊은 친구에게 이렇게 답을 해 주었다.

　　진화론은 자연도태 과정을 통해 단순한 유기체들에서 복잡한 생명체가 나왔다고 가정한다. 하나님이 이런 방식으로 생명을 주셨다고 믿는 크리스천들도 숱하다. 예를 들어, 지상에서 가장 큰 교회인 가톨릭교회는 진화론을 기독교 신앙과 공존할 수 있는 사상으로 지지한다는 입장을 공

식적으로 밝혔다.[6]

반면에, 진화를 '철학적인 자연주의'(생물은 임의적인 힘의 산물이며 그 누구의 개입도 없이 태어났다고 보는 시각)로 받아들이지 않지만 단순한 과정으로 생각하는 크리스천들도 적지 않다. 진화를 자연도태의 산물에 적용하듯 인간이 믿는 모든 사실들을 설명하는 포괄적인 이론으로 삼는다면, 우리는 과학이 아니라 철학의 무대에 선 셈이 된다. 만사를 다 아우르는 이론이 된 진화는 세계관이 되기에는 도저히 극복할 수 없는 문제들을 안고 있다. 그런 난점들의 면면은 9장에서 살펴볼 것이다.

도킨스는 진화를 생물학적인 메커니즘이라고 생각한다면 자연히 철학적인 자연주의를 신봉할 수밖에 없다고 주장한다. 정말일까? 도킨스의 《만들어진 신》이 출간되던 그 해에 프랜시스 콜린스(Francis Collins)는 《신의 언어(The Language of God)》라는 책을 펴냈다. 콜린스는 뛰어난 과학연구자로 인간게놈프로젝트(Human Genome Project)의 책임자다. 그는 진화론을 믿으며 종의 변이를 부정하는 지적설계운동을 비판한다. 콜린스는 미세조정과 아름다움, 그리고 자연의 질서를 믿지만 그럼에도 불구하고 결국 하나님을 가리켜 보이며 무신론에서 돌아서 기독교 신앙을 가지게 된 사연을 소개한다. 도킨스가 있을 수 없다고 이야기한 인물, 진화를 생물학적인 메커니즘으로 굳게 믿지만 철학적인 자연주의는 철저하게 배격하는 주인공이 바로 여기에 있다. 물론 콜린스만 그런 생각을 가진 게 아니다.[7]

지나치리만큼 단순한 도킨스의 도식과 달리, 오늘날 볼 수 있는 생명체의 발달 과정과 하나님을 관련짓는 데는 여러 모델들이 있다. 이안 바버(Ian Barbour)는 과학과 종교의 관계는 갈등과 대화, 통합, 독립 등 네 가지 형태로 정리할 수 있다고 본다. 스펙트럼의 한쪽 끝을 이루는 갈등에는 '창조과학' 지지자들뿐만 아니라 아이러니컬하게도 도킨스 같은 사상가들도 함께 자리 잡고 있다. 양측은 전투 모델을 좇아 과학과 신앙의 관계에 접근한다.

창세기 1장을 바라보는 창조론자들의 입장은 어떤 형태의 진화 과정도 용납하지 않는다. 도킨스의 철학적 자연주의 역시 종교적인 신념 따위는 깡그리 무시한다. 스펙트럼의 반대편 끄트머리에는 신앙이란 기본적으로 사사롭고 주관적인 일이므로 경험적인 영역을 두고 이러니저러니 말할 필요가 없다고 생각하는 이들이 포진하고 있다. 이런 입장에서는 과학과 신앙 사이에 아무런 소통이 일어나지 않는다. 바버 자신은 이들의 입장이 서로 너무 동떨어져 있다고 여겼으며 과학과 신앙이 저마다 권위를 인정하는 좀 더 중립적이고 복잡한 접근 방식을 선호한다.[8]

하지만 아무래도 갈등 모델이 가장 뚜렷하게 부각된다. 다행스럽게도, 연구자들의 숫자가 늘어나면서 이런 시각은 차츰 신뢰를 잃어 가고 있다. 미국 교육기관의 세속화 역사는 크리스천 스미스(Christian Smith)가 편집한 중요하고도 영향력 있는 책에 잘 정리되어 있다.[9] 스미스는 책에서 19세기 말, 과학자들과 교육계의 지도자들은 교육기관에 미치는 교회의 통제력을 약화시키고 스스로의 문화적인 세력을 확장하기 위해 의도적으로 과학과 종교 사이의 갈등을 부각시키는 모델을 과장했다고 지적한다.[10]

과학과 이성의 절대적인 전투 모델은 지성적인 필요가 낳은 열매라기보다 특정한 문화 전략의 산물이었다. 하나님을 믿는 신앙과 스스로 하고 있는 일 사이에서 아무런 갈등도 느끼지 않는 과학자들도 수없이 많다.

이런 주장을 뒷받침하는 유명한 연구가 1916년과 1997년에 있었다. 과학자들을 대상으로 진행한 첫 번째 연구에서 미국의 심리학자 제임스 뤼바(James Leuba)는 최소한 기도를 통해서라도 인간과 활발하게 소통하는 하나님을 믿는지 물었다. 40퍼센트는 그렇다고 대답했고 40퍼센트는 아니라고 답했다. 나머지 20퍼센트는 잘 모르겠다고 했다. 1997년, 이번에는 에드워드 라슨(Edward J. Larson)과 래리 위덤(Larry Witham)이 똑같은 문항으로 동일한 연구를 진행했다. 그리고 과학 학술지 〈네이처(*Nature*)〉에 80년이 지났음에도 불구하고 수치에는 이렇다 할 변화가 없었다는 결과를 보고했다.[11]

그렇다면 저명한 과학자들은 모두 하나님을 믿지 않는다는 주장은 어찌된 셈인가? 도킨스는 《만들어진 신》에서 라슨과 위덤이 그 이듬해에 내놓은 후속 논문을 인용한다. 미국국립과학아카데미(NAS) 회원들에게 같은 질문을 하자 단 7퍼센트만 "그렇다"고 답했다는 내용이었다.[12] 도킨스는 이 통계 수치야말로 지성적이고 과학적인 사고는 결국 하나님은 없다는 결론으로 이어지게 마련임을 보여 주는 증거라고 목소리를 높인다. 하지만 도킨스는 물론이고 라슨과 위덤마저도 연구 데이터를 해석하는 방식에서 심각한 문제를 드러낸다.

우선, 두 연구에서 과학자들에게 물었던 처음 질문을 염두에 두고 판단해 보라. 인간과 인격적으로 소통하는 하나님을 믿느냐는 물음이었다.

이에 따르면, 초월적인 하나님이 우주를 창조했다는 생각을 품는 정도로는 '신앙인' 축에 낄 수가 없다. 인간과 직접 커뮤니케이션하지 않는 하나님을 믿는 NAS 과학자들은 자동적으로 '불신자'의 범주에 들어가게 되어 있다. 결국 이 연구는 보수적이고 전통적인 신앙을 가진 학자들을 '알아내는 데' 적합하게 설계된 것이었을 뿐이다. 한결 보편적인 수준에서 하나님을 믿는 이들은 이 문항을 통해 걸러질 수밖에 없다.

둘째로, 도킨스는 과학적인 사고와 무신론 사이에 인과관계가 있다는 쪽으로 데이터를 해석한다. NAS 과학자들은 과학적인 사고를 하므로 신을 믿지 않는다는 식이다. 하지만 이 연구들로는 과학자들이 하나님을 신뢰하지 않는 참 이유가 무엇인지를 알 수도, 증명할 수도 없다. 신학자이면서 옥스퍼드에서 생물물리학으로 박사학위를 받은 앨리스터 맥그라스는 알고 지내는 과학자들 가운데 신앙이 없는 이들은 대부분 과학적인 근거보다는 다른 이유에서 무신론적인 입장을 보인다고 썼다. 복잡다단한 요소들이 하나님을 믿거나 또는 불신하는 쪽으로 이끌어 간다. 개인적인 경험이 작용하기도 하고 지적이거나 사회적인 요인이 있을 수도 있다. 피터 버거를 비롯한 저명한 사회학자들은 신념을 형성하는 데 또래 집단과 주요한 관계들이 생각보다 훨씬 깊은 영향을 미친다고 말한다. 과학자든 아니든 인간은 따르고 싶어 하는 이들의 생각과 태도에 크게 좌우되는 법이다. 맥그라스의 동료들 가운데 대다수는 과학을 근거로 무신론을 따르게 된 게 아니라 하나님에 대한 스스로의 생각을 과학에 끌어들였던 것이다.[13]

또 도킨스는 독자들에게 신이 없다고 믿는 과학자들이라면 백이면 백, 이성적이고 과학적인 머리로는 하나님을 믿을 수가 없다는 자신의 생각에 동의할 거라는 인상을 풍긴다. 하지만 실상은 전혀 다르다. 하버드 대학 교수를 지낸 진화생물학자로 무신론자이기도 했던 스티븐 제이 굴드는 지금까지 얘기한 연구들을 누구보다 잘 알고 있었지만, 과학은 기독교 신앙과 충돌할 수밖에 없다는 도킨스의 결론에 동조하지 않았다. 그는 이렇게 썼다.

> 절반에 이르는 동료들이 엄청나게 어리석거나, 아니면 다윈주의 과학이 무신론과 사이좋게 지내듯 전통적인 종교들의 믿음과도 아무 탈 없이 공존할 수 있거나, 둘 중 하나다.[14]

'절반에 이르는 동료들'이라는 굴드의 표현은 연구 데이터를 엄밀하게 따져서 한 말이 아닐지도 모른다. 그저 더없이 존경받는 과학계의 동료들 가운데 전통적인 종교의 하나님 신앙을 품고 있다는 것을 알고 한 얘기였을 것이다. 굴드는 과학이 인간 존재의 실상을 다른 사람들이 만족할 만한 수준으로 설명해 내지 못한다는 데 더 흔쾌히 동의했다. 바로 이 점이 굴드가 도킨스와 뜻을 같이 하지 않았던 이유 가운데 하나다.

이러한 점을 강조한 또 다른 학자가 있다. 철학자 토머스 네이글 (Thomas Nagel)은 〈뉴 리퍼블릭(*The New Republic*)〉지에 실린 《만들어진 신》 서평에서 도킨스의 접근 방식을 비판했다. 네이글 역시 무신론자였지만, 과학적이 되려면 "궁극적으로 소립자물리학이든, 스트링이론이든, 그밖에 무엇이 되었든 물질계를 구성하는 요소들을 철저하게 지배하는 확장법칙들로 만사를 설명하는 … 물리주의자의 자연주의를" 반드시 받아들여야 한다고 고집하는 도킨스의 주장은 잘못이라고 본다.

예를 들어, 종족 학살은 도덕적인 잘못이라는 식의 윤리적 직관들이 실재하는 게 아니라 우리 내면에서 벌어지는 신경화학작용의 결과일 뿐이라고 정말 믿는지 여부를 캐묻는다. 자연과학만으로 인간이 경험하는 현실을 충분히 공정하게 다룰 수 있는가? 네이글의 입장은 회의적이다.

> 환원주의 프로젝트는 보통 물리적인, 다시 말해 행동적이거나 신경생리학적인 용어들로 처음부터 차단되어 있는 세계의 여러 측면들을 분석하여 그 가운데 일부를 환원시키려 안간힘을 쓴다. 그렇게 환원될 수 없는 면모들이 존재한다는 현실은 철저하게 부정한다. 그런 프로젝트의 운명은 불 보듯 뻔하다. 의식경험, 사고, 가치 따위는 물리적인 요소들로 규명할 수 없지만 그렇다고 해서 망상은 아니다.[15]

뭐든지 과학으로 설명할 수 있다고 보는 도킨스가 틀렸다고 생각하는 무신론자들이 많은 이유, 그리고 과학적인 사고와 신앙적인 신념이 공존할 수 있는 사정이 여기에 있다.

과학과 종교 사이에는 아직 전쟁이 한창이란 통념이 대중들 사이에서 여전히 힘을 떨치고 있지만, 그 둘 가운데 하나를 선택해야 한다거나 크리스천이 될 셈이면 과학과 갈등을 겪을 각오를 해야 한다는 등의 의식에서 한시바삐 벗어나야 한다. 대다수 과학자들은 스스로를 깊이, 또는 적절히 신앙적이라고 생각하며 최근 수십 년 동안 그 숫자는 꾸준히 늘어나고 있다.[16] 과학과 독실한 신앙 사이에 괴리가 일어나야 할 이유는 어디에도 없다.

진화는 성경이 엉터리임을 증명해 보이지 않는가?

이제 좀 더 구체적으로 들어가서 진화과학이 창세기 1-2장에 나타난 성경 설명과 어떻게 들어맞는지 살펴보기로 하자. '정면충돌'이 전부라고 보는가? 천만의 말씀이다.

크리스천 사상가들은 갈등만이 아니라 저마다 대화, 통합, 독립이라는 바버의 네 가지 모델을 모두 받아들인다. 창조과학으로 널리 알려진 운동에 공감하는 크리스천들은 갈등 모델을 채택하고 하나님이 불과 수천 년 전에 24시간짜리 하루가 여섯 번 되풀이되는 사이에 모든 생명체를 다 지었다는 창세기 1장의 가르침을 고수한다. 스펙트럼의 반대쪽 끄트머리에 있는 크리스천들은 독립모델을 받아들여서 생명이 시작되게 만든 1차적 요인은 하나님이며 그 뒤를 자연적인 요인들이 이어받았다고 주장한다. 이들 양 극단 사이에는 다른 사상을 가진 이들이 포진하고 있다. 더러는 하나님이 생명을 지으시고 자연선택을 이용하여 단순한 유기체가 온갖 복잡한 생물로 발전하게 이끌었다고 믿는다. 그런 관점에서 보자면, 하나님은 진화 과정을 침해하지 않고 그 정점 역할을 한다.

반면에 화석 기록들 사이에 간격이 있음을 볼 때 단순한 생명체에서 다양한 종들이 진화되기보다 단번에 '나타났다'고 여기는 크리스천들도 있다. 이들은 오랜 세월이 흐르는 동안 하나님이 여러 차례에 걸쳐 대규모 창조활동을 하셨다고 생각한다.

과학과 성경의 관계는 과학적인 기록들을 읽어 내는 방식뿐만 아니라 창세기 1장과 같은 결정적인 본문들을 어떻게 해석하느냐에 따라 달라진다. 성경의 권위를 인정하는 크리스천들은 애초에 원저자가 청중들에게 알려 주고자 했던 고유한 의미를 찾아내는 것을 성경 해석의 으뜸가는 목표로 삼는다. 이는 늘 문학 장르에 따라 속뜻을 풀어내야 한다는 뜻이다.

예를 들어, 크리스천들은 시편을 시로 읽는다. 저자가 목격담이라고 말하는 누가복음을 읽을 때는 역사로 받아들인다. 역사적인 내러티브는 역사로 읽어야 하고, 시적인 심상은 은유로 살펴야 한다는 데는 독자들 사이에 이견이 없다.

문제는 장르를 쉽게 분간하기 어렵고 저자가 어떻게 읽히길 바라는지 선명하게 알 수 없는 성경 말씀들이다. 창세기 1장은 크리스천, 심지어 영감을 '철석같이' 믿는 신자들 사이에서도 그 해석을 두고 논란이 오가는 본문이다.[17]

개인적으로는 창세기 1장과 2장은 사사기 4장과 5장, 출애굽기 14장과 15장의 관계와 같은 부류라고 본다. 짝을 이루는 이 본문들에서 한 장은 역사적인 사건을 기술하고 다른 한 장은 그 일이 갖는 신학적인 의미를 예찬하는 시나 노래에 해당한다.

사사기 4장을 읽어 보면 전장에서 어떤 상황이 벌어졌는지 냉철하게 설명하고 있음이 분명하지만, 전쟁에 관한 드보라의 노래가 실린 5장의 언어는 시종일관 시적이고 은유적이다. 독자들은 하늘에서 별들이 내려와 이스라엘을 편들어 싸웠다는 드보라의 노래를 들으면서 비유적인 표현이라는 걸 금방 알아챈다.

창세기 1장 역시 시가의 속성을 가졌다고 생각한다. 하나님의 창조 사역에 담긴 의미와 놀라움을 찬양하는 '노래'라는 뜻이다. 2장은 사건의 전말을 소상히 밝히는 설명이다. 창세기 1장을 비롯해 몇몇 본문들을 어떻게 해석하느냐를 둘러싼 논란은 끊어진 적이 없었다. 하지만 성경의 일부를 문자적으로 받아들이기 어려우면 나머지도 받아들일 수 없다고 단정하는 것은 그릇된 논리다. 인간과 인간 사이의 소통에서도 성립될 수 없는 얘기다.

그렇다면 어떤 결론을 내릴 수 있을까? 크리스천들은 창세기 1장의 의미와 진화의 본질 양면에 걸쳐 제각기 다른 시각을 가지고 있으므로, 기독교 신앙을 총체적으로 받아들이려고 생각하는 이들은 이런 세부 논의에 시선을 빼앗겨서는 안 된다. 길을 찾는 회의주의자라면, 이런 입장들 가운데 어느 한쪽을 선택하는 걸 기독교 신앙을 받아들이는 전제조건으로 생각할 필요가 없다. 오히려 기독교의 핵심적인 주장에 무게를 두고 집중해야 한다. 그리스도의 인성과 부활, 그리고 그분이 전한 메시지의 중심 교리들을 단단히 마무리한 뒤에 창조와 진화에 관한 다양한 옵션들을 생각하는 게 좋다.

이처럼 다양한 시각을 대표하는 이들은 제각기 앞장서 주장하는 접근 방식이 진화에 대한 기독교의 유일한 공식 입장인 것 같은 분위기를 풍기는 경우가 많다.[18] 서로 충돌하고 경쟁하는 여러 입장들 사이에서 따로 시간을 내서 옳고 그름을 가려 주지 않는 것을 짜증스러워하는 이들도 적지 않을 것이다. 분명히 말해 두자면, 하나님이 일정 부분 자연선택의 과정을 이끄셨다고 생각하지만, 진화가 모든 것을 아우르는 이론이라는 개념은 단호하게 거부한다. 어느 창세기 주석가는 이런 균형을 절묘하게 포착해 낸다.

> 만일 '진화'가 사물의 존재 방식을 바라보는 세계관의 지위로 올라간다면 성경적인 신앙과 정면으로 충돌할 것이다. 하지만 '진화'가 과학적이고 생물학적인 가설 수준에 머문다면, 창조주를 믿는 크리스천의 생각과 하나님이 창조 과정을 시작하신 방식에 대한 과학적 탐사(생물학적인 차원의) 사이에 충돌이 일어날 이유가 없다.[19]

세상을 치유하는
기적

하나님이 자연 질서에 개입하신다는 관념을 받아들이지 않는 이들을 비난할 마음은 없다. 기적은 믿기 어려우며 그게 당연하다. 마태복음 28장은 갈릴리 지방의 어느 산자락에서 부활하신 예수님을 만난 사도들의 이야기를 들려준다. "예수를 뵈옵고 경배하나 아직도 의심하는 사람들이 있더라"(마 28:17). 주목할 만한 고백이다. 초기 기독교 문서의 저자들은 교부라고 할 만한 이들 가운데 더러는 살아나신 예수님을 두 눈으로 똑똑히 보고 손으로 만지면서도 부활의 기적을 믿지 못했다고 증언한다. 기적이 정말 일어났다는 것 말고는 그 이유를 설명할 길이 없다.

이 성경구절은 몇 가지 사실을 보여 준다. 오로지 과학 문명에 익숙한 현대인들만 기적적인 사건들을 붙들고 씨름할 뿐, 오랜 과거에 살았던 옛 사람들은 그러지 않았으리라고 생각하면 안 된다고 경고한다. 현대인들과 마찬가지로 사도들 역시 제 눈을 믿은 이들도 있고 그렇지 않은 이들도 있었다. 아울러 이 말씀은 인내하라고 격려한다. 개중에 남들보다 훨씬 더 어려운 씨름 끝에 믿음을 갖게 된 이들도 있었지만, 끝내는 사도들 모두가 교회의 큰 지도자가 되었다.

그러나 이 성경구절에서 가장 교훈적인 부분은 성경이 기적의 목적을 어떻게 가르치는가 하는 문제이다. 성경의 기적들은 우리를 의식적인 믿음을 넘어 예배로, 외경과 감격으로 이끌었다. 특히 예수님의 기적들은 보는 이들의 눈길을 사로잡고 마음을 좌지우지할 속셈으로 만들어 낸 눈속임 마술이 아니었다. "저기 나무 한 그루가 서 있지? 두 눈 똑바로 뜨고 지켜봐라, 거기서 불꽃이 피어오르게 할 테니!"라고 말씀하시는 모습은 어디서도 찾을 수 없다. 대신에 병자를 치료하고, 주린 이들을 먹이고, 죽은 자를 살리는 데 기적적인 능력을 사용하셨다. 어째서일까?

현대인들은 기적을 자연 질서의 '일시정지'로 여기지만 예수님은 자연 질서를 '회복하는' 도구로 삼으셨다. 하나님은 애초에 질병과 주림, 죽음 따위가 끼어들도록 세상을 짓지 않으셨다고 성경은 말한다. 주님은 악한 세상을 대속하고 깨지고 상한 상처를 치유하러 오셨다. 예수님이 베푸신 기적은 권세를 가졌다는 증거일 뿐만 아니라 그 힘을 가지고 하시려는 일들의 놀라운 예고편이기도 하다.

그리스도의 기적은 인간 정신 앞에 놓인 장애물이 아니라 한 사람 한 사람의 마음에 주는 언질, 온 인류가 고대하는 세상이 오고 있다는 약속이다.

"성경의 가르침 가운데 상당 부분은 역사적으로 부정확하더군요." 투자 은행에 다니는 찰스(Charles)는 말했다. "성경에 나오는 이런저런 일들이 정말 일어났는지 의심스러워요."

"맞아요!" 역시 금융계에서 일하는 재클린(Jaclyn)이 맞장구를 쳤다. "하지만 내가 보기에 가장 큰 문제는 문화적으로 시대에 뒤처진다는 점이에요. 성경의 사회적인 가르침 가운데는 퇴행적인 게 너무 많아요. 여성에 대한 생각만 봐도 그렇잖아요. 그러니 크리스천들처럼 성경의 권위를 전폭적으로 인정한다는 건 있을 수 없는 일이죠."

7
성경

성경의 기적을 어떻게
곧이곧대로 믿을 수 있는가

대학에 다니던 1960년대 후반, 성경을 문학으로 다루는 강의를 들으면서 당대의 석학들이 내놓은 갖가지 주장들을 접했다. 교수들은 오늘날의 신약성경은 지중해 연안의 다양한 교회 공동체들 사이에 구술로 전해 내려오던 전승들에서 비롯되었다고 가르쳤다. 각 교회의 물음과 필요에 따라 예수님에 관한 이야기는 이리저리 빚어졌고 지도자들은 그 사연에 등장하는 예수님이 자신들 공동체의 정책과 신념을 뒷받침하고 있노라고 자신 있게 주장했다. 복음서들은 그처럼 실제 사건이 일어난 뒤로 오랜 세월이 흐르고 난 뒤에 마침내 기록된 걸로 보인다. 그쯤 되면, 기록이 있다 치더라도 그 내용이 실제로 벌어진 역사적 사건을 어느 정도까지 정확하게 전달하고 있는지 가늠할 길이 없다.

그렇다면 본래의 예수는 어떤 인물이었는가? 당시에 읽은 책자들을 보면, '역사적인 참 예수'는 카리스마가 넘치는 정의롭고 슬기로운 선생으로 심한 적대심을 일으킨 끝에 처형되었다고 한다. 세상을 떠난 뒤에는 그 실체를 둘러싸고 추종인들 사이에 다양한 분파와 시각들이 등장했다. 어떤 이들은 신성을 가졌으며 죽었다가 살아났다고 하고 또 다른 쪽에서는 영적으로 제자들의 마음에 살아 있는 인간적인 스승일 뿐이라고 했다. 치열한 다툼 끝에 '신(神) 예수'를 내세우는 쪽이 승리했고 그 입장을 부각시키는 문서들을 만들어 냈다. 다른 부류의 예수를 말하는 대안적인 텍스트들은 철저하게 억압하고 파괴했다. 그러다 얼마 전부터 도마와 유다의 '영지주의적인' 복음서들처럼 예수와 관련해 억눌렀던 대안적인 시각들이 빛을 보게 되었다. 이로 미루어, 초기 기독교는 교리적으로 대단히 다채로운 신앙이었다는 것이 책을 쓴 이들의 주장이었다.

그러나 신약성경의 기원과 발전을 바라보는 이런 시각이 참이라면, 기독교의 알맹이와 속뜻에 대한 이해도 완전히 달라져야 한다. 예수님이 어떤 말을 하고 무슨 일을 했는지 제대로 아는 이가 아무도 없으며, 성경 역시 삶과 신앙의 권위 있는 표준이 될 수 없다는 뜻이다. 예수님의 신성과 대속, 부활을 비롯한 기독교의 전통적인 가르침들이 대부분 오류이고 전설에 근거를 두고 있다는 얘기이기도 하다.

학생이었던 나는 그야말로 큰 충격을 받았다. 저렇게 대단한 학자들의 이야기가 틀릴 리가 없지 않은가? 하지만 직접 성경을 연구하기 시작하면서 실제로 성경이 역사적으로 재구성되었음을 보여 주는 증거는 사실상 거의 희박하다는 사실에 깜짝 놀랐다. 지난 30여년 사이, 대중매체들이 《다빈치코드》 같은 책과 영화를 앞세워 열심히 홍보했음에도 불구하고 회의론이라는 해묵은 시각은 꾸준히 무너져 내려왔다.

앤 라이스(Anne Rice)도 처음부터 끝까지 인간일 뿐인 '역사적 예수'를 옹호하는 주장의 실상이 얼마나 허약한지 깨닫고 소스라치게 놀랐다. 라이스는 《뱀파이어와의 인터뷰(Interview with the Vampire)》를 비롯해 '호러-에로티카'라고 불러야 할 법한 소설을 써서 이름을 얻었다. 가톨릭 집안에서 태어나 자랐지만 세속적인 교육을 하는 학교들을 다니면서 신앙을 잃었으며 무신론자와 결혼한 뒤에 록 스타이자 뱀파이어인 레스타(Lestat)를 주인공으로 내세운 소설들을 내서 상당한 부를 쌓았다. 그랬던 라이스가 다시 기독교 신앙을 갖게 되었다고 발표하자 문학계와 대중매체들은 큰 충격을 받았다.

어떻게 된 일이었을까? 새로 낸 소설 《영 메시아(Christ The Lord : Out Of Egypt)》의 후기에서, 라이스는 명망 있는 학술 기관의 학자들이 쓴 글을 읽어 나가는 데서부터 역사적인 예수를 광범위하게 탐사하기 시작했노라고 설명한다. 그가 읽은 글들의 논지는 한결같았다. 우리가 가진 성경 문서는 신빙성이 떨어진다는 것이다. 하지만 그 근거가 얼마나 빈약한지 라이스는 놀라울 뿐이었다.

갖가지 가설을 모아 놓고 그 위에 다시 가설을 쌓아 가는 책들도 있었다. … 근거 자료를 거의, 또는 전혀 갖추지 못한 채 결론에 이르기 일쑤였다. … 백이면 백, 우연히 예루살렘에 들어갔다가 어찌어찌해서 십자가에 달린 인간 예수를 이야기했다. … 30년간 무신론자로 살면서 자주 드나들었던 진보 그룹들에 널리 유포된 그림이다. 그야말로 어불성설이다. 터무니없는 건 물론이고 저열하고 편향되기로는 여태 접해 보았던 그 어떤 학술 분야보다 한수 더했다.[1]

기독교 신앙에는 성경에 대한 신뢰가 필수적이다.[2] 여기에 걸려 비틀거리는 이들이 한둘이 아니다. 주일마다 리디머교회 예배에 처음 참석한 이들을 수없이 만난다. 예배의 중심에는 성경 본문에 토대를 둔 설교가 있다. 리디머교회를 찾는 이들은 우리가 신중하게 성경에 귀 기울이는 모습을 보고 놀라거나 한 술 더 떠 충격을 받기도 한다.

성경에 기록된 엄청난 사건들과 가르침을 알고는 있지만 요즘 같은 세상에 "그걸 문자적으로 받아들일 수는 없다"는 이들이 대다수다. 일부(상당 부분, 어쩌면 대부분) 내용은 과학적으로 얼토당토않으며, 역사적으로 신뢰하기 어렵고, 문화적으로 시대에 뒤떨어져서 온전히 믿을 수가 없다는 뜻이다. 첫 번째 이슈, 그러니까 과학과 성경에 대해서는 앞에서 이미 살펴보았고, 여기서는 두 번째 문제를 짚어 보기로 하자.

"역사에 비춰 보면
성경을 신뢰할 수 없다"

성경은 역사적으로 신빙성이 낮은 전설 묶음이라는 통념이 두루 퍼져 있다. 널리 알려진 학술 모임인 예수세미나(Jesus Seminar, 1985년에 만들어진 진보적인 성경비평 그룹으로 쟁점이 되는 이슈를 연구해 투표로 결론을 내리는 걸로 유명하다 - 옮긴이)는 성경에 기록된 예수님의 말씀과 행적 가운데 20퍼센트 정도만 역사적인 타당성을 갖는다고 명시했다.[3] 여기에 어떻게 반응할 것인가? 성경의 각 부분이 역사적으로 얼마나 정확한지 검증하는 건 이 책이 감당할 수 있는 영역 밖의 일이다. 여기서는 신약성경 가운데 예수님의 삶을 다루는 복음서의 설명이 역사적으로 믿을 만한지 여부만 따져 보기로 하자.[4] 마태복음, 마가복음, 누가복음, 요한복음처럼 교회가 일찌감치 진실하고 권위 있는 문서로 인정한 '정경의' 복음서들을 살펴보자는 얘기다.

혼히 신약의 복음서들은 실제로 사건이 일어난 시점으로부터 오랜 시간이 지난 뒤에 쓰인 터라 기자들이 예수님의 삶을 정확하게 설명하고 있다고 믿기 어려우며, 백퍼센트 상상의 산물은 아닐지라도 상당 부분 윤색되었을 것이라는 소리가 자주 제기된다. 교회 지도층은 세력을 강화할 목적으로 수많은 문서들 가운데 정경 복음서 네 편만을 골라내고 나머지는(이른바 '영지주의 복음서'들을 비롯해) 모두 억눌렀다고 믿는 이들도 적지 않다. 《다빈치코드》와 같은 베스트셀러들은 대중의 상상에 끊임없이 새로운 불쏘시개를 제공해 이런 믿음을 부추겨 왔다. 소설은 본래의 예수를 위대하지만 인간 스승으로 그려 낸다. 교회 지도자들은 로마 제국에서 얻은 지위를 지키기 위해 세상을 떠난 지 오래된 예수를 끌어내 부활한 신으로 만들었다는 것이다.[5] 하지만 복음서의 내용을 전설 모음이 아니라 역사적 신빙성이 높은 사실로 보아야 할 몇 가지 확실한 근거들이 있다.[6]

복음서들을 전설로 보기에는 기록 시기가 너무 이르다

정경의 복음서들은 대부분 예수님이 세상을 떠나고 40-60년쯤 지났을 무렵에 기록되었다.[7] 그런데 예수 사후 15-25년경에 기록된 바울 서신들 역시 기적들과 가르침, 십자가와 부활을 포함해 그리스도가 살아 움직일 당시에 일어났던 온갖 사건들을 신약성경의 줄거리 그대로 보여 준다. 예수님이 지상에서 사역할 때 함께 있었던 숱한 이들이 그분의 생애에 대해 성경이 설명하는 내용들을 고스란히 간직하고 또 널리 유포했음을 보여 주는 대목이다. 복음서를 쓴 누가는 여전히 생존해 있는 수많은 증인들에게서 예수님의 삶에 관한 이야기들을 들었노라고 했다(눅 1:1-4). 리처드 보컴(Richard Bauckham)은 《예수와 그 목격자들(Jesus and the Eyewitnesses)》이라는 획기적인 책에서, 복음서가 쓰인 시점까지도 예수님의 가르침과 행적을 두 눈으로 지켜본 증인들이 생존해 있었음을 보여 주는 무수한 역사적인 증거들을 제시한다. 그들은 소중한 기억을 간직한 채 끊이지 않는 정보의 원천이자 증언의 사실성을 확인하는 보증인의 역할을 하면서 공적인 교회생활을 활발하게 이어 갔다. 보컴은 복음서 자체에 내장된 증거들을 하나하나 열거해 가며 복음서 기자들은 본문에 관련자들의 면면을 밝혀 서술의 진실성을 독자들에게 확신시키곤 했다고 말한다.

예를 들어, 마가복음은 예수님을 도와 십자가를 지고 갈보리로 갔던 인물이 "알렉산더와 루포의 아버지인 구레네 사람 시몬"(막 15:21)이라고 정확하게 기술한다. 독자들이 진즉에 알고 있거나 얼마든지 만날 수 있는 이들이 아니라면, 기자는 굳이 그런 이름들을 늘어놓을 이유가 없다. 마가는 "알렉산더와 루포가 내 말의 증인이니 미심쩍으면 가서 물어보라"고 장담하는 셈이다. 바울도 마찬가지였다. 예수님이 세상에 계실 때 일어난 일들과 관련해 자신의 말이 참인지 궁금하면 아직 살아 있는 증인들에게 가서 확인해 보라고 말한다(고전 15:1-6).[8] 그러면서 부활한 그리스도를 동시에 목격한 500여 명의 증인을 언급한다. 의견이 일치하고 기자가 말하는 바를 확인해 줄 생존 증인들이 정말 존재하지 않는 한, 공적인 자리에서 낭독하도록 만든 문서에 그런 내용들을 적어 넣을 수 없을 것이다. 이런 사실들은 복음서가 뚜렷한 저자 없이 여러 사람들의 집합적인 노력을 통해 꾸준히 변화하며 발전해 온 구술 전승에 지나지 않는다는 통념을 결정적으로 뒤집는다. 오히려 예수님의 말씀과 행적을 낱낱이 알고 기억하는 산증인들의 입에서 시작해 후대로 전해진 구술 역사로 보아야 한다.

살아 있었던 건 그리스도의 지지자들만이 아니었다. 직접 예수님의 가르침을 듣고, 활동하는 걸 지켜보고, 세상을 떠날 때 그 자리를 지켰던 구경꾼과 관리들, 그리고 적들이 있었다. 꾸며 낸 말이 끼어들었다 싶으면 이들은 그 누구보다 먼저 달려들어 지적했을 것이다. 다른 사람들의 상상을 자극하고 마음을 사로잡기 위해 어떤 사건을 완전히 날조하거나 거짓으로 꾸며 설명하는 경우라면 목격자들이(자식과 그 후손들까지) 오랜 시간을 두고 죄다 세상을 떠나야 한다. 그래야 조작되고 허구화된 설명의 실체를 반박하거나 폭로할 수 없기 때문이다. 하지만 복음서들은 그러기에는 너무 일찍 기록되었다.

　예수님이 복음서에 기록된 것처럼 말하고 행한 적이 전혀 없다면 기독교라는 새로운 신앙이 그처럼 확산되는 건 불가능한 일이다. 바울은 예수님 생전에 있었던 일들은 대중들이 다 아는 사실이라고 정부 관리들에게 당당하게 주장할 수 있었다. "이 일은 한쪽 구석에서 행한 것이 아니니이다"(행 26:26). 현장에는 예루살렘 시민들이 있었다. 그들은 무리지어 예수님의 말씀을 듣고 그 모습과 행동을 지켜보았다. 예수인지 아닌지 알아보는 이들이 여전히 수천 명씩이나 살아 있었기에 신약성경의 기록들은 예수님을 두고 십자가에 달려 영영 숨을 거뒀다고 이야기할 수가 없었다. 죽었다가 다시 살아나 여러 사람들 앞에 나타나지 않았다면, 빈 무덤이 없었더라면, 친히 그렇게 말씀하지 않았더라면, 그리고 공적인 문서들이 실제로 그런 일이 벌어졌음을 밝히지 않았더라면 기독교 신앙은 절대로 뿌리를 내릴 수 없었을 것이다. 아무리 떠들어 봐야 듣는 이들은 코웃음을 치며 금방 잊어버리고 말았을 게 뻔하다.

　정경의 네 복음서들은 이른바 영지주의 복음서들이 나오기 훨씬 전에 기록되었다. 이들 가운데 가장 잘 알려진 '도마복음서'는 시리아어 원본을 번역한 문서인데, 전문가들이 밝혀낸 바에 따르면 도마와 관련된 시리아어 전승들이 나온 시점은 아무리 빨리 잡아도 A.D. 175년을 넘어가지 않는다. 정경의 복음서들이 이미 널리 사용되고 있던 시절로부터 무려 백여 년이나 흐른 뒤다. [9] 애덤 고프닉(Adam Gopnik)은 〈뉴요커〉에 기고한 칼럼에서 영지주의 복음서들은 기록 시기가 너무 늦어서 "오하이오에서 발견된 문서는 19세기 문서만큼도 기독교 신앙의 근거에 아무런 도전이 될 수 없다"면서, "조지 3세(King George)를 옹호해 봐야 미국 민주주의의 기초를 흔들지 못하는 것과 같다"[10]고 꼬집었다. 이들과 달리 마태, 마가, 누가, 그리고 요한이 쓴 복음서들은 기록과 거의 동시에 목격자들에게서 나온 권위 있는 진술로 인정을 받았다. 그런 이유에서 리용의 이레네우스(Irenaeus of Lyons)도 A.D. 160년에 오직 네 개의 복음서만이 존재한다고 선포했다. 콘스탄티누스 황제가 신약의 정경을 정하면서 그보다 더 이른 시기에 나왔고 더 정확했음직한 영지주의 복음서들을 없애 버렸다는 식의 발상이 《다빈치코드》 같은 부류의 책들 때문에 널리 퍼졌지만 이는 하나부터 열까지 사실과 다르다.[11]

《다빈치코드》가 허구임을 잘 알지만 저자 댄 브라운(Dan Brown)이 사실이라고 내세우는 역사적 배경만큼은 그럴듯하다고 여기는 이들이 많다. 그는 A.D. 325년, 콘스탄티누스가 예수의 신성을 선포하면서 그가 위대한 스승이지만 인간에 지나지 않는다는 증거를 묻어 버렸다고 설명한다. 하지만 빌립보교회에 보낸 바울의 편지에서도 크리스천들이 예수님을 하나님으로 경배하고 있음을 볼 수 있다(빌 2장). 역사가들은 하나같이 빌립보서의 기록 시기를 그리스도 사후 20년 안쪽으로 잡는다. 그리스도의 신성을 믿는 믿음은 초대교회가 성장하기 시작할 무렵부터 이미 주요한 동력원 가운데 하나였다. 어느 역사가는 이렇게 지적한다.

댄 브라운은 A.D. 325년에 콘스탄티누스 황제가 니케아공의회를 열어 완전히 새롭게 해석된 기독교 신앙을 도입했다고 말한다. 예수님의 신성을 선포하고 인간이라는 증거를 죄다 숨겼다는 얘기다. 로마 제국에서 벌어진 종교들 사이의 경쟁에서 기독교 신앙이 거둔 승리는 어떤 흡인력을 가져서라기보다 권력을 행사한 덕분이라는 뜻이기도 하다. 하지만 실제로 역사적인 사실을 살펴보면, 교회는 그보다 훨씬 전, 그러니까 아직 아무 힘도 갖지 못하고 시도 때도 없이 박해에 시달리던 시절에 이미 승리를 거뒀다. 기독교는 진즉에 경쟁에서 이겼고 황제는 승자 쪽에 서고 싶어 했으므로 역사가로서 시니컬하게 평가하자면, 콘스탄티누스가 기독교를 선택했다고 말할 수도 있다.[12]

복음서의 내용은 너무나 비생산적이어서 전설이 될 수 없다

오늘을 사는 수많은 이들이 복음서란 교회의 초기 지도자들이 여러 제도와 정책을 널리 알리고, 권력을 강화하며, 운동을 일구기 위해 쓴 글이라고 생각한다. 하지만 이런 논리는 복음서에서 실제로 마주치게 되는 사실들과 전혀 들어맞지 않는다.

대중들이 생각하는 이 관점대로라면, 예수님이 초대교회에서 벌어지고 있던 논란에 끼어들어 어느 한 쪽을 편드는 대목들을 복음서에서 자주 볼 수 있어야 한다. 그래야 교회 지도자들이 자신들을 따르는 무리의 입장을 뒷받침하는 쪽으로 복음서의 내용을 주물러 빚어냈다는 얘기가 논리적으로 가능해진다. 하지만 복음서 어디서도 그런 부분을 찾을 수가 없다. 예를 들어, 다들 알다시피 교회가 갓 시작되었을 무렵에는 이방인 크리스천들도 반드시 할례를 받아야 한다고 믿는 이들이 있어서 큰 논란거리가 되었다. 의견 충돌이 심각했던 점을 감안하면, 복음서 어디서도 예수님이 할례를 두고 이러니저러니 말씀하셨다는 기록이 없다는 건 참으로 놀라운 사실이다. 그리스도가 할례 문제에 침묵하는 이유를 살피자면, 무언가를 조작하거나 그리스도가 하지 않은 말을 제멋대로 날조할 의사가 초대교회에 조금도 없었다고 보는 게 가장 타당할 것이다.

십자가 사건이 정말 일어난 게 아니라면, 기독교 운동을 이끌었던 초기 지도자들은 왜 그런 얘기를 지어낸 걸까? 그리스 문화에서든 유대 문화에서든, 복음을 듣는 이들은 십자가 사건 대목에서 반사적으로 범죄자를 떠올릴 수밖에 없었다. 사실은 이러저러하다고 말해 봐야 소용이 없었다. 예수님이 겟세마네 동산에서 무거운 사명에서 벗어날 수 있을지 하나님께 물었다는 이야기를 꾸며 낼 까닭은 또 무엇인가? 십자가에 못 박힌 예수님이 아버지로부터 버림받았다고 부르짖더라는 사연을 굳이 만들어 낼 필요가 있을까? 이런 기사들은 1세기의 예비 회심자들을 불쾌하게 하거나 헷갈리게 할 뿐이다. 듣는 이들로서는 예수는 한없이 약한 데다가 하나님을 실망시킨 인물이라고 결론 내기 쉽다. 증언 부분을 봐도 그렇다. 법정에서 인정받지 못할 만큼 여성에게 낮은 지위를 부여했던 사회에서 하필이면 여인들을 부활의 첫 번째 목격자로 꾸밀 이유가 있겠는가?[13] 어차피 이야기를 지어낼 요량이라면, 사회의 주축을 이루던 남자들을 증인으로 내세우는 편이 훨씬 설득력이 있지 않겠는가! 실제로 그런 일이 일어났다고 판단하는 것 말고는 이것을 이치에 맞게 해석할 길이 없다.

그뿐만이 아니다. 어째서 초대교회의 으뜸 지도자들인 사도들을 시종일관 옹졸하고, 시샘이 많으며, 어처구니없으리만치 말귀를 못 알아듣고, 적극적으로든 수동적으로든 결국 주님을 실망시킨 겁쟁이들로 그리는 것일까? 리처드 보컴은 예수님을 부인했던, 다시 말해 모시던 스승을 저주하다시피 외면했던(막 14:71) 사례를 지적하며 같은 이야기를 한다. 초대교회를 통틀어 도대체 왜 교회의 중요한 지도자가 지난날 저지른 끔찍한 실수를 그토록 적나라하게 들춰내고 싶어 하겠느냐는 것이다. 없는 얘기를 지어낼 리가 있겠는가? 만약 사실이더라도 당사자인 베드로가 스스로 마음에 품은 사연을 여기저기 퍼트리지 않는 한, 아무도 감히 그 일을 끄집어내려 들지 않았을 것이라고 보컴은 주장한다.[14]

다시 한 번 '영지주의 복음서'들과 확연하게 비교되는 대목이다. 도마복음과 같은 계열의 문서들은 흔히 '영지주의'라고 부르는 철학을 드러내 보인다. 물질세계는 어둡고 악하므로 비밀스러운 깨달음, 또는 영지(靈知, gnosis)를 통해 거기서 구원을 받아야 한다는 사상이다. 이는 그리스와 로마의 세계관과는 잘 들어맞지만 예수님이 속해 있던 1세기 유대인들의 세계 인식과는 전혀 달랐다.[15] 《다빈치코드》 부류의 글들이 설명하는 바와는 완전 반대로, 그 당시 고대 세계에서 이른바 '실세들에게' 알랑거리며 비위를 맞췄던 건 정경의 복음서들이 아니라 영지주의 문서들이었다. 정경 복음서들이야말로 물질적인 창조를 긍정적으로 바라보고 가난하고 억압받는 이들을 강조하면서 그리스-로마 시대의 보편적인 인식을 거슬렀던 주역이었다. 정경의 복음서들은 참 예수의 실상이 어떠했는지에 관해 역사적으로 한층 신뢰할 만한 그림을 제시하는 반면, 그리스와 로마의 독자들이 가지고 있던 세계관에는 과감하게 맞섰다.

복음서들의 문학 형식은 너무나 섬세해서 전설이 될 수 없다

세계적인 문학 비평가였던 C. S. 루이스는 복음서들을 이렇게 평가했다.

> 평생 시와 소설, 환상문학, 전설과 신화들을 읽어 왔다. 그런 글들의 면
> 면을 속속들이 안다. 하지만 이런 건 본 적이 없다. 이 텍스트(복음서)에
> 적용할 수 있는 관점은 단 둘뿐이다. 사실 보도로 보든지 … 그게 아니
> 라면 누군지 모를 작가(고대의)가 … 전수자도 계승자도 없는 상태에서,
> 불현듯 시대를 앞질러 현대소설의 사실적인 서술 기법을 온전히 끌어
> 다 썼다고 보든지 둘 중 하나다.[16]

현대소설과 고대소설은 전혀 다르다는 게 루이스의 설명이다. 현대
소설은 사실적이다. 세밀한 묘사와 대화를 담고 있어서 현장을 지켜본
목격자의 증언을 읽는 느낌을 준다. 하지만 이런 소설 장르의 역사는 기
껏 거슬러 올라가 봐야 300년을 넘지 않는다. 옛날 소설이나 서사시, 또
는 전설들은 고상하기 이를 데 없어서 현실과는 거리가 멀었다. 섬세한
묘사 따위는 제쳐 두었다가 주인공의 성장 발달을 부각시키거나 줄거리
를 끌고 나가는 데 꼭 필요할 경우에만 끌어다 썼다. 그래서 《베어울프
(Beowulf)》나 《일리아드(Iliad)》를 아무리 읽어 봐도 등장인물들이 한숨을 내
쉬며 잠든다든지 비가 내리는 걸 알아차린다든지 하는 내용은 찾아볼 수
가 없다. 현대소설에서는 세밀한 묘사를 보태서 사실적인 분위기를 빚어
내지만 고대소설에서는 어림도 없는 일이었다.

복음서의 이야기는 허구가 아니다. 마가복음 4장은 예수님의 모습을
설명하면서 배의 고물에서 베개를 베고 주무셨다고 했다. 요한복음 21장

에 따르면, 바닷가에 예수님이 계신 걸 보았을 즈음, 베드로는 육지에서 백자 쯤 떨어진 물에서 고기를 잡고 있었다. 배에서 내려 헤아려 보니 모두 153마리의 물고기를 잡았다. 요한복음 8장은 간음 현장에서 붙들려 온 여인을 둘러싸고 떠들어 대는 이야기를 들으며 예수님이 땅바닥에 무언가를 적었다고 했다. 무얼 적었고 왜 그러셨는지에 대해서는 한 마디도 없다. 이처럼 상세한 묘사들은 줄거리라든지 주인공 성장 발달과는 아무 상관이 없다. 현대인들이 흥미진진한 '예수전'을 쓴다면 디테일한 이야기들을 넣어서 사실적인 분위기를 더하려 할 것이다. 하지만 1세기에는 그런 식의 소설 기법이 있다는 것을 아무도 몰랐다. 현장을 목격한 이들의 기억 속에 예수에 대한 사실들이 또렷이 남아 있었다는 것 말고는 베개를 벴다거나, 물고기가 153마리였다거나, 땅바닥에 글씨를 썼다는 따위의 세밀한 묘사가 등장하는 이유를 설명할 길이 없다.

리처드 보컴은 집단 기억의 특징에 관해 심리학자들이 내놓은 연구 결과를 잔뜩 끌어모았다. 그리고 사건을 직접 지켜본 이들의 진술이 갖는 특징은 무엇이고 추측에 근거하거나 꾸며 낸 이야기, 또는 역사적 사실들을 합성해 재구성한 설명과는 어떻게 다른지 살펴보았다. 집단 기억은 선택적이다. 독특하고 중대한 사건들을 골라서 무의미한 사항들까지 세세하게 간직하며, 전지적 서술자보다는 참가자의 제한적인 시각을 취하고, 자주 되풀이해 암송되는 성향을 보인다.[17] 이어서 보컴은 복음서 내러티브들에도 이런 특성들이 똑같이 나타나고 있음을 드러내 보인다. 강렬하고 중요한 사건들을 목격하고 그걸 자꾸 곱씹으면 수십 년이 지나도 기억에 고스란히 남게 마련이다. 고대 세계에서는 제자들이 스승의 가르침을 송두리째 기억하는 게 당연한 일이었으며 예수님의 말씀은 실제로 암송에 적합한 형태로 제시된 경우가 많다는 사실을 감안하면, 복음서의 내용을 신뢰할 근거는 차고 넘치는 셈이다.

보컴은 복음서 기자들이 예수님의 지상 생애를 기술하면서 그 말씀이나 사건들을 내키는 대로 포장하거나 조작하지 않았다는 증거를 찾기 위해 인류학으로도 눈을 돌린다. 비판적인 학자들은 20세기에 들어서면서부터 줄곧 초기 크리스천들이 대중의 귀에 쏙쏙 들어갈 만한 민담을 만들어 낼 심산으로 비교적 융통성 있는 가공 과정을 동원했으며 옛이야기를 주물러 현실과 눈앞의 상황에 짜 맞췄다고 추정했다. 하지만 보컴은 원시 아프리카 문화의 구술 전통을 연구한 얀 반시나(Jan Vansina)의 논문을 인용해서 허구적인 전설과 역사적인 서술은 확연히 구별되며 역사적인 서술을 정확하게 보존하는 데는 커다란 관심과 노력이 필요하다고 말한다. 이런 결과는 복음서를 비판하는 학자들의 입장을 뿌리째 뒤흔든다.

> 양식 비평이 등장한 이후로 복음서 연구자들은 예수님과 관련된 전승들을 전파하면서 역사 속 예수가 존재하는 과거와 자신들이 사는 현재 사이를 전혀 구분하지 않았다고 생각한다. 구술 사회에는 그런 구별이 아예 없었기 때문이라는 것이다. 이는 사실이 아니다.[18]

이 글을 쓰고 있는 지금 이 순간에도 〈타임〉지의 필자 데이비드 밴 비머(David Van Biema)가 '성경 수정주의'라고 불렀던 경향, 쉽게 말해 《다빈치 코드》와 맥락을 같이 하는 흐름이 홍수를 이루다시피 하는 것처럼 보인다. 댄 브라운은 그리스도의 무덤이 발견되었으며 예수는 막달라 마리아와 결혼해 자식들을 낳았다고 이야기한다. 다른 학자들도 영지주의 복음서들에서 새로운 관점과 해석을 끄집어내서 비슷한 주장을 담은 책들을 잇달아 펴냈다. 앞으로도 더 많은 서적들이 쏟아져 나올 게 분명하다. 밴 비머는 린 개럿(Lynn Garrett)의 코멘트를 인용한다. 〈퍼블리셔스 위클리(*Publishers Weekly*)〉 종교 담당 편집차장인 린 개럿은 최근의 현상을 '《다빈치 코드》 효과'라고 부르며 "댄 브라운 이전에도 추측성 역사 이야기들은 항상 있어 왔지만 그런 책이 베스트셀러 목록에 오르거나 저자가 유명한 텔레비전 토크쇼에 나오는 일은 없었다"고[19] 지적한다.

수정주의자들이 제시하는 이런 역사들은 예수님의 삶을 오랫동안 지켜봐 온 증인들이 숱하게 많음을 입증하는 면밀한 연구가 갈수록 쌓이고 있다는 사실을 완전히 무시한다. 영국 학자 빈센트 테일러(Vincent Taylor)의 유명한 말이 있다. 성경을 바라보는 회의주의의 입장이 타당성을 가지려면 "그리스도가 부활하자마자 제자들이 모두 하늘나라로 갔어야 했다"는 것이다.[20] 복음서를 기록하는 과정에서 전설적인 요소들이 끼어들 수 있는 길은 그뿐이지만, 실제로 그런 일은 벌어지지 않았다. 그러므로 아이러니컬한 노릇이지만, 고작 1세기 전에 시작되었다가 벌써부터 실질적인 기반들이 빠른 속도로 무너져 가고 있는 회의주의적인 학파의 성경 인식을 대중매체들이 앞장서 떠들어 대고 있는 꼴이다.[21]

"문화적인 쪽으로도 성경을 믿을 수가 없어요!"

얼추 20년 전쯤, 뉴욕시에 처음 왔을 때만 해도 성경과 관련해 다른 사람들이 견디기 어려워하는 영역은 지금까지 이야기한 영역들, 다시 말해 과학과 역사에 집중되어 있었다. 그런데 지금은 상황이 많이 달라졌다. 이제는 시대에 뒤떨어지고 시대에 역행하는 것처럼 보이는 성경의 가르침들을 특별히 못 견뎌 하는 분위기다. 성경은 노예제도를 옹호하고 여성의 억압을 지지한다고 여긴다. 이는 현대인들이 보기에 말도 안 되는 주장이어서, 성경이 전하는 다른 메시지들까지 받아들이지 못하는 것이다.

리디머교회를 막 시작했을 무렵에는 난생처음 성경을 읽는 이들과 자주 어울렸다. 그러다 보니 이런저런 구절들을 소화시키지 못해서 씨름하는 이들의 이야기를 듣고 답해야 할 일이 많았다. 어느 주일에는 예배가 끝나가기가 무섭게 위아래 모두 검정색 옷으로 차려입은 젊은 예술가가 다가왔다. 치가 떨려서 못 견디겠다는 표정으로, 성경에서 "종들아 두려워하고 떨며 성실한 마음으로 육체의 상전에게 순종하기를 그리스도께 하듯 하라"(엡 6:5)는 구절을 봤다고 했다. 불쾌하고 화가 나는 성경 본문과 맞닥뜨렸을 때 어찌해야 할지 그 젊은이와 다른 이들에게 조언해 주었다. 간추리자면 이렇다.

성경을 읽다가 그런 본문이 보이면 반사적으로 책을 덮어 버리고 다시는 돌아보지도 않는 이들이 수두룩하다. 그런 사람들에게 꼭 들려주고 싶은 말이 있다. 성경이 제시하는 갖가지 개념들 가운데 설령 마음에 들지 않는 구석이 있다 할지라도 꾸준히 읽고 배우고 거기서 유익을 얻을 수 있는 길을 택하라는 얘기다.

한편으로는 그처럼 불편한 본문들도 알고 보면 겉으로 보이는 것과는 다른 교훈을 가르치는 것일 수도 있다고 지적해 주었다. 역사적 맥락에서 성경을 바라보는 요즘 해석 방식을 적용하면 흔히 불편하게 여기는 이슈들의 상당 부분이 말끔히 정리된다. "종들아 육체의 상전에게 순종하기를 그리스도께 하듯 하라"는 구절도 마찬가지다. 요즘 독자들은 '종'이라고 하면 보통 18-19세기에 거래되던 아프리카 노예나 지금도 세계 곳곳에서 벌어지고 있는 인신매매와 성노예를 떠올린다. 얼마든지 이해할 수 있는 일이다. 현대인들은 이 본문을 노예제도에 아무 문제가 없으며 심지어 바람직하다는 의미로 받아들인다.

하지만 이는 원문을 기록한 이들과 독자들, 그리고 현대인들 사이의 문화 및 역사적 차이를 무시하는 전형적인 사례다. 신약성경이 기록된 1세기 로마 제국에서는 노예들과 일반 자유인들 사이에 별 차이가 없었다. 인종이나 말투, 차림새로는 전혀 구분할 수 없었다. 노예들도 사회를 이루는 다른 구성원들과 조금도 분리되지 않고 여느 시민들처럼 그렇게 살았다. 재정적인 면에서도 자유 노동자들과 같은 임금을 받았으므로 특별히 더 가난할 이유가 없었다. 뿐만 아니라 개인적으로 몸값을 치를 만한 재물을 모을 수도 있었다. 무엇보다 중요한 것은 평생 노예로 사는 경우는 거의 없었다는 점이다. 대부분은 10-15년 안에, 아무리 늦어도 30대 후반에 이르기 전에는 당연히 해방되리라는 희망을 가질 수 있었다.[22]

이와 달리, 신세계의 노예는 훨씬 구조적이었고 인정사정없이 잔혹했다. 주인이 노예의 온 인격을 소유하는 개념으로, 노예는 말 그대로 '재산'이었다. 성폭행을 하든, 팔다리를 못 쓰게 하든, 목숨을 빼앗든 주인 마음대로였다. 예전의 종살이나 고용 노예제도에서는 오로지 노예의 생산성(시간과 기능)만 주인의 소유였고 그나마도 일시적이었다. 하지만 아프리카 노예는 인종에 토대를 두고 있으며 스스로 몸값을 치르지 않으면 죽을 때까지 종살이를 계속해야 한다. 게다가 아프리카 노예무역은 납치에서 시작되었으며 납치에 기대어 명맥을 유지했다. 하지만 성경은 인간을 납치해서 노예로 팔아넘기는 짓을 이유를 가리지 않고 불법으로 규정한다 (딤전 1:9-11, 신 24:7 참조). 그러기에 초기 크리스천들은 1세기의 노예제도를 완전히 폐지하자는 운동을 펼치지 않았으며, 성경의 가르침과 단 한 점 들어맞는 구석이 없는 신세계식 노예제도와 맞닥뜨린 훗날의 그리스도인들은 맹렬하게 저항을 이어 갔던 것이다.[23]

경우에 따라서는 성경 본문이 얼핏 보기와는 다른 가르침을 주기도 한다. 그런데 특정한 본문을 면밀히 연구해서 진정한 가르침을 파악하고 나서도 여전히 터무니없고 퇴행적이라고 생각하는 이들도 더러 있다. 그들은 어떻게 해야 하는가?

개인적으로는, 성경 본문을 불편하고 어렵게 여기는 문제의식이 스스로 속해 있는 역사의 한 시점이 그밖에 다른 순간들에 비해 우월하다는 검증되지 않은 믿음에서 비롯된 건 아닌지 곰곰이 되짚어 보라고 권하는 편이다. 누구든 제 문화를 보편화시키면 안 되듯, 시대 역시 일반화해서는 안 된다. '퇴행적'이란 말의 속뜻부터 생각해 보라. 성경을 퇴행적이라고 판단해 거부하는 행위는 스스로 퇴행과 진보가 명쾌하게 구분되는 역사의 정점에 와 있다는 의식을 바탕에 둔다. 이는 편협하고 배타적임에 틀림없다. 성경의 시각을 공격적이라고 비난할 일이 아니다.

우리 시대 영국인들의 관점이 2000년 전에 살았던 그들의 선조, 앵글로색슨족의 시각과 얼마나 다를지 생각해 보라. 양쪽이 다 같이 성경을 읽다가 마가복음 14장에 이른다고 상상해 보자. 우선, 예수님이 스스로를 '인자'라고 부르면서 역사가 끝나는 날 천사들과 함께 다시 와서 그 의로움으로 온 세상을 심판하실 것이라고 주장하는(62절) 대목이 보인다. 그러고는 그 뒤를 이어 사도 중에서도 단연 돋보이는 위치에 있던 베드로가 주님을 세 번 부인했으며 나중에는 위기를 모면하기 위해 저주까지 퍼부었다는(71절) 기사가 등장한다. 그럼에도 불구하고 나중에 예수님은 베드로를 용서하시고 리더십을 회복시켜 주셨다(막 16:7, 요 21:15). 첫 번째 이야기를 들은 요즘 영국인들은 십중팔구 진저리를 친다. 너무 비판적이고 배타적으로 들리기 때문이다.

하지만 베드로 같은 잘못을 해도 회복되고 용서받을 수 있다는 메시지에는 반색을 할 것이다. 반면에, 앵글로색슨족이라면 첫 번째 이야기는 망설임 없이 받아들일 것이다. 최후의 심판이 있으리라고 다들 알고 있었으므로 도리어 좀 더 자세히 듣고 싶어 했을 공산이 크다. 그러나 두 번째 기사를 보면서는 충격을 받을 게 분명하다. 그들의 관점에서 보자면, 베드로 정도의 불충과 배신 행위는 절대로 용서받을 수 없는 중대 범죄이기 때문이다. 수제자로 삼는 것은 고사하고 살려 둘 가치조차 없는 일이었다. 너무나 기가 막혀 성경책을 집어던지고 더는 읽지 않을 것이다.

앵글로색슨족을 원시적이라고 생각할지 모르지만, 현대 문화를 지배하는 여러 관점들도 언젠가는 세상 사람들로부터 원시적이라는 소리를 듣게 될 것이다. 그렇다면 '진보적'이라는 이 시대의 기준을 어떻게 성경의 어느 부분이 쓸모 있고 아니고를 가리는 다림줄로 쓸 수 있다는 말인가? 조부모나 중조부모 세대가 품었던 확신들 가운데도 현대인의 눈에 몹시 어리석어 보이고 심지어 속을 불편하게 하는 것들이 수두룩하지 않은가? 우리의 손자들 역시 이 시대의 세계관 가운데 상당 부분을 시대에 뒤떨어진 개념으로 평가할 것이다. 얼마 못 가서 허약하거나 그릇됐다는 소리를 듣게 될 우리의 확신 때문에 성경을 내던져 버린다면 참으로 안타까운 일이 아니겠는가? 성경의 가르침이 불쾌하다는 이유로 기독교 신앙을 멀리한다는 말은 곧 "하나님이 가진 어떤 입장도 나를 불편하게 하면 안 된다"는 얘기다. 이런 신념을 납득할 수 있겠는가?

성경의 이런저런 가르침을 붙들고 씨름하는 이들에게 주는 조언이 하나 더 있다. 성경의 주요한 주제와 메시지를 상대적으로 덜 중요한 가르침들과 구별해야 한다는 점이다. 성경은 그리스도의 속성과 사역을 다루지만 남편을 잃은 여인들을 교회가 어떻게 대접해야 하는지에 대해서도 이야기한다. 두 가지 주제 가운데 앞쪽이 훨씬 더 기본적이고 기초를 이룬다. 첫 번째가 없으면 두 번째 가르침을 이해하기 어렵다. 그러므로 적절한 순서에 따라 성경의 가르침을 살필 필요가 있다.

뜨거운 관심을 받고 있는 이슈를 예로 들어 보자. 성경이 가르치는 성 역할을 도무지 받아들일 수 없어서 고민인가? 그렇다면 크리스천들도 특정한 본문들에 대해 갖가지 다른 생각을 품고 있다는 사실을 명심해야 한다. 하지만 예수님이 사흘 만에 죽은 자들 가운데서 다시 살아나셨다는 사도신경은 모든 크리스천이 한목소리로 고백한다. 그러니 신앙의 핵심을 이루는 가르침들에 대한 입장이 확실하게 정리될 때까지는 성 역할 같은 주제들에 너무 얽매이지 말라.

"성에 대해 시대에 뒤떨어진 소리를 하고 있는데 어떻게 성경을 받아들인다는 말입니까?"라며 투덜댈지 모른다. 그런 이를 만나면 성경이 섹스에 대해 가르치는 내용이 마음에 들지 않으니 예수님이 죽음에서 살아나셨을 리가 없다는 얘기냐고 되묻는다. 그렇게 어처구니없는 고집을 피우지는 않으리라 믿는다. 그리스도가 하나님의 아들이라면 온 성경의 권위에 대한 확신을 비롯해 그분의 가르침 전체를 진지하게 받아들여야 한다. 예수님이 스스로 주장하는 그런 인물이 아니라면, 성경에 실린 다른 이야기들에 신경 쓸 이유가 무어란 말인가?

이렇게 생각해 보라. 성경이라는 웅덩이의 가장자리 쪽 얕은 물, 그러니까 해석 방식을 둘러싸고 논란이 많은 부분에서 다이빙을 한다면 상처를 입고 다치기 쉽다. 하지만 연못의 한복판, 이미 의견 일치를 본 자리에(그리스도의 신성, 그분의 죽음과 부활을 포함해) 뛰어들면 아무 탈이 없을 것이다. 그러므로 상대적으로 덜 중요하고 논란이 많은 가르침에 매여 성경 자체를 거부할 게 아니라, 예수님이 어떤 분이며 과연 죽음을 이기고 다시 살아났는지를 비롯한 핵심적인 주장들을 살피는 게 중요하다.

신뢰할 만한 성경,
아니면 고분고분한 하나님?

검증되지 않은 믿음이 성경의 확실성을 갉아먹게 내버려두면 예상하는 것보다 훨씬 큰 대가를 치러야 할지도 모른다.

도전을 받아들이고 생각을 바꿀 정도로 성경을 신뢰하지 않는다면, 어떻게 하나님과 인격적인 관계를 맺을 수 있겠는가? 진정한 인간관계에서는 어떠한 경우에도 의견을 달리할 수 있는 법이다. 예를 들어, 아내가 남편과 다른 생각을 가지지 못한다면 친밀한 관계를 이룰 수 없다. 〈스텝포드 와이프(The Stepford Wives)〉라는 영화를 기억하는가? 코네티컷 주 스텝포드의 남편들은 아내를 주인의 뜻을 절대로 거스르지 않는 로봇 같은 인간으로 만들기로 했다. 스텝포드의 아내들은 더없이 순종적이고 아름답지만, 그런 부부 사이를 친밀하거나 인격적인 관계라고 여기는 이는 아무도 없을 것이다.

자, 이제 찬찬히 따져 보자. 성경에서 감정을 상하게 하고 뜻에 맞지 않는 부분을 닥치는 대로 도려낸다면 어떻게 되겠는가? 믿고 싶은 내용만 골라서 믿고 나머지는 거부한다면, 인간과 다른 생각을 가진 하나님을 어떻게 만나겠는가? 어림도 없는 일이다. 기껏해야 스텝포드 하나님을 찾을 수 있을 것이다. 그분은 참다운 관계를 맺고 진정으로 교제할 수 있는 하나님이 아니라 본질적으로 인간이 스스로 만들어 낸 하나님일 뿐이다. 인간으로서 자신이 불쾌해하는 일들을 서슴없이 이야기하고 힘겹게 씨름할 거리를 던져 줄 수 있어야(참다운 우정이나 부부관계에서처럼) 비로소 상상으로 빚어낸 허상이 아니라 진정한 하나님이라고 볼 수 있을 것이다. 따라서 성경의 권위는 하나님과 인격적인 관계를 맺지 못하게 가로막는 적이 아니다. 오히려 그런 관계에 반드시 필요한 전제조건이다.

●
●
●

"오라 우리가 서로 변론하자"(사 1:18).

회의에서 믿음으로의
여정 사이에서

인터미션(intermission)은 말 그대로 여정과 여정, 과제와 과제 사이를 가리킨다. 지금 우리가 와 있는 이 지점이다. 기독교 신앙에 대한 온갖 의심의 밑바닥에는 대체신앙, 그러니까 만물의 본질에 대한 검증되지 않은 가정들이 깔려 있다. 지금까지는 현대 문화 속에 사는 이들이 기독교 신앙을 향해 품고 있는 일곱 가지 커다란 의심과 반대 입장과 그 이면에 숨은 확신들을 하나하나 검토해 보았다. 개인적으로는 배경이 되는 논리들을 존중하지만 그 어떤 주장도 기독교의 진리를 궁지에 몰거나 더 나아가 사실이 아니게 만들 수 있다고는 생각하지 않는다. 거기에만 매어 있을 수는 없으며 가야 할 길이 더 남아 있다. 기독교 신앙을 의심할 만한 이렇다 할 근거가 없음을 밝히는 것도 시급하지만 다른 한편으로는 그리스도의 가르침을 믿어야 할 충분한 이유들이 있음을 논증하는 일 또한 중요하다. 그 작업은 이 책 말미에서 해 보려고 한다.

"잠깐만요!" 누군가는 이 대목에서 브레이크를 걸어야 한다. "기독교를 믿어야 할 충분한 이유를 설명할 작정이라고요? 기독교 신앙을 어떻게 정의하는 거죠? 그리고 '충분하다'는 말의 의미는 어떻게 규정하고요?" 이제 그 물음들에 차근차근 답해 보자.

어떤 기독교?

밖에서 보면, 기독교 신앙을 고백하는 다양한 교회와 전통들이 워낙 달라 보여서 마치 전혀 다른 종교들을 보는 느낌이 들 수도 있다. 여기에는 공적으로 드리는 예배의 모습이 제각각이라는 점이 단단히 한몫했을 것이다. 아울러 기독교는 3장에서 지적했듯이 지구상의 수많은 문화와 지역을 아우르며 더없이 광범위하게 퍼져 있는 신앙이므로 각양각색의 다채로운 문화 형태를 드러내는 건 지극히 당연한 노릇일지도 모른다. 크리스천들이 서로 그토록 달라 보이는 또 다른 이유는 오랜 세월에 걸쳐 신학적으로 커다란 분열을 겪은 탓이기도 하다. 첫 번째 대규모 분열은

11세기, 동방의 그리스정교와 서방의 로마교회 사이에서 벌어졌으며 결국 오늘날의 동방정교회와 로마 가톨릭교회가 되었다. 두 번째 거대한 균열은 서방교회 안에서 일어났다. 로마 가톨릭교회와 프로테스탄트 교회로 갈라진 것이다.

진리와 교리를 진지하게 생각하는 크리스천이라면 이러한 차이가 대단히 중요하다는 데 누구나 공감할 것이다. 거기에 따라서 어떤 믿음을 가지고 어떻게 신앙생활을 꾸려 갈지가 뚜렷하게 달라지기 때문이다. 그럼에도 불구하고 정교회 교인이든, 가톨릭 신자든, 프로테스탄트 교인이든 하나같이 사도신경과 니케아신경, 칼케돈 신조, 아타나시우스 신조처럼 교회사의 초기 1천년 사이에 나온 신조들에 동의한다. 이런 신조들에는 크리스천의 기본적인 현실 인식이 모두 담겨 있다. 또한 삼위일체 하나님에 대한 크리스천의 고전적인 이해를 표명한다. 13장에서 살펴보겠지만, 삼위일체를 믿는 신앙은 다신교도나 삼위일체를 부정하는 유일신교도, 무신론자와 완전히 다른 세계관을 빚어낸다. 신조에는 예수 그리스도가 완전한 신성과 인성을 동시에 가졌다는 단호한 언급도 들어 있다. 따라서 크리스천들은 예수를 숱한 스승이나 선지자들 가운데 하나가 아니라 세상의 구세주라고 믿는다. 바로 이런 가르침들이 다양한 색깔을 가진 크리스천들을 서로 다르다기보다 한결 비슷해 보이게 만드는 것이다.

기독교란 무엇인가? 개인적으로 이 글의 목적을 감안해 정의해 보자면, 기독교란 이렇게 보편적인 주요 신조들을 받아들이는 신자들의 모임이 아닐까 싶다. 이들은 삼위일체 하나님이 세상을 창조했음을 믿는다. 인류는 죄악에 빠졌지만 하나님은 예수 그리스도를 보내 인류를 죄에서 건져 내기로 작정하셨다고 믿는다. 예수님이 죽음과 부활을 통해 구원을 이루신 덕에 우리는 은혜를 입을 수 있게 되었다고 믿는다. 그리스도는 교회를 세워 그 백성들을 죄에서 건져 내고 화해시키며 구원하는 그분의 사명을 계속 이어 나갈 통로가 되게 하셨다고 믿는다. 그리고 마침내 역사가 끝나는 날, 예수님이 다시 돌아와 하늘과 땅을 새롭게 하며 온갖 악과 불의, 죄와 죽음을 세상에서 완전히 없애 버리실 것이라고 믿는다.

크리스천들은 이 모든 것을 믿는다. 하지만 그 어떤 크리스천도 이것만 믿지는 않는다. "어떻게 교회는 세상에서 예수님의 사역을 이어 가는가?"라든지 "어떻게 예수님의 죽음이 우리의 구원을 이루는가?"라고 묻기가 무섭게 가톨릭과 정교회, 개신교회의 크리스천들은 서로 다른 답들을 쏟아 낼 것이다. 특정한 종파에 매이지 않았노라고 자부하는 이들이 허다하지만, 진정으로 '포괄적일' 수 있는 크리스천은 어디에도 없다. 크리스천으로 살자면 반드시 '어떻게'로 시작되는 이 질문들에 답해야 한다. 그리고 답을 꺼내 놓는 순간 곧바로 이 전통, 또는 저 교파에 속하게 되어 있다.

이 사실을 이해하는 게 대단히 중요하다. 여기서는 어느 특정한 시각을 대변하지 않고 기독교의 보편적인 진리만 이야기하고 있다. 눈이 매운 장로교파의 독자라면, 필자가 모든 크리스천들을 힘닿는 데까지 아우르기 위해 개인적으로 가지고 있는 신학적인 신념을 한 마디도 내비치지 않고 있음을 알아차리리라 믿는다. 하지만 그리스도의 복음이 가르치는 죄와 은혜를 다루는 대목에 이르면 어쩔 수 없이 프로테스탄트 교인의 입장에 설 테고, 가톨릭 신앙을 가진 필자라면 당연히 중요하게 여길 법한 이슈에 별 관심을 보이지 않을 수도 있다.

어떤 합리성?

나는 기독교를 믿어야 할 이유가 차고 넘친다는 사실을 잘 드러내 보여 주고 싶다. 오늘날 이름만 대면 누구나 알 만한 반기독교적인 인사들은(리처드 도킨스, 대니얼 데닛, 샘 해리스, 크리스토퍼 히친스처럼) 하나님이 존재한다고 볼 만한 충분한 근거가 존재하지 않는다고 주장한다. 예를 들어, 도킨스만 하더라도 하나님이 살아 계신다는 주장은 과학적으로 볼 때 그저 추측에 지나지 않으며 이성적인 설명에 귀를 기울여야 한다고 목소리를 높인다.[1] 그와 뜻을 같이하는 무신론자들은 빈틈이 없어서 누가 들어도 단박에 하나님의 존재를 확신할 만큼 논리적이고 실증적인 변증을 요구한다. 스스로 납득하고도 남을 때까지는 하나님을 믿을 의사가 전혀 없다.

그게 문제가 되는가? 그렇다고 본다. 이런 저술가들은 이른바 '강한 합리주의'라는 잣대로 크리스천들의 주장을 평가한다.[2] 이들을 지지하는 쪽에서는 이른바 '검증의 원리'를 내세운다. 다시 말해, 논리로 합리성을 인정받거나 감각적인 경험을 통해 실증적으로 입증되기 전까지는 어떠한 명제도 믿어서는 안 된다는 얘기다.[3] 그렇다면 그 '입증'이란 말은 무슨 뜻인가? 그들의 입장에서 보자면 증거란 더없이 강력해서 논리적인 사고가 정상적으로 작동하는 이들이라면 누구든 믿을 수밖에 없는 논리를 의미한다. 무신론자들과 불가지론자들은 하나님에 대해 이런 '증거'를 요구한다. 하지만 그들만 강한 합리주의를 내세우는 것은 아니다. 어떤 크리스천들은 믿음을 변증하는 목소리가 너무 거세서, 거기에 동의하지 않는 이들은 두려움을 느끼거나 그 완고함에 질려 마음의 문을 꽁꽁 닫아걸고 만다고 주장한다.[4]

크리스천들에게 믿음의 타당성을 입증할 증거를 내놓으라는 책들이 수두룩함에도 불구하고, 스스로 그렇게 하는 철학자들은 어디서도 찾을 수 없다. 지극히 무신론적인 이들도 마찬가지다. 강한 합리주의를 지켜내기란 애초에 불가능하다고 여기는 이들이 절대다수를 차지한다.[5] 우선 강한 합리주의라는 개념 자체도 스스로의 기준을 충족시키지 못한다. 실증적인 증거가 없이는 아무도 무언가를 믿어서는 안 된다는 것을 어떻게 실증적으로 입증해 내겠는가? 어림도 없는 일이다. 결국 그 또한 일종의 믿음이라는 사실이 드러날 뿐이다.[6] 또 강한 합리주의는 '어디서도 비롯되지 않은 시각', 다시 말해 완벽에 가까우리만치 객관적인 입장을 갖는 게 가능하다고 추정하지만, 사실상 오늘날의 모든 철학자들은 그럴 수 없다는 데 의견을 같이 한다. 인간은 저마다의 사고와 판단방식에 강하게 영향을 미치는 경험과 신념을 배경으로 개인적인 평가를 내리게 마련이다. 그렇다면 모든 합리적인 인간이 무릎을 꿇을 만한 변증을 요구하는 건 몹시 불공평한 일이다.

철학자 토머스 네이글(Thomas Nagel)은 무신론자이지만 《마지막 말(The Last Word)》이라는 저서에서 객관적으로는 도저히 하나님의 존재를 의심할 수 없음을 인정한다. 그는 스스로 신앙에 대한 두려움을 품고 있음을 고백하고, 과연 논지가 어디로 흘러가는지 살피고자 하는 지극히 강력한 동기가 없다면 이 문제를 다룰 수 없을 거라고 한다.

> 내가 말하는 것은 … 신앙 자체에 대한 두려움이다. 경험에서 하는 말
> 이다. 그런 두려움에 맹렬히 휩쓸려 본 경험에서 하는 얘기다. 무신론
> 이 진실이면 좋겠다. … 그저 하나님을 믿지 않으며, 당연히 내 신념이
> 옳기를 바란다는 소리가 아니다. 하나님이 없었으면 좋겠다는 뜻이다.
> 하나님이 있는 것을 원치 않는다. 우주가 그런 식으로 존재하길 기대
> 하지 않는다. … 하나님의 존재 여부에 대해 진정으로 무관심한 인간
> 이 있을까? 그 문제에 대해 실제로 어떤 확신을 품고 있든지 간에 둘 중
> 어느 한쪽이 정답이길 딱히 바라지 않는 이가 있을지 궁금하기 짝이 없
> 다.[7]

담당한 소송의 두 당사자 가운데 어느 한쪽 회사에 큰돈을 투자해 놓
은 판사가 있다고 생각해 보자. 판결이 특정한 쪽으로 흘러가길 간절히
바라는 마음이 있으므로, 아마 담당 판사 자리에서 스스로 물러날 것이
다. 하나님과 관련해서 인간은 누구나 이 판사와 같은 처지라고 네이글은
말한다. 저마다 가진 신앙 체험, 다른 신념과 헌신, 삶을 사는 방식에 기
대어 다들 하나님의 존재를 따지는 논쟁이 어느 한쪽으로 흘러가길 바란
다. 하지만 문제가 있다. 우리는 스스로 판사의 자리에서 내려올 수가 없
다. 네이글은 강한 합리주의를 거부한 까닭에 무신론적인 입장을 가지고
있음에도 불구하고 신앙과 종교를 놀랍게도 존중한다. 도킨스나 해리스
같은 작가들과는 톤이나 자세가 눈에 띄게 다르다.

'강한 합리주의'에 철학적으로 방어할 수 없다는 사실도 도킨스와 데닛의 저서들이 학술지에서 놀랍게도 혹독한 대접을 받았던 이유 가운데 하나였다. 한 예로, 마르크시스트 학자인 테리 이글턴(Terry Eagleton)은 영국에서 발행되는 문예지(*London Review of Books*)에 리처드 도킨스의 《만들어진 신》을 통렬하게 비판하는 리뷰를 실었다. 이글턴은 도킨스의 순진한 발상, 다시 말해 신앙에는 합리적인 요소가 없으며 이성은 믿음에 크게 기대지 않는다는 생각을 모두 공격했다.

> 도킨스는 신앙을 모두 맹목적인 믿음으로 간주하고, 크리스천과 무슬림 어린이들은 의심을 품어 볼 여지도 없이 믿음을 가지도록 내몰린다고 생각한다. 초등학생 시절, 나를 못살게 굴던 그 아둔한 성직자들조차도 그렇게 생각지 않을 것이다. 주류 기독교에서는 언제나 이성과 변증, 정직한 회의가 믿음을 형성하는 데 없어서는 안 될 중요한 역할을 해 왔다. … 신앙생활을 하는 이들이 늘 이성을 좇아 사는 게 아님은 분명하다. 하지만 그건 대다수 세심하고 교양 있는 비종교적인 부류들도 마찬가지다. 리처드 도킨스 자신마저도 이성보다는 믿음에 기대어 살고 있다. 인간은 나무랄 데 없을 만큼 합리적인 근거를 갖추지 못한 갖가지 믿음을 가지고 살면서도, 그럼에도 불구하고 품을 만한 이유가 있는 수많은 믿음을 가지고 산다.[8]

　강한 합리주의를 거부하면 상대주의, 다시 말해 다른 믿음을 제쳐 두고는 일단의 신앙을 판단해 볼 길이 없는 상태에 빠지지 않을까? 전혀 그렇지 않다. 완전한 상대주의는 존립이 불가능하다는 점은 2장과 3장에서 이미 살펴보았다.[9] 앞으로 이 책에서 취하고자 하는 입장은 '비판적 합리성(critical rationality)' 쯤으로 정의할 수 있겠다.[10] 어떤 시각을 가졌든 상관없이 모두를 설득할 만한 논리는 없을지 모르지만, 최소한 많은 이들, 심지어 더없이 이성적인 사람들마저도 움직일 수 있는 주장들이 있다고 보는 개념이다. 다른 것들에 비해 상대적으로 더 합리적인 신앙 체계가 엄연히 존재하지만 어떤 논리든 끝내 합리적으로 회피할 방도가 있다고 생각한다. 다시 말해, 언제든 완전히 편향되거나 완고하지 않은 이유를 찾아 빠져나갈 수 있다는 뜻이다. 하지만 그렇다고 해서 신념들을 평가할 수 없다는 얘기는 아니다. 다만 결정적인 증거를 기대해서는 안 되며 이를 요구하는 것은 부당하다는 뜻이다. 과학자들조차도 그런 식의 논리를 펴지는 않는다.

어떤 이론이 "입증되었다"고 이야기하는 것을 과학자들은 무척 조심스러워한다. 리처드 도킨스조차도 다윈의 이론은 최종적으로 입증될 수 없으며 "우리 후학들이 다윈주의를 포기하거나 원형을 알아보기 어려울 만큼 심하게 수정할 수밖에 없는 새로운 사실들이 밝혀질지도 모른다"는 점을 인정한다.[11] 하지만 과학자들이 여러 이론을 검증해서 경험적으로 훨씬 근사하게 입증해 낼 학설을 찾아내는 게 불가능하다는 얘기는 아니다. 어떤 이론이 증거를 잘 엮어서 그밖에 대안 논리들보다 현상을 더 잘 설명해 낸다면 경험적으로 입증되었다고 본다. 검증 과정을 거친 결과, 같은 데이터에서 뽑아 낸 경쟁 이론들에 비해 갖가지 다채로운 사건들을 정확하게 예측하는 경우, 비록 '입증'되지는 않았을지라도(강한 합리주의가 주장하는 의미로) 인정하고 받아들인다는 뜻이다.

옥스퍼드 대학의 철학자 리처드 스윈번(Richard Swinburne)은 《하나님은 존재하는가(Is There a God?)》라는 책에서 하나님을 믿는 믿음도 그와 같은 방식으로 검증하고(입증이 아니라) 변증할 수 있다고 힘주어 말한다.[12] 하나님이 있다는 생각은 눈앞에 펼쳐지는 일들을 가늠할 수 있게 해 준다. 어쨌든 우주가 있을 테고, 과학적인 법칙들이 그 안에서 작동되며, 분명한 지각과 선명하고 항구적인 도덕성을 지닌 인간들이 거기에 있을 것이다. 하나님이 없다는 이론은 이들 가운데 그 무엇도 예상하고 기대하게 하지 못한다고 스윈번은 주장한다. 그러므로 하나님을 믿는 쪽이 더 나은 경험적 적합성을 제시한다. 신의 존재를 부정하는 편보다 눈앞의 현상과 사물들을 한결 잘 설명하고 해석해 낸다. 하나님에 대한 시각은 그 어떤 경우에도 입증될 수 있는 성질의 것이 아니다. 하지만 그렇다고 해서 다양한 종교적 신념들의 토대를 면밀히 살피고 따져 그 가운데 이것저것, 또는 어느 하나가 가장 합리적임을 알아볼 수 없다는 뜻은 아니다.

극작가 하나님

하지만 일종의 차선책으로 '비판적 합리성'을 채택하고 있다고 오해하지 않으면 좋겠다. 성경의 하나님이 진실로 살아 계신다면, '비판적 합리성'이야말로 그분의 속성과 존재에 얽힌 물음에 다가서는 접근 방식이 되어야 할 것이다.

우주에서 귀환한 러시아 우주비행사가 하나님을 찾지 못했다고 발표하자, C. S. 루이스는 마치 햄릿이 자신의 성채 다락에 기어 올라가 셰익스피어를 찾는 꼴이라고 응수했다. 하나님이 살아 계신다면, 실험실에 가져다가 실증적인 방법으로 분석할 수 있는 물건일 리가 없지 않겠느냐는 것이다. 하나님과 인간의 관계는 극작가와 그 연극에 등장하는 인물들의 관계에 가깝다. 인간(등장인물)은 지은이의 이모저모를 제법 많이 알 수 있을지 모르지만, 작가가 연극에 스스로에 관한 정보를 노출하기로 마음먹은 선을 넘어설 수 없다. 따라서 산소와 수소, 또는 태평양에 어느 섬처럼 온전히 우리 우주 안에 있는 물체를 대하듯 하나님의 존재를 '입증'해 낼 길은 어디에도 없다.

루이스는 하나님의 진리를 안다는 게 어떤 것인지, 또 다른 비유를 들어 설명한다. "해가 떴다고 믿는 것은 단순히 눈으로 해를 보기 때문만이 아니다. 해가 비추는 세상 만물들을 보기 때문이다"[13]는 것이다. 해에 대해 알아보기 위해 태양을 똑바로 쳐다보기로 작정한다 치자. 아무리 애를 써도 뜻을 이룰 수 없다. 되레 망막이 타버려서 사물을 분간할 능력을 잃어버릴 것이다. 태양의 존재와 힘, 성질을 알아볼 셈이면 해가 빛을 비추어 드러내는 세상을 살피고, 햇살이 어떻게 눈앞에 만물들을 살아가게 하며 또 어떻게 인간은 그걸 지켜볼 수 있는지 깨닫는 편이 훨씬 좋은 방법이다.

그렇다면 이제 어떤 길로 가야겠는가? 하나님에 대한 반박할 수 없는 증거를 내놓으라고 요구하면서 "태양의 실체를 보겠다"고 덤벼들 일이 아니다. 오히려 "해가 비쳐서 드러내는 것들을" 보아야 한다. 과연 세상에 대한 어떤 설명이 이 세계와 우리 자신을 납득시키는 가장 '탁월한 능력'을 가지고 있는가? 세상이 마땅히 가야 할 길로 가고 있지 않다는 건 누구나 다 아는 사실이다. 인간에게는 흠이 무척 많지만 그래도 대단한 존재라는 것도 알고 있다. 인간은 세상 무엇으로도 채울 수 없는 사랑과 아름다움을 갈망한다. 또한 의미와 목적을 찾는 깊은 욕구가 있다. 어떤 세계관이 이런 것들을 가장 잘 설명하는가?

크리스천들은 스스로 품은 신앙이 현실에 관한 전지적이거나 절대적인 지식을 제공한다고 주장하지 않는다. 그런 지식을 가진 존재는 하나님뿐이다. 하지만 크리스천들은 사물의 이치에 얽힌 그리스도의 설명(창조, 타락, 구원, 회복)이 세상을 가장 명쾌하게 풀이하고 있다고 믿는다. 그러므로 마치 안경을 쓰듯 기독교 신앙을 가지고 세상을 들여다보라고 권하고 싶다. 기독교의 가르침이 어떤 힘을 가지고 우리가 알고 보는 일들을 설명해 내는지 살펴보라.

만일 성경의 하나님이 살아 계신다면, 그분은 다락방에 들어앉은 인간이 아니라 극작가와 같은 존재이다. 실증적인 탐색 능력을 가지고 수동적인 대상을 찾아내듯 발견할 수 있는 분이 아니라는 뜻이다. 도리어 인간 자신을 포함해 온 우주에 적힌 거룩한 실체의 단서를 찾아야 한다. 하나님이 과연 실재하신다면 인간의 이성적 능력에 호소하시리라는 점을 알아야 할 이유가 여기에 있다. 인간이 '그분의 형상을 따라' 합리적이고 인격적인 존재로 지어진 게 틀림없다면, 하나님의 마음과 인간의 정신 사이에는 어떤 울림 같은 게 있어야 한다. 이는 이성만으로는 충분치 않다는 말이기도 하다. 극작가는 인격적인 계시를 통해서만 그 존재를 드러낼 수 있다. 다시 말해, 성경이 하나님과 인간의 조건에 대해 이야기하는 바를 면밀하게 살필 필요가 있다.

하지만 크리스천의 시각에서 보자면, 하나님이 살아 계신다는 가장 확실한 증거는 바로 예수 그리스도 자신이다. 하나님이 실제로 존재한다면, 그분이 쓴 연극에 등장하는 우리로서는 극작가가 스스로에 대한 정보를 연극에 심어 주길 기대하는 게 당연하다. 하지만 하나님은 단순히 정보를 주시는 것 이상의 조처를 취하셨다고 크리스천들은 믿는다. 그분은 친히 주인공이 되어 역사에 뛰어들도록 대본을 쓰셨다. 그렇게 예수님은 구유에서 태어나고 죽음에서 부활하셨다. 우리가 관계를 맺어야 할 유일한 대상은 바로 그분이다.

Part **2**

THE
REASON
FOR
GOD

"

우리가 하나님을 믿는
확실한 근거들

- 하나님의 존재를 부인할 수 없는 진실을 마주하다

"하나님의 존재와 이생이 끝난 뒤의 삶을 의심스럽기 짝이 없는 소리로 치부한다면 … 인생의 쓸모를 되짚어 결론을 내야 한다. 죽음으로 모든 게 끝난다면, 선을 소망하지도 않고 악을 두려워하지도 않는다면, 무엇을 위해 여기에 존재하고 있는지, 그리고 이런 상황 가운데서 어떻게 처신해야 하는지 스스로 물어야 한다. 이제 답은 분명하지만 여간 불쾌한 게 아니어서 십중팔구는 과감히 직면하려 들지 않는다. 인생의 의미 따위는 존재하지 않으며 (그러기에) 삶에는 아무런 뜻도 깃들지 않게 된다." _서머셋 모옴(Somerset Maugham), 《서밍업(*The Summing Up*)》

"정말이다. 늘 절실하게 느꼈다. 나는 존재할 '권리'가 전혀 없다. 우연히 생겨서 돌처럼, 나무처럼, 미생물처럼 존재할 따름이다. 쓸데없이 붕붕거릴 뿐, 아무것도 느낄 수 없다. 여기서 우리는 소중한 실존을 지키기 위해 먹고 마시고 있으며 거기에는 전혀, 전혀, 눈곱만큼도 존재 이유가 없다고 … 생각하고 있었다."
_장 폴 사르트르(Jean-Paul Sartre), 《구토(*Nausea*)》

하나님의 존재를 암시하는 실마리들

만물에는 하나님의 실존을 가리키는
신의 지문이 묻어 있다

I

하나님이 존재하는지 여부조차 가늠하지 못한다면 어떻게 기독교를 믿을 수 있겠는가? 하나님의 실존과 관련해 반박이 불가능한 증거라는 건 있을 수 없지만 수많은 이들이 그분이 존재한다는 강력한 실마리(신의 지문)를 곳곳에서 찾아냈다.

하나님이 존재한다는 의식을 지워 버릴 수가 없어서 씨름하는 명석한 젊은 과학자와 정기적으로 만났던 적이 있다. 이번 8장에서 다음 9장까지 적은 내용 가운데는 그 친구와 이야기를 나누며 얻은 깨달음이 상당 부분을 차지하고 있다. 젊은이는 하나님에 관한 주장들을 하나씩 차근차근 살펴보았다. 참으로 훌륭한 변증들도 여럿 있었지만, 궁극적으로 어떤 논리든 합리적으로 빠져나갈 구멍들이 있었다. 바로 그 점이 이 청년 과학자를 몹시 힘들게 했다. 젊은이는 말했다. "하나님의 실재를 입증하는 백퍼센트 빈틈없는 증거가 하나라도 나오지 않는다면, 나는 믿을 수가 없습니다."

그래서 나는 청년 과학자에게 '강한 합리주의'를 당연하게 여기는 것이 문제임을 짚어 주었다. 하나님의 실존과 관련해 완벽한 증거 따위는 존재하지 않는다는 사실을 같이 나누면서부터 적잖이 안도하는 눈치였다. 이어서 그 친구가 '증거'라고 부르는 논리들로 돌아가 그것을 증거라기보다 단서, 곧 '실마리'라는 차원에서 하나하나 짚으며 살피는 작업에 착수했다. 새로운 관점으로 들여다보자 하나님에 관한 단서 하나하나가 갈수록 큰 힘으로 작용하기 시작했다.

철학자 앨빈 플란팅가(Alvin Plantinga)는 모든 합리적인 인간들에게 하나님이 살아 계신다는 확신을 심어 줄 수 있는 증거는 어디에도 없다고 믿었다. 그래도 하나님의 존재를 설명하는 근사한 변증이 적어도 30-50개는 된다고 보았다.[1] 플랜팅가가 제시하는 목록들을 꼼꼼히 살펴본 독자들이라면 누구나 공감하겠지만, 그중에는 상당히 매력적인 주장이 있는가 하면 그렇지 않은 것들도 있다. 하지만 마음을 끄는 것들만 해도 그 무게가 엄청나다. 여기서는 그 가운데 지극히 일부만 따라가 보기로 하자.

수수께끼 같은
폭발

보다 합리적으로 사고하는 이들은 "어째서 무(無)가 아니라 유(有)인 걸까?"라는 질문에 관심이 가게 마련이다. 빅뱅 이론을 믿는 이들에게는 한층 더 흥미로운 질문이다. 우주는 한 점으로부터 바깥을 향해 폭발적으로 확장하고 있다고 증명되고 있다. 스티븐 호킹은 이렇게 썼다. "이제는 누구나 다 믿다시피 하는 일이지만 우주, 아니 시간 그 자체부터가 빅뱅에서 시작되었다."[2] 반면에 《신의 언어(*The Language of God*)》를 쓴 과학자 프랜시스 콜린스(Francis Collins)는 지극히 평범한 사람도 알아들을 만큼 쉬운 말로 이 실마리의 허실을 설명한다.

우주는 빅뱅에서 비롯되었다는 이 결론은 너무도 확고하다. 150억 년 전, 작디작은 한 점에서 상상하기조차 어려울 만큼 밝은 에너지 섬광이 쏟아져 나오면서 우주가 시작되었다는 것이다. 달리 보면, 그전까지는 아무것도 없었다는 얘기가 된다. 나로서는 어떻게 자연이, 여기서는 우주가 저절로 생겨날 수 있었다는 건지 당최 가늠이 가질 않는다. 그리고 기원이 있다는 것 자체가 어떤 존재가 있어 우주를 출범시켰을 수도 있다는 말이다. 그렇다면 아무래도 자연계 바깥에 있는 존재여야 할 것 같은 생각이 든다.[3]

우리가 세상에서 보고 아는 건 하나같이 '의존적'이다. 움직이는 힘이 밖에서 온다. 그러므로 그처럼 의존적인 존재들의 거대한 집합체인 우주 자체도 외부의 무언가에 의존할 수밖에 없다. 무언가가 있어서 빅뱅을 일으켜야 한다. 그렇다면 그건 도대체 무엇일까? 자연계를 넘어선 초자연적이고 비의존적인, 그러니까 스스로 있는 존재여야 할 것이다.

샘 해리스는 프랜시스 콜린스의 책을 리뷰하면서 지은이의 논리에 고전적인 반론을 펼친다. "어떤 상황에서도, 심지어 우주가 그저 특정한 지적인 존재의 손에서 창조되었다는 주장을 받아들이는 경우라 할지라도, 그 실재가 성경이 말하는 하나님을 암시하는 건 아니다."[4] 옳은 말이다. 하나님의 존재를 입증하는 주장으로 보고 살핀다면, 끝까지 읽기 어려울 수도 있다. 하지만 실마리, 자연계 바깥에 무언가가 있다는 사실을 보여 주는 단서를 찾는 것이라면 숱한 이들에게 대단히 도발적인 책이 될 것이다.

문을 활짝 열어 놓고
기다리는 우주

유기적인 생명체가 존재하려면, 기초적인 규칙성과 물리학의 상수들(빛의 속도, 중력상수, 약하고 강한 핵력 따위)이 극단적이리만치 좁은 범위 안에서 한데 어우러지는 값을 가져야 한다. 우연히 이렇게 눈금이 정확하게 맞아떨어질 가능성은 너무나 희박해서 통계적으로는 무시해도 좋을 정도다.[5] 콜린스는 다시 한 번 이를 명쾌하게 풀이한다.

과학자의 시선으로 보면, 우주는 마치 인간이 나타날 줄 알고 기다린 것처럼 보인다. 우주에는 중력상수(만유인력상수 혹은 뉴턴 상수로도 불린다—옮긴이)에서 강하고 약한 핵력과 관련된 다양한 상수들에 이르기까지 정확한 값을 가진 상수들이 15개나 작용한다. 그런 상수들 가운데 어느 하나가 백만 분의 일, 경우에 따라서는 천억 분의 일만큼이라도 틀어지면 지금 우리가 보는 우주는 사실상 존재할 수가 없다. 물질은 융합되지 못하고 은하계, 별, 행성과 인간은 나타나지 못했을 것이다.[6]

어떤 이들은 끝없이 많은 다이얼들을 하나하나 돌려서 바늘들이 죄다 실낱같이 좁은 범위를 가리키도록 해야 하는데, 정말 그런 일이 일어난 꼴이라고 말하는 이들도 있다. 그렇게 숱한 다이얼들이 어쩌다 보니 정확한 값에 딱 들어맞는 일이 벌어진다는 건 참으로 기대하기 어려운 일이다. 스티븐 호킹은 말한다.

빅뱅과 같은 요인으로 우리가 사는 우주 비슷한 게 나올 가능성은 정말 희박하다. 신앙적인 의미가 있는 게 틀림없다.

또 다른 데서는 이렇게 이야기한다.

우리와 같은 존재를 창조하기로 마음먹은 하나님의 솜씨라는 것 말고

는 우주가 꼭 이런 식으로 시작되었는지 그 까닭을 설명하기 어려울 것이다.[7]

　　이런 입장을 '미세조정론'이나 '인류지향원리'라고 부른다. 인류에 맞춰 우주가 준비되었다는 이론이다. 통렬한 반박들이 줄지어 출간되고 있는 걸 보면, 논쟁거리로는 이만큼 강력한 게 또 있을까 싶다. 가장 흔한 반응은 리처드 도킨스의 《만들어진 신》에서 보듯, 몇 조에 이를 만큼 숱한 우주가 존재한다는 것이다. 그처럼 어마어마한 시간과 공간에 걸쳐 헤아리기 어려울 만큼 많은 우주가 있으니 인간과 같은 유형의 생명체가 살 수 있도록 미세조정된 세계도 있게 마련이며, 그게 바로 여기고 그래서 인간이 살고 있다는 주장이다.[8]

　　'증거'라는 차원에서 미세조정논란에 접근하면 이번에도 얼마든지 합리적으로 빠져나갈 길이 있다. 우주가 무수히 많다는 증거는 한 톨도 없지만 그렇지 않음을 입증할 방도 또한 마땅치 않다.

　　하지만 '실마리'로 다가서면 이런 논리에 힘이 실린다. 앨빈 플란팅가는 포커에 빗대어 설명한다. 한 판에 에이스 네 개를 잇달아 스무 번씩 쥔 선수가 있다고 생각해 보자는 것이다. 함께 게임을 즐기던 패거리들이 권총을 꺼내 들려고 하자 다급하게 말한다. "알아! 수상쩍어 보이겠지. 하지만 끝을 알 수 없을 만큼 많은 우주가 있다고 생각해 보게. 그래서 어떤 패라도 나올 수 있다고 말이지. 그렇다면 이런 패가 나오는 우주도 하나쯤은 있지 않겠나? 방금 우린 우연히 그런 우주를 만난 걸세. 속임수를 전혀 쓰지 않아도 나한테 늘 에이스 네 장이 돌아오는 우주 말일세!"[9]

함께 포커를 치던 이들에게는 이런 논리가 전혀 먹혀들지 않을 것이다. 어쩌다 보니 에이스가 한꺼번에 네 장씩이나 묶인 패가 스무 번이나 연속으로 들어온다는 것은 기술적으로나 가능한 일이다. 속임수를 썼음을 입증할 수는 없을지라도 속이지 않았다고 속단하는 건 비합리적인 결론이다.

철학자 존 레슬리(John Leslie)도 비슷한 예를 든다. 사형을 언도받은 죄수가 있다고 생각해 보자. 총살형을 집행하는 데는 무려 50명이나 되는 노련한 명사수들이 참여했다.[10] 모두 고작 2미터 남짓 되는 거리에서 총을 쏘았지만 총알은 하나같이 빗나가고 말았다. 제아무리 노련한 사수가 아주 가까운 거리에서 사격을 해도 표적을 맞추지 못할 가능성이 있기 때문에 어쩌다 보니 50명이 동시에 실수를 범하는 사태가 일어나지 말라는 법은 없다. 저격수들이 짜고 헛발을 쏘았음을 입증할 수는 없을지라도 그러므로 공모했을 리가 없다고 마무리하는 건 비합리적이다.

유기적인 생물체가 발생한 우주에 어쩌다 보니 들어와 살게 된다는 게 기술적으로 불가능한 일은 아니다. 우주의 미세조정이 일종의 설계에 따라 진행되었음을 입증할 수는 없을지라도 절대 그렇지 않다는 결론을 이끌어 내는 건 비합리적일지 모른다. 창조주 없이 생명체가 우연히 생길 수도 있지만, 가능성이 그토록 희박한 가정을 사실이라고 믿으며 사는 게 과연 타당한 노릇일까?

자연의
규칙성

자연에 관해서는 그 설계보다 훨씬 더 충격적이고 설명할 수 없는 무언가가 있다. 과학적이고 귀납적인 추론은 자연의 규칙성(법칙들), 쉽게 말해 오늘과 조건이 동일하다면 물은 내일도 끓어야 한다는 가정을 토대로 삼는다. 귀납적 방식에는 관찰된 사실을 같은 종류의 모든 사례에 적용하는 일반화가 반드시 필요하다. 귀납적인 추론을 거치지 않고는 경험에서 아무것도 배울 수 없으며, 언어를 사용할 수도 없고, 기억에 의지할 수도 없었을 것이다.

대다수 대중은 통상적이고 불편해하지도 않는다. 하지만 철학자들은 다르다. 선량하고 평범한 사람이었던 데이비드 흄과 버트런드 러셀은 자연의 규칙성이 흐트러지지 않는 까닭을 지금도 짐작조차 못할 뿐만 아니라, 눈곱만한 합리적 설명도 내놓지 못한 채 내일도 그 법칙이 지속되리라고 추정한다는 사실에 몹시 힘겨워했다. "미래도 늘 과거, 그리고 그 과거와 똑같아 왔다"는 소리를 들으면 흄과 러셀은 믿고 싶은 대로 생각하는 게 아니냐고 대꾸할 것이다. 다시 말해, 한결같이 이어지는 자연의 규칙성은 과학으로 입증할 수 없으며 믿음으로 받아들여야 하는 성질이라는 뜻이다.

가장 지속적인 형태의 현대 과학은 우주를 창조하고 질서정연하게 유지하는 전능하고 인격적인 하나님을 믿는 기독교 문명에서 태어났다고 주장하는 학자들이 지난 수십 년 사이에 숱하게 나타났다.[11] 자연의 규칙성은 하나님의 존재를 증명하는 증거가 되고도 남는다. "만물이 지금처럼 세상에 있게 된 연유를 모르겠다"는 말을 인간은 입에 달고 살지 모른다. 그런데 이 말은 하나님이 살아 계심을 암시하는 실마리로 썩 유용하다.

또 하나의 실마리, 아름다움

아서 단토(Arthur C. Danto)는 예술비평지 〈더 네이션(*The Nation*)〉에 어느 작품을 해석하면서 "이해하기 어렵지만 엄연한 의미를"[12] 감지하게 해 준다고 했다. 다시 말해서, 위대한 예술 작품은 단순한 메시지로 "뒤통수를 얻어맞은 것처럼" 눈이 번쩍 뜨이게 하지는 않더라도 백이면 백, 인생이란 "어리석은 사람이 토해 놓는 이야기, 조금도 의미를 찾을 수 없는 하찮은 소음"이 아님을 일깨워 준다는 것이다. 무엇이 마음을 움직인 건지 똑 부러지게 규정할 수는 없을지 모르지만 소망을 가득 불어넣고 그 꿈을 이룰 힘을 준다.

레너드 번스타인(Leonard Bernstein)은 베토벤에게서 어떤 영향을 받았는지 열성적으로 설명한다.

> 베토벤은 … 숨이 멎을 만큼 정확한 작품들을 만들어 냈다. 정확. 정말 딱 맞는 말이다! 처음부터 끝까지 모든 음표가 다른 그 어떤 음표로도 대체할 수 없는 바로 그 순간, 그 자리에 있다는 느낌이 든다면 베토

벤의 음악을 듣고 있을 가능성이 크다. 멜로디, 푸가, 리듬 … 이런 것
들은 차이코프스키와 힌데미트(Hindemith), 라벨의 작품들에 맡겨 두자.
우리는 진짜배기, 천국의 재료, 극치를 느끼게 하는 힘을 얻었다. 세상
에 정확한 무언가가 있다. 철저하게 점검하고 스스로 세운 규칙을 한
결같이 따라가는, 그래서 신뢰할 수 있고 절대로 실망을 안겨 주지 않
을 무언가가 있다.[13]

버트런드 러셀의 유명한 말마따나, 하나님이 없다면 세상 만물은 '우
연한 분자 결합의' 산물이 될 테고, 인간이 지어진 실질적인 목적 따위도
없어진다. 그야말로 '어쩌다 보니' 생겨난 꼴이 되는 셈이다. 우리가 자연
의 힘에 이끌려 우연히 빚어진 존재라면 이른바 '아름다움'이라는 것도 특
정한 데이터에 대한 신경회로에 내장된 반응에 지나지 않는다.

이런 주장에 따르자면, 어떤 경치를 아름답게 여기는 건 그저 거기서
먹을거리를 찾으리라는 것을 아는 조상을 둔 까닭일 따름이다. 선조들은
그런 신경학적 특성을 가졌기에 살아남았고 이제는 우리도 똑같은 성질
을 갖게 되었다는 것이다. 음악도 마찬가지다. 대단한 것 같지만 그렇게
여기는 건 한낱 환상에 지나지 않는다. 사랑도 이런 식으로 볼 수 있다.
맹목적인 자연력이 빚어낸 결과물이 인간이라면, '사랑'이라고 부르는 것
은 이런 특성 덕에 목숨을 부지한 조상들이 물려준 생화학적인 반응에 불
과하다.

번스타인과 단토는 아름다움과 사랑을 그저 생화학적인 반응으로
치부하는 세상 사람들마저도 위대한 예술 작품과 아름다움 앞에 서면 어

쩔 수 없이 삶에는 참다운 의미가 있으며, 절대로 기대를 저버리지 않을 진리와 정의가 있고, 결국 사랑이 전부라고 느낄 수밖에 없음을 증언하고 있다. 정통 신앙인이 아니었던 번스타인도 베토벤의 작품을 말하면서 '천국' 같은 단어를 서슴없이 끌어 쓰고 있음을 놓치면 안 된다. 그러므로 진리와 정의니 선과 악이니 하는 게 죄다 망상이라고 믿는 세속적인 물질주의자들이라 해도 예술 작품은 물론이고 자연의 아름다움 앞에 서면 마음이 전혀 다른 이야기를 하게 마련이다.

뛰어난 예술가 존 업다이크(John Updike) 역시 똑같은 얘기를 들려준다. 《비둘기 깃털(*Pigeon Feathers*)》이라는 단편에는 십 대 아이가 어머니에게 이렇게 이야기하는 대목이 나온다.

> 모르시겠어요? 죽음이 끝이고 그 뒤에 아무것도 없다면, 해랑 들판을 비롯해 모든 게 아, 너무 끔찍하지 않을까요? 온 천지가 끔찍한 것투성이일 거예요.

뒷부분에 이르면, 소년은 비둘기 깃털의 감촉과 빛깔이 주는 아름다움을 바라보며 세상의 이면에는 영원한 삶을 허락하는 하나님의 존재를 실감하고 전율한다.[14] 업다이크는 삶에 밴 마구잡이식 무의미성을 인간 지성이 어떻게 판단하든, 아름다움과 마주할 때 우리는 더 지혜로워진다고 이야기하는 듯하다.

"그래서, 어쩌라고!" 더러는 이렇게 반발할지도 모른다. "이러저러한 걸 참으로 여긴다고 해서 진짜 참이 되는 건 아니잖아?" 하지만 이게 어디 느낌만의 이야기이던가? 이들이 불러일으키는 정서를 더 정확히 규정하자면 입맛이나 욕망에 가깝다. 괴테는 이를 가리켜 '신성한 갈망'(selige sehnsucht)이라고 했다. 인간은 실재만이 아니라 간절히 바라는 대상의 부재까지 함께 느낀다는 뜻이다.

성 어거스틴은 《고백록》에서 채워지지 않는 이런 욕구들이야말로 하나님의 실재에 다가서는 실마리들이라고 설명한다. 어떻게 그럴 수 있는가? 두말할 필요가 없는 소리지만, 저녁으로 스테이크를 먹고 싶다는 욕구를 품는다고 해서 바라는 그대로 구운 고기가 밥상에 오르는 건 아니다. 그러나 허기가 원하는 음식을 얻을 수 있다는 보장이 될 수 없음은 분명하다 할지라도, 식욕이 있다는 말은 곧 음식이 존재함을 가리키는 게 아니겠는가? 타고난 욕구들은 그걸 만족시킬 수 있는 대상과 연결되어 있는 게 사실이다. 성욕은 섹스와, 식욕은 음식과, 피로는 잠과, 관계의 욕구는 우정과 이어지는 식이다.

아름다움이 불러일으키는 채워지지 않는 갈망 또한 어김없는 태생적 욕구가 아닌가? 우리에게는 기쁨과 사랑, 아름다움을 향한 욕구가 있다. 음식과 섹스, 우정과 성공 따위를 양과 질 양면에 걸쳐 충분히 공급해 준다 해도 메워지지 않는 갈망이다. 인간은 세상의 그 어떤 것으로 채워지지 않는 무언가를 소망한다. 이처럼 누구나 간절히 소원하는 '무언가'가 존재한다는 점이 적어도 실마리가 될 수는 있지 않겠는가?[15] 그렇다면 절대로 채워지지 않는 갈망들은 인간의 태생적인 심오한 욕구들임에 틀림없으며 이는 하나님의 존재를 확인하는 주요한 실마리가 된다.[16]

실마리를 지우려는
시도

흔히 말하는 이런 실마리들에 모두 반박할 수 있다고 주장하는 학설이 우리 문화에 커다란 영향을 미치고 있다. 진화생물학이라는 학파로 이들은 자연선택의 기능으로 인간의 모든 면모를 설명할 수 있다고 단언한다. 대니얼 데닛이 쓴 《주문을 깨다(Breaking the Spell)》는 하나님에 관한 온갖 실마리를 이런 차원에서 풀이하려 드는 책이다. 지은이는 인간에게 종교적인 감정이 자리 잡는다면, 그건 지난날 어떤 무리가 이러저러한 환경을 이기고 대부분 살아남는 데 그 특성이 큰 도움을 주었던 적이 있었고 그래서 그 유전 부호를 후대에 남겨 주었기 때문이라고 힘주어 말한다. 데닛은 그런 시각을 이렇게 함축적으로 보여 준다.

> 설탕과 섹스, 돈에서부터 음악과 사랑, 종교에 이르기까지 인간이 소중하게 여기는 것들은 하나같이 그럴 만한 이유가 있어서 값지게 생각한다고 보면 된다. 그런 요소들의 배경을 이루고 또 거기서부터 다양한 갈래가 생기는 이유들은 진화론적이다. 자연선택에서 출발해 자유로이 변용된 이론을 근거로 삼고 있다는 뜻이다.[17]

진화학자들의 종교관을 파고든 로빈 머렌츠 헤니히(Robin Marantz Henig)는 〈뉴욕타임스 매거진〉에 "우리는 왜 믿는가? 진화과학은 신을 믿는 신앙을 어떻게 설명하는가?"[18]라는 글을 기고했다. "한 점 오류가 없는 하나님이라는 개념은 편안하고도 익숙해서 어린아이라도 덥석 받아들일 만한 사고"[19]라는 데는 누구도 토를 달지 않는다. 어째서 그런가? 데이비드 슬론 윌슨(David Sloan Wilson)은 하나님에 대한 믿음이 사람들을 더 행복하고 이타적으로 만들어 주었기 때문이라고 해석한다. 덕분에 그 가족과 부족들이 살아남았으며 늘 더 나은 친구들을 얻을 수 있었기 때문이라는 것이다.

스콧 애트란(Scott Atran)과 리처드 도킨스를 비롯한 다른 학자들은 신에 대한 믿음은 적응하는 데 보탬이 되는 여느 특성들에서 우연히 파생된 부산물이라고 추정한다. 살아남는 데 성공한 인류의 조상들은 거기에 가보지 않고도 간편하게 수풀에서 그 요인을 찾아내는 성향이 있었다. 그리고 이내 이야기를 지어내고 그걸 토대로 주위에서 일어나는 모든 일들을 편리하게 해석하곤 했다. 바로 그런 특성이 쉽게 신을 믿게 만들 공산이 크다. 스스로 존재해 보지 않은 자리에서 다른 여러 현상의 원인과 내러티브, 지성을 구하는 것이다.[20]

치열한 논란이 있음에도 불구하고, 진화론자들은 인간의 생리에 신을 받아들일 수 있는 수용성이 내재되어 있다고 입을 모은다. 그리고 이는 인류의 조상들이 환경에 적응하는 데 도움이 되었던 특성들과 관련이 있다고 본다. 신을 둘러싼 갖가지 주장이 그토록 많은 이들의 마음을 움직이는 이유가 여기에 있다. 이게 전부다. 진화론자들은 모든 실마리들은 신이 없음을 보여 줄 뿐이라고 믿는다.

하지만 실마리를 지워 버리기 위한 논리들은 심각한 자기모순을 품고 있을 뿐만 아니라 사실상 하나님이 존재한다는 또 다른 실마리를 제시한다고 생각하는 이들도 적지 않다.

《만들어진 신》의 마지막 대목에서 도킨스는 인간 역시 자연선택의 산물이므로 스스로의 감각을 전폭적으로 신뢰할 수는 없다고 인정한다. 일단, 진화론은 참다운 믿음이 아니라 적응 행동을 보존하는 데에만 온 관심을 쏟는다.[21]

또 다른 과학자는 〈뉴욕타임스 매거진〉에 기고한 글에서 "어떤 환경에서는 사실에 기반을 둔 실상보다 상징적인 믿음이 더 유익한 작용을 한다"고 지적한다.[22] 달리 말해, 피해망상에 가까운 거짓 확신들이 올바른 믿음보다 인간의 생존을 뒷받침하는 데 한결 유용한 경우가 많다는 것이다.

도킨스나 그밖에 진화론자들이 이 결정적인 통찰에 담긴 의미를 온전히 깨달았다고 생각하지는 않는다. 진화는 우리를 둘러싼 세계에 관해 정확하고 참다운 그림을 제공할 때가 아니라, 인간이 삶을 이어 가는 데 도움이 되는 인식 능력을 줄 때에만 신뢰받을 수 있다.[23] 패트리셔 처치랜드(Churchland)는 이렇게 표현한다.

원칙적으로 두뇌가 하는 일은 신체의 각 부분들을 통제해 그 생물체가 생존하는 데 반드시 필요한 자리에 있게 하는 것이다. 감각 운동 조절 능력이 향상되면 진화적 우위를 확보하게 된다. (세계를) 표현하는 더 복잡한 양식은 … 생명체의 생존 기회들을 확대하고 끌어올리기만 한다면 대단히 유리하다. 그게 무엇이든, 진리는 뭐가 됐든 나중 문제다.[24]

뛰어난 철학자이자 무신론자인 토머스 네이글도 저서《마지막 말(*The Last Word*)》의 마지막 장에서 이러한 생각에 공감한다. 세상에 실제로, 무엇이 존재하는지 들려주는 마음의 소리를 확신하려면 반드시 "논리학의 법칙들을 따라야 한다. 그저 그렇게 하도록 생물학적으로 프로그램 되어 있어서가 아니라 그편이 정확하기 때문이다." 하지만 진화생물학에 따르면, 이성적인 추론의 규칙들을 받아들이는 것은 분명한 진리를 말해서가 아니라 인간 생존에 도움이 되기 때문이다. 그러기에 네이글은 묻는다.

> 이성을 세상의 불분명한 속성들을 파악하는 지식의 근원으로 변함없이 신뢰할 수 있는가? 개인적으로는 인류 진화의 기사는 본질적으로 그런 확신에 불리하게 작용한다고 본다.[25]

신을 이해하고 받아들인다면 그건 정말 그런 존재가 살아 있어서가 아니라 그 믿음이 생존에 도움을 주다 보니 신을 추구하는 성향이 인간 내면에 장착되었기 때문이라고 진화론자들은 주장한다. 하지만 신념을 형성하는 인간의 능력이 신에 얽힌 진리를 이야기해 주리라는 사실은 신뢰할 수 없다면서 어떻게 진화론을 비롯해 다른 무언가에 대해서는 진실을 보여 줄 거라고 철석같이 믿는다는 말인가?

진화론자들은 이러든 저러든 둘 중 하나를 택해야 할 것 같다. 우선, 기존의 입장을 철회하고 마음이 신을 비롯해 세상의 이치에 관해 이야기하는 바를 인정할 수 있다. 하나님의 존재와 관련해 도저히 부정할 수 없을 것만 같은 논리나 단서를 찾아낸다면, 그분이 정말 거기 계실지 모른다. 그렇지 않으면 가던 길을 계속 가며 그 무엇과 관련해서도 마음의 소리를 신뢰하지 못한다는 견해를 고수할 수도 있다. 지금 수많은 진화론자들이 보이는 행태는 공정하지 못하다. 하나님에 대한 마음의 소리에는 회의주의의 칼날을 들이대면서, 같은 인간 지성이 진화론에 관해 들려주는 이야기에는 그러지 않으니 말이다.

이는 진화생물학과 진화론을 통틀어 가장 치명적인 아킬레스건 가운데 하나다. 앨빈 플란팅가는 찰스 다윈마저도 이런 취약점을 자각하고 있었다고 지적한다. 한 친구에게 보낸 편지에 다윈은 이렇게 적었다.

> 인간의 마음에 깃들인 확신들, 하등동물의 지성에서 발전해 온 그 신념들에 어떤 가치가 있는지, 또는 전폭적으로 신뢰할 만한 것인지에 대한 무시무시한 회의가 끊임없이 일어난다네.[26]

플란팅가는 논의를 더 진전시켜 세상 만물과 인간 만사가 모두 자연선택의 결과라고 보는 진화론을 '자연주의'로 받아들이는 것은 완전히 비이성적이라고 지적한다. 그게 사실이라면, 거기에 이르는 그 어떤 방법이나 이론들도 전혀 신뢰할 수 없을 것이다.[27]

> 도킨스 같은 이들은 과학과 신앙을 갈등관계로 여긴다. … 하지만 사실 충돌이 벌어지는 지점은 과학과 하나님을 믿는 신앙이 아니라 과학과 자연주의 사이이다. … 인도되지 않은 진화(unguided evolution)가 일어

났다면 인간은 자신과 자신이 속한 세상을 사실상 어느 정도 파악하고 있는 일종의 꿈과 같은 세계에 살고 있을 공산이 크다.[28]

진화론을 동원해 신앙의 실마리를 잘라 버리려고 하는 데닛이나 도킨스, 해리스 부류의 책들이 대중적인 인기를 얻고 있음에도 불구하고, 갈수록 더 많은 사상가들이 그 본질을 꿰뚫어 보고 있다. 정통 기독교 신앙을 가진 학자들뿐만 아니라 토머스 네이글 같은 이들도 마찬가지다. 〈뉴 리퍼블릭〉지의 문학부 편집자인 리언 위젤티어(Lion Wieseltier)는 데닛의 책 《주문을 깨다》를 리뷰하면서 실마리를 지우려 안간힘을 쓰는 논리에 담긴 결함을 지적한다.

> 이성은 자연선택을 뒷받침하며 그 자체가 자연선택의 산물이라는 게 데닛의 주장이다. 하지만 이성이 자연선택의 산물이라면 그 이성이 자연선택에 관해 하는 이야기를 얼마나 신뢰할 수 있을까? 이성의 힘은 이도 저도 아니라 오로지 이성의 독립성에서 나온다. … 진화생물학은 이성의 힘을 들먹일 자격이 없으며 도리어 이성의 힘을 파괴할 뿐이다.[29]

간추리자면 이런 얘기다. 진화론자들이 주장하듯 두뇌가 도덕과 사랑, 아름다움 등에 관해 들려주는 소리가 사실이 아니라면, 그저 유전 암호에 실려 대물림되도록 설계된 일단의 화학 반응들에 지나지 않는다면, 그들의 뇌가 세상에 대해 속삭이는 말도 다 마찬가지 아니겠는가? 그렇다면 굳이 그 논리를 철석같이 믿을 이유가 있겠는가?

실마리를 지우려는 시도야말로
또 다른 실마리

결국 하나님의 실재를 암시하는 실마리를 말끔히 지워 버리게 될 줄 알았던 주장들이 도리어 한층 결정적인 실마리를 하나 더 내놓고 있는 셈이다.

첫 번째 실마리는 이 세상이 존재하게 된 연원이라는 빅뱅의 문제다. 신앙이 없는 이들은 으레 그러하듯, "그건 하나님의 실재를 보여 주는 근거가 될 수 없어. 빅뱅은 저절로 일어났을 거야!"라며 펄쩍 뛴다.

두 번째 실마리는 우주의 미세조정이다. 온 우주가 유기체와 인간의 생명을 떠받쳐 존재하게 만드는 하늘의 별따기보다 더 확률이 낮은 일이 우연히 일어났다는 주장이다. 이번에도 세상 사람들은 똑같은 반응을 보인다. 당연한 노릇이다. "미세조정이 하나님의 실재를 입증하는 건 아냐! 우리가 사는 이 우주가 이렇게 형성된 건 순수하게 무작위적인 요인들이 작용한 덕분이지!"

세 번째 실마리는 자연의 규칙성이다. 자연이 끊임없이 일정한 규칙에 따라 움직이리라고 볼 만한 합리적인 근거가 전혀 없음에도 과학적이고 귀납적인 추론들은 하나같이 이 가정에 토대를 두고 있다. 크리스천들이 이를 지목해 하나님이 살아 계심을 보여 주는 실마리라고 이야기하면,

신앙을 갖지 않은 이들은 어김없이 반박한다. "자연이 일정한 질서에 따라 돌아가는 이유는 모르겠어. 그건 그냥 그런 거지 뭐. 어쨌든 그게 하나님의 존재를 보여 주는 건 아니야!"

또 다른 실마리는 아름다움과 의미다. 인간이란 존재가 자연의 힘이 우연히 빚어낸 의미 없는 결과물에 지나지 않는다면, 아름다운 것들을 중요하게 여기는 감각, 사랑과 생명을 의미 있게 받아들이는 의식은 어떻게 설명할 수 있는가? 크리스천들의 이 질문에 신앙이 없는 이들은 대꾸한다. "그게 하나님을 입증하진 않아. 그런 '감각들'과 확신들 쯤은 진화생물학으로 낱낱이 설명할 수 있어. 인간이 종교적이고 심미적이고 윤리적인 직관들을 지닌 것은 모두 선조들의 생존에 도움이 되었기 때문이지."

하지만 많은 사상가들이 꼬집듯, 이런 주장이 아무것도 증명하지 않는다는 사실 자체가 너무 많은 걸 입증한다. 한 영역에서 믿음을 형성하는 기능을 신뢰하지 않는다면 다른 영역에서도 그래야 한다. 하나님이 존재하지 않는다고 판단한다면 인지 기능을 전혀 신뢰하지 말아야 한다.

그런데 우리는 인지 기능을 굳게 믿고 있지 않은가? 이것이 마지막 실마리다. 하나님이 살아 있음을 믿는다면 우주를 바라보는 인간의 시선은 인지 기능이 작동하고 있음을 신뢰할 근거가 마련된다. 바로 그 하나님이 참다운 믿음과 지식을 형성하게 해 주기 때문이다. 하나님을 믿으면 빅뱅을 납득하지 못할 이유도 없고, 우주의 미세조정이나 자연의 규칙성을 받아들이지 못할 바도 없다. 눈에 보이는 모든 일들이 다 또렷해진다. 하나님이 존재하신다면 아름다움과 사랑의 의미에 대한 직관들 역시 지당하게 여기게 된다.

하나님을 믿지 않으면, 이런 일들을 도무지 설명할 수 없을 뿐만 아니라, 스스로 선택한 입장(하나님이 없다는) 때문에 규명할 엄두조차 내지 못하게 된다. 이성의 기능이 작동한다고 믿을 논리적인 이유를 찾기는 불가능하다시피 하지만 어쨌든 인간은 그 능력을 꾸준히 사용하고 있다. 자연이 규칙적으로 돌아갈 것이라고 믿을 근거는 전혀 없지만, 우리는 여전히 귀납적 추론과 언어를 쓰고 있다. 사랑과 아름다움을 중요하게 여기는 감각을 신뢰할 특별한 이유가 전혀 없지만 한사코 그렇게 믿는다. C. S. 루이스는 이를 생생하게 묘사한다.

> 가장 저열한 동물적 감각에 휘둘리는 경우가 아니라면, 상대편 아가씨의 됨됨이와 성품의 아름다운 면모가 둘 다 순간적이며 원들의 충돌이 빚어낸 우연의 산물인 데다가 거기에 대한 나의 반응 또한 유전자들의 작용에서 비롯된 정신적인 섬광에 지나지 않음을 알면서(또 계속해 기억하면서) 그 여인과 사랑에 빠질 수는 없다. 심금을 울리는 분위기는 순전히 착각이고 신경계가 그 분위기를 좋아하도록 길들여진 까닭에 좋아할 따름이라고 생각하고 또 계속 염두에 둔다면 음악에서 진지한 기쁨을 계속 얻기는 어려울 것이다.[30]

물론, 지금까지 살펴본 실마리들이 실질적으로 하나님의 존재를 입증해 주는 것은 아니다. 어디에나 합리적으로 피해 갈 길이 있다. 하지만 그 누적 효과는 도발적이면서도 강력해 보인다. 세속적인 세계관은 논리적으로는 얼마든지 말이 되지만 하나님이 살아 움직이신다는 시각만큼 모든 문제들을 이치에 닿게 풀어 주지는 못한다.

　이들을 실마리라고 부르는 까닭이 여기에 있다. 세상을 만든 하나님이 존재한다는 이론은 신이 없다는 논리보다 우리가 보는 증거들을 더 잘 설명해 준다. 하나님의 존재를 부정하는 이들은 귀납법, 언어, 인지 기능 따위를 총동원하지만 그것들은 모두 그분이 온 권능을 다해 우주를 짓고 돌아가게 하신다는 사실을 그 무엇보다 선명하게 보여 주는 도구들이다.

실마리들을
넘어서서

　이쯤 되면 누군가 나서서 말할지 모른다. "그래요, 그런 논리들이 결정적 한 방은 아니죠. 그러니까 당신이 하고 싶은 이야기를 정리하자면, 아마 하나님은 존재하겠지만 그 누구도 꼼짝 못할 증거를 내놓지는 못한다, 이런 뜻이죠? 그럼 결국 하나님이 있는지 없는지 아무도 알 수 없다는 말 아닌가요?"

　그런 말이 아니다.

　9장에서는 아주 개인적인 이야기를 하려고 한다. 신이 존재한다는 사실을 논증하려는 게 아니다. 오히려 누구나 그 사실을 이미 알고 있음을 보여 주려는 것이다. 지성적으로 어떤 고백을 내놓든지 하나님을 믿는 마음은 회피할 수 없으며, 입증하지는 못할지라도 의식 못할 수는 없는 '기본적인' 믿음이라는 점을 독자들에게 분명히 알려 주고 싶다.

인간은 하나님의 존재를 안다. 인생이 무의미하다는 것을 절실하게 체감하면서도 절대로 그냥 무의미하게 살려 하지 않는 까닭이 바로 거기에 있다. 누가 뭐라 하지 않아도 우리가 더 잘 알고 있기 때문이다.

찰리(Charlie) : "하나님은 있어. 두말하면 잔소리지! 하나님이 살아 있는 건 코흘리개도 다 안다고."

신시아(Cynthia) : "내가 아는 것은 신 따윈 없다는 사실뿐이야."

찰리 : "어련하시겠어! 하지만 자기를 잘 돌아보라고. 누구나 깨어 있는 동안은 줄곧 자기를 돌아보게 마련이잖아. 그럼 틀림없이 네 생각이 다 헛된 것은 아니고 얼마쯤은 귀 기울여 들어봄직하다는 느낌이 들 거야. 조용히 온 마음을 다해 귀 기울이게 되는 이런 감각이야말로 어떤 초월적인 존재, 모든 것을 꿰뚫어 아는 지적인 존재를 믿는 태생적인 믿음의 표현이라고 난 생각해. 그런 감각만 봐도 어떤 믿음 같은 것이 모든 인간에게 내재되어 있다는 걸 알 수 있지. 어느 시점이 되면 대부분 그걸 잃어버리는데, 그 다음에는 의식적으로 믿음을 가져야만 회복할 수 있는 거지."

신시아 : "넌 그래 본 적 있어?"

찰리 : "아니, 없어. 언젠가 그러길 바랄 뿐이지."

- 위트 스틸만 감독의 〈메트로폴리탄〉.

누구나 이미 하나님이 있다는 것을 알고 있다

보수적인 작가와 강사들은 요즘 젊은이들이 상대주의적이며 도덕관념이 없다고 끊임없이 투덜거려 왔다. 맨해튼에서 목사로 일하며, 20년 넘게 세련된 20대들 사이에 살다시피 하면서도 그런 줄 몰랐다. 개인적으로 알고 지내 온 세상의 젊은이들은 저마다 예리하게 갈고 닦은 옳고 그름의 감각을 지니고 있었다. 세상에는 도덕적으로 그들의 분노를 불러일으킬 만한 일이 한둘이 아니지 않은가. 하지만 그 젊은이들의 윤리관에는 문제가 있다.

정처 없이 떠도는
윤리

그들에게 도움이 되는 목회자가 되기 위해 철학자 시늉을 해야 하는 경우가 얼마나 많았는지 모른다. 한번은 어느 부부가 찾아와 조언을 구했다. "도무지 믿음이 생기지 않는다"는 얘기였다. 하나님이 있다 치더라도 어떻게 알아보냐고 의문을 제기했다. 정말 잘못됐다고 생각하는 게 무언지 이야기해 달라고 부탁했다. 그러자 아내 쪽에서 기다렸다는 듯이 여성을 소외시키는 행태를 목소리 높여 고발했다. 하나님이 모든 인간을 손수 지으셨다고 믿는 크리스천이므로 그 말에 백번 공감하지만 그것을 잘못으로 여기는 까닭이 궁금하다고 물었다. 여인은 대답했다. "여성도 인간이고 정당한 권리를 가지고 있어요. 누군가의 권리를 짓밟는 건 당연히 나쁜 일이죠." 그래서 그걸 어떻게 알게 됐느냐고 다시 물었다.

영문을 모르겠다는 표정으로 여인이 말했다. "남의 권리를 침해하는 게 잘못이라는 점은 누구나 다 아는 일 아니던가요?" 얼른 대답해 주었다. "세상 사람들 가운데 대다수는 그 사실을 '알지' 못합니다. 서구식 인권 개념이 없거든요. 누군가 '여성은 열등하다'고 주장한다 칩시다. 그 말을 들으면 '말도 안 돼요. 그건 일방적인 주장에 지나지 않아요!'라고 쏘아붙일지 모릅니다. 백번 옳습니다. 자, 이제 처음으로 돌아가 다시 시작해

봅시다. 하나님이 없고 인간은 동물들로부터 진화되었을 뿐이라면, 누군가의 권리를 침해하는 것을 잘못이라고 볼 까닭이 있을까요?" 이번에는 여인의 남편이 나섰다. "맞습니다. 인간은 상대적으로 더 큰 두뇌를 가진 짐승들일 따름이죠. 하지만 동물에게도 권리가 있다는 얘기를 해 두고 싶군요. 짐승의 권리도 짓밟아서는 안 된단 말씀이죠."

이어서 내가 힘센 짐승이 약한 놈을 잡아먹는 것을 보면 다른 동물들의 권리가 침해받는 걸 방치한 것 같아서 죄책감이 드느냐고 되물었다. "그건 아니죠!" 남편은 말했다. 그렇다면 오로지 인간에 대해서만 약자의 권리를 유린하는 것을 죄스럽게 여기는 것인가? 그렇다는 대답이 돌아왔다. 어째서 이런 이중 기준을 갖는가? 인간은 그밖에 짐승들과는 다르므로 동물의 세계에서 자연스럽게 통용되는 방식으로 행동하면 안 된다고 믿는 까닭은 무엇인가? 어째서 인간 한 명 한 명마다 크고도 특별한 존엄과 가치가 깃들여 있다고 한사코 주장하는가? 인권을 믿고 지지하는 이유는 무엇인가? 여인은 말했다. "잘 모르겠어요. 그건 그냥 그런 거 아닌가요?"

그날 그 부부와의 대화는 여기 줄여서 정리한 것보다 훨씬 잘 통했다. 젊은 부부는 스스로 내놓은 대답에 구멍이 있음을 웃으며 인정했다. 새로운 가능성을 탐색해 볼 여지가 보였다. 나는 평소에 해 왔던 것보다 더 예리해질 필요가 있겠다고 생각했다. 하지만 다른 한편으로 이 대화는 오늘의 문화가 이전의 문화들과 어떻게 다른지 여실히 보여 주었다. 요즘 사람들도 강력한 윤리적 신념들을 품고 있기는 마찬가지지만 다른 시간과 장소에 살았던 이들과 달리, 선악을 판단하는 이유가 될 만한 뚜렷한 근거를 전혀 지니지 못하고 있다. 도덕적인 관념들이 땅에 뿌리를 내리지 못하고 허공을 떠도는 꼴이다.

폴란드 시인 체스와프 미워시(Czesław Miłosz)는 이를 이렇게 표현했다.

> 냉전이 끝난 이후, 프라하나 바르샤바 같은 데서 아름답고도 심금을 울리는 말들, 인간의 권리와 한 사람 한 사람의 존엄을 이야기하는 흘러간 레퍼토리가 재생되고 있다. 참으로 놀라운 일이다. 이 현상 아래에는 깊은 혼돈이 있는 것 같아 나로서는 이런 현상이 그저 의아하기만 하다. 무엇보다 그런 개념들은 신앙에 토대를 두고 있는데 사실 나는 과학기술 문명의 소용돌이 속에서 신앙의 생존 가능성을 그다지 낙관적으로 보는 편이 아니기 때문이다. 영원히 파묻힐 것 같던 관념들이 난데없이 되살아났다. 하지만 기초가 뽑혀 나간 판에 그게 얼마나 오래 허공에서 버텨 낼 수 있겠는가?[1]

미워시가 옳다고 믿지 않는다. 하나님을 향한 의식적인 믿음이 사라진 뒤에도 다들 인간은 존엄하다는 확신을 포기하지 않을 것이다. 어째서 그런가? 여기에 대해서는 입장이 분명한 편이다. 개인적으로는 현대 문화 속에 사는 이들 역시 하나님이 존재하신다는 사실을 어김없이 알고 있지만 스스로 알고 있는 바를 억누르고 있을 뿐이라고 생각한다.

도덕적 의무의 개념

"저마다 자기 안에서 진리를 찾고 규정할 권리가 있으므로 누구도 자신의 윤리관을 다른 이들에게 강요하면 안 돼!"라는 소리를 흔히 듣는다. 이런 신념은 줄줄이 대단히 불편한 물음들을 남긴다. 세상에는 다들 잘못으로 여기는 일들, 스스로 옳다고 여기든 그렇지 않든, 당장 그만둬야 할 행동을 버젓이 저지르는 이들이 있지 않은가? 그게 사실이고 누구나 그렇게 믿는다면, 인간에게는 개인적인 신념이나 확신을 떠나 반드시 따라야 할 일종의 도덕적인 표준이 존재한다고 믿는다는 뜻이 아니겠는가? 그럼 다시 의문이 제기된다. 아무리 우김질을 해도 처음부터 끝까지 일관되게 도덕적 상대주의자가 된다는 것이 (실천적으로) 불가능한 까닭은 무엇인가? 답은 하나다. 인간은 도덕적인 가치뿐만 아니라 그 의무와 관련해서도 뼛속 깊이 강력하고도 피할 길 없이 뚜렷한 확신을 가지고 있기 때문이다. 사회학자 크리스천 스미스는 이렇게 적었다.

> 윤리는 … 옳고 그름, 타당하고 부당한 것이 무엇이냐를 파악하는 성향을 가리킨다. 이는 실질적인 욕구나 선호를 토대로 세워지는 게 아니라 도리어 그와 동떨어져 그 욕구나 선호를 판단할 기준이 존재한다고 믿는 신념 위에 정립된다.[2]

인간은 누구든지 도덕적 감정들을 가지고 있다. 보통 양심이라고 부르는 의식이다. 우리에게는 바르지 못한 일을 하고 있다 싶으면 머뭇거리는 성향이 있다. 하지만 도덕관념은 거기에 그치지 않는다. 도덕적인 감정들을 비추어 평가할 수 있는 '인간의 한계를 초월한' 표준이 존재한다고 믿는다. 윤리적인 의무는 스스로 어떻게 느끼든, 사회와 문화가 무어라 말하든, 개인적인 이해에 부합하든 말든 상관없이 절대로 해서는 안 되는 일이 있다는 확신을 말한다. 예를 들어, 앞의 젊은 부부만 하더라도 다른 문화권에 속한 이들 역시 여성의 권리를 존중해야 한다는 데 전혀 의심이 없었다.

사람마다 문화마다 윤리적인 가치들은 상대적이라고 배워 왔지만 그렇게 살 수는 없다. 실생활에서는 어쩔 수 없이 특정한 원리들을 절대 기준으로 대접하게 마련이며 그것을 토대로 가치 기준을 공유하지 않는 이들의 행동을 판단하게 된다. 도덕적인 신념들이 모두 상대적이라면 무엇이 그럴 권리를 부여하겠는가? 어디서도 그런 권리를 얻을 수 없을 것이다. 그렇다고 윤리 기준을 포기할 수도 없다. 초월적인 도덕 질서가 존재한다는 주장에 코웃음을 치는 이들은 이른바 '인종청소'마저도 비현실적이거나 자기 파괴적으로 여기지 않을 뿐만 아니라 잘못이라고 느끼지 않는다. 나치는 유대인들을 대량 학살하면서도 전혀 비윤리적이라고 생각하지 않노라고 단언했다. 상관없다. 스스로 인류에 봉사하고 있다고 여겼든 말았든 관심 없다. 그런 짓은 절대로 하지 말았어야 했다.

인간에게는 도덕적인 감정들이 있을 뿐만 아니라 내면의 그 정서를 평가할 기준이 외부에 존재한다는 놀라운 신념이 있다. 왜일까? 어째서 그런 윤리적 표준이 있다고 믿는 것일까?

도덕적 의무를 바라보는
진화론의 입장

이러한 질문에 대한 오늘날 가장 보편적인 대답은 앞 장에서 '실마리를 죽이려는 시도'라고 불렀던 사회생물학이나 진화생물학에 뿌리를 두고 있다. 이런 시각은 이타적인 이들, 저만 생각하는 게 아니라 협력할 줄 아는 이들이 이기적이고 잔인한 부류들보다 훨씬 더 많이 생존했다는 입장이다. 덕분에 이타적인 유전자들이 우리에게까지 이어져 내려왔으며 현대인의 절대다수가 이타적인 행동을 '옳다'고 여기게 되었다고 본다.

하지만 이 이론은 흠투성이어서 두고두고 맹렬한 비판을 받아 왔다.[3] 혈족을 위해 자기를 희생하는 이타적인 행동은 주인공의 가족이나 친족의 생존율을 크게 높이는 결과를 불러왔으며 자연히 그의 유전 형질을 지닌 후손들이 더 많아졌다고 이들은 주장한다. 하지만 진화의 목적에 부합하기 위해서는 동족 이외에는 누구에게나 적대적인 반응을 윤리적이고 정당하게 보는 분위기가 널리 받아들여져야 마땅하다. 하지만 오늘을 사는 현대인들은 시간과 돈, 감정과 생명까지 희생하는 게(특히 동류나 동족이 아닌 누군가를 위해) 옳다고 믿는다. 보통은 전혀 모르는 남이 강물에 빠져 허우적거리는 것을 보면 얼른 물에 뛰어들거나 그러지 못한다면 죄스럽게 느낄 것이다. 사실, 십중팔구는 물에 빠진 이가 원수라고 해도 그런 의무감을 갖는다. 어떻게 이런 특성이 자연선택 과정의 결과로 나타날 수 있다는 말인가? 그런 이들은 목숨을 부지하고 유전자를 후손에 전달할 가능성이 훨씬 줄어들게 마련이다. 엄격한 진화론적 자연주의(인간 만사가 자연선택과정의 결과로 오늘에 이르게 되었다는 주장)를 토대로 보자면, 그런 식의 이타주의는 옛날 고릿적에 인류에서 사라졌어야 마땅하다. 그런데 실제로는 갈수록 강력해지는 게 현실이다.

이타적인 행동의 생식적 이점들을 설명하는 다른 논리들도 벽에 부딪히기는 마찬가지다. 더러는 이타적인 행동을 하는 당사자도 다른 이들로부터 간접적인 상호 유익을 얻는다고 주장하지만, 그것으로는 상대가 누군지 전혀 모르는 상황에서 그런 행동을 하는 동기가 설명되지 않는다. 다른 한편에서는 희생적인 행동이 사회 전반에 유전 부호가 전달될 길을 열어서 결국 온 집단이나 사회 전반에 유익을 끼친다고 말한다. 하지만 자연선택은 주민 전체에 한꺼번에 작용하지 않는다는 점에 대해서는 이미 공감대가 형성된 상태다.[4]

그러므로 진화론으로는 도덕적인 감정들을 평가할 어떤 윤리적 표준이 외부에 있다는 사실뿐 아니라 도덕적인 감정의 근원조차도 설명할 수 없다.[5]

도덕적 의무의 문제

세속적인 세계관을 가진 이들에게 도덕적인 의무감은 문제를 일으키는 골칫덩어리다. 캐롤린 플뤼어-로반(Carolyn Fluehr-Lobban)은 스스로 '문화적 상대주의'라고 이름붙인 분야를 전공으로 삼는 인류학자다. 문화적 상대주의란, 사회마다 윤리적인 신념들이 문화적으로 조성되었다는 사고로, 각 구성원들은 그것을 타당하게 여기는 공동체에 속해 있기에 그 신념을 추종할 뿐이지 한 문화의 도덕성이 다른 문화의 것보다 낮다거나 저급하다고 판단할 근거는 어디에도 없다고 본다. 그럼에도 불구하고 그는 연구하는 사회마다 여성들을 억압하는 관습이 존재함을 보고 큰 충격을 받았다. 그래서 인류학자로서 어느 사회에서 일하든 여성의 이익을 도모하기로 작정했다.

하지만 곧바로 이러지도 저러지도 못하는 처지에 몰렸다. 여성 평등에 대한 신념은 사회적으로 18세기 북유럽의 개인주의적인 사상 풍조에 뿌리를 두고 있는 것이 분명했다. 하지만 무슨 권리로 자신이 일하는 비서구 사회의 여성들에게 자신의 시각을 전파한다는 말인가? 플뢰어-로반의 반응은 이랬다.

> 인류학자들은 문화적 상대주의에 지속적으로 강력한 지지를 표명하고 있다. 그런데 '서구인들이 무슨 권한으로 자신들의 보편적 권리 개념을 나머지 인류에 강요하는가?'라는 근본적인 질문에서 논란이 심한 이슈 하나가 불거져 나온다. … (하지만) 문화적 상대주의자들의 주장은 압제를 일삼는 정권들이 국민들을 억압하면서 국제 사회의 비난을 피해 가는 논리로 활용되기 일쑤다. … 상대주의의 개념이 어떤 문화에 속했느냐와 상관없이 모든 인간의 삶과 존엄을 지키는 길을 탐색하기 위한 나라 안팎의 논의에 걸림돌이 되어서는 안 된다고 믿는다. … 인권을 보호하는 일과 문화적 상대주의를 지키는 일 사이에서 하나를 골라야 한다면, 인류학자들은 반드시 인권을 보장하고 증진시키는 쪽을 택해

야 한다. 그저 구경꾼으로 그쳐서는 안 된다.[6]

플뤼어-로반은 까다로운 질문을 제기한다. "문화가 상대적인 것이라면, 보편적인 인권이란 개념은 어찌되는가? 어떻게 개인적으로 품은 가치를 이 문화에 강요할 마음을 먹을 수 있는가?" 하지만 플뤼어-로반은 스스로 던진 물음에 답하지 않는다. 억압에 대해 쏟아 내는 자신의 비난은 개인의 자유에 대한 서구의 개념에 토대를 두고 있다고 말할 뿐, 난처한 이 질문에는 입을 다물고 만다. 여성들은 억압받고 있으며 반드시 이를 중지시켜야 한다고 생각한다는 얘기가 전부다. 결국 우리는 서구적인 가치들을 다른 나라에 도입시켜야 한다는 논리다. 우리의 가치가 그쪽보다 낫기 때문이다. 군말이 필요 없다.

인권이라는
까다로운 이슈

플뤼어-로반은 인권 분야의 중대한 위기와 씨름하고 있다. 위르겐 하버마스(Jürgen Habermas)는 인권이라는 개념은 유럽에서 비롯되었지만 아시아와 아프리카, 남아메리카에서 '인권'은 이제 "살인적인 정권 및 내전의 반대자와 희생자들이 폭력, 억압, 박해에 맞서 목소리를 높일 수 있는 유일한 언어가 되었다"[7]고 적었다. 인권에 깃든 도덕성이 이루 말할 수 없이 중요함을 보여 주는 말이다. 마이클 페리는 이를 인간이라면 누구나 태생적인 존엄성을 가지고 있으며 이러한 사실에 따라 삶의 질서를 잡아가는 것이 의무라는 이중적 신념으로 규정한다. 누구나 평등하게 지닌 존엄을 침해하는 행위는 잘못이다.[8] 하지만 이를 믿어야 하는 까닭은 무엇인가? 이러한 존엄은 어디에 기대고 있는가?

하버드 로스쿨 앨런 더쇼비츠(Alan Dershowitz) 교수는 "권리는 어디서 비롯되는가?"라는 에세이에서 여러 가능성들을 그려 보인다. 우선, 인권은 하나님으로부터 온다고 말하는 이들이 있다. 인간이 하나님의 형상대로 지음을 받았다면, 한 사람 한 사람이 모두 신성불가침한 존재라는 것이다. 더쇼비츠는 헤아릴 수 없이 많은 이들이 불가지론자들이라는 이유에서 이를 답으로 인정하지 않는다. 인권은 자연이나 이른바 '자연법'에서 비롯된다는 이들도 있다. 자연과 인간 본성을 잘 검증해 보면 마땅히 그리해야 하고 올바른 방식에 '부합되는' 행동 유형이 드러나게 마련이라는 주장이다. 하지만 자연은 폭력과 약탈, 적자생존에 기운다고 지적한다. 실제로 자연이 돌아가는 방식에서 개인의 존엄이라는 개념이 파생될 가능성은 전혀 없다는 말이다.

우리, 다시 말해 법률을 제정하는 인간이 인권을 만들어 냈다는 또다른 이론도 있다. 개인의 존엄성을 존중한다는 것은 결국 공동체에 소속된 모든 구성원들에게 더 유익한 일이므로 인권의 개념을 만들어 내는 쪽이 사회에 이익이 된다고 주장하는 이들이 얼마나 많은지 모른다. 하지만 다수가 나서서 인권이 사회의 이익에 부합하지 않는다고 결정하면 어떻게 되겠는가? 인권이라는 게 다수가 만들어 낸 작품에 지나지 않는다면, 설령 죽음을 안기는 법이 제정된다 하더라도 하소연할 길이 전혀 없을 것이다. 더쇼비츠는 로널드 드워킨(Ronald Dworkin)의 말을 인용해 인권을 바라보는 이 세 번째 시선은 부적절하다고 분명히 말한다.

> 저마다 이러한 권리를 가지면 언젠가 공동체에 더 유익할 것이라는 말은 답이 될 수 없다. ··· 누군가 속내를 자유롭게 이야기할 권리를 가진다는 이야기는 곧 대중의 이익에 어긋난다 하더라도 그럴 권한을 부여받는다는 뜻이기 때문이다.[9]

인권이 다수의 손에서 만들어졌다면 그게 무슨 소용이 있겠는가? 인권이라는 가치는 '대의'라는 개념을 초월해 다수가 소수와 개인의 존엄을 어떤 경우라도 존중하는 데 익숙해질 수 있느냐에 따라 판가름 난다. 권리는 만들어지는 게 아니라 그저 발견될 따름이며 그렇지 않으면 아무 가치가 없다. 드워킨이 결론지었다시피, 개인의 권리를 보호하기 원한다면, 효용을 뛰어넘어 그 권리의 논거가 될 만한 무언가를 찾아내려는 노력이 반드시 뒤따라야 한다.[10]

과연 그 '무언가'란 무엇일까? 드워킨이든 더쇼비츠든, 제대로 답을 내놓지 못한다. 어쨌든 드워킨은 결국 다수결원칙 비슷한 논리에 따르기로 한다. 《생명의 지배영역(*Life's Dominion: An Argument About Abortion, Euthanasia, and Individual Freedom*)》 가운데 한 대목이다.

> 인체에 담긴 생명은 저마다 존중과 보호를 요구한다. ··· 낡은 생명에서 새 생명이 생산되는 과정에 ··· 대한 경이감 때문이다. ··· 신성한 존

재의 활력은 도출 방법과 별개로 가늠하는 결과가 아니라 과정이나 활동, 또는 프로젝트에 부여하는 가치에 달렸다.[11]

법학교수 마이클 페리는 이렇게 답한다.

드워킨에게 있어서 규범성의 비종교적인 근원은 창의적인 걸작이라고 일컬어지는 인간에게 '우리가' 부여하는 커다란 가치다. 이는 낡은 생명에서 새 생명이 생산되는 과정에 보내는 '우리의' 경이로운 눈길이기도 하다. … 하지만 드워킨이 말하는 '우리'와 '우리의'는 도대체 누구를 가리키는 것인가? 나치는 유대인을 본질적으로 소중하게 여겼는가? 드워킨의 세속적인 주장(인권에 대한)에는 뚜렷한 문제점이 있다. … 존재하지도 않고 그런 적도 없는 인간 주체들 사이의 공감을 전제로 한다는 사실이다.[12]

페리의 새 책《인권 이론에 대하여(Toward a Theory of Human Rights)》는 대단히 의미심장하다. 교수는 "인권 의식의 도덕성을 떠받치는 신앙적인 토대는 뚜렷한 반면 … 인권을 뒷받침하는 비신앙적 근거[13], 즉 세속적인 토대의 존재는 전혀 선명하지 않다"[14]고 결론짓는다. 니체의 유명한 주장처럼 하나님이 정말 죽었다면 사랑과 인권이 송두리째 존재의 기반을 잃고 만다는 것이다. 하나님이 없다면, 니체와 사르트르를 비롯한 다른 모든 사상가들이 가르치듯 친절하거나 사랑하거나 평화를 이루기 위해 애써야 할 마땅한 이유가 사라진다. 페리는 필리파 푸트(Philippa Foot)의 말을 인용해, 세속적인 사상가들은 신 따위는 존재하지 않으며 이렇다 할 인생의 의미도 없다는 관념을 받아들이지만 실제로 "니체가 말하는 도덕성으로 무장하고 실전에 뛰어들지는 않는다"[15]고 지적한다. 도대체 왜 이런 어정쩡한 행동을 계속하는가?

끝없이 이어지는
"누가 그러는데?"

예일대 법학교수 아더 레프(Arthur Leff)가 쓴 고전적인 에세이에 그 답이 들어 있다. 다들 인간이 인권을 만들어 낸 게 아니라 찾아냈을 따름이라고 생각한다. 인간들 사이에 인권이 있었으며 좋든 싫든 다수로부터 존중받아 왔다는 것이다. 하지만 레프는 말한다.

언제쯤에나 '누가 그러더냐?'는 말로 술집과 교정에서 하는 얘기가 공식적으로 대등한 대접을 받는 행태가 용납되지 않는 날이 오겠는가? 하나님이 없는 상태에서는 … '우리 가운데 과연 누가 복종하고 따라야 할 법을 선포해야 하는가?'라는 핵심 질문 하나가 제기되고 거기에 어떻게 답하기로 하느냐에 따라 윤리와 법률 체계들이 나뉠 것이다. 하지만 솔직히 말해서 그 질문은 지적으로 너무 불안정해서 그와 씨름하지 않는 법률과 윤리 사상가들을 헤아릴 수나 있을지 의심스러울 지경이다. … 하나님이 존재하든 그렇지 않든, 그분이 나서지 않는다면 아

무도 그 자리를 대신할 수 없다.[16]

하나님이 없다면 특정한 행동을 '윤리적'으로, 그밖에 다른 행동을 '비도덕적'으로 판단할 길이 없으며 그저 "나는 이게 좋아"라고 말할 수 있을 뿐이다. 그렇게 될 경우, 스스로의 주관적이고 독단적인 도덕 감정을 법제화할 권리가 누구한테 돌아가야 하는가? "법을 만들 권리는 다수에게 있다"고 말할지 모르지만, 그렇다면 다수에게는 투표로 소수를 제거할 권리가 있다는 뜻인가? "아니오! 그건 잘못이요!"라고 답한다면 다시 원점으로 돌아가야 한다. 다수는 소수를 말살하지 말아야 할 도덕적 의무를 지닌다고 "누가 그러던가?" 어째서 반대편에 선 이들도 상대방의 윤리적 신념을 따라야 할 의무를 져야 하는가? 자신의 시각이 다수의 뜻보다 앞서야 한다고 생각하는 까닭은 무엇인가? 레프는 만일 하나님이 없다면, 윤리적인 진술은 죄다 독단적이고, 온갖 도덕적 평가는 주관적이자 내면적이며, 인간의 감정과 가치를 판단할 외부의 윤리 기준 따위는 존재할 수 없다고 말한다. 그러고는 더없이 충격적인 방식으로 이 지성미 넘치는 에세이를 마무리한다.

지금 보다시피, 무엇이든 다 열려 있다. 그럼에도 불구하고 갓난아이들에게 네이팜탄(폭탄의 일종-옮긴이)을 퍼붓는 것은 나쁘다. 백성들을 주리게 하는 짓은 악하다. 인간이 인간을 사고파는 건 사악하다. … 세상에는 악과 같은 게 있다. 자, 그런데도 한목소리로 '누가 그러더냐?'고 외쳐 볼 심산인가? 하나님, 우리를 도우소서!

물론, 니체도 이를 알고 있었다. "대중은 일부러 이렇게 말한다. '우리는 다 똑같다. 인간은 그냥 인간일 뿐이다. 하나님 앞에서 우리는 모두 평등하다.' 하나님 앞에서! 하지만 이제 신은 죽었다."[17] 무신론 사상가 레이몬드 가이타(Raimond Gaita)는 마지못해 이렇게 적었다.

> 신앙을 가진 이들만이 진지하게 신성함을 말할 수 있다. … 인간은 값을 매길 수 없을 만큼 소중하며, 스스로 목적이 되고, 무조건적인 존중의 대상이며, 빼앗을 수 없는 권리를 가졌으며, 당연히 침해할 수 없는 존엄을 지니고 있다고 할 것이다. 개인적으로 이는 반드시 말해야 할 개념의 원천들(가령, 하나님처럼)을 등지고 꼭 말해야 할 것 같은 무언가를 이야기하려는 꼴이란 생각이 든다 … (인간에 대한 이런 언급들 가운데) 어느 하나에서도 하나님이 우리들, 곧 그분의 자녀들을 사랑하시므로 인간은 신성하다는 신앙적 화법의 힘을 찾아볼 수 없다.[18]

레프는 하나님을 빼놓고는 인권의 토대를 마련할 수 없다고 결론짓는 데 그치지 않는다. 한 걸음 더 나아가(더쇼비츠와 드워킨이 나름대로 설명한 것처럼), 하나님 없이는 세상에서 인권을 정당화하거나 기초를 놓을 수 없다는 사실에도 불구하고 그 존재만큼은 여전히 의식한다고 지적한다. 레프는 보편적으로만이 아니라 개인적으로도 이를 강조한다. 하나님이 없으면 윤리적 책무를 정당화할 수 없으며 그 존재를 알 수도 없다.

자연의 폭력성을 통해
하나님의 실재를 본다

이러한 사실을 알게 되는 이유는 무엇인가? 결코 잘라 버릴 수 없는 윤리적 책무의 중요성을 더 집중적으로 파고들기 위해 애니 딜라드(Annie Dillard)의 깨달음을 되짚어 보자. 이 작가는 '자연'과 가까이 지내면서 영감을 얻고 원기를 회복할 마음에 버지니아주 산간의 냇가에 자리를 잡고 한 해를 살았다. 하지만 약자에 대한 강자의 폭력이라는 한 가지 핵심 원리가 자연을 지배한다는 사실을 깨달았을 뿐이다.

> 버마재비처럼 조심성 없이 행동하는 인간은 세상에 없다. 잠깐만을 외치고 싶을지 모르겠다. 자연의 세계에 옳고 그름은 없다고, 옳고 그름은 인간의 개념이라고. 지당하신 말씀! 인간은 비도덕적 세계에 사는 도덕적 존재들이다. … 그게 아니라면 달리 선택의 여지가 있는지 생각해 보자. … 유난스러울 만큼 부적절한 건 오로지 인간의 감정이다. … 그래, 그렇다. 우리의 감정이 문제다. 우리가 별종이지 세상은 멀쩡하니 가서 전두엽 절제 수술이라도 받아 자신을 회복하고 자연 상태로 돌아가자. 우리는 멍하게 냇가로 돌아가 머스크랫이나 갈대처럼 아무 어려움 없이 살 수 있다. 그대가 먼저 가기 바란다.[19]

애니 딜라드는 자연계 전체가 폭력에 토대를 두고 있음을 발견했다. 하지만 인간은 필연적으로 강자가 약자를 살해하는 행위는 개인이든 집단이든 잘못임을 믿는다. 폭력이 완전히 자연스러운 현상이라면 어째서 유독 인간에게만 강자가 약자를 짓밟는 게 잘못이 되어야 하는가? 자연의 일부가 부자연스럽다고 주장하지 않는다면, 어디서도 도덕적 책무를 뒷받침할 근거를 찾을 수 없다. 자연계 바깥에서 그 옳고 그름을 초자연적으로 가려 줄 정상의 표준이 없다면 자연계가 부분적으로 깨지고 상한 상태라는 것을 가늠할 길이 없다. 판단을 내리기 위해서는 자연계를 벗어난 하늘나라나 하나님이나 신적인 질서가 필요하다는 얘기다.

이 질곡에서 빠져나갈 길은 하나뿐이다. 성경의 설명을 가져다 놓고 성경이 세속적인 시각보다 인간의 도덕적인 감각을 조금이라도 더 잘 풀이하고 있는지 살펴야 한다. 평화와 정의, 사랑의 하나님이 세상을 지은 게 아니라면, 도대체 무슨 이유로 인간은 폭력과 억압, 증오를 잘못으로 여기게 되었을까? 세상이 타락하고 깨어져 구원이 필요하다면, 그 사실 자체가 우리 눈앞에 펼쳐지는 폭력과 무질서를 설명하고 있는 게 아니겠는가?

인권이라는 게 있다고 믿는가? 그건 하나님이 없다는 쪽보다 살아 움직인다는 사실을 훨씬 더 잘 보여 준다. 세속적인 세계관을 고집하면서 이건 옳고 저건 그르다는 소리를 계속하고 있다면, 부디 머릿속에서 지성적으로 만들어 낸 세상과 마음으로 그 실재를 확인할 수 있는 참다운 세계(와 하나님) 사이의 깊은 부조화를 제대로 들여다보게 되기를 바란다. 그러다 보면 자연히 결정적인 질문에 가 닿을 수밖에 없다. 전제(하나님이 없다)가 스스로 참이 아님을 알고 있는 결론(갓난이의 머리 위에 네이팜탄을 퍼붓든 말든, 그건 문화적으로 상대적인 일이다)으로 이끌어 간다면 그 전제를 바꾸지 않을 이유가 무엇인가?

존재를 둘러싼 끝도,
의미도 없는 다툼

하나님의 존재를 입증해 보이고 싶은 마음은 없다. 그저 누구나 하나님의 존재를 알고 있다는 사실을 드러내 보이려는 것뿐이다. 여태 하나님이 없다는 관념을 어느 정도 지적인 문제로 다뤄 왔지만 그것이 전부는 아니다. 그런 사고는 도덕적인 선택을 완전 쓸모없는 처사로 몰아갈 뿐만 아니라, 삶 전체를 무의미하게 만든다. 극작가 아서 밀러(Arthur Miller)는 〈타락 이후〉라는 작품에 등장하는 쿠엔틴(Quentin)이란 인물을 통해 이를 생생하게 비쳐 보인다. 쿠엔틴은 말한다.

오래도록 소송하듯 삶을 바라봤어. 인생은 일련의 증거였던 거지. 젊어서는 얼마나 용감한지, 또는 똑똑한지, 그리고 얼마나 멋진 연인인지, 그 다음에는 얼마나 훌륭한 아버지인지, 마지막에는 얼마나 지혜로운지, 또는 힘이 센지, 그밖에 이러저러한지 입증하려고 했어. 하지만 이제 보니 그 모든 일의 밑바닥에는 억측이 깔려 있었더라고. 움직여 오르막을 타고 얼마쯤 높은 데로 올라가야 한다고 … 하나님은 알고 계시겠지만 … 거기 가면 결국 해명이 받아들여지거나 아니면 유죄 판결을 받겠거니 했던 거지. 어쨌든 결판이 나겠구나 싶었어. 그런데 어느 날, 고개를 들어보니 … 법대가 텅 비어 있는 거야. 지금 생각해 보면, 바로 그 순간이 재난의 시작이었어. 판사가 보이질 않더라고. 남은 거라고는 스스로와의 끝없는 다툼, 인적 없는 법대를 앞에 둔 채 벌이는 의미 없는 존재 논쟁뿐이었어. 달리 말하자면 바로 '절망'이었던 거지.[20]

무슨 말을 하고 있는가? 다들 마치 전쟁이 아니라 평화를 추구하는 것이, 거짓말하기보다는 진실을 말하는 것이, 파괴하기보다 보살피고 양육하게는 것이 더 나은 것처럼 산다. 이런 선택은 가치가 있다고, 어떤 방식으로 살지 결정하는 건 대단히 중요하다고 믿는다. 하지만 우주의 법대가 정말 텅 비어 있다면 이 길을 택하는 게 다른 선택들보다 낫다고 '누가 그러던가?' 얼마든지 입씨름을 벌일 수 있지만 그건 의미 없는 논쟁이고 결코 끝이 나지 않는 다툼일 뿐이다. 법대가 정말 비어 있다면, 인류 문명을 통틀어 봐야(설령 수백 만 년을 지속한다 하더라도) 앞서 있었고 또 앞으로 펼쳐질 죽은 시간의 바다에 비하면 그야말로 잠깐 반짝였다 사라지는 불꽃에 지나지 않는다. 눈곱만큼이라도 그걸 기억해 줄 이는 단 한 명도 없을 것이다. 사랑을 품든 잔인하든 결국은 아무 차이가 없을 것이다.[21]

이런 상황을 일단 파악하고 나면, 두 길이 남는다. 우선, 이 모든 일에 담긴 의미를 생각지 않고 무작정 외면하는 자세다. 법대가 비었다면 (하나님이 없다면) 사랑이든 잔인함이든 무슨 상관이 있겠는가? 그런데 이런 속내를 무작정 외면하고 부인하는 건 마치 하나님이 없어도 사랑과 잔인함 사이에 차이가 있는 듯 살아가는 꼴이다. 왜 그래야 하는가? 냉소적으로 말하자면 "남의 케이크를 가져다 먹어 버리기까지 하는 꼴"이다. 하나님을 따르는 대가는 치르지 않으면서 그 유익은 다 누리니 말이다. 하지만 거기에서는 진실성을 조금도 찾아볼 수 없다.

　　나머지 하나는 스스로 하나님의 존재를 알고 있음을 인정하는 길이다. 마치 아름다움과 사랑이 의미가 있다는 듯, 삶에 가치가 있다는 듯, 인간에게 타고난 존엄성이 있다는 듯 살아간다는 사실을 받아들일 수 있다. 하나님이 살아 계심을 알고 있기 때문이다. 신이 존재하는 것처럼 살면서도 이 모든 선물을 준 존재를 의식하지 않는 것은 정직하지 못한 짓이다.

•
•
•

"인류가 이룬 업적의 범위가 꾸준히 넓어져 가면서 더없이 풍부한 상상력을 동원해 꿈꾸는 수준 이상으로 우리의 인식이 깊어지고, 그 덕에 연합과 평화를 이루며, 후손들은 현 세대가 알고 있는 그 어떤 대궐과 정원보다 더 으리으리하고 근사하게 빚어진 세상에서 살게 되리라는 점을 의심한다는 것이 가당키나 한가? 이미 이룬 것들, 그러니까 인간이 지금 누리고 있는 이 사소한 승리들은 … 아직 맛보지 못한 세상의 전주곡일 뿐이다."

_웰스(H. G. Wells), 《간추린 세계사(*A Short History of the World*)》

"무방비 상태인 이들을 무자비하게 살해하는 대량 학살, 의도적이고 조직적인 고문, 정신적인 고통, 마치 그런 것들이 모두 없어진 듯 보이는 세상을 바라보며 느끼는 두려움 따위가 내 영혼을 송두리째 박살내기 직전에 이르렀다. … '호모 사피엔스'(인간은 스스로 그렇게 부르고 싶어해 왔다)는 이제 역할을 다했다."

_웰스(H. G. Wells), 《한계에 몰린 인간(*A Mind at the End of Its Tether*)》

죄된 본성

마음의 빈 공간은 하나님이 아니면 죄로 채워진다

세상이 무언가 잘못되었다는 결론에는 대부분이 공감한다. 기독교의 설명에 따르면, 인간의 가장 큰 문제는 죄다. 하지만 많은 사람들이 '죄'라는 개념을 불쾌해하거나 터무니없는 소리로 치부한다. 이는 기독교가 말하는 죄의 의미를 정확히 파악하지 못한 데서 비롯된 반응이다.

죄로 인해 소망이 없다?!

기독교의 '죄' 교리는 인간 본성을 절망적이고 비관적으로 본다고 생각하는 이들이 적지 않다. 이들은 진리에서 한 걸음도 더 나가지 못한다. 햇병아리 목회자 시절, 한 청년이 찾아왔다. 얼마 전 아내가 집을 나갔다고 했다. 아내의 행동에 화가 났고, 아내를 그렇게 만든 자신의 불찰에 죄책감을 느꼈으며, 그 모든 상황 앞에서 깊이 낙담하고 있었다. 나는 그에게 지금 무엇보다 필요한 건 소망이라고 이야기해 주었다. 청년은 기다렸다는 듯 동의하면서 어떻게 하면 소망을 가질 수 있느냐고 되물었다. 최대한 다정하게 좋은 소식이 있노라고, 당신은 죄인이라고 답했다. 죄인이기에 심리적 충동이나 사회 시스템에 무기력하게 짓밟히는 피해자가 될 필요가 없다는 뜻이었다. 여러 해가 지난 뒤, 그날 하고 싶었던 이야기를 한결 균형 있게 전하는 바버라 브라운 테일러(Barbara Brown Taylor)의 설교를 접하게 됐다.

의학이나 법률 쪽의 그 어떤 용어도 '죄'라는 말을 대신하기에 부적합하다. 의학 모델과 대조적으로 인간은 스스로의 병폐에 속절없이 휘둘리지 않는다. 회개하는 과정에 들어가는 선택이 가능하다는 얘기다. 법률의 세계와 달리, 죄의 본질은 기본적으로 법 위반이 아니라 하나님과의 관계, 인간 관계, 창조질서 전체와의 관계가 깨어진 데 있다. 시몬 베유(Simone Weil)는 '죄는 빈 구멍을 채우려는 몸부림'이라고 했다. 하나님이 내면에 만들어 두신 구멍을 견딜 수 없기에 인간은 온갖 것들로 그 빈틈을 메우려 들지만 오로지 그분만이 그 공간을 채울 수 있다."[1]

몇 년 전, 컬럼비아대학교 인문학부 앤드류 델방코(Andrew Delbanco) 교수는 AA단주모임에 관한 연구를 진행하면서 전국 곳곳의 모임에 참석했다. 어느 토요일 아침에도 뉴욕시의 한 교회 지하에서 '주름 하나 없이 빳빳하게 옷을 다려 입은 젊은이'가 어려움을 토로하는 이야기에 귀를 기울였다. 그의 말대로라면 그 친구에게는 눈곱만큼도 흠이 없었다. 여태 저지른 실수는 죄다 상대방의 불의와 배신 탓이었다. 청년은 자신에게 못되게 군 모든 이들에게 어떻게 앙갚음하려고 하는지 설명했다. 청년의 "몸짓 하나하나가 지독하게 구겨진 자존심의 기운을 여실히 드러내고 있었다"고 델방코는 적었다. 젊은이는 자기 합리화의 수렁에 빠져 있는 게 분명했다. 그럴수록 삶의 형편은 점점 나빠져서 이젠 스스로 알아차리지도 못할 지경에 이르렀다. 청년이 열심히 이야기를 이어 가는 사이에 레게머리에 짙은 색 옷차림을 한 마흔쯤 돼 보이는 흑인 남자가 교수 쪽으로 몸을 기울이며 속삭였다. "나도 저런 느낌이 들곤 했어요. 자존감을 한껏 낮추기 전에는 말이죠." 나중에 《참다운 아메리칸 드림(The Real American Dream : A Meditation on Hope)》이란 책을 쓰면서 앤드류 델방코는 이렇게 적었다.

그저 말 한 마디가 아니었다. 신앙에 대해 뭘 좀 아노라고 자부했던 내가 새로운 길을 깨닫는 순간이었다. 발언에 나선 젊은이가 삶을 지배해야 한다느니 진심으로 자신을 믿는다느니 하는 말로 융단 폭격을 퍼부을 때, 곁에 앉았던 남자는 교만이야말로 소망의 적이라는 옛 칼뱅주의 교리로 날 대피시켰다. 자존감을 두고 그가 던진 우스갯소리는 결국 아무도 제힘으로 스스로를 구원할 수 없음을 깨달았다는 뜻이었다. 이런저런 말을 하고 있는 젊은이는 아직도 상실 상태, 다시 말해 자기를 잃어버린 상태지만 그런 사실조차 인식하지 못한다고 생각했던 것이다.[2]

레게머리 남자가 '낮은 자존감'이란 표현을 통해 하고 싶었던 말은 젊은이가 스스로를 미워해야 한다는 것이 아니었다. 말쑥하게 빼입은 청년은 '자신을 완전히 잃어버려서' 자신이 한없이 흠이 많은 인간, 한마디로 죄인임을 인정하지 못할 지경이라는 얘기를 하고 있었다. 그런 식이라면 참 빛에 자신의 흠을 비춰 보거나, 해코지한 이들을 용서하거나, 누군가에게 용서를 구하고 또 용서받을 만큼 자유로워지는 경지에는 결코 이를 수 없을 것이다. 죄에 대한 기독교의 교리는 제대로 이해하기만 하면 인간에게 소망을 가져다주는 엄청난 자원이 될 수 있다. 그렇다면 그 교리는 도대체 무엇을 가르치는가?

죄, 하나님 앞에 서기를 바라지 않는 절망적 상태

1849년, 덴마크의 유명한 철학자 쇠렌 키르케고르는 매력적인 글 한 편을 썼다. 《죽음에 이르는 병(*The Sickness Unto Death*)》이라는 이 책에서 그는 성경에 뿌리를 둘 뿐만 아니라 현대인들이 금방 알아들을 수 있는 방식으로 '죄'를 규정했다. "죄는 하나님 앞에 있는 그대로 서기를 바라지 않는 절망적인 상태 … 믿음은 자신을 있는 그대로 인정하고 하나님 안에 제 존재의 근거를 두고 싶어 한다."[3] 하나님과의 관계와 섬김에서 깊고 깊은 자기 정체감을 찾아내기를 한사코 거부하는 태도가 죄다. 죄는 자신이 아닌 누군가가 되기를 바라며 참 자아와 동떨어진 정체성을 추구한다.

이게 무슨 뜻일까? 다들 어딘가에서, 또는 무언가로부터 스스로 남다르고 독특한 존재라는 정체성을 얻는다. 그런데 키르케고르는 인간이란 그저 일반적인 차원에서 하나님을 믿을 뿐만 아니라 그분을 으뜸으로 사랑하고, 그분을 중심으로 삶을 꾸려 가고, 그분을 토대로 자신의 정체성을 구축하도록 만들어졌다고 주장한다. 무엇이든 다른 것으로 그분의 자리를 대신하는 건 죄다.

흔히 죄라고 하면 우선 '거룩한 규정을 위반하는 행위'를 먼저 떠올리지만 키르케고르는 "나 외에는 다른 신들을 네게 두지 말라"는 계명이 십계명의 첫 줄을 차지하는 속뜻을 정확히 꿰뚫는다. 따라서 성경이 죄를 규정하는 기본적인 방식은 단순히 나쁜 짓을 하는 수준에 그치지 않으며 선한 무언가를 궁극적인 대상으로 삼는 태도까지 아우른다. 하나님과의 관계보다 그밖에 다른 요소들을 삶의 의미와 목적, 행복의 중심으로 삼고 그 위에 자기 정체감을 세워 가려는 게 죄라는 것이다.

영화 〈록키〉에서 주인공의 여자친구는 어째서 링에 오를 때마다 그렇게 '끝까지 가려고' 안간힘을 쓰느냐고 묻는다. 록키는 대꾸한다. "그래야 내가 허접쓰레기란 생각이 안 들거든." 〈불의 전차〉의 주인공 중 하나도 올림픽에 나갈 준비를 하면서 그토록 열심히 90미터 남짓을 달리는 까닭을 설명한다. 레이스가 시작되면 언제나 "내 존재를 증명할 시간이 단 10초뿐"이란 생각이 든다는 것이다. 양쪽 모두 운동 경기에서 입상하는 것을 삶에 의미를 가름하는 결정적인 요인으로 보았다.

어네스트 베커는 《죽음의 부정(*The Denial of Death*)》으로 퓰리처상을 받았다. 베커는 글을 시작하면서 자존감을 갈망하는 꼬맹이들의 필요에 주목하고 그 욕구가 곧 '삶의 조건'이라고 말한다. 그만큼 인간은 '우주적 의미'(베커가 정의한 말이다)를 절박하게 추구한다는 뜻이다. 베커는 곧바로 독자들에게 이 단어를 가볍게 받아들이지 말라고 당부한다.[4] 가치를 향한 인간의 욕구는 워낙 강렬해서 정체성과 유용성의 토대가 될 만한 것이면 무엇이든 어김없이 '신격화'하게 마련이라는 것이다. 자신을 대단히 비종교적인 인물로 여기는 이들조차도 열정적으로 진지하게 경배하고 예배할 대상으로 바라본다. 베커는 로맨틱한 사랑을 본보기로 든다.

> 현대인들은 깊숙한 곳에 자리 잡은 자기영화(self-glorification)의 욕구를 이제 사랑하는 상대에게서 구하기에 이르렀다. 로맨틱한 사랑을 나누는 파트너는 삶을 충족시켜 주는 신처럼 이상적인 대상이 되었다. 영적이고 윤리적인 필요들이 개인에 초점을 맞추게 된 것이다.[5]

베커는 누구나 로맨스와 사랑에서 자존감을 찾는다고 이야기하지 않는다. 로맨스만이 아니라 일과 직업적인 성취에서 우주적인 의미를 구하는 이들도 숱하게 많다.

더러 일은 '합리화'하는 짐까지 짊어져야 한다. '합리화'라니, 무슨 말인가? … 삶과 죽음, 운명까지 스스로 좌지우지한다는 판타지 속에 산다는 말이다.[6]

하지만 이는 끊임없는 낙심의 밑거름이 될 뿐이다.

인간과 인간 사이의 그 어떤 관계도 신만이 감당할 수 있는 부담감을 배겨 낼 도리가 없다. 사랑하는 상대가 자신의 '전부'라면, 그의 사소한 결함도 심각한 위협이 될 수 있다. … 사랑하는 이를 그 자리까지 끌어올리면서 무엇을 기대하는가? 스스로 아무짝에도 쓸데없다는 감각에서 벗어나고 … 있으나 마나 한 존재가 아님을 … 알고 싶은 것이다. 우리는 구원, 바로 그걸 원한다. 그러나 두말할 필요도 없이 인간은 이를 줄 수 없다.[7]

키르케고르가 하는 말의 핵심이 여기에 있다. 인간은 누구나 뭐가 됐든 '존재를 증명하고' 스스로 '허접쓰레기'일지 모른다는 보편적인 두려움을 피할 길을 찾아내야 한다. 상대적으로 더 전통적인 문화 속에서는 가족을 먹여 살리는 의무를 다하고 사회에 봉사하는 데서 가치감과 정체감을 얻었다. 개인주의적인 현대 문화 가운데 사는 이들은 성과나 사회적 지위, 재주, 또는 사랑을 주고받는 관계에서 구하는 경향이 있다. 그밖에도 정체감의 토대가 되는 것은 이루 헤아릴 수 없을 만큼 다양하다. 개중에는 재물을 쌓거나 권력을 손에 넣는다든지, 남들의 인정을 받든다든지,

자기를 훈련하고 절제하는 데서 '정체성'을 느낀다. 어찌됐든 누구나 무언가를 토대로 정체성을 구축한다.[8]

죄로 인해 사라져 버린
'나'라는 존재

이렇게 죄를 규정하고 나면, 죄가 인간을 인격적으로 파괴하는 몇 가지 면모를 볼 수 있다. 하나님과 별개로 구축한 정체성은 태생적으로 불안정하다. 하나님이 없으면, 겉보기에 가치감이 견고해 보여도 절대 그렇지 않다. 순식간에 허물어질 수 있다는 말이다. 가령 좋은 부모라는 토대 위에 정체감을 세운다고 해 보자. 참다운 '나'는 어디에도 없다. 그냥 좋은 부모일 뿐, 그 이상도 이하도 아니다. 아들딸에게, 또는 아이들을 키우는 데 문제가 생기면 '나'라는 존재는 조금도 남아나지 않는다. 신학자 토마스 오덴(Thomas Oden)은 이렇게 적었다.

> 섹스나 신체적인 건강, 또는 민주당을 신으로 여긴다고 생각해 보자. 이들 가운데 무언가가 위협받는 처지에 몰리면 자신이 뿌리째 흔들린다는 느낌이 들 수밖에 없다. 죄책감이 강박적으로 깊어져 유한한 가치들을 우상화하는 지경에 이를 것이다. … 가르치고 뜻을 선명하게 전달하는 능력을 귀하게 떠받든다고 가정해 보자. … 명쾌한 의사소통이 절대적 가치를 갖게 되면, 다시 말해 다른 모든 가치들의 소중함을

판단하는 중심 가치가 된다면, (잘 가르치지 못한다 싶으면) 곧장 강박적인 죄책감이 엄습하게 마련이다. 이처럼 나와 내가 궁극적인 가치를 두는 것 사이에 누군가 또는 무언가가 끼어들면 쓰라린 심정이 신경증적으로 깊어질 것이다. [9]

무언가가 정체성을 위협하면 당장 초조해질 뿐만 아니라 두려움에 사로잡혀 옴짝달싹하지 못한다. 다른 누군가의 잘못으로 정체감을 잃어버리면 단순히 원망하는 데 그치지 않고 쓰라린 상처에 사로잡히게 된다. 스스로 저지른 실책 탓에 자기 정체성에 타격을 입으면 평생 자신을 실패자로 여기며 미워하거나 경멸하게 된다. 하나님과 그 사랑의 터 위에 정체성을 구축해야만 무엇이든 과감하게 도전하고 당당하게 맞서는 자아를 소유하게 된다고 키르케고르는 말한다.

하나님을 빼놓고는 이런 불안정한 상태를 피할 길이 없다. "어떤 인간이나 물건에 기대어 행복이나 의미를 추구하진 않겠어"라고 장담한다 해도, 실제로는 그 말 자체가 개인의 자유와 독립성을 토대로 정체성을 세우고 있다는 뜻이다. 무언가 그것을 위협하는 게 나타나면 자신을 잃어버린 상태로 되돌아갈 것이다.

하나님에 토대를 두지 않은 정체성은 또한 어쩔 수 없이 지독한 중독으로 이어질 수밖에 없다. 좋은 것들을 궁극적 가치를 가진 대상으로 삼을 때, 늘 그러하듯 영적인 중독 증세가 나타난다. 하나님이 아니라 가족, 일, 명분, 업적 따위에서 삶의 의미를 얻으려 들면 도리어 그것들에 얽매이게 된다. 그것들을 손에 넣지 않으면 견딜 수 없어 한다. 성 어거스틴은

"우리의 사랑은 순서가 제대로 잡히지 않았다"고 하며 하나님께 "주님 안에서 쉼을 얻기 전에는 우리 마음엔 안식이 없습니다"라는 유명한 고백을 드렸다.

하나님 아닌 다른 무언가에서 영원한 쉼을 얻으려 하면 인간의 마음은 마치 '관절이 빠진 듯' 갈피를 잡지 못할 것이다. 우리를 사로잡는 좋은 것들은 사랑받을 자격이 충분한 선한 것들이다. 하지만 지나친 사랑을 거기에 쏟으면 약물중독과 다름없는 생활 패턴에 말려든다. 여느 중독자들처럼 신적인 영향력을 발휘하는 물질에 휘둘리는 상황을 인정하려 들지 않는다. 지극한 애정을 쏟는 대상이 잘못되기라도 하면 넘치던 사랑은 걷잡을 수 없는 괴로움을 불러온다.

첫 사역지인 버지니아주 호프웰의 한 교회에서 목회하던 시절, 두 여성을 상담했다. 둘 다 결혼했고, 아버지 노릇을 제대로 못하는 남편을 두었으며, 학교에서 사고를 치고 법적인 문제를 일으키기 시작한 십 대 아들을 두고 있었다. 둘 다 남편에게 잔뜩 성이 나 있었다. 여러 가지 이야기를 들려주고 조언을 해 가며 해소되지 않은 쓰라린 상처의 문제점과 용서의 중요성을 지적했다. 둘 다 충고를 받아들이고 용납하려 노력했다. 하지만 결국 남편을 용서한 여인은 더 내려갈 데가 없어 보이는 밑바닥 남자와 사는 신앙이 거의 없는 여인이었다. 다른 여성은 끝내 그러지 못했다. 어찌 된 영문인지 알 수 없었다. 몇 달을 씨름하던 차에 여성이 무심코 내뱉은 말에서 실마리를 찾았다. "아들이 잘못되기라도 하면 제 인생은 완전히 끝장날 거예요!" 여인은 아들의 행복과 성공을 중심으로 인생을 살고 있었던 것이다. 남편을 용서할 수 없었던 이유가 바로 거기에

있었다.[10]

달시 슈타인케(Darcey Steinke)는 《어디를 가나 부활절(*Easter Everywhere : A Memoir*)》이라는 작품에서 루터교 목회자의 딸로 컸지만 결국 기독교 신앙을 떠나게 된 사연을 들려준다. 뉴욕시로 이사하면서 달시는 클럽을 전전하며 성관계에 집착하는 삶에 첫발을 들여놓았다. 소설을 몇 편 쓰기는 했지만, 한없이 불안정하고 허전한 느낌에 늘 시달렸다. 책 중간쯤, 달시는 자기 삶의 핵심 문제를 시몬 베유의 글을 인용해 한마디로 담아낸다. 베유는 이렇게 적었다. "인간은 오직 하나님과 우상 사이의 선택이 있을 뿐이다. 신을 부정하면 … 세상의 무언가를 섬기는 셈이다. 실체를 있는 그대로 보고 있노라고 자부하지만 실은 자신도 모르는 사이에 그 안에 신성이 있다고 여긴다."[11]

하나님을 중심에 두지 않는 삶은 필연적으로 공허하다. 하나님을 제쳐 놓은 채 다른 무언가 위에 삶을 구축하면 마음의 소원을 풀지 못할 때뿐 아니라 뜻을 이루어도 상처가 남는다. 더없이 허황된 꿈을 남김없이 이루는 이는 세상에 없으므로 바라는 대로 성공하거나, 큰 부를 쌓거나, 인기를 얻거나, 잘생기고 예뻤더라면 결국 행복하고 평안했을 거라는 환상에 빠져서 살기 쉽다. 하지만 어림도 없는 소리다. 신시아 하이멜(Cynthia Heimel)은 〈빌리지 보이스(*Village Voice*)〉에 기고한 칼럼에서 뉴욕시에 살 때 알고 지내던 인물들을 떠올린다. 나중에는 영화계의 스타로 이름을 날리게 되지만 그때만 하더라도 아무개는 메이시스백화점 화장품 코너 계산대에 서 있고 누구는 영화관에서 표를 파는 식이었다. 그러다 마침내 성공을 거두지만 다들 정상에 오르기 위해 열심히 달리던 시절보다 오히려 성이 난 듯 거칠어지고 정신이 없어지고 불행해지고 불안정해졌다.

그토록 갈구하던 엄청난 일, 뭐든 다 가능하게 해 줄 법한 일, 살맛 나게 할 일, 하하 호호 행복이 가득하게 해 줄 일이 실제로 일어났는데 이튿날 눈을 떠 보니 자신은 그대로 자신일 뿐, 변한 게 없었다. 환멸이 그들을 덮쳐 늘 으르렁거리고 볼썽사나운 인간으로 바꿔 놓았다.[12]

죄로 인해 무너진 사회

죄는 인간의 내면에 작용할 뿐만 아니라 사회 구조에도 치명적인 영향을 미친다. 제2차 세계대전이 끝난 뒤, 영국의 작가 도로시 세이어즈(Dorothy Sayers)는 영국의 수많은 지성인들이 인간 사회의 동향에 깊이 좌절하는 모습을 지켜보았다. 세이어즈는 1947년에 펴낸 책 《신조 또는 혼돈(Creed or Chaos)》에서 지식인들이 그토록 절망하는 건 주로 기독교의 원죄 교리, 다시 말해 인류는 태생적으로 교만하며 자기중심적이라는 가르침에 대한 믿음을 잃어버린 까닭이라는 의견을 내놓았다. 세이어즈는 말한다. "누구보다 크게 낙심한 이들은 진보와 계몽이 미치는 교화력을 믿는 낙관주의적인 신념에 집착했던 부류였다." 전체주의 국가들에서 벌어진 대량 학살과 자본주의 사회가 드러내는 탐욕과 이기심은 "단순한 충격을 넘어 공포 그 자체였다. 그들에게 이런 현실은 그동안 품었던 모든 믿음을 총체적으로 부정하는 것이나 마찬가지이기 때문이다. 마치 딛고 섰던 우주의 발판이 밑으로 꺼진 꼴이다." 하지만 크리스천들은 "인성의 중심에는 심각한 흠집이 존재한다"는 관념에 익숙하다. 세이어즈는 이렇게 결론짓는다.

> 인간 내면의 이중적인 속성을 지적하는 기독교의 신조는, 다시 말해 인간은 철저하게 타락했으며 어쩔 수 없이 그 됨됨이와 행사가 다 불완전하지만 본질적인 실체와 참다운 연합을 통해 영원한 완성과 긴밀하게 연결되어 있다는 신조는 눈앞에 펼쳐지는 인간 사회의 불확실한 상황을 덜 절망적이고 덜 비합리적으로 보이게 한다.[13]

조나단 에드워즈는 지금까지 나온 사회 윤리에 관한 논문 가운데 가장 심오한 글로 꼽히는《참다운 미덕의 본질(*The Nature of True Virtue*)》에서 죄가 어떻게 사회 구조를 파괴하고 있는지 규명해 보인다. 에드워즈는 하나님을 첫 번째 사랑의 대상으로 삼지 않으면 인간 사회는 속속들이 바스라질 수밖에 없다고 주장한다. 가장 높은 삶의 목표가 자기 가족의 유익이라면 다른 가정들에 대한 관심은 덜해지게 마련이다. 자신의 나라나 민족, 인종의 유익을 최고의 목표로 삼으면 인종주의자나 국수주의자가 될 공산이 크다. 삶의 궁극적인 목표가 스스로의 행복이라면, 자신의 경제적 이익과 권력을 다른 이들보다 앞세우게 될 것이다. 하지만 하나님을 최고선, 다시 말해 으뜸가는 선이자 삶의 중심으로 받아들인다면 다른 모든 가정과 인종, 계급에 속한 이들은 물론이고 온 세상까지 마음이 가 닿을 것이라고 에드워즈는 결론짓는다.[14]

어떻게 사회적인 관계들이 무너지는 사태가 인간 내면에 미치는 죄의 영향에서 비롯되는가? 정치적인 입장에서 정체감, 또는 가치에 대한 감각을 얻는다면 정치는 그냥 정치에 그치지 않고 한 인간을 규정하게 된다. 대의나 조직을 통해 자신, 또는 자신의 가치를 추구한다. 어쩔 수 없이 반대파에 속한 이들을 경멸하거나 악으로 취급하게 된다는 뜻이다. 민족성이나 사회 경제적 지위에서 정체성을 찾는다면 다른 계층이나 인종을 바라보며 우월감을 느끼는 게 당연하다. 열린 마음과 관용하는 마음가짐을 지녔노라고 깊이 자부한다면 편협하게 보이는 이들에게 극심한 분노를 품게 마련이다. 스스로를 대단히 윤리적인 인간이라고 믿는다면 음탕하다고 판단되는 이들을 깔보게 될 것이다. 모든 것이 이런 식으로 돌아간다.

이 수렁에서 빠져나갈 출구는 어디에도 없다. 가족, 계층, 인종, 또는 종교를 깊이 사랑하고 거기서 정체성을 찾으면 찾을수록 종교나 인종을 포함해 다른 요소를 가진 이들을 향해 우월감, 더 나아가 적대감을 갖지 않기란 더 힘들어진다. 이처럼 인종주의, 계급의식, 성차별은 무지라든가 교육 결핍의 문제가 아니다. 푸코를 비롯해 이 시대를 대표하는 수많은 사상가들은 배타적인 태도로 이어지지 않는 자기정체성을 갖기가 생각보다 훨씬 어렵다는 것을 누누이 보여 주었다. 진정한 문화 전쟁은 뒤죽박죽 뒤엉킨 마음, 우리를 쥐락펴락할 뿐만 아니라 갖지 못한 이들을 깔보고 배척하게 만들며 손에 넣는다 해도 만족감을 느끼지 못하게 만든 지나친 물욕에 휘말려 박살 난 마음속에서 이미 진행 중이다.

죄로 인해 잃어버린 '하나님의 샬롬'

성경은 지금껏 나눈 이야기보다 오히려 더 포괄적이고 신비롭게 죄가 미치는 파장을 이야기한다. 창세기 1장과 2장은 세상에 존재를 명령하고 말 그대로 손에 흙을 묻히다시피 하는 하나님의 모습을 소개한다. "여호와 하나님이 땅의 흙으로 사람을 지으시고 생기를 그 코에 불어넣으시니 사람이 생령이 되니라"(창 2:7). 그 어떤 고대 창조 설화와도 비교가 불가능할 만큼 위대하다.

대다수 창조 설명에서 창조는 전쟁이나 폭력 행위의 부산물이었다. 숙고와 계획을 거친 경우는 사실상 하나도 없다. 흥미롭게도 사물의 기원을 둘러싼 세간의 과학적 설명은 옛 이교도들의 설명과 판박이처럼 비슷하다. 생물의 생명은 물론이고 이 세계의 물리적인 형태 역시 폭력적인 힘이 낳은 결과물로 본다.

여느 창조 설명과 달리 성경은 특이하게도 세상을 완벽하게 빚어지고, 상호 의존적이며, 서로를 향상시키고 강화하는 생명들이 다양하고 풍성한 형식으로 존재한다고 묘사한다. 이에 대한 창조주의 반응은 기쁨이다. 다 좋다는 말이 계속 되풀이된다. 사람을 지은 뒤에는 정원사가 정원을 가꾸듯 피조 세계를 경영하고 광대한 자원을 끌어내라고 가르친다. 창세기 1장 28절을 보면, 창조주는 "잘 굴러가게 하거라, 공이 여기 있으니!"[15]라고 말하는 듯하다.

창조의 각 부분들 사이의 이 완벽하고 조화로운 상호 의존을 설명하는 히브리어 단어는 '샬롬'이다. 흔히 '평화'로 해석하지만 본질적으로 부정적인 영어 표현으로는 어려움과 적의가 없는 상태를 가리킨다. 반면에 히브리어 단어는 그보다 훨씬 더 많은 의미를 담고 있다. 전폭적인 완전함, 즉 충만하고 조화로우며 즐겁고 풍요로운 생명을 뜻한다.

창세기 3장은 죄로 말미암아 샬롬을 참담하게 잃어버리는 과정을 상세하게 그려 낸다. 하나님이 아니라 스스로를 섬기기로 작심하는, 그러니까 하나님을 최고선으로 여기며 그분을 위해 살고 즐거워하기를 포기하는 바로 그 순간, 옹글었던 창조 세계는 깨어지고 말았다. 인류는 만물의 구조와 너무나도 단단히 통합되어 있어서 인간이 하나님께 등을 돌리자마자 세상의 기초적인 틀은 철저하게 흐트러졌다. 압제와 전쟁, 범죄와 폭력과 마찬가지로 질병과 유전질환, 기근과 자연재해, 노화와 죽음 자체도 죄의 결과이다. 인류는 신체적으로, 영적으로, 사회적으로, 심리적으로, 문화적으로 하나님의 샬롬을 다 잃어버렸다. 만물은 망가져 버렸다. 바울은 로마서 8장에서 이제 온 세상이 "썩어짐의 종노릇"하게 되었고 "허무한 데 굴복하는" 지경에 빠졌으며 인간이 바로 설 때까지 정상을 회복하지 못할 것이라고 지적한다.

죄로 인해 텅 빈 공간을
예수 그리스도로 채우다

살다 보면 인생의 어느 시점에선가 스스로 마땅히 그렇게 되어야 한다고 알고 있는 부류의 인간이 아니라는 사실과 맞닥뜨리게 된다. 그때 대부분은 '마음을 다잡고' 마음에 정한 원칙에 따라 살기 위해 열심히 노력하는 식의 반응을 보인다. 하지만 이는 결국 자신을 영적인 막다른 골목으로 몰아갈 따름이다. C. S. 루이스는 "기독교는 어려운가, 쉬운가?"라는 에세이에서 인간의 통상적인 씨름을 이렇게 설명한다.

> 우리 모두가 가진 일반적인 관념은 … 인간에게는 다양한 욕구와 관심사를 가진 타고난 자아가 있으며 … '윤리'나 '곧바른 행동' 같은 무언가가 마땅히 자신을 주도해야 한다는 것이다. … 윤리와 사회의 온갖 욕구를 다 채우고 난 뒤에도 아직 가엾은 자연적인 자아에게도 얼마간의 기회와 시간이 남아서 저마다 제 삶을 살고 좋아하는 일을 하게 되길 소망한다. 사실, 우리는 세금을 꼬박꼬박 내는 성실한 납세자와 꼭 닮았다. 세금을 내지만 그러고도 먹고살 만큼은 남아 있기를 바란다.

> 기독교의 방식은 다르다. 더 어렵기도 하고 더 쉽기도 하다. 그리스도는 말한다. "내게 전부를 다오. 네 시간 가운데 이만큼, 네 돈 가운데 이만큼, 네 일 가운데 이만큼을 원하는 게 아니다. 나머지를 네 자연적 자아가 가져가길 바라지 않는단다. 난 너를 원한다. 네 것을 달라는 말이 아니다. 난 네 자연적 자아를 못살게 굴려고 온 게 아니란다. … 대신에 새로운 자아를 주마. 그러나 자연적인 자아 전체를 넘겨다오. 네 욕망들을 다 다오. 네가 사악하다고 생각하는 것 하나만이 아니라 흠 없다고 여기는 것들까지 통째로 다오. 그 대신 새로운 자아를 주마.

루이스는 여기서 죄에 대한 키르케고르의 정의를 끌어낸다. 죄는 그저 나쁜 짓을 하지 않는 데 그치지 않고 선한 것을 하나님의 자리에 두는 것까지 아우른다. 그러므로 유일한 해결책은 행동을 변화시키는 차원을 넘어 삶의 방향을 재설정하고 하나님께 초점을 맞추는 것뿐이다.

온전히 자아를 그리스도께 넘겨 드리는 건 불가능하다시피 한 일이다. 하지만 다들 그 대신에 안간힘을 쓰고 있는 일보다는 훨씬 쉽다. 우리가 애쓰고 있는 일은 스스로 '자신'이라고 부르는 데(돈이나 쾌락, 또는 야망을 중심으로 한 개인적인 행복) 계속 머물면서 그럼에도 불구하고 정직하고 순결하며 겸손하게 행하기를 소망하는 꼴이기 때문이다. 그리고 바로 그게 그리스도가 우리더러 그럴 수 없다고 단호하게 말씀하시는 일이다. 내가 풀밭이면 아무리 잘라 내고 또 잘라 내도 여전히 풀이 자랄 뿐 밀이 나지는 않는다. 밀을 원하면 … 땅을 갈아엎고 씨앗을 다시 뿌려야 한다.

겁이 나는가? 이런 이야기를 들으니 속이 답답한가? 잘 기억해 두라. 예수를 위해 살지 않으면 무언가 다른 것을 위해 살게 되어 있다. 출세를 위해 살다가 뜻을 이루지 못하면 그게 평생 따라다니며 괴롭힌다. 마치 낙오자가 된 기분이 든다. 아들딸만 보고 사는데 아이들에게 문제가 있으면 하늘이 무너지듯 낙담하게 십상이다. 인간으로 아무 쓸모가 없다는 느낌이 들기 때문이다.

예수님이 삶의 중심이고 주인이라면, 혹시 잘못을 저지른다 해도 그분은 기꺼이 용서해 주신다. 경력은 우리 죄를 지고 죽을 수 없다. 개중에 는 "크리스천이었더라면 평생 죄책감에 쫓기며 살아야 했을 거야!"라고 이야기하는 이들이 있다. 하지만 인간이라면 누구나 죄책감에 시달린다. 저마다 정체성을 가지고 있고 그 정체성을 담보하기 위해 살아 내야 할 어떤 기준 같은 게 있기 때문이다. 어떤 토대 위에 삶을 구축했든지 거기 에 맞춰 살게 되어 있다. 예수님은 삶의 목적으로 삼아야 할 유일한 분이 다. 우리를 위해 목숨을 버린, 마지막 숨까지 우리를 위해 내쉰 유일한 주 님이다. 이게 그렇게 억압적인 소리로 들리는가?

"살다가 실패하고 주저앉은 이들에게는 기독교 같은 게 필요하겠지. 하지만 난 직장생활에도 아무 문제가 없고 집안도 더 바랄 게 없을 만큼 잘 돌아가잖아"라고 말할지 모르겠다. 어거스틴의 말마따나, 하나님이 인간을 지으셨다면 그 영혼 깊은 데 자리 잡은 빈 공간들은 하나님 외의 무엇으로도 채워지지 않는다. 예수님이 창조주라면 말 그대로 '세상 무엇 도' 그분만큼 만족을 가져다주지 못한다. 설령 성공을 거둔다 해도 마찬 가지다. 더없이 순탄하고 성공적인 사회생활과 가정생활도 영광과 사랑 을 지으신 분만큼 의미와 안전, 지지를 보장해 주지 못한다.

누구나 무언가를 위해 산다. 자신의 생각과 상관 없이 그 무언가가 '삶의 주인'이 된다. 마음에 예수를 받아들이기만 하면, 그분은 우리를 완 전히 채우며 어떤 잘못도 용서하는 단 한 분, 주님이 되어 주신다.

"스스로 흡족해하며 헛꿈을 꾸던 바로 그 순간, 양심의 가책이 밀려들었어. 지독한 욕지기와 더없이 끔찍한 오한 … 고개를 숙여 나를 보았지. … 다시 에드워드 하이드가 되어 있더군."
- 로버트 루이스 스티븐슨(Robert Louis Stevenson), 《지킬 박사와 하이드 씨의 기이한 사례(The Strange Case of Dr. Jekyll and Mr. Hyde)》

기독교는 종교가 아니라 복음이다

기독교는 인간의 가장 큰 문제로 죄를 꼽는다. 그렇다면 해결책은 무엇인가? 설령 죄에 대한 기독교의 진단을 받아들인다 할지라도 굳이 그 해법을 기독교에서 구해야 할 뾰족한 이유가 없어 보일지 모른다. "하나님 외의 무언가를 토대로 정체성을 구축하면 실패로 이어진다는 건 알겠어. 그런데 왜 그 해결책이 예수와 기독교가 되어야 하는 거지? 다른 종교들도 방법이 될 수 있지 않을까? 아니면 저마다 나름대로 신을 믿든가."

답을 하자면 이렇다. 다른 종교들이 구원을 추구하는 방식으로 제시하는 길과 예수의 복음이 설명하는 방법 사이에는 심오하고도 근본적인 차이가 있다. 다른 주요 종교는 창시자, 곧 구원의 길을 보여 주는 스승이 있다. 오로지 예수만이 실제로 자신이 구원의 길이라고 주장했다. 이는 너무도 엄청난 차이여서 기독교는 분명히 더 넓은 의미의 종교라고 불릴 만하다. 논의 목적을 감안해 11장에서는 '종교'는 '윤리적 노력을 통한 구원'을 이르는 말로, '복음'은 '은혜를 통한 구원'이라는 뜻으로 사용할 것이기 때문이다.[1]

두 가지 형태의
자기중심성

로버트 루이스 스티븐슨의 《지킬 박사와 하이드 씨의 기이한 사례》에서 지킬은 스스로 '도무지 섞일 수 없는 선과 악의 결합체'라는 사실을 깨달았다. 사악한 본성이 선한 성품의 발목을 잡고 놓아주지 않는 게 틀림없었다. 이러저러하게 살아야겠다고 생각하지만 그럴 수가 없었다. 결국 그 두 성품이 분열되는 지경에 이른 것이다. 마음으로는 선한 자아, 다시 말해 낮 동안 드러나는 자아가 악의 영향에서 벗어나 자신의 목표를 잃어버리지 않기를 간절히 바랐다. 하지만 처지가 바뀌어 밤이 되고 악한 면모가 튀어나올 때면 예상보다 훨씬 악해졌다. 지킬은 고전적인 기독교 신앙의 범주에 속하는 이야기로 사악한 자아를 설명한다.

새 생명의 첫 숨을 내쉬자마자 더 악해져서, 열 배나 더 못돼지고 원죄의 종으로 팔려 버리는 걸 감지한다. 그때는 그런 생각이 마치 와인처럼 기운을 북돋우고 기분 좋게 만든다. … (에드워드 하이드의) 행동과 생각은 마지막 하나까지 자신에게 쏠린다.

에드워드 하이드가 유명한 건 흉포해서가 아니라 이중성을 감쪽같이 숨겼기 때문이다. 내면에 어떤 욕망을 품고 있는지 아무도 몰랐다. 자신의 욕구를 채우려다 누구를 다치게 하는 눈곱만큼도 관심이 없었다. 스티븐슨은 더없이 선량한 이들도 내면에 엄청난 자기중심적인 마음가짐이나 자아도취, 또는 남이야 어떻게 되든지 제 이익만 앞세우는 기질을 간직하고 있을지 모른다고 이야기한다.

세상에서 벌어지는 비참한 일들의 밑바닥에는 자기를 확장하려는 욕구가 깔려 있다. 이것이 바로 지상에서 일어나는 대다수 폭력과 범죄, 전쟁의 원인이다. 힘 있고 돈 많은 이들이 가난한 이들의 어려움에 그토록 냉담한 까닭이다. 가정이 해체되는 가장 핵심 요인이다. 인간은 악행으로 이어질 수 있는 자기중심적인 기질을 감추고 있다. 하지만 그럴 만한 상황이 생기면 여지없이 숨겨 온 속성이 튀어나온다.

사악한 짓을 저지를 잠재력을 가졌다는 사실을 깨달은 지킬 박사는 마음 한복판에 도사린 끔찍한 자기중심성과 오만을 야무지게 단속하기로 작정한다. 어찌 보면 '신앙을 갖게 된' 셈이다. 더는 그런 자리에 들어

가지 않겠노라고 단단히 결심한다. 자비를 베풀고 착한 일을 하는 데 힘을 기울인다. 한편으론 에드워드 하이드가 저지른 짓에 대한 죄 갚음이고 다른 한편으로는 남들을 위하는 행동이자 이기적인 본성을 다스리려는 노력이었다.

하지만 어느 날, 지킬 박사는 리젠츠 공원 벤치에 앉아 지금 하고 있는 선행들을 곰곰이 헤아리면서 아무리 에드워드 하이드라고 해도 이만하면 대다수 세상 사람들에 비해 월등히 나은 인간이 아니냐는 생각에 잠긴다.

앞날의 행실로 지난날을 갚기로 결심했지. 솔직히 말해서 그 각오는 제법 근사한 열매를 맺었고. 작년 마지막 몇 달 동안 고통을 누그러뜨리려 얼마나 안간힘을 썼는지 그쪽도 알 거야. 남들을 위해 얼마나 많은 일들을 했는지도 알 테고. … 하지만 남들과 비교하면서, 그러니까 펄펄 뛰는 자신의 선의를 무지에서 비롯된 다른 사람들의 굼뜬 잔인함과 견줘 가며 은근히 웃음 짓고 있는데 … 스스로 흡족해하며 헛꿈을 꾸던 바로 그 순간, 양심의 가책이 밀려들었어. 지독한 욕지기와 더없이 끔찍한 오한 … 고개를 숙여 나를 보았지. … 다시 에드워드 하이드가 되어 있더군.

치명적인 사태 전환이다. 처음으로 지킬은 약물의 도움 없이 저절로 하이드가 되었다. 끝의 시작이다. 더는 변신을 통제할 수 없게 되었음을 직감한 지킬은 스스로 목숨을 끊는다. 개인적으로는 바로 이 지점이 스티브스의 심오한 통찰이 가장 빛나는 대목이라고 본다. 약물도 없이 지킬이 하이드로 변한 까닭은 무엇인가? 보통 사람들과 마찬가지로 지킬도 스스로 죄인임을 알고 있다. 그러기에 선행을 차곡차곡 쌓아서 그 죄를 덮어보려 절박하게 발버둥 친다. 하지만 아무리 애를 써도 교만과 자기중심성의 기세는 꺾이지 않고 도리어 더 사나워지면서 그를 우월감과 자기 의, 교만으로 몰아간다. 그리고 지킬은 돌연히 하이드가 된다. 선한 행실에도 '불구하고'가 아니라 바로 그 선한 행실 '때문에' 말이다.

죄와 악은 곧 남들을 억압하게 만드는 자기중심성과 교만을 가리킨다. 하지만 여기에는 두 가지 형태가 있다. 하나는 대단히 야비하고 온갖 규칙을 다 어기는 형태다. 다른 하나는 몹시 선하고 모든 질서를 다 지키지만 독선적인 형태다. 스스로 구세주가 되는 두 가지 길이 있다. 첫째는 "내 인생이니까 내 맘대로 살 거야!"라고 이야기하는 방식이다. 두 번째는 플래너리 오코너가 묘사하는 소설 속 인물 헤이즐 모츠(Hazel Motes)의 모습 속에 잘 드러난다. "그는 예수를 부인하는 가장 좋은 방법은 죄를 부정하는 것임을 잘 알고 있었다."[2]

죄를 짓지 않고 윤리적으로 살아서 하나님도 어쩔 수 없이 복을 주고 구원을 베풀 수밖에 없는 사람이라면, 아이러니하게도 그는 예수를 스승이나 본보기, 조력자로 볼 뿐 구주로는 여기지 않을 것이다. 나란히 하나님 앞에 서서 중보해 줄 예수님보다 스스로의 선한 의지를 더 깊이 신뢰하게 된다. 예수를 따라가면서 직접 자신을 구원하려 애쓰는 것이다.

역설적이게도 이는 예수의 복음을 부정하는 꼴이다. 기독교 형식의 종교다. 성경의 규칙을 어기는 방식만이 아니라 모두 지키는 식으로도 구주 예수를 마다할 수 있다. 신앙(도덕적인 성취 위에 정체성을 구축하는)과 불신앙(다른 세속적인 추구나 관계를 토대로 정체성을 쌓아 가는), 둘 다 영적으로는 똑같은 과정을 밟는다. 양쪽 모두 '죄'이긴 마찬가지다.

선행을 쌓아 이른바 '셀프 구원'에 이르고자 하면 평생 이루 헤아릴 수 없을 만큼 많은 도덕적인 행동을 낳을 수 있지만, 내면에는 자기 의와 잔인하고 편협한 생각이 가득해서 결국 비참한 지경에 이르게 된다. 늘 남과 비교하며 스스로 썩 괜찮은 인간이라는 사실을 절대로 믿지 않는다. 그러므로 도덕률로는, 다시 말해 의지적인 행위를 통해 훌륭한 인간이 되려고 노력하는 것으로는 흉물스럽고 자기도취적인 속성을 처리할 수 없다. 마음에 품은 동기들이 완전히 달라지는 일대 변화가 필요하다.

악마라면 오히려 바리새인들, 쉽게 말해 스스로 구원을 이루려 갖은 애를 쓰는 이들을 더 좋아할 것이다. 그들은 성숙한 크리스천이나 아예 신앙이 없는 이들보다 훨씬 더 불행하며 그 누구보다 영적인 손상이 심각하다.

바리새주의의
폐해

바리새적인 신앙이 그토록 해로운 까닭은 무엇일까? '죽음에 이르는 병', 하나님을 토대로 스스로의 정체성을 세우지 못했을 때 오는 영적으로 깊고 깊은 욕지기를 생각해 보라. 너나없이 가치감과 삶의 목적, 차별성을 갖고 싶어 안달하지만 그 모두가 인간의 힘으로는 손에 넣거나 지켜 낼 수 없다.

또한 손에 쥐었다 싶으면 늘 스르르 빠져나가 버리는 조건들을 바탕으로 삼고 있다. 키르케고르의 말마따나 우리는 아직 우리 자신이 되지 못했다. 그래서 내면으로는 걱정, 불안, 분노에 시달리고 외면으로는 남들을 하찮게 여기고 억누르며 다가오지 못하게 거부한다.

바리새인들은 율법적으로 자기 의가 가득함에도 불구하고 죄가 불러오는 절망에 한결 더 내몰리는 삶을 산다. 그들은 윤리적이고 영적인 행위를 토대로 가치감을 구축한다. 하나님과 세상 앞에 내놓을 일종의 이력서인 셈이다. 어느 종교든 도덕적이고 영적인 표준은 대단히 높게 마련이며, 바리새인들은 스스로 그 기준에 완벽하게 들어맞는 삶을 살지 못하고 있음을 잘 알고 있다. 마땅히 자주 기도해야 하지만 그러지 못한다. 마땅히 이웃을 사랑하고 섬겨야 하지만 그러지 못한다. 마땅히 내면을 순결하게 간직해야 하지만 그러지 못한다. 그러다 보니 신앙이 없는 이들보다 훨씬 깊은 내면의 걱정과 불안, 조바심에 시달리기 일쑤다.

리처드 러브레이스(Richard Lovelace)는 바리새적인 신앙이 얼마나 심각한 손상을 입히는지 또 다른 방식으로 그려 낸다.

스스로의 신실함, 지난날의 회심 체험, 최근의 신앙 활동이나 의식적이고 의지적인 불순종의 빈도가 상대적으로 줄어든 상태에서 하나님의 품에 있다는 확신을 끌어내는 이들이 적지 않다. … 교만, 맹렬하고 방어적으로 자기 의를 내세우는 주장, 방어적으로 다른 이들을 비판하는 태도만 봐도 그들이 얼마나 불안정한지 고스란히 드러난다. 자신의 안정을 강조하고 억눌린 분노를 해소하자니 자연스럽게 다른 문화와 다른 인종을 미워할 수밖에 없다.[3]

러브레이스의 말마따나, 바리새적인 신앙은 안으로 심령을 망가뜨릴 뿐만 아니라 밖으로는 사회적인 갈등을 일으킨다. 바리새인들은 스스로 의롭다는 생각을 유지해야 하므로 같은 교리나 종교적 관행을 따르지 않는 이들을 닥치는 대로 멸시하고 공격한다. 인종차별주의와 문화적인 제국주의가 나타날 수밖에 없다. 독선적이고 배타적이며 불안정하고 분내고 노여워하며 도덕주의적인 이들이 가득한 교회의 모습은 추하기 이를 데 없다.

그런 공동체일수록 안으로는 쓰라린 갈등과 분화, 분열을 겪으면서도 공적으로 선포되는 메시지는 지극히 비판적이다. 지도자 하나가 흠이 될 만한 일을 저지르면 온 교회가 나서 합리화하면서 비판하는 목소리를 맹렬하게 공격하거나, 그를 희생양으로 삼거나 둘 중 하나다. 이와 같은 교회에서 성장한 수많은 이들이 개인적인 경험을 떠올리며 일찌감치, 보통 대학 입학과 함께 기독교 신앙을 버린다. 그리고 그 뒤로 평생 동안 기독교를 차단하는 예방주사를 맞은 듯 살아간다.

그렇게 교회에 환멸을 느낀 사람이라면 누가, 언제 기독교 신앙을 소개하든 늘 '종교'를 가져 보라는 권유로 받아들일 것이다. 바리새인들과 그들의 매력적이지 못한 삶은 이처럼 숱한 이들의 눈을 흐려 기독교 신앙의 참다운 본질을 흐린다.

은혜는
딴판

인간의 노력을 보고 하나님이 우리를 받아 주신다는 생각과 그리스도가 하신 일 때문에 받아 주신다는 의식 사이에는 어마어마한 격차가 존재한다. 종교의 구동 원리는 "나는 순종한다. 그러니 하나님은 나를 받아 주신다"라는 개념이다. 반면 복음의 구동 원리는 "그리스도가 하신 일을 통해 하나님은 날 용납해 주신다"는 것이다.

이렇게 판이한 원리에 기대어 사는 두 부류의 사람들이 한 교회, 바로 옆자리에 나란히 앉을 수도 있다. 양쪽 다 기도에 힘쓰고, 넉넉히 베풀고, 가족과 교회에 충성하면서 건실한 삶을 살려 애쓴다. 하지만 그들의 동기는 전혀 다르다. 영적인 정체성도 딴판이다. 그리고 그런 부류의 삶이 불러오는 결과도 완전히 다르다.

가장 큰 차이는 동기에 있다. 종교를 좇는 이들은 두려움 때문에 거룩한 표준을 지키려 한다. 순종하지 않으면 이생과 내생에서 하나님의 은총을 모두 잃어버리리라 생각한다. 반면 복음을 따르는 이들은 그리스도 덕분에 이미 받은 은총에 감사하는 마음에서 순종한다. 도덕주의자들은 버림받을까 봐 두려워서 마지못해 순종할 따름이지만 크리스천들은 자신을 위해 목숨을 내어 주신 분을 기쁘게 하고 닮아 가려는 염원에서 흔쾌히 복종한다.

또 다른 차이는 정체성과 자존감의 문제다. 종교의 틀 안에서는, 선택한 종교가 제시하는 표준에 부합하게 산다 싶으면 참 길을 따르지 않는 이들을 바라보며 우월감과 업신여기는 느낌이 들게 마련이다. 종교 성향이 더 진보적이든 보수적이든 마찬가지다. 전자는 편협하고 속 좁아 보이는 이들에게, 후자는 덜 도덕적이고 경건하지 못한 이들에게 우월감을 느낀다. 반면 선택한 종교의 표준에 맞춰 살지 못한다는 생각이 들면, 자기 혐오에 파묻히기 쉽다. 하나님과 신앙에서 멀리 떨어져 나왔다는 죄책감을 한꺼번에 더욱 깊이 느끼게 될 것이다.

개인적으로도 복음에 대한 이해가 약해지면 자아상이 두 극단 사이에서 심하게 요동친다. 내 기준에 맞게 살고 있으면(학술적인 작업, 직업적인 성취, 또는 관계를 비롯해) 자신감이 넘치지만 겸손해지진 않는다. 그러지 못하는 이들 앞에서 우쭐하고 매몰차지는 성향이 있다. 표준에 미치지 못하면 겸허해지기는 하는데 자신감을 잃고 실패자가 된 느낌이 든다.

하지만 독특한 정체성을 구축할 수 있는 자원이 복음에 있음을 깨달았다. 나는 흠투성이임에도 불구하고, 아니 그 사실을 기꺼이 인정하는 까닭에 은혜로 용납받았다. 내게는 너무 흠이 많아 예수님이 대신 죽을 수밖에 없었지만, 그런 내가 한없이 사랑스럽고 소중해서 그리스도는 서슴없이 그 죽음을 받아들였다는 것이 바로 복음이다. 이는 사무치는 겸손과 깊은 자신감을 동시에 가져온다. 젠 체와 징징거림을 단번에 누그러뜨린다. 누구에게도 우월감을 가질 수 없지만, 또한 누구에게도 스스로를 입증해 보일 이유가 없다. 나를 더 부풀리지도 찌그러뜨리지도 않는다.

오히려 스스로에 대해 덜 생각하게 된다. 어떻게 행동하고 있는지, 어떻게 보이는지 그토록 자주 자신을 의식할 필요가 없다.

종교와 복음은 다른 신념과 관습을 가진 이들을 대하는 방식에서도 근본적인 차이를 보인다. 포스트모던 사상가들은 타자, 그러니까 존재 의미의 토대로 삼고 있는 가치와 특성을 공유하지 않은 이들을 하나씩 몰아내는 과정에서 자아가 형성되고 강화된다고 믿는다. 흔히 자신이 아닌 남들을 지목하는 방식으로 스스로를 규정한다. 다른 인종과 신념, 특성을 가진 이들의 가치를 얕잡는 식으로 자존감을 북돋운다.[4] 그러나 복음의 정체성은 조화롭고 공정한 사회 질서를 세워 갈 토양을 제공한다. 크리스천의 가치와 소중함은 누군가를 배척하는 마음가짐이 아니라 우리를 위해 배척당한 주님을 통해 빚어진다. 주님의 은혜는 종교보다 훨씬 더 깊이 나를 겸손하게 한다. 나는 너무 흠이 많아서 스스로의 노력으로는 구원에 이를 가능성이 전혀 없기 때문이다. 하지만 다른 한편으로는 종교와 비할 수 없을 만큼 강한 확신을 준다. 하나님이 조건 없이 용납하고 받아 주신다는 사실을 확신하기 때문이다.

믿지 않는 이들을 우습게 볼 수 없다. 정확한 교리나 행실로 구원을 받은 게 아니므로, 지금 눈앞에 있는 상대가 그릇된 신앙을 가졌어도 도덕적으로는 나보다 여러 면에서 월등할 수 있기 때문이다. 동시에 나와 다른 면모를 가진 이의 힘이나 성공, 달란트를 두려할 만큼 자신감을 잃지도 않는다. 복음은 지나치게 예민하고 방어적이 되거나 다른 이들을 비판하려는 욕구에서 벗어나도록 도와준다. 크리스천의 정체성은 선한 사람으로 인정받는 것이 아니라 그리스도 안에서 하나님 내리시는 평가에 토대를 두고 있기 때문이다.

인간의 어려움과 고통을 다루는 방식에 관해서도 종교와 복음은 다른 길을 제시한다. 도덕주의적인 종교는 신자들에게 곧바르게 살면 하나님으로부터(또는 다른 이들로부터) 존경과 사랑을 받을 자격을 얻을 수 있다는 확신을 심어 준다. 유복하고 행복한 삶을 살 자격이 생긴다고 믿는다. 그러다 삶이 틀어지기 시작하면 도덕주의자들은 심신이 쇠약해지리만치 심각한 분노에 시달린다. 남들보다 더 나은 삶을 살았다고 믿고 하나님께 맹렬하게 분통을 터트리거나, 마땅히 살아야 하는 삶을 살지 못했거나 기준에 맞추지 못했다는 느낌을 떨쳐 내지 못해서 스스로에게 몹시 화를 내게 될 것이다. 하지만 복음은 삶이 삐그덕 댄다 하더라도 꼬리에 꼬리를 무는 쓰라린 상처나 자기 비난이나 절망에 빠지지 않도록 붙들어 준다. 복음에 기대는 이들은 착하게 살면 만사가 다 잘 풀리리라는 종교의 기본 전제가 잘못되었음을 잘 알고 있다. 예수님은 여태 지상에 존재했던 그 누구보다 윤리적으로 올바른 분이었지만 가난과 거절, 부당한 대접, 심지어 가혹한 고문으로 점철된 삶을 살았다.

은혜의
위협적인 면모

종교와 복음의 차이를 들은 이들은 너무 쉽게 들린다고 생각하기 쉽다. "이거 괜찮은데?"라고 중얼거릴지 모른다. "이게 기독교 신앙이라면

해야 할 일이라고는 하나님과 인격적인 관계를 맺는 것뿐이고 그 다음에는 내키는 대로 살면 된다는 거잖아!"

하지만 그건 한 번도 은혜를 체험하지 못한 이들이 하는 이야기다. 깊은 은혜 가운데 잠긴 이들은 아무도 그런 소리를 하지 않는다. 사실 복음은 대단히 위협적인 면모를 가졌다.

몇 년 전, 리디머교회에 갓 나오기 시작한 여성을 만난 적이 있다. 그는 어려서부터 줄곧 교회에 다녔지만 복음과 종교를 구별하는 소리는 한 번도 들어보지 못했노라고 했다. 언제나 넘치도록 선하게 살면 하나님이 받아 주실 거라는 이야기뿐이었다. 그러면서 새로 들은 메시지가 겁난다고 했다. 뭐가 무섭냐고 물었더니 그가 대답했다.

선한 행실로 구원을 받았다면 하나님이 요구하거나 겪게 하실 일에 한계가 있을 겁니다. 세금을 내고 '권리'를 얻는 식이랄까요? 스스로 의무를 다하고 나면 일정한 수준의 삶을 살 자격이 생길 거라고 생각했어요. 그런데 제가 처음부터 끝까지 순수하게 은혜로 구원을 받았다면 하나님으로서는 제게 요구하지 못할 게 없을 거란 말씀이죠.

그는 은혜와 감사의 역학을 정확하게 꿰뚫고 있었다. 형벌의 두려움이 걷히면 동시에 선하고 비이기적인 삶의 혜택도 사라진다. 그렇다면 올바른 삶을 사는 유일한 동기는 두려움이었던 셈이다.

여인은 순전히 은혜로 구원을 받는다는 믿을 수 없을 만큼 근사한 가르침을 좇는 편이 훨씬 낫다는 사실을 즉시 깨달았다. 아울러 스스로 은혜로 구원을 얻은 죄인이라면 지극히 높으신 하나님의 주인 되심에 더 복종해야 한다는 것을 알게 됐다. 예수님이 정말 자신을 위해 이 모든 일을 행하셨다면 스스로 삶의 주인 행세를 하면 안 될 일이었다. 이루 말할 수 없이 큰 값을 치르고 그를 위해 이 모든 선물을 허락하신 예수님께 즐겁고 감사하는 마음으로 삶 전체를 드리는 게 당연했다.

은혜 밖에서 보면 끝도 없이 계속되는 의무처럼 강압적으로 들릴지 모른다. 그러나 은혜 안에서 보면 동기는 처음부터 끝까지 기쁨이다. 사랑에 빠졌을 때 어떤 일이 일어나는지 되짚어 보라. 사랑하는 상대의 마음에 들려고 열성을 다할 것이다. "사귈까요?"라든지 더 나아가 "결혼해 줄래요?"라고 물었을 때 상대방이 "좋아요"라고 대답했다 치자. 그럼 "얼씨구! 이제 됐다! 지금부터는 뭐든지 내 맘대로 할 수 있겠어!"라고 하겠는가?

두말할 필요 없이 아닐 것이다. 사랑하는 상대가 이러저러하게 해 달라고 이야기하기를 기다리지도 않을 것이다. 상대를 어떻게 하면 즐겁고 기쁘게 할 수 있을지 궁리하게 될 것이다. 사랑하는 이의 마음과 생각에 따라 먼저 내 행동이 딴판으로 달라질 것이다. 강요나 의무감 따위는 전혀 없이 말이다.

빅토르 위고는 《레미제라블》에서 이를 더없이 생생하게 그려 낸다. 주인공 장발장은 쓰라린 상처를 안고 사는 전과자다. 이미 따뜻한 마음을 보여 준 주교로부터 은으로 만든 그릇들을 훔친다. 그리고 결국 경찰관들에게 붙들려 도로 주교관으로 끌려온다. 주교는 장발장에게 한없는 은혜를 베푼다. 오히려 은그릇을 쥐어 주며 풀려나게 도와준다. 이런 자애로운 행동은 그를 뼛속 깊이 뒤흔들어 놓았다. 위고는 은혜가 얼마나 위협적인지 풀어낸다.

> (주교의) 이런 천사 같은 친절에 그는 인간 내면에 도사린 악의 요새인 오만으로 맞섰다. 이 성직자의 용서야말로 자신을 흔들게 만든 가장 큰 도전이고 더없이 무시무시한 공격이었음을 어렴풋이 알아챘다. 그 너그러운 마음씨에 저항하면 냉혹한 성질이 마침내 뿌리를 내리게 될 테고, 포기하고 항복하면 그토록 오랜 세월에 걸쳐 다른 이들의 행동이 그의 심령에 채워 놓았던, 그리고 그에게 즐거움을 주었던 증오를 버려야 할 일이었다. 정복하느냐 정복당하느냐 결판을 내야 할 시간이었다. 사악함과 선함 사이의 싸움, 거대한 마지막 전투가 시작되었다."[5]

장발장은 은혜의 지배를 받는 쪽을 선택했다. 깊고 깊은 자기연민과 쓰라린 상처를 접어두고 다른 이들을 너그럽게 대하는 삶을 살기 시작한다. 존재의 뿌리가 변한 것이다.

소설에는 인과응보와 징벌이라는 관념을 토대로 온 삶을 가꿔 온 또 다른 인물 자벨 경감이 등장한다. 책의 첫 장부터 끝 장까지, 자벨은 자기 의에 사로잡혀 끈질기게 장발장을 쫓는다. 자신의 삶이 망가지는 것도 아랑곳하지 않는다. 하지만 결국 장발장의 수중에 떨어지고 만다. 하지만 장발장은 경감을 죽이는 대신 그를 놓아주기로 작정한다. 은혜의 끝을 보여 주는 이 행동은 자벨에게 지극히 골치 아픈 문제를 떠안겼다. 장발장의 신호에 제대로 반응하기 위해서는 자신의 세계관을 통째로 바꿔야만

했다. 경감은 그처럼 극적인 변화를 시도하는 대신 센강에 자기 몸을 던지고 말았다.

이는 더없이 커다란 역설처럼 보일지 모른다. 무한정 자유롭게 풀어 주는 해방 행위, 곧 무조건적인 은혜가 받는 이에게 삶의 지배권을 포기하길 요구하고 있으니 말이다. 이는 정말 모순일까? 그렇지 않다. 3장과 9장의 요점을 기억하고 있다면 모순이 아닌 것을 알 것이다. 인간은 제 뜻대로 삶을 이끌어 가지 못한다. 사람은 누구나 무언가를 위해 살며 바로 그 무언가가 삶을 지배하며 삶의 참 주인이 된다. 하나님이 아니라면 그 무언가는 끝없이 인간을 억압한다.

윤리와 종교의 한복판에까지 도사리고 있는 자아의 종살이에서 풀려날 수 있는 길은 단 하나, 은혜뿐이다. 오로지 은혜만이 스스로 자유로우며, 주체적인 자아를 가졌고, 선택하는 대로 산다는 환상을 위협한다.

복음은 이처럼 완전히 다른 삶을 살 수 있게 한다. 하지만 크리스천들은 그리스도 안에서만 그 삶을 살게 하는 복음이라는 자원을 활용하는 데 자주 실패한다. 누가 이 책을 읽든 복음과 종교의 차이를 파악하는 게 대단히 중요하다.

기독교의 기본적인 메시지는 전통적인 종교가 내세우는 가정과 근본적으로 다르다. 주요 종교의 창시자들은 어김없이 구세주가 아니라 교사로 자리매김했다. 다들 "이러저러하면 신을 만나게 될 것이다"라고 이야기한다. 하지만 예수님은 본질적으로 교사가 아니라(교사 노릇을 넘치게 하시긴 하셨지만) 구세주로 세상에 오셨다. 그분은 말씀하신다. "나는 하나님으로 너희가 스스로 할 수 없는 일을 하러 왔다."

인간은 스스로의 업적이 아니라 그리스도의 공로로 구원받는다는 게 기독교의 메시지다. 그러므로 기독교는 종교나 비종교가 아니며 그 둘을 다 아우르는 무언가로 봐야 한다.

"순교자로, 희생의 화신으로, 거룩한 스승으로 예수를 받아들일 수는 있었다. 십자가의 죽음은 세상에 보여 주는 위대한 본보기였지만 그 속에 신비롭다거나 기적적인 면모가 있었다는 이야기는 마음으로 받아들일 수가 없었다."
- 간디, 《자서전(*An Autobiography*)》

"십자가를 흘깃 봤을 게다. 그리고 갑자기 마음이 차분해졌을 것이다. 인간의 선한 동기보다 더 중요하고, 더 격동적이고, 더 열정적이지만 당연히 고상한 무언가가 문제가 되고 있음을 본능적으로, 직관적으로 알아차렸다. … 그걸 입었어야 했다. … 유니폼으로, 언어로, 생명으로 삼았어야 했다. 핑곗거리가 없어졌다. 몰랐노라고 말할 수 없다. 처음부터 알고 있었지만 등을 돌렸을 뿐이다."
- 말콤 머거리지(Malcolm Muggeridge), 《다시 찾은 예수(*Jesus Rediscovered*)》

12
십자가

가장 확실한 증거가
바로 예수다

십자가는 늘 기독교 신앙의 으뜸가는 상징이었다. 예수님이 인류의 죄를 위해 돌아가셨다는 건 복음의 핵심이자 말 그대로 좋은 소식이었다. 하지만 갈수록 기독교에서 말하는 복음이 같은 문화 속에 사는 다른 이들에게는 나쁜 소식이 되어 가는 느낌이다.

예수님이 돌아가신 덕에 하나님은 죄를 용서하실 수 있게 되었다고 크리스천들은 설명한다. 적잖은 이들이 이를 우스꽝스럽거나 한 걸음 더 나아가 사악하게까지 생각한다. "예수님이 꼭 죽어야 할 필요가 있었을까요?"라는 질문은 뉴욕 시민들에게서 "하나님은 살아 계신가요?"보다 훨씬 더 자주 듣는 질문이다. 다들 입을 모아 "그냥 용서해 주시면 안 되나요?"라고 묻는다. "기독교에서 말하는 하나님 이야기를 듣고 있노라면 사람을 제물로 바쳐야 할 만큼 복수심에 불탔던 원시시대의 신이랑 닮았다는 생각이 듭니다." 어째서 하나님은 모든 인간을, 적어도 잘못을 뉘우치는 이들만이라도 그냥 받아 주지 못하는가? 기독교의 십자가 교리 앞에서 더러는 헷갈려 하고 또 더러는 겁을 먹는다. 자유주의적인 개신교 신학자 중에도 '거룩한 아동 학대'처럼 보인다는 이유로 십자가 교리를 거부하는 이들이 있다.

그렇다면 어째서 우리는 십자가를 치워 버리지 않는가? 예수님의 죽음보다 그분의 삶과 가르침에 더 초점을 맞추지 않는 까닭은 무엇인가? 어째서 예수님은 반드시 죽어야 했던 걸까?

첫 번째 이유 :
참다운 용서는 큰 대가를 치러야 하는 아픔

순전히 경제적인 예를 들어 보자. 누가 차를 빌려 간다고 생각해 보라. 큰길로 나서기도 전에 대문을 들이박고 담장 귀퉁이와 함께 길바닥에 나자빠지고 말았다. 대문과 정원 담장은 손해보험으로 보상받을 수 없다. 이제 어떻게 할 것인가? 기본적으로 두 가지 방법이 있다. 첫째는 손해 배상을 요구하는 방법이다. 둘째는 상대방에게 비용을 부담시키지 않는 길이다. 물론 둘이 피해액을 분담하는 어중간한 방식도 있다. 어떤 선택을 하든지 누군가는 반드시 손해를 떠안아야 한다는 점을 기억해 둘 필요가 있다. 당사자든 상대편이든 사고의 대가를 받아들이지만 그 빚이 온데간데없이 사라지는 건 아니다. 여기서 용서란 사고를 친 이의 실수를 고스란히 짊어지는 걸 의미한다.

살다가 입는 부당한 피해에는 경제적인 용어로 설명할 수 없는 것들도 있다. 행복과 명성, 기회, 또는 자유의 어느 측면을 앗아 갈 수도 있다. 어디에도 가격표를 붙일 수는 없지만, "정말 미안합니다"라는 상대방의 사과만으로는 해결되지 않는, 공평성을 침해당한 것 같은 느낌이 든다. 심각하리만치 부당한 대우를 받으면 가해자들이 반드시 처리해야 할 채무 관계가 생겼다는 의식이 선명하게 각인된다. 일단 억울한 일을 당하고 나면 가볍게 떨쳐 내기 어려운 빚이 존재한다는 사실을 실감한다. 두 가지 대처법이 있다.

첫째는 가해자들에게 스스로 저지른 일에 어울리는 고통을 안겨 줄 길을 찾는 것이다. 관계를 끊을 수도 있다. 상대의 삶에 자신이 겪은 아픔에 상응하는 고통을 안길 만한 일을 적극적으로 찾아서 주도하거나 소극적으로 간절히 바랄 수도 있다. 방법은 수두룩하다. 대놓고 사납게 싸울 수도 있고 말로 상처를 줄 수도 있다. 다른 이들 사이를 두루 누비며 가해자의 명성에 먹칠을 할 만한 소문을 퍼트릴 수도 있다. 상대가 고통을 받으면 빚을 제대로 갚고 있다는 만족감 비슷한 느낌이 들기 시작한다.

하지만 이런 방법에는 심각한 문제가 있다. 갈수록 완고하고 차가워지며, 자기연민이 깊어져 결국 자기중심적인 인간이 되기 쉽다는 점이다. 못된 짓을 한 이가 부유하거나 권세를 가진 이라면 평생 그런 부류에 속한 사람들을 본능적으로 기피하거나 거부할 수 있다. 피해를 준 이가 이성이나 다른 인종이라면 그 계층 전체를 늘 냉소적으로 바라보며 편견을 가지고 대할 수 있다. 뿐만 아니라, 가해자는 물론이고 그 친구와 친척들에게 똑같이 갚아 줄 권리가 있다는 의식을 심어 주기 쉽다. 반응과 보복의 악순환이 오래도록 계속될 수밖에 없다. 악의 피해를 입은 것이 사실이지만 똑같이 악으로 되갚으려 한다면 그 악은 사라지지 않는다. 오히려 확산되게 마련이다. 무엇보다 스스로에게, 스스로의 성품에 더없이 비참하게 번져 나갈 것이다.

여기 다른 방법이 있다. 용서이다. 용서란 상대가 저지른 짓을 그대로 되갚아 주지 않기로 작정한다는 뜻이다. 하지만 힘껏 내려치고 싶은 마음이 간절할 때, 그걸 억누른다는 건 괴롭기 짝이 없는 일이다. 애초에 행복과 명성, 기회를 잃어버렸을 뿐만 아니라 받은 그대로 되갚아 얻을 수 있는 위안마저 포기한다는 건 일종의 고통이다. 다른 이에게서 빚을 받는 대신, 그 대가를 송두리째 감수하며 스스로 빚을 떠안는 일이다. 상처를 헤집는 아픔이 따른다. 죽을 것처럼 고통스러웠노라고 고백하는 이들이 얼마나 많은지 모른다.

그렇다. 하지만 그 죽음은 평생 쓰라린 상처와 냉랭한 마음으로 이어지는 죽음이 아니라 부활로 이끄는 죽음이다. 목회자로 일하면서 숱한 이들에게 용서하기를 권면했다. 그리고 그럴 때마다(행동으로는 물론이고 마음까지도 잘못을 저지른 상대에게 복수하기를 단호히 거부할 때마다) 분노가 천천히 가라앉기 시작하는 것을 볼 수 있었다. 원한의 아궁이에 더 이상 땔감을 집어넣지 않으니 사나운 불길이 점점 잦아들었던 것이다. C. S. 루이스는《말콤에게 보낸 편지들(Letters to Malcolm)》의 한 대목에서 이렇게 적었다. "지난주에 기도를 하는데, 갑자기 30년 넘게 용서하려 애써 왔던 누군가를 진정으로 용서했다는 걸 알게 됐습니다(또는 마치 그런 것 같은 느낌이 들었습니다). 내가 한 일이라고는 애쓰며 기도한 것뿐이었습니다." 아버지가 미워 죽겠다고 하소연하는 열여섯 살 소녀와 상담했던 기억이 난다. 하도 진전이 없기에 이야기해 주었다. "아버지를 미워하면, 아버지한테 늘 질 수밖에 없단다. 마음으로 용서하고 사랑하기 시작하지 않으면 언제나 분노가 발목을 잡을 거야." 어린 친구가 그걸 깨닫고 받아들이자 속에서 매듭이 풀려나갔다. 처음에는 상처가 더 깊어지는 느낌이었지만 소녀는 값비싼 대가를 치러 가며 용서의 아픔을 헤쳐 나갔고, 결국 영원한 자유를 얻었다. 용서가 먼저이고 느낌은 나중이다. 하지만 언젠가는 감정도 따라오게 된다. 아울러 새로운 평화, 곧 부활로 이끌어 간다. 악의 확산을 막는 길은 오로지 용서뿐이다.

피해를 입은 이들에게 용서하기를 권하면 가해자들은 어떻게 해야 하느냐고 되묻는 경우가 많다. "그들에게도 책임을 물어야 하지 않을까요?" 보통은 "옳습니다. 하지만 피해자가 가해자를 용서할 경우에만 그렇습니다"라고 대답해 준다. 잘못을 저지른 상대와 정면으로 맞서야 할 정당한 명분은 한두 가지가 아니다. 앞서 예로 들었던 자동차 사고처럼, 손해를 메우기 위해서는 무언가 대가를 치러야 한다. 가해자들을 일깨워 실상을 보게 하고, 마음을 바꿔 관계를 회복하게 만들며, 최소한 나중에라도 다른 사람들에게 똑같은 해를 끼치지 못하게 제한하고 방지하기 위해서라도 맞서 싸울 필요가 있다. 하지만 직면해야 할 그 모든 이유들은 곧 사랑해야 할 이유이기도 하다는 사실을 기억해야 한다. 그들과 주위의 여러 잠재적인 희생자들을 사랑하는 가장 좋은 방법은 가해자가 회개하고 달라져서 잘못을 바로잡길 소망하면서 맞서는 것이다.

하지만 앙갚음하려는 욕구는 선한 뜻이 아니라 병든 의지에 휘둘리게 마련이다. "그냥 책임을 물으려는 것뿐"이라고 말하지만 상대방이 아파하는 것을 보고 싶은 게 진짜 속내일지 모른다. 잘못을 저지른 이를 위해, 사회가 아닌 자신을 위해, 또는 그저 원수를 갚기 위해 맞선다면 가해자가 회개할 여지는 완전히 사라지고 만다. 그럴 경우, 직면하는 쪽은 정의가 아니라 복수, 변화가 아니라 상대의 고통을 추구하며 선을 넘을 공산이 크다. 요구는 과도해지고 태도는 폭력적이 된다. 상대방은 상처를 주려는 의도를 품고 맞선다는 생각을 할 게 뻔하다. 곧이어 앙갚음의 악순환이 시작된다.

피해를 입은 이들이 먼저 마음으로 용서하려 노력해야만 절제하며 슬기롭고 너그럽게 직면할 수 있다. 상대가 아파하는 꼴을 보고 싶은 욕구가 사라져야 실제로 변화와 화해, 치유를 불러올 기회가 생긴다. 대가가 큰 고통과 죽음과도 같은 용서를 받아들이지 않는다면, 어떤 형태의 부활도 일어나지 않는다.

4장에서 이야기한 디트리히 본회퍼만큼 값비싼 용서를 몸으로 보여 준 인물이 또 있을까 싶다.[2] 히틀러와 싸우기 위해 독일로 돌아온 뒤에 쓴 《나를 따르라》에서 본회퍼는 용서가 항상 고통의 형상을 띠고 있다고 적었다.

> 반드시 짊어져야 할 형제의 짐은 겉으로 드러나는 면모들과 태생적인 기질과 은사만이 아니라 그 죄까지 다 아우른다. 죄를 짊어지는 유일한 길은 이제 나눠 가지게 된 그리스도 십자가의 능력에 힘입어 용서하는 데 있다. … 용서는 크리스천이라면 마땅히 감당해야 할 그리스도의 고난이다.[3]

1943년, 본회퍼는 체포 수감되었다가 플로센뷔르크(Flossenburg) 강제수용소로 이송되었고, 제2차 세계대전이 끝나기 직전에 처형당했다.

어떻게 이토록 말과 행동이 일치하는 삶을 살 수 있었을까? 실제로 눈앞의 상처와 악에 맞서 싸워야 했기에 본회퍼의 용서는 대가가 큰 고통일 수밖에 없었다. 그의 용서는《나를 따르라》에서 이야기한 '값싼 은혜'가 아니었다. 그는 죄를 외면하거나 타협하지 않았다. 죄가 삶을 송두리째 앗아 가도 아랑곳하지 않고 정면으로 맞서 싸웠다. 뿐만 아니라, 미워하기를 거부했다는 점에서도 커다란 대가를 치러야 하는 용서였다. 본회퍼는 원수를 사랑하자면 반드시 거쳐야 하는 고통스러운 과정을 통과했기에 적의 악행을 향한 그의 저항은 원한에 차거나 잔인하지 않고 신중하고 또 과감했다. 감옥에서 쓴 편지와 논문들을 보면 이를 잘 보여 주는 기가 막힌 증거들을 숱하게 찾을 수 있다. 어디에도 쓰라린 원망이 서리지 않았다는 게 놀랍기만 하다.

저와 관련해서는 부디 초조해하거나 걱정하지 말고, 잊지 말고 기도해 주세요. 당연히 그러시리라 믿습니다. 앞길을 인도하시는 하나님의 손길을 너무도 굳게 믿는 터라 그 확고한 믿음을 늘 지키길 바랄 따름입니다. 제가 감사하고 기뻐하는 마음으로 그분이 이끄시는 길을 걷고 있음을 한 치도 의심하지 마세요. 하나님의 선하심이 저의 지난날을 가득 채우고 있으며, 십자가에 달리신 그리스도의 용서하시는 사랑이 제 죄를 가려 줍니다.[4]

여기서 보듯, 본회퍼는 자신을 위해 예수님이 행하신 일을 그대로 되풀이해 살아 내고 있다. 예수님은 죄를, 그리고 그 대가를 고스란히 떠안으셨다. 이제 본회퍼는 다른 이들을 위해 기꺼이 그 일을 되풀이한다. 하나님의 용서를 가져다가 인간을 용서하는 데 사용한다. 이번에는 인간을 용서한 본회퍼의 놀라운 본보기를 빌어 하나님의 용서를 살펴보자.

하나님의 용서

"예수님이 꼭 죽어야 할 필요가 있었을까요? 인류를 그냥 용서해 주실 수는 없었던 걸까요?" 이렇게 묻는 이들이 허다하지만, 아무도 심각한 죄를 그냥 용서하지 않는다는 것쯤은 누구나 아는 사실이다. 용서란 잘못을 저지른 이에게 대가를 치르게 하는 대신 자신이 떠안고, 상대가 새롭게 달라지기를 기대하며 사랑을 베푸는 것이다. 죗값을 스스로 짊어진다는 의미이기도 하다. 커다란 죄악을 용서하는 이는 누구나 죽음을 지나 부활에 이르며 고통과 피, 땀과 눈물을 경험한다.

그렇다면 인간이 주님께 잘못한 일이나 서로에게 잘못한 일들을 하나하나 벌주는 게 아니라 도리어 용서하기로 결정하시고 예수님이 스스로 십자가를 지고 돌아가셨다는 사실에 놀라워해야 하는가? 본회퍼의 말처럼 용서를 하려면 상대의 죄를 대신 져야 한다. 도저히 견줄 수 없을 만큼 규모가 크지만, 누군가를 용서하기 위해 반드시 해야 할 일을 하나님은 십자가에서 뚜렷하게 그리고 우주적으로 보여 주신다. 인간은 어쩔 수 없이 창조주의 형상을 드러내게 되므로 인간의 용서 역시 이런 식으로 이뤄진다. 악을 이기는 유일한 방법은 용서의 고통을 통과하는 길뿐이며, 악을 물리치고자 하는 열정과 다른 이들을 용서하고자 하는 애정 어린 소망에 있어 하나님의 열의와 뜻이 우리보다 훨씬 크다는 사실을 안다면, 그렇게 놀랄 이유가 없을 것이다.

여기서 기독교 신앙은 언제나 예수 그리스도를 하나님으로 파악했다는 점을 기억해 두는 게 대단히 중요하다.[5] 그분은 아무에게도 고통을 주지 않고 십자가에서 온 세상의 아픔과 폭력, 악을 스스로 떠안으셨다. 그러므로 성경의 하나님은 인간의 피를 제물로 받고서야 진노를 푸는 원시적인 신들과 전혀 다르다. 도리어 윤리적인 정의와 자비로운 사랑을 지키기 위해 친히 인간이 되셨으며 생명의 피를 흘려 인류를 멸망시키지 않으면서 악을 파멸시킬 길을 여셨다.

그러므로 십자가는 그저 희생적인 사랑을 보여 주는 매력적인 사례가 아니다. 쓸데없이 생명을 내던지는 것은 존경받을 만한 행동이 아니며 오히려 그릇된 처사로 봐야 한다.[6] 예수님의 죽음이 단순한 본보기 이상의 무엇이었다면, 다시 말해 인류를 구원하는 데 꼭 필요한 무언가라면,

그 죽음은 단 하나뿐인 모범 답안일 것이다. 정말 그렇다. 인류를 구원하기 위해 예수님이 반드시 죽어야 했던 이유는 무엇인가? 갚아야 할 빚이 있었기 때문이다. 하나님이 손수 그 값을 치르셨다. 받아야 할 형벌이 있었던 까닭이다. 그리고 주님이 친히 그 벌을 받으셨다. 용서는 늘 대가가 큰 고통의 형상을 띤다.

지금까지 인간의 용서와 그에 따른 커다란 대가를 왜 하나님의 용서에 비추어 설명하는지 살펴보았다. 인간의 용서에 궁극적인 토대이자 자원이 되는 건 역시 하나님의 용서다. 본회퍼는 이를 되풀이해 증언한다. 그는 하나님의 사랑 안에 안전하게 머물며 다른 이들을 희생적으로 섬기는 삶을 살 수 있었던 힘의 원천은 십자가에서 예수님이 자신에게 베풀어 주신 용서였다고 주장했다.

두 번째 이유 :
참다운 사랑은 인격적인 교환

1990년대 중반쯤, 어느 개신교단이 개최한 신학 컨퍼런스에서 한 강사가 목소리를 높여 주장했다. "대속의 교리는 전혀 필요치 않다고 생각합니다. 십자가에 달려 피를 뚝뚝 흘리는 인간이든지 초월적인 존재가 반드시 있어야 한다고 보지 않습니다."[7] 그저 하나님이 어떻게 사랑의 하나님이 되는지 알려 주는 가르침에만 집중할 수는 없는 것인가? 답은 분명하다. 십자가를 빼 버리면 사랑의 하나님도 사라진다.

갖가지 관계가 복잡하게 얽혀 있는 현실 세계에서 어떤 의미로든 입장 공유나 교환 없이 문제를 가진 이들을 사랑하는 건 불가능한 일이다. 삶을 나누는 참다운 사랑은 예외 없이 이런 식의 상호 교환을 포함한다.

정신적으로 안정되고 행복한 이를 사랑하는 데는 큰 힘이 들지 않는다. 하지만 정서적으로 상처를 입은 이들을 생각해 보라. 그들의 이야기에 귀를 기울이고 깊이 사랑하면서 정서적으로 자신을 온전히 지켜 낼 수 있는 방도는 어디에도 없다. 대화를 나누는 사이에 상대방은 더 강해지고 확실해지는 느낌을 받을지 모르지만, 그러자면 당사자는 불가피하게 정서적으로 고갈될 수밖에 없다. 정서적으로 상대방을 세워 주려면 당사자의 정서가 말라붙는 상황을 기꺼이 감수해야 한다.

다른 예를 들어 보자. 결백하지만 비밀요원이나 정부, 또는 힘 있는 어떤 집단에 쫓기는 이와 접촉한다고 상상해 보라. 상대는 어렵게 연락을 해서 도움을 청한다. 도와주지 않으면 십중팔구 목숨을 잃을 것이다. 하지만 뒤를 봐 주면 자신은 (완벽하게 안전하고 안정적이었던) 치명적인 위험에 노출될 게 뻔하다. 영화 줄거리가 될 법한 이야기다. 누군가 끼어들면 상대는 한결 확실해진 안전과 안정을 경험하겠지만 그건 오로지 누군가 기꺼이 상대의 불안과 취약함 속으로 뛰어든 덕분이다.

자녀를 키운다고 생각해 보라. 아이들은 철저하게 의존적인 상태로 세상에 태어난다. 부모가 여러 해 동안 스스로의 독립성과 자유를 포기하지 않으면 아이들은 자급적이고 독립적인 주체로 움직일 수 없다. 일하거나 노는 데 끼어들지 못하게 막는다면, 그리고 불편하지 않을 때만 보살펴 준다면 아이들은 몸만 클 것이다. 온갖 다른 영역에서는 정서적으로 애정에 주리고 불안해하며 지나치게 의존적인 상태를 벗어나지 못한다. 선택은 분명하다. 부모 자신의 자유를 희생하거나 자녀들의 자유를 희생하는 것이다. 아이들 아니면 부모, 둘 중 하나다. 제대로 사랑하려면 부모의 몫을 줄여서 자녀의 몫을 늘여야 한다. 부모라면 기꺼이 자녀들이 가진 의존성에 개입해서 결국 부모가 가진 자유와 독립성을 맛볼 수 있도록 해 줄 것이다.

심각한 어려움을 가진 이들의 삶이 변할 만큼 사랑을 쏟기 위해서는 대속적인 희생이 필요하다. 어떤 식으로든 인격적으로 개입하면 그들의 연약함은 사랑을 쏟는 이에게, 사랑하는 자의 강건함은 연약한 자들에게 흘러간다. 존 스토트는 《그리스도의 십자가(*The Cross of Christ*)》에서 그리스도가 전한 메시지의 한복판에는 그런 대체가 자리 잡고 있다고 썼다.

> 인간 스스로 하나님을 대신하는 게 죄의 본질이라면, 하나님이 친히 우리를 대신하신 게 구원의 본질이다. 인간은 … 오로지 하나님이 계셔야 마땅한 자리에 자신을 앉히고 하나님은 … 당연히 우리가 있어야 할 자리에 친히 들어가셨다.[8]

이게 사실이라면, 세상에 인격적으로 개입해서 인류가 겪는 것과 똑같은 폭력과 억압, 괴로움과 연약함, 고통을 맛보지 않고서 어떻게 하나님은 사랑의 하나님이 될 수 있는가? 답은 두 가지다. 첫째는, "하나님은 그럴 수 없다"는 것이다. 두 번째는, "하나님은 그리하신다"인데 세상의 주요 종교 가운데 단 하나만이 그렇게 주장한다.

위대한 역전

조앤 테렐(JoAnne Terrell)은 남자친구의 손에 살해당한 어머니의 사연을 이야기하며 이렇게 적었다. "엄마의 이야기와 내 이야기, 예수님의 이야기 사이의 연결점을 탐색해야 했다." 테렐은 십자가에서 그 고리를 찾아냈다. 한마디로 예수님은 우리를 위해 고난을 당하셨을 뿐만 아니라 늘 함께하신다는 사실을 깨달은 것이다. 문자 그대로 채찍질을 당하고, 힘을 가진 이들의 위협에 맞서고, 목숨으로 값을 치른다는 게 무얼 의미하는지 정확히 알고 계셨다. 제 발로 힘없고 불의에 시달리는 이들 편에 서셨다.[9] 존 스토트가 어느 글에 쓴 그대로다. "십자가가 아니라면 스스로 하나님을 믿을 길이 없다. 고통이 지배하는 현실 세계에 살면서 어떻게 고통을 알지도 못하는 신을 예배할 수 있겠는가?"

그러므로 십자가를 제대로 이해했다면 절대로 억압당하는 이들에게 폭력을 감수하라고 부추길 수 없다. 예수님이 인류를 위해 고난을 당했던 것은 정의를 존중하셨기 때문이다. 하지만 우리와 더불어 고난을 당하시는 것은 억압하는 이들이 아니라 세상의 눌린 이들과 하나가 되시기 위함이다. 삶을 바꾸는 사랑은 모두 교환, 다시 말해 자리바꿈이 따르게 마련이다. 여기 사상 최대의 역전이 있다. 더없이 큰 능력을 가지신 하나님이 소외된 이들, 가난한 이들, 억눌린 이들과 그 자리를 맞바꾸신 것이다. 선지자들은 언제나 "권세 있는 자를 그 위에서 내리치셨으며 비천한 자를 높이시는"(눅 1:52) 분으로 하나님을 노래했지만, 바로 그분이 스스로 영원한 보좌에서 내려와 눌린 이들과 함께 고난을 당하시고 그들을 높이시리라고는 꿈에도 생각지 못했다.

십자가는 권력과 힘, 지위를 떠받드는 세상의 속성이 낱낱이 까발려지고 무력화되었음을 의미한다. 십자가에 달린 그리스도는 버림으로 얻으셨고, 짐으로 이기셨으며, 약함과 섬김으로 권세를 얻으셨고, 가진 것을 남김없이 내주심으로 도리어 부유하게 되셨다. 세상의 가치를 완전히 뒤엎으신 것이다. 라이트(N. T. Wright)가 말한 그대로다.

> 무엇보다, 진정한 적은 로마가 아니라 인간의 오만과 폭력 뒤에 도사린 악의 권세였다. … (십자가에서) 하나님나라는 폭력의 악순환에 휘말리길 거부함으로써 세상 나라들을 이기고 승리를 거두었다. (예수님은 십자가에서) 원수를 사랑하셨고, 다른 뺨을 돌려 대셨으며, 십 리를 더 걸으셨다.[10]

이렇게 역전된 십자가 방식은 세상의 생각과 너무 딴판이어서 일종의 대안 나라, 대안 현실, 그 가치로 변화된 이들 사이의 대안문화를 만들어 낸다. 이 평화로운 나라에서는 권력과 인기, 지위, 부를 바라보는 세계관을 완전히 뒤엎는 역전이 일어난다. 이처럼 새로운 대안문화 속에 사는 크리스천들은 돈을 나눠야 할 것으로 본다. 권력을 반드시 섬기는 데 써야 할 것으로 본다. 인종과 계급에 뿌리를 둔 우월감, 남들을 희생시키며 부와 권력을 차곡차곡 쌓아 올리는 행위, 인기와 인정을 향한 갈망을 비롯해 인생의 여러 측면들은 십자가를 알고 경험한 크리스천들의 마음가짐과 정면으로 충돌한다. 그리스도는 완전히 다른 삶의 질서를 세우셨다. 십자가의 위대한 역전을 경험한 이들은 더 이상 돈과 지위, 출세, 인종, 권력 등을 도구로 자기를 합리화할 필요가 없다. 이렇게 십자가는 섹스와 돈, 권력이 파괴적인 방식이 아니라 생명을 베풀고 공동체를 세우는 데 쓰이는 대안 문화를 창출해 낸다.

예수님이 반드시 죽어야 했던 이유를 이해하자면 십자가의 결과(값비싼 대가가 따르는 죄 용서)와 십자가의 방식(세상 가치를 뒤엎는 역전)을 둘 다 기억하는 게 중요하다. 십자가 위에서는 정의와 자비가 사라지지 않는다. 단번에 성취될 뿐이다. 하나님은 정의를 가볍게 여기지 않으신다. 동시에 우리를 깊이 사랑하신다. 그렇다면 예수님의 죽음이 반드시 필요할 수밖에 없다. 어떤 관계든, 사랑과 정의에 대해 이와 똑같은 관심을 두어야 한다. 무슨 일이 있어도 불의를 묵인해선 안 된다. 예수님은 억눌린 이들과 하나가 되셨다. 하지만 악을 악으로 이기려 하면 안 된다. 예수님은 원수를 용서하시고 그들을 위해 돌아가셨다.

왜 예수님이 죽어야 했는지 궁금한가? 예수님마저도 같은 질문을 하셨다. 겟세마네 동산에서 혹 다른 길이 있는지 물으셨다. 그런 길은 없었다. 지금도 없다. 십자가에 달려 고통을 당하시면서 주님은 다시 물으셨다. "왜죠!?" 어째서 그리스도는 버림을 받았던 걸까?[11] 꼭 필요한 일이었을까? 성경의 답은 짧고 분명하다. "그렇다 우리를 위해서!"

십자가 이야기는 그저 감동적인 사연이 아니다

몇 가지 원리들을 추려 내는 방법을 동원해 예수님이 목숨을 버려 가며 이루신 일을 나름대로 설명해 보았다. 하지만 정의라는 개념만 가지고 십자가의 교리를 다 풀어낼 수는 없다. 플래너리 오코너에게 누군가가 어느 단편소설의 속뜻을 한마디로 요약해 달라고 부탁했다고 한다. 이 위대한 작가는 시큰둥하게 대꾸했다. 한마디로 압축할 수 있었다면 구태여 그 소설을 쓰지 않았을 거란 얘기였다. 예수의 십자가를 간단명료하게 정리하려 꾸준히 애써 왔다. 그걸 아주 중요한 연습이라고 생각했다. 그럼에도 불구하고 12장과 같은 식의 해석은 이 엄청난 사건에 담긴, 삶을 송두리째 변화시키는 능력을 제대로 전달하지 못한다.

더없이 깊은 감동을 주는 영화들은 십중팔구 누군가 다른 이에게 돌이킬 수 없는 손해를 입거나 심지어 죽는 경우가 많다. 사랑받는 작품 중에는 이를 주요한 내용으로 삼지 않는 경우가 거의 없다. 개인적으로 무척 좋아하는 〈추악한 얼굴의 천사(Angels with Dirty Faces)〉도 마찬가지다. 제임스 카그니가 연기한 록키 설리번(Rocky Sullivan)은 건들건들 힘깨나 쓴다는 시내의 비행 청소년들이 우상으로 여길 만큼 유명한 범죄자로 머잖아 전기의자로 갈 처지다. 사형 집행 전날 밤, 어린 시절 친구이자 지금은 목회자가 되어 빈민가의 청소년들을 범죄의 늪에서 끌어내려 애쓰는 제리(Jerry, 펫 오브라이언이 연기)가 찾아왔다. 차마 입이 떨어지지 않지만, 당장 돌보고 있는 청소년들이 스스로 선택한 파멸의 길에서 돌아서게 하려면 달리 도리가 없다는 생각에 그는 충격적인 부탁을 한다.

자네가 아이들에게 실망을 주었으면 하네. 알다시피 이 친구들한테 자네는 우상이었지. 어디 얘들뿐이겠나, 다른 녀석들도 다 마찬가지지.

자네가 살아 있는 내내 영웅으로 여기더니 이제 죽어서도 떠받들 판일세. 난 그걸 막고 싶은 거야, 록키. 아이들은 자네에 얽힌 기억을 멸시하게 되어야 하네. 자네를 부끄럽게 생각해야 하고.

록키는 도무지 믿지 못하겠다는 투로 말한다.

그러니까 연극을 해 달라는 소리야? 하얗게 질린 얼굴을 하고? 그래서 아이들이 내가 별 거 아니라고 생각하게? … 남아 있는 마지막 하나까지 집어던지라고? … 바닥에 엎드려 기라는 소린데, 죽어도 그건 못 하겠어. … 안 되고 말고! 자넨 나한테 너무 심한 요구를 하고 있어. … 애들을 돕고 싶어? 그럼 다른 방법들을 찾아보라고!

제리는 록키에게 위대한 역전, 곧 대속적인 희생을 행동에 옮기라고 요구하고 있다. "네가 품위를 지키고 싶어 하면 아이들이 부끄러움 속에 죽어 가겠지만, 네가 수치스럽게 죽으면 그러니까 영예를 포기하면 아이들의 삶은 구원을 받게 될 것"이라고 지적한다. 영웅 숭배에 빠진 소년들을 건져 낼 방법은 그뿐이다. 록키는 단호하게 거절한다. 하지만 다음날 아침, 형장으로 걸어가다 겁쟁이가 발작을 일으키듯 갑자기 살려 달라며 울부짖기 시작한다. 그리고 결국 멸시를 받으며 죽어 간다. 그로서는 더없이 큰 희생을 감수한 셈이다. 영화를 보는 이들은 놀라서 입을 다물지 못한다. 나 역시 영화를 볼 때마다 새롭게 살고 싶은 마음이 들 정도로 충격적이다. 그만큼 삶에 큰 영향력을 발휘하는 이야기다.

《두 도시 이야기(*A Tale of Two Cities*)》도 이와 비슷한 구성을 가진 좋은 본보기다. 판박이처럼 닮은 두 청년 찰스 다니(Charles Darnay)와 시드니 카튼(Sydney Carton)은 둘 다 루시 마네트(Lucie Manette)라는 여인을 사랑한다. 이야기의 무대는 프랑스 대혁명이다. 프랑스 귀족인 찰스는 체포당해 감옥에 갇히고 단두대 처형을 선고받는다.

소설의 말미에 영국인 시드니는 한밤중에 처형을 앞둔 찰스를 찾아간다. 그리고 서로의 신분을 바꾸자고 제안한다. 찰스는 당연히 거절하지만, 시드니는 친구에게 약을 먹이고 몰래 그를 밖으로 빼내 기다리던 마차에 싣는다. 그리고 찰스 대신 감방으로 돌아간다. 찰스와 식구들은 그 사이 영국으로 달아난다.

그날 밤, 감옥에서는 찰스처럼 사형선고를 받고 죽음을 기다리는 젊은 재단사가 다가와 말을 건다. 상대가 찰스인 줄 알았다가 엉뚱한 사람이란 걸 알아챈 아가씨는 화들짝 놀라며 묻는다. "친구를 위해 죽겠다고요?" 시드니는 대답한다. "쉿! 친구의 아내와 아이를 위해서이기도 하지!" 재단사는 이루 말할 수 없이 겁이 나고 과연 당당하게 죽음을 맞을 수 있을지 자신이 없다고 털어 놓는다. 그러고는 마지막 길에 손을 잡아 줄 수 있겠느냐고 묻는다. 최후의 순간이 다가오고 둘은 손을 꼭 잡은 채 형장으로 나간다. 아가씨는 줄곧 시드니를 바라보기만 하면 마음이 차분히 가라앉고 더 나아가 편안해지며 소망까지 샘솟는 걸 느낀다.

소설에 등장하는 아가씨는 시련의 무게에 짓눌린다. 기력이 다하지만 낯선 남자의 대속적인 희생을 지켜보며 충격을 받았고, 마지막 시험을 당당하게 마주할 수 있게 되었다.

감동적인가? 물론 그렇겠지만 감동적인 걸로 치자면 복음은 그보다 훨씬 위다.[12] 희생을 다루는 이야기들은 정서적인 큰 감동을 안긴다. 듣고 볼 때마다 더 용감하고 이타적인 삶을 살아야겠다고 다짐하게 되지만 결코 그 결심대로 살지 못한다. 이야기는 감정을 뒤흔들고 양심을 찌르지만 마음의 기본 양식은 눈곱만큼도 변치 않고 그대로 남아 있다. 여전히 남들에게 스스로를 입증해 보이고, 칭찬과 인정을 받으며, 나를 바라보는 타인의 시선을 조작하고 싶은 욕구를 좇는다. 이런 두려움과 욕망의 지배를 받는 한, 달라지고자 하는 태도는 큰 진전을 보일 도리가 없다.

하지만 복음은 다른 누군가를 주인공으로 지어낸 감동적인 사연이 아니다. 우리들의 진짜 이야기다. 우리가 그 이야기 속에 실제로 등장한다. 예수님은 비행 청소년과 같은 처지인 우리를 구원하기 위해 인간의 명성과는 견줄 수 없을 만큼 크고 소중한 것들을 포기하셨다. 뿐만 아니라, 친히 감옥으로 찾아오셔서 구원받고자 하는 뜻조차 없는 우리와 자리를 맞바꾸셨다. 예수님이 우리를 위해 자신을 내어 주고 기꺼이 처지를 바꿔 주셨음을 깨닫고 나면 얼마나 큰 힘이 생기겠는가?

오직 이 말을 전할 뿐이다. 바깥에서 이런 이야기들을 살피는 것도 큰 감동이 되지만, 실제로 예수님의 이야기 속에(그리고 주님이 나의 이야기 속에) 들어왔음을 깨달으면 변화가 일어난다. 마음을 얽매고 있던 두려움과 교만의 족쇄가 풀린다. 예수님이 나를 위해 죽었다는 사실이 교만을 버리게 하고 겸손하게 한다. 더불어 두려움에서 벗어나 확신을 품게 한다.

●
●
●

"쉰 살 나이에도 여전히 자살의 벼랑 끝으로 나를 몰아가는 것은 다른 모든 인간의 심령에 도사린 지극히 단순한 질문들 … 평생 살아도 답을 얻을 수 없는 의문들이다. 말하자면 이런 것들이다. 오늘, 또는 내일 하는 일들은 어떤 결과를 낳을까? 내 삶 전체는 어떤 열매를 맺을 것인가? 왜 살아야 하는가? 왜 무언가를 소망하거나 무언가를 하는가? 이렇게도 표현할 수 있겠다. 어김없이 나를 기다리고 있는 죽음마저도 깨트리지 못할 의미가 삶에 있는가?"
- 레오 톨스토이, 《참회록(An Autobiography)》

부활이 던지는 도전

예수님의 부활은 완벽한 검증을 거친 역사적 사실이다

대학에서 철학과 종교를 공부하던 시절, 예수의 부활은 개인적으로 그걸 어떻게 보든 관계없이 역사적으로 대단히 중요한 문제라고 배웠다. 현대 역사가들 가운데는 기적이란 애당초 일어날 수가 없다는 철학적인 전제 아래 부활을 대단히 문제가 많은 주장으로 취급하는 이들이 많다. 하지만 부활을 믿지 않으면 기독교 교회가 어떻게 시작되었는지 설명하기가 무척 어려워진다.

몇 년 전, 나는 갑상선암 진단을 받았다. 치료가 가능한 상태여서 외과수술을 비롯해 여러 요법을 동원해 암을 성공적으로 제거했다. 하지만 새뮤얼 존슨(Samuel Johnson)의 말처럼 '암'이라는 단어는 어떤 형편에서도 놀라울 만큼 정신을 집중시키는 울림을 가졌다.

치료를 받는 동안 예수님의 부활을 다룬 N. T. 라이트의 최신 학술서 《하나님 아들의 부활(The Resurrection of the Son of God)》을 찾아냈다. 빠져들 듯 주의를 기울여 책을 읽었다. 부활이 역사적이고 철학적인 이슈를 뛰어넘어 지극히 광대한 의미를 갖는다는 것을 다시 한 번 분명하게 확인할 수 있었다. 진즉부터 알고 있던 일이지만 비할 바 없이 선명하게 다가왔다. 부활이 정말 일어났다면, 삶은 통째로 달라질 수밖에 없다.

더러 이런 이야기를 하는 이들이 있다. "기독교의 가르침 가운데 부활 부분과 씨름하고 있습니다. 기독교 신앙의 이 부활 교리를 좋아하긴 하지만, 마음으로 받아들이지는 못할 것 같아요."

보통 이렇게 대답해 준다. "예수님이 죽음에서 다시 일어나셨다면, 그분이 말씀하신 것을 다 받아들여야 합니다. 죽음에서 다시 살아나지 않았다면 그분이 무슨 말을 했든 신경 쓸 게 뭐 있겠습니까? 모든 걸 가름할 핵심은 예수님의 가르침을 좋아하느냐 마느냐가 아니라 그분이 과연 죽음에서 부활했느냐의 여부입니다."

부활 소식을 처음 들은 이들이 느낀 감정도 이와 다르지 않았을 것이다. 부활이 사실이라면 이제 스스로 원하는 대로 살 수 없다는 뜻이라는 것을 그들은 알고 있었다. 로마의 칼날이든 암이든 그밖에 무엇이든 두려위할 필요가 없다는 뜻이기도 했다. 예수님이 죽은 자들 가운데서 일어나셨다는 그 사실이 모든 것을 바꿔 놓았다.

그리스도는 부활했는가? 부활에 대한 근거와 증거, 주장과 반론들을 살펴보기로 하자.

예수님의 부활에 관해서라면, 실제로 그런 일이 일어났다는 증거를 제시할 책임이 크리스천들에게 있다고 생각하는 이들이 대다수다. 하지만 그건 근거 없는 판단이다. 부활 사건은 그리스도를 믿지 않는 이들에게도 입증의 짐을 지운다. 예수님이 죽었다 다시 살아나지 않았다고 무작정 단정하는 것만으로는 충분치 않다. 그렇다면 교회가 탄생한 내력에 대해 역사적으로 타당한 대안적인 설명을 내놓아야 한다. 예수님의 부활이 실제로 일어났다고 믿지 않는 이들은 대부분 기독교가 시작된 배경에 대해 이런 시나리오를 내놓는다.

당시 사람들은 세상에 대한 과학적인 지식이 없어서 마술적이거나 초자연적인 얘기에 금방 넘어갔다. 죽은 이들이 되살아나는 게 얼마든지 가능한 일이라고 믿었기에 예수님이 살아났다는 소문에도 쉽게 귀를 기울였던 것이다. 예수님이 숨을 거두자 제자들은 마음이 찢어지는 듯했다. 그분을 정말 메시아로 여긴 터라 영으로 살아 계셔서 여전히 그들과 함께하며 앞길을 인도한다고 생각하기 시작했을지 모른다. 더러는 예수님이 무언가 말씀하는 환상까지 보았다고 생각했을 것이다. 예수님이 영적으로 살아 있다는 의식이 수십 년 넘게 지속되면서 차츰 몸으로 부활했다는 이야기로 발전하게 되었다. 복음서 네 권에 실린 부활 이야기들은 그런 믿음을 든든하게 만들기 위한 장치들이다.

복음서의 대안으로 제시된 앞의 설명은 평범한 현대인들에게 설득력 있게 들릴지 모르지만 이는 역사적이고 문화적인 맥락에 어두운 까닭이다.

빈 무덤과
증인들

대안으로 제시된 설명의 첫 번째 오류는 마태복음, 마가복음, 누가복음, 요한복음에 기록된 부활 이야기가 사건이 벌어진 이후 오랜 시간에 걸쳐 구성되었다고 보는 데 있다. 부활 이야기 두 가지 주요한 요소(빈 무덤과 증인들)가 모두 꾸며 낸 이야기라는 주장이다. 하지만 이는 사실과 다르다.

빈 무덤과 증인들에 대한 설명이 처음 등장하는 문서는 복음서가 아니라 예수님이 세상을 떠나고 15-20년쯤 지난 뒤 기록되었다고 역사가들이 입을 모으는 바울서신이다. 고린도전서 15장 3-6절은 더없이 흥미로운 본문 가운데 하나다.

> 내가 받은 것을 먼저 너희에게 전하였노니 이는 성경대로 그리스도께서 우리 죄를 위하여 죽으시고 장사 지낸 바 되셨다가 성경대로 사흘만에 다시 살아나사 게바에게 보이시고 후에 열두 제자에게와 그 후에 오백여 형제에게 일시에 보이셨나니 그중에 지금까지 대다수는 살아

있고 어떤 사람은 잠들었으며.

바울은 여기서 빈 무덤과 부활이 "사흘 만에" 있었던 일이라고 소개할 뿐만 아니라(상징이나 비유가 아니라 역사적인 사건을 이야기하고 있음을 보여 주는 대목이다) 증인들까지 열거한다. 부활하신 예수님은 몇몇 개인들과 소그룹들에 나타나시는 데 그치지 않고 500명이나 되는 군중에게 동시에 모습을 드러내기도 하셨다. 대다수는 바울 사도가 이 글을 쓸 당시까지 여전히 살아 있어서 확실한 증거가 필요하면 얼마든지 자문을 구할 수 있다고 지적한다. 바울서신은 교회에 보내는 편지였으므로 공문서임에 틀림없다. 큰 소리로 낭독하도록 쓰인 글이란 뜻이다. 바울은 누구든 예수님이 죽은 뒤에 사람들에게 나타나셨다는 사실이 의심스러우면 당장이라도 아직 살아 있는 증인들을 찾아가서 그들이 직접 본 얘기를 들어 보라고 권면한다.

이는 담대한 도전이자 어렵잖게 시도해 볼 수 있는 제안이었다. 팍스 로마나 시대에는 지중해 연안 지역을 여행하는 게 안전하고도 쉬운 일이었기 때문이다. 증인들이 실제로 존재하지 않았다면 바울은 이처럼 과감하게 도전할 수 없었을 것이다.

바울이 전해 들은 증언을 충실하게 되풀이하고 있노라고 주장한다는 점 또한 부활 이야기가 가진 주요한 특성으로 꼽을 수 있다. 19세기와 20세기 초부터 비판적인 학자들은 초기 크리스천들이 인기 있는 민담을 전달하는 과정을 거쳤을 테고, 어린아이들이 흔히 하는 '말 전하기 게임'의 문화적인 버전처럼 부활 이야기가 확산되는 과정에서 조금씩 변해

갔을 것이라고 주장한다.

하지만 6장에서 이미 짚었듯, 최근에 나온 인류학 연구 결과들은 고대문화에서도 지어낸 이야기와 역사적인 설명을 명확하게 구분했음을 보여 준다. 역사적인 설명들은 변조를 용납하지 않았다.[1] 바울의 주장도 바로 그 점을 지적하고 있다. 자신이 전달하는 부활 소식들은 실제로 예수님을 보았던 이들의 입에서 나온 그대로라는 것이다.

아울러 성경이 설명하는 부활은 문제의 소지가 너무 많아서 도리어 위조가 불가능하다. 복음서들은 저마다 부활의 첫 증인들은 여성들이었다고 이야기한다. 당시에는 여성의 사회적 지위가 대단히 낮아서 그들의 증언은 법정에서 증거로 채택될 수 없었다. 첫 목격자들이 모조리 여성들이었다고 주장해 봐야 교회에는 아무런 이득이 되지 않는다. 도리어 증언의 신뢰성만 떨어트릴 따름이다. 정말 그랬다는 것 말고는 예수님을 처음 만난 증인들이 여성이었다고 기술할 이유가 없다.

N. T. 라이트는 기독교 메시지를 전했던 초기의 전도자들은 부활 이야기에서 여성들을 빼라는 엄청난 압박에 시달렸을 것이라고 말한다. 하지만 그럴 수 없었다. 전후 사정에 관한 기록들이 너무도 잘 알려져 있었기 때문이다.[2]

부활을 처음 목격한 증인들에 관한 이야기는 입에서 입으로 전해지고 또 퍼져 나가면서 예수님의 삶에 얽힌 그 어떤 이야기보다 훨씬 더 가슴을 뜨겁게 하고 삶을 변화시켰다.

또한 라이트의 말처럼 빈 무덤과 개인적으로 예수님을 만났다는 이야기들이 한데 어우러질 때 역사적인 확실성이 한결 더 깊어진다. 텅 빈 무덤만 있고 목격담이 전혀 없다면 아무도 부활이란 결론을 내리지 않을 것이다. 누군가 시신을 훔쳐 갔다고 보기 십상이다.

반면에 예수님을 봤다는 목격담만 있고 무덤이 비지 않았다면 그 역시 설득력을 갖기 어렵다. 이미 세상을 떠난 이를 보았다는 식의 설명은 어렵잖게 접할 수 있기 때문이다. 그러므로 두 요소가 모두 사실인 경우에만 예수님이 죽음에서 살아났다는 결론을 내릴 수 있을 것이다.[3]

바울서신은 처음부터 크리스천들이 예수님의 육체적 부활을 선포했음을 보여 준다. 무덤이 틀림없이 비어 있었다는 뜻이다. 그러지 않았더라면 예루살렘 전체를 통틀어 잠깐이나마 그 설교를 믿는 이는 단 한 명도 없었을 것이다. 의심을 품은 이들은 무덤으로 달려가 부패한 예수의 시신을 금방 꺼내 보일 수 있었을 것이다. 빈 무덤이 없었더라면 바울역시 공개문서에서 수많은 증인들이 살아 있노라고 장담하지 못했을 것이다.

그러므로 세월이 흐르면서 부활에 관한 이야기가 조작되었으리라는 추측은 가당치 않다. 무덤은 비어 있었고, 허다한 증인들이 예수님의 부활을 직접 목격했다는 주장은 하늘이 두 쪽 나도 변함없을 엄연한 사실이다.

부활과
영원한 삶

이처럼 무덤이 비어 있었으며 부활하신 그리스도를 보았다고 주장하는 이들이 수백 명에 이른다는 대단히 강력한 증거가 있다. 라이트의 말처럼, 이 정도면 '역사적으로 확실'하다고 봐야 한다. 그럼에도 불구하고 더러는 틀림없이 이런 반응을 보일 것이다. "그렇다 해도 예수님이 부활했다는 사실이 입증된 건 아니죠. 제자들은 분명히 그리스도가 죽음에서 다시 살아났다고 믿고 싶은 마음이 간절했을 거예요. 그래서 누군가가 부활이 정말 일어난 것처럼 보이게 할 심산으로 예수님의 시신을 훔쳤을 수도 있잖아요. 그걸 진지하게 받아들인 이들은 그리스도를 본 것처럼 착각할 수도 있고요. 어쩌면 몇몇 사람들이 좋은 뜻으로 거기에 맞장구를 쳤을지도 모르죠."

흔해 빠진 이런 사고방식의 이면에는 C. S. 루이스가 말한 일종의 '연대기적 우월 의식'이 도사리고 있다. 초자연적인 현상을 쉽게 믿었던 고대인들은 육신 그대로 부활했다는 소식을 선뜻 믿겠지만 현대인들은 당연히 회의적으로 받아들이리라는 것이다. 얼토당토않은 생각이다. 당대의 지배적인 세계관으로는 신체적인 부활은 상상조차 할 수 없는 일이었다.

N. T. 라이트는 동서를 가리지 않고 1세기 지중해 세계의 비유대교 사상들을 두루 연구해 당시 사람들의 보편적인 세계관으로는 육신의 부활이 불가능하다는 사실을 밝혀냈다. 어째서일까? 그리스-로마 사상 체

계는 마음과 영혼은 선한 반면, 육신과 물질계는 연약하고 부패했으며 불결하다고 본다. 그래서 육신의 세계는 늘 엉망진창이므로 몸에서 해방되는 걸 구원으로 여겼다. 이런 세계관을 가진 이들에게 부활은 불가능할 뿐만 아니라 눈곱만큼도 바람직한 일이 아니었다. 이미 몸에서 자유로워진 영혼은 전혀 과거로 돌아가고 싶어 하지 않을 터였다. 환생을 믿는 이들마저 육신을 입은 삶으로 돌아간다는 건 영혼이 아직 감옥에서 벗어나지 못했다는 의미로 받아들였다. 그들의 목표는 몸에서 영원히 벗어나는 데 있다. 일단 심령이 몸에서 벗어났다면, 몸을 입고 사는 삶이란 기이하고, 생각하고 싶지도 않으며, 이뤄질 수도 없는 일이었다.[4]

그리스도의 부활 소식은 유대인들에게도 상상조차 할 수 없는 일이었다. 그리스인들과 달리, 유대인들은 물질적이고 육신적인 세계를 선하게 여겼다. 죽음은 물질계에서 벗어나 자유로워지는 사건이 아니라 비극이었다. 예수님과 비슷한 시기에 살았던 유대인들은 대부분 언젠가 하나님이 온 세상을 새롭게 하고 고통과 죽음을 없애 버리시는 날이 오면 모든 의인들이 몸을 입고 부활할 것이라는 소망을 품었다.[5]

하지만 유대교의 가르침에 따르면 부활은 온 세상이 완전히 새로워지는 과정의 일부에 지나지 않는다. 세상이 질병과 부패, 죽음의 짐을 그대로 짊어지고 있는 판에 특정한 개인이 역사의 한복판에 다시 살아난다는 건 말도 안 되는 생각이었다. 1세기 유대인에게 "아무개가 죽었다가 살아났대!"라고 말하면 이런 반응이 돌아올 것이다. "제정신이야? 그게 말이 돼? 질병과 죽음이 끝났다고? 세상에 참다운 정의가 세워졌단 말이지? 늑대와 어린 양이 나란히 눕는다는 얘기야? 어처구니가 없군!" 그리스인들과 마찬가지로 유대인들에게도 개인의 부활은 상상할 수 없는 관념이었다.

세월이 흐르면서 부활을 의심하는 이들은 예수님의 제자들이 환영을 보았으리라는 가설을 내놓았다. 다시 말해 그리스도가 나타나서 이런 저런 이야기를 했다고 상상했다는 뜻이다. 유대인 제자들로서는 주님의 부활을 얼마든지 상상할 수 있었으며 그들의 세계관 속에서는 얼마든지 선택 가능한 방법이라고 추정한다.

하지만 사실이 아니다. 제자들이 예수님의 시신을 몰래 빼돌린 뒤 남들한테는 그리스도가 살아 있다고 이야기했다는 식의 음모론을 제기하는 이들도 있다. 여기에는 제자들이 다른 유대인들을 바라보면서 그들도 특정한 개인이 죽음에서 살아날 수 있다는 믿음을 거부감 없이 받아들일 줄 알았다는 가정이 깔려 있다. 모두 터무니없는 얘기다. 비록 이유는 다르지만, 당시 사람들도 현대인들과 마찬가지로 육신의 부활을 불가능한 일로 여겼다.

1세기에는 수많은 메시아 운동이 있었으며 그 중심에 섰던 자칭 메시아들은 모두 처형을 당했다.

낙담한 추종자들이 나서서 떠받들던 영웅이 죽음에서 살아났다고 장담한다는 얘기는 어디서도, 심지어 단 한 마디도 들을 수 없다. 그들은 누구보다 잘 알고 있었다. 부활은 사사로운 사건이 아니었다. 당국의 손에 지도자를 잃고 어떻게든 달아나 체포를 모면하려 했던 유대 혁명가들에게는 두 갈래 길이 있었다. 혁명을 포기하든가, 아니면 새 지도

자를 찾아야 했다. 본래 지도자가 다시 살아났다고 주장하는 것은 그들이 선택할 수 있는 길이 아니었다. 물론, 정말 그런 일이 벌어졌다면 얘기가 다르지만 말이다.[6]

예수님과 비슷한 시기에 활동하다 죽음을 맞은 사이비 구세주는 한 둘이 아니었다. 그런데 어째서 유독 그리스도의 제자들만 십자가에 달린 주님의 죽음이 실패가 아니라 승리라는 결론을 내렸던 걸까?

죽은 자들 가운데서 다시 살아난 예수님을 보았다는 것 말고는 설명할 도리가 없다.

새로운 세계관의
폭발적인 확산

예수님이 세상을 떠난 뒤, 크리스천 공동체는 갑자기 듣도 보도 못했던 완전히 새로운 믿음을 받아들였다. 초기 크리스천들은 부활 중심의 현실 인식을 가졌다. 장차 다가올 부활이 예수님 안에서 이미 시작되었다고 믿었다. 그리스도는 변화된 몸을 가져서 벽을 통과해 지나가지만 다른 한 편으로는 음식을 먹기도 하신다고 생각했다. 유대인들이 마음에 그리던 것처럼 그저 몸만 되살아난 것도 아니고 그리스인들이 상상하던 것처럼 순전히 영적인 존재도 아니었다. 예수님의 부활은 우리의 부활을 보장하며 장차 얻게 될 새로운 생명을 오늘을 사는 크리스천의 마음에 불어넣는

다.[7]

N. T. 라이트가 지적하듯, 이러한 신앙은 그때까지 세상에 없던 아주 독특한 신앙이었다. 세계관이 달라지는 엄청난 사고의 전환은 한정된 사람들 사이에서, 그것도 상당한 기간에 걸쳐 일어난다.[8] 다양한 사상가와 작가들이 '부활의 본질'을 두고 어느 한쪽이 승리할 때까지 오랜 세월에 걸쳐 토론과 주장을 거듭하는 게 일반적이다. 문화와 세계관은 그렇게 변하는 법이다.

하지만 크리스천의 부활 의식은 예수님이 숨을 거두자마자 완전한 형태로 세상에 툭 튀어나왔다. 역사상 유례를 찾을 수 없는 사건이었다. 절차도 없고 전개 과정도 없었다. 제자들은 그 믿음이 논쟁이나 토론에서 비롯되지 않았다고 말한다. 스스로 본 바를 다른 이들에게 이야기하고 있을 뿐이다. 아무도 이런 주장에 맞설 타당한 대안을 내놓지 못했다. 제자들 가운데 한둘이 죽은 자들 가운데서 예수님이 부활하셨다는 저만의 생각을 갖게 되었다는 식으로 논리를 펼지 모르겠다. 설령 그렇다 하더라도 설명할 수는 없지만 지극히 타당하게 예수님과 여러 차례 만나지 않았다면 결코 부활을 믿도록 유대인들을 설득하는 운동에 나서지 않았을 것이다.

이후의 교회사는 설명하기가 한층 더 어렵다. 어떻게 1세기 유대인 한 무리가 인간을 신으로 섬기게 되었을까? 동양 종교들은 신을 세상 만물에 스며든 비인격적인 힘이라고 믿었다. 따라서 어떤 인간이 다른 이들보다 더 신성을 지닌다는 관념을 얼마든지 받아들일 수 있었다. 서방 종교들에서는 다양한 신들이 자주 인간의 형상을 입고 활동한다고 생각했다. 그러므로 누군가는 제우스일 수도 있고 또 다른 누군가는 헤르메스일 수도 있는 식이다.

하지만 유대인들은 유일하고 초월적이며 인격적인 하나님을 믿었다. 유대인들에게 특정한 인간을 경배해야 한다고 이야기하는 것은 완전히 신성모독이었다. 그런데도 말 그대로 하룻밤 사이에 수백 명을 헤아리는 유대인들이 예수님을 예배하기 시작했다. 바울이 예수님을 신으로 여기고 빌립보서 2장에 적은 찬송은 십자가 사건이 벌어진 지 몇 년 지나지 않아서 쓰인 것으로 보는 게 일반적이다. 어떤 어마어마한 사건이 있었기에 유대인들의 반발을 이처럼 정면으로 돌파해 냈던 것일까? 부활하신 그리스도를 보았다면 충분히 납득할 수 있다. 그런 엄청난 일을 설명할 다른 역사적 답을 찾을 수 있겠는가?

명심할 일이 하나 더 있다. "나로서는 목이 잘려 나갔던 증인들의 말을 믿을 수밖에 없다"라는 파스칼의 말처럼 사실상 모든 사도들과 초기 기독교 지도자들이 신앙을 위해 목숨을 바쳤다. 거짓말을 뒷받침할 뜻으로 이처럼 강력한 자기희생을 감수한다는 게 가능한 일인가?

천하에 다시없는 회의주의자라도 예수님이 부활하셨다는 기독교의 가르침을 "그럴 리가 없어!"라고 한 마디로 묵살하면 안 된다. 제기되는 역사적인 질문을 당당히 마주하고 답을 내놓아야 한다. 기독교는 왜 그토록 순식간에, 그처럼 대단한 기세로 등장한 것일까? 메시아를 추종하는 당시의 그 어떤 집단도 지도자가 죽었다가 다시 살아났다는 결론을 내리지 않았다.

어째서 유독 이 무리만 그런 주장을 펴는 걸까? 어떤 유대인 그룹도 인간을 하나님으로 경배하지 않았다. 도대체 무엇이 크리스천들을 그렇게 하도록 이끈 것일까? 유대인들은 신성을 가진 인간이나 개인의 부활을 믿지 않았다. 그렇다면 부활을 목격한 수백 명의 증인들이 수십 년을 더 세상에 살면서 한결같이 그 사실을 공개적으로 증언하다가 마침내는 그 믿음을 위해 목숨까지 내놓은 사태를 어떻게 설명하겠는가?

부활이 던지는
도전

역사에는 실험실에서 무언가를 증명하는 방식으로 입증할 수 있는 게 하나도 없다. 하지만 예수님의 부활은 누구든지 사실로 인정하는 대다수 고대사의 사건보다 훨씬 더 완벽한 검증을 거친 역사적 사실이다. 예수의 부활을 제쳐 두고 교회의 탄생을 설명하려고 아무리 애써 보아도 1세기 역사와 문화에 대해 이미 알려진 정보들에 비쳐 보는 순간 여지없이 물거품이 되고 말 것이다. 철학적인 편견을 가지고 기적이 일어날 가능성을 애써 외면하지만 않는다면, 예수님의 부활만큼 증거가 명확한 기적도 없음을 깨달을 것이다.

하지만 다들 철저한 조사를 회피하는 것이 문제다. 이처럼 까다로운 역사적인 질문에 답하려 애쓰고 마침내 찾아낸 답을 좇는 대신, 기적이 일어날 리 없다는 막연한 거부 뒤에 숨어 버린다. N. T. 라이트는 이를 통렬하게 지적한다.

초기 크리스천들은 빈 무덤이나 부활하신 예수님과의 만남, 또는 목격담을 조작해 내지 않았다. … 아무도 이런 일이 일어날 줄 몰랐다. 그들이 얼마나 깊이 죄의식을 느끼고 얼마나 오래도록 성경을 파고들었든지 상관없다. 어떤 부류의 회심 체험도 그런 기적을 빚어내지 않았다. 다른 제안을 꺼내 드는 건 역사를 멈추고 저만의 판타지 속으로 뛰어들어가는 짓이다.[9]

"대안적인 설명 같은 것은 생각하고 싶지 않다. 그냥 부활은 있을 수 없는 일이다"라고 말하는 이들에게는 깊은 연민을 보낸다. 하지만 잊지 말라. 1세기 사람들도 똑같은 심정이었다. 그들에게 부활은 요즘 사람들만큼이나 상상할 수 없는 일이었다. 부활을 받아들이는 유일한 방법은 그 증거가 제시하는 도전을 받아들여 세계관, 곧 가능한 일이 무언지 바라보는 시각을 바꾸는 것뿐이었다. 그들도 현대인들과 마찬가지로 그리스도가 부활했다는 주장을 수용하기 어려웠다. 하지만 목격자들의 설명과 그리스도를 따르는 이들의 변화된 삶 등 증거가 워낙 확실해 차마 부정할 수가 없었다.

해마다 부활절이면 부활에 관한 설교를 한다. 그때마다 늘 회의적인 세상 친구들에게, 설령 부활을 믿을 수 없을지라도 그게 사실이길 바라야 한다고 말한다. 그들 가운데 대다수는 가난한 이들을 공평하게 대우하고, 기근과 질병을 줄이며, 환경을 보호하는 데 깊은 관심을 기울인다.

하지만 대부분 물질세계는 우연의 산물이고 자연계에 속한 만물들은 결국 태양의 소멸과 함께 불타 버리고 말 것이라고 믿는다. 여기에 낙심한 나머지, 스스로 품은 세계관이 세상을 더 나은 곳으로 만들고자 하는 의욕을 꺾어 버린다는 사실조차 의식하지 못한 채 지극히 소수만이 정의에 관심을 갖는다. 끝까지 가 봐야 달라질 게 전혀 없다면 굳이 남을 위해 희생할 까닭이 뭐란 말인가?

하지만 예수님이 부활하는 사건이 실제로 일어났다면 얘기가 다르다. 세상의 필요를 위해 스스로를 쏟아부을 끝없는 소망과 이유가 있다는 뜻이다. N. T. 라이트는 어느 설교에서 이렇게 지적했다.

> 부활의 메시지는 바로 이 세상이 중요하다는 것입니다. 눈앞에 펼쳐진 이 세계의 불의와 고통은 마침내 사랑이 이긴다는 복음으로 다뤄야 합니다. … 부활절이 의미하는 바가 오로지 영으로만 예수 그리스도가 살아나셨다는 데 있다면, 그건 나만의 문제가 됩니다. 새로운 차원의 개인 영성 생활을 알게 되는 것입니다. 하지만 예수 그리스도가 진정으로 죽음에서 다시 일어나셨다면, 기독교 신앙은 온 세상을 위한 복음, 말 그대로 진정 마음을 뜨겁게 하는 소식이 될 것입니다. 그저 마음이 뜨거워진다는 게 무엇인지 설명하는 데 그치지 않기 때문입니다. 불의와 폭력, 타락이 고질화된 세상에서 부활절이 갖는 의미는 모든 악이 판치는 꼴을 하나님이 차마 견딜 수 없으며, 크리스천은 주님으로부터 오는 에너지를 총동원해서 악을 이기신 예수님의 승리를 완성할 계획을 세우고 분투해야 한다는 데 있습니다. 부활절을 제외하면 기독교 신앙은 물질세계에 내재된 문제에 무지하다는 칼 마르크스의 비난을 받아도 할 말이 없을 것입니다. 부활절을 없애 버리고 나면 기독교는

소원 성취의 종교라는 프로이드의 말이 지극히 당연해질 것입니다. 부활절이 없다면 기독교 신앙은 겁쟁이들한테나 필요하다는 니체에 말에 고개를 끄덕일 수밖에 없을 것입니다.[10]

．
．
．

"1938년 … 머리가 깨질 것 같은 두통에 시달리고 있었다. 소리 하나하나가 마
치 돌주먹처럼 아팠다. … 그러다 조지 허버트가 쓴 〈사랑〉이라는 시를 찾았고
외우기에 이르렀다. 사나운 두통이 정점을 향해 치달을 때면 자주 그 시를 읊
조렸다. 한 구절 한 구절에 온 신경을 모으고 그 안에 담긴 부드러움에 온 마음
을 다해 매달렸다. 그저 아름다운 시를 암송하는 줄만 알았는데, 생각해 보니
이 시 암송은 기도의 덕목을 두루 갖추고 있었다. 그리스도가 찾아와 내 주인
이 되어 주신 것도 그렇게 시구를 음송하는 순간이었다. 하나님이라는 주제를
설명할 수 없다고 주장하던 시절에는 인간과 하나님이 인격 대 인격으로 진실
하게 만날 가능성을 조금도 내다보지 못했다."
- 시몬 베유, 《하나님을 기다리며(Waiting for God)》.

14

영원한 삶

우리를 위해 준비된
돌아갈 곳이 있다

기독교 신앙은 저마다 지닌 삶의 사연들과 세계사의 모든 장면들을 더없이 잘 설명해 준다고 믿는다. 지금까지 여섯 장에 걸쳐 인간은 어디서 왔으며, 무엇이 잘못되었고, 어떻게 바로잡을 수 있는가에 대한 기독교의 이해는 그와 대립되는 그 어떤 주장들보다 우리가 보고 경험하는 바를 풀이하는 면에서 훨씬 더 탁월한 능력을 가졌다는 이야기를 했다. 이제 그동안 샅샅이 검증했던 내러티브의 날줄과 씨줄을 엮어 기독교 신앙의 전체적인 스토리 라인을 살필 시간이다. 성경은 보통 창조와 타락, 구원, 회복이라는 네 장으로 그 거대한 드라마를 압축해 보여 준다.

거룩한 춤

세상의 모든 종교들 가운데 유독 기독교만 하나님을 삼위라고 가르친다. 삼위일체란 한 분 하나님이 성부, 성자, 성령 세 위격으로 영원히 살아 계신다는 교리다. 하나님은 본질적으로 관계적이라는 뜻이다.

복음서를 기록한 요한은 성자를 설명하면서 "아버지 품속에"(요 1:18) 영원토록 사신다고 말한다. 여기서 "품속"은 사랑과 친밀감을 그리는 고대의 표현 방식이다. 요한복음 뒷부분에서는 예수님이 성령을 일컬어 "나를 영광되게 하실 것"(요 16:14, 새번역)이라고 하신다. 이어서 성자는 아버지를 영화롭게 하고(요 17:4) 성부는 다시 아들을 영화롭게 한다고(요 17:5) 한다. 이런 관계가 영원토록 계속된다.

여기서 "영화롭게" 한다는 것은 무슨 뜻일까? 무언가 또는 누군가를 영화롭게 한다는 말은 상대를 찬양하고 즐거워하고 그 안에서 기뻐하는 것을 가리킨다. 아주 쓸모 있는 물건이 있으면 거기에 푹 빠지게 된다. 이로움을 가져다주거나 도움을 주기 때문이다. 그런데 더없이 아름다운 것이 있으면 있는 그대로를 마냥 즐거워하게 된다. 그저 그 존재 안에 있다는 사실 자체가 보상이다. 누군가를 영화롭게 한다는 것은 또한 상대를 섬기고 따른다는 뜻이기도 하다. 상대방을 희생해서 나의 행복을 추구하는 대신, 손해를 감수하면서까지 상대를 즐겁게 해 주려 한다. 왜 그럴까? 상대가 기뻐하는 것을 지켜보는 게 한없이 기쁘기 때문이다.

그렇다면 성부와 성자, 성령이 서로 영화롭게 한다는 말인가? 도표로 생각해 보자면, 자기중심은 움직임이 없는, 그러니까 정지 상태다. 남들한테 자신을 중심으로 돌아가길 요구한다. 자신의 목표를 채우고 만족을 얻는 데 도움이 되는 경우에만 남들을 위해 무언가를 하고 애정을 쏟는다.

하지만 삼위일체 하나님의 내면생활은 완전히 다르다. 삼위일체의 삶은 자기중심이 아니라 서로 자신을 베푸는 사랑이 특징적으로 나타난다. 누군가를 즐겁게 하고 섬기면, 그 주위를 도는 다이내믹한 궤도 속에 들어가게 된다. 상대의 이익과 소망을 중심에 두게 된다는 뜻이다. 이는 춤을 빚어낸다. 특히 셋이 있으면 하나하나가 나머지 둘을 중심으로 움직인다. 성경이 이야기하는 바가 바로 이것이다.

하나님의 세 위격은 제각기 다른 위격에 초점을 맞춘다. 아무도 자신을 중심으로 돌아가기를 요구하지 않는다. 제각기 자원해서 다른 위격의 주위를 돌면서 사랑을 쏟고 기쁘게 하고 경배한다. 삼위일체의 세 위격은 나머지 두 위격을 사랑하고 흠모하며 따르고 즐거워한다. 이는 다이내믹하고 활기가 넘치는 기쁨과 사랑의 춤을 그려 낸다. 초기 그리스 교회의 지도자들은 이를 가리켜 '페리코레시스(perichoresis)'라고 했다. 우리말 '안무'에 해당하는 영어 단어 '커리어그래피(choreography)'가 그 속에 들어 있음에 주목하라. 이 단어는 말 그대로, '춤을 추다', 또는 '주위를 돌다'라는 의미였다.[1]

성부 … 성자 … 그리고 성령은 서로 영화롭게 한다. … 우주의 중심에는 자신을 내주는 사랑, 하나님의 삼위일체적인 삶이 역동적으로 어우러지는 흐름이 있다. 하나님의 세 위격들은 서로 찬양하고 교통하며 존중한다. … 초기 그리스 크리스천들은 하나님의 각 위격이 나머지 두 위격의 존재 중심에 머문다는 의미로 페리코레시스라는 표현을 사용했다. 끊임없이 제안하고 또 수용하는 움직임 속에 각 위격은 서로에게 감싸이고 또 에워싼다.[2]

기독교의 하나님은 어느 한 위격만 생각하더라도, 비인격적인 사물도 아니고 멈춰 있는 무언가도 아니다. 기독교의 하나님은 다이내믹하게 고동치는 활동이자 생명이며, 모종의 드라마이고, 불경스럽게 들릴지 모르지만 일종의 춤이다. … 이런 세 위격이 보여 주는 삶의 패턴이야말로 … 에너지와 아름다움이 존재의 중심에 용솟음치는 위대한 원천이다.[3]

　삼위일체 교리는 인간의 정신회로에 과부하가 걸리게 한다. 하지만 인간으로서 이해하기 어려움에도 불구하고 이 놀랍고 다이내믹한 믿음은 심오하고 근사하며 삶을 빚어내고 세상을 바꾸는 함의를 가득 담고 있다.[4]

사랑의 춤

하나님이 없다면, 우리 내면과 바깥 온갖 것들이 다 분별없고 비인격적인 힘의 소산일 뿐이다. 사랑의 경험을 소중하게 여기겠지만, 진화론적인 자연주의자들은 그저 두뇌의 생화학적인 상태에 지나지 않는다고 이야기한다.

하지만 하나님이 살아 계신다면 어떻게 될까? 사랑의 값어치가 다만 얼마라도 올라가겠는가? 이는 하나님이 어떤 분이라고 생각하느냐에 달렸다. 그분이 단일한 위격이라면 또 다른 존재들을 만들어 낼 때까지 사랑은 없다. 사랑이란 한 인격이 다른 인격을 향해 품는 무언가이기 때문이다. 단일 위격을 갖는 하나님은 영원토록 권세와 위엄, 그리고 위대함일 뿐, 사랑은 아니라는 의미다. 그렇게 되면 사랑은 하나님의 본질도 아니고 우주의 중심도 될 수 없다. 힘이 으뜸이다.

그러나 하나님이 삼위일체라면, 공동체 안에서 사랑을 주고받는 관계들은 '존재의 중심에 용솟음치는 위대한 원천'이 된다. '하나님은 곧 사랑'이란 소리를 들으면 사랑이 더없이 중요하다거나 하나님은 인간들끼리 사랑하기를 정말 원하신다는 뜻에서 하는 말인 것 같다. 하지만 기독교 사상에서 사랑은 하나님의 본질이다.

그분이 단 하나의 위격이라면 모두를 영원토록 사랑할 수 없다. 동양 사상이 가르치는 '전적인 정신(all-soul)'이어도 사랑이 되지 못한다. 사랑이란 인격들 사이에 일어나는 현상인 까닭이다. 동양 종교들은 개별적 인격을 허상으로 여기므로 사랑도 마찬가지일 거라고 본다.[5] 체스터튼은

"불교도에게 인성은 타락을 의미하지만 크리스천에게는 하나님의 목적, 곧 그분이 가진 우주적인 계획의 핵심을 가리킨다"[6]고 썼다. 하나님은 본질적으로, 그리고 영원히 인격과 인격 사이의 사랑이기 때문이다.

궁극적인 실재는 서로를 알고 사랑하는 인격들의 공동체다. 우주와 하나님, 역사, 그리고 삶이 하나같이 그런 방식으로 존재한다. 그러기에 돈과 권력, 성공을 인간관계보다 더 사랑하면 맨몸으로 실존의 거대한 바위에 부딪치는 꼴이 될 수밖에 없다. 자기를 찾으려면 먼저 자신을 잃어버려야 한다고 말씀하실 때(막 8:35), 예수님은 성부와 성자, 성령님이 영원히 계속하고 있는 일을 염두에 두셨다.

그러므로 가만히 멈춰 서서 세상 만물이 자신의 필요와 관심사를 중심으로 돌아가기를 기대하는 자세로는 절대로 스스로의 진면목을 파악하지 못할 것이다. 관계에 깊이 헌신하다 선택의 여지를 잃어버리고 개인적인 한계에 부닥치는 경험을 기꺼이 받아들이지 않는다면, 자신의 본성과 만물의 본질을 가늠할 도리가 없다.

용서의 소중함, 대속적인 사랑의 교환, 공동체의 견고한 울타리 따위를 거부하면 온전한 인간의 됨됨이를 지키는 게 불가능하다. 그 사실을 이미 이 책 곳곳에서 살펴보았다. 천국을 제외하고 나면, 관계에서 오는 고통과 고난에서 자유로운 곳은 지옥뿐이라는 C. S. 루이스의 말을 여기에 덧붙이고 싶다.

어째서 그런가? 성경에 따르면, 이 세상은 개별적인 하나님이 지은 게 아니며 비인격적인 힘이 발산된 결과물도 아니다. 인간적인 신들 사이에서 벌어진 권력 다툼의 소산도 아니고 임의적이고 폭력적이며 우발적인 자연력이 빚어낸 것도 아니다. 크리스천들은 사랑을 으뜸 자리에 두지 않는 이런 식의 창조 설명을 받아들이지 않는다. 대신에 영원토록 서로 사랑하는 여러 위격의 하나님이 공동체를 이뤄 세상을 창조했다고 믿는다. 그러므로 인간은 서로 자신을 내주는, 타인 지향적인 사랑을 하도록 만들어졌다. 자기중심적인 성향은 하나님이 만드신 기본 구조를 파괴한다.

창조의 춤

조나단 에드워즈는 삼위일체의 내면을 성찰하면서, 하나님은 무한정 행복하다고 결론지었다. 상대를 영화롭게 하고 환희가 가득한 사랑을 서로에게 쏟는 공동체가 신의 내부에 존재하기 때문이다. 인간의 경험에 비추어 이러한 패턴을 살펴보자. 세상 누구보다 흠모하는 이가 있다고 상상해 보라. 그를 위해서라면 무엇이든 할 수 있다. 그런데 상대편에서도 똑같은 마음을 품고 있음을 알게 되고 평생을 함께하는 친구가 되거나 로맨틱한 교제와 결혼에 이른다고 생각해 보라. 하늘나라에 들어간 기분이 아니겠는가?

그렇다. 정말 그런 관계는 하늘나라에서 비롯되기 때문이다. 하나님은 내면적으로 이미 그 느낌, 그것도 상상할 수 없을 만큼 무한히 깊게 알고 계신다. 하나님이 끝없이 행복한 이유가 여기에 있다. 그 존재의 핵심에 '타인지향성'이 있기 때문에, 다시 말해 스스로의 영광이 아니라 다

른 이의 영광을 추구하는 것이다.[7]

"하지만, 잠깐만요!" 이 대목에서 기다렸다는 듯 반론이 나온다. "성경을 보면 하나님께 영광을 돌리고 찬양하고 섬기라는 명령이 한 장을 넘길 때마다 나오다시피 합니다. 그런데 어떻게 그분이 스스로 영광을 추구하지 않았다고 말할 수 있는 거죠?" 사실이다. 하나님은 우리에게 무조건 순종하고 영광을 돌리며 찬양하고 그분 중심의 삶을 살라고 요구한다. 하지만 이제는 그분이 왜 그런 명령을 내리셨는지 제대로 알면 좋겠다. 하나님의 형상대로 지어진 인간이 이와 같은 기쁨을 누릴 수 있는 유일한 길은 자신이 아니라 주님 중심으로 온전히 사느냐에 달렸기 때문이다.

이런 하나님이 어째서 우리 같은 존재들이 사는 세상을 지으셨을까? 조나단 에드워즈는 요한복음 17장 20-24절을 비롯한 여러 성경 본문을 근거로 그 이유를 규명했다. 역사가 조지 마스덴(George Marsden)은 그 생각을 이렇게 풀어낸다.

> 그처럼 한없이 선하고 완전하며 영원한 존재가 무엇 때문에 창조를 계획하셨을까? … 여기서 에드워즈는 기독교의 삼위일체 하나님 개념을 본질적으로 인격과 인격의 관계로 그려 낸다. … 그렇게 지으신 가장 큰 이유는 그분의 어떤 부족함을 메우려는 게 아니라 선함과 사랑이 가득한 삼위일체 하나님의 완벽한 내적 소통을 확장하기 위해서다. … 하나님의 기쁨과 행복, 그리고 그 완전함 가운데 누리는 즐거움은 피조물에게 거룩한 행복과 회열을 전달하는 소통을 통해 바깥으로 표현된다. … 하나님의 영광이 폭발한 현장, 그게 바로 우주다. 완전한 의로움

과 아름다움, 사랑이 하나님으로부터 쏟아져 나와서 피조물들을 하나님의 기쁨과 즐거움 속으로 갈수록 더 깊이 끌어들인다. ··· 창조의 궁극적인 마무리는 하나님과 충실한 피조물이 사랑으로 하나가 되는 연합이다.[8]

하나님은 인간으로 하여금 서로 사랑하고 영화롭게 하는 우주적이고 무한한 환희를 얻도록 지은 게 아니라 서로 나누도록 창조하셨다. 우리는 함께 춤을 추도록 만들어졌다. 하나님을 삶의 중심으로 삼고 자신의 이익을 위해서가 아니라 오로지 주님의 됨됨이 때문에, 그 아름다움과 영광을 위하여 섬긴다면, 춤 속에 들어가 그분이 누리는 즐거움과 사랑에 참여하게 될 것이다. 그렇다면 인간은 그저 일반적인 방식으로 하나님을 믿도록 설계된 게 아니다. 모호한 부류의 영감이나 영성을 좇도록 만들어지지 않았다는 뜻이다. 도리어 삶의 중심을 하나님께 두도록, 그분을 알고 섬기고 즐거워하며 닮아 가는 것을 삶의 목적으로 삼고 열정을 쏟도록 지음 받았다. 이렇게 행복이 자라나는 과정은 상상할 수 없을 만큼 깊이를 더해 가며 영원히 계속될 것이다(고전 2:7-10).

그러다 보니 물질세계를 독특하리만치 긍정적인 시각으로 바라보게 된다. 이 세상은 다른 창조 신화들이 주장하듯 허상도, 신들이 벌인 전투의 결과물도, 자연력의 우연한 산물도 아니다. 이 세상은 기쁨이 가득한 가운데 지어졌으므로 당연히 그 자체로 선하다.

우리는 우주를 마치 항성의 주위를 도는 행성처럼, 조류와 사계절처럼, "분자 속에 들어 있는 원자들처럼, 화음을 이루는 성조처럼, 지상의 생명체들처럼, 품안의 아기를 굽어보는 어머니처럼"[9] 서로를 구속하지만 동시에 독립적인 에너지들을 통해 하나가 된 존재들의 춤으로 이해할 수 있다. 삼위일체 안의 삶은 처음부터 끝까지 사랑의 기록이다. 창조는 춤이다.

춤을 잃다

성경의 이야기는 창조의 춤으로 시작하지만, 창세기 3장에 이르면 타락의 기록이 등장한다. 하나님은 아담과 하와에게 다만 한 가지 나무의 열매는 먹지 말라면서 죽음의 형벌을 경고하신다. 도대체 무슨 나무이기에 열매를 따 먹는 게 그토록 나쁜 짓이었던 것일까? 답은 어디에도 보이지 않는다. 하지만 분명한 사실이 있다. 인간이 스스로 정한 목표와 관심에 부합되는 경우에만 하나님의 가르침에 따른다면, 그분을 끌어다 자신 주위를 돌게 하려 안간힘을 쓰는 셈이다. 하나님은 목적이 아니라 거기에 도달하는 수단이 되고 만다. 그런데 하나님은 말씀하신다. "그저 나를 사랑하므로, 다만 나를 위해서 나무 열매를 먹지 말라는 명령에 순종하여라."

인간은 순종하지 않았다. 움직임을 멈추고 스스로 중심이 되었다. 창세기 3장에 따르면, 하나님과의 관계가 흐트러지자 다른 관계들도 하나같이 무너져 버렸다. 자기중심은 심리적 소외를 빚어낸다. 쌀쌀맞은 태도로 자신의 필요와 욕구, 대우, 자아, 성적 따위에 끝없이 집중하는 자기몰입만큼 인간을 비참하게 만드는 요인도 없을 것이다. 아울러 자기중심은 사회 분열로 이어진다. 국가와 인종, 계층과 개인 사이의 관계가 무너져 내리는 근본적인 원인이 된다. 마지막으로, 하나님을 섬기길 거부하는 인간의 속성은 설명하기 어려운 방식으로 자연계에서도 인간을 소외시킨다.

인간은 춤을 잃었다. 다들 멈춰 서서 세상만사가 자기중심으로 돌아가게 하려 애쓰는 세상에서는 서로 자신을 내주는 행복한 관계가 성립될 수 없다.

하지만 하나님은 거기에 우리를 버려두지 않으신다. 하나님의 아들은 새로운 인류, 그러니까 자기중심을 내버리고 하나님 중심의 삶을 시작하며 그 열매로 느리지만 확실하게 다른 관계들도 모두 바로 세울 이들의 공동체를 출범시키러 세상에 오셨다. 바울은 예수님을 가리켜 '마지막 아담'이라고 했다. 첫 번째 아담은 에덴 동산에서, 마지막 아담은 겟세마네 동산에서 시험을 받았다. 첫 아담은 나무에 관한 하나님의 명령에 순종하면 죽지 않고 살 수 있음을 알고 있었지만 그렇게 하지 않았다. 마지막 아담은 바울이 '나무'라고 불렀던 십자가의 시험을 받으셨다. 아버지의 뜻에 순종하면 으스러져 죽음을 맞게 되리라는 것을 누구보다 잘 알았음에도 불구하고 그 길을 가셨다.

예수님은 무엇 때문에 우리를 위해 목숨을 버렸는가? 그래서 도대체 무얼 얻으셨는가? 잊지 말라. 그분은 이미 기쁨과 영광, 사랑의 공동체를 소유하고 있었다. 그리스도에게는 우리가 필요치 않았다. 그렇다면 여기서 무슨 영화를 보고자 하셨던 것일까? 전혀 그럴 만한 여지가 없다. 예수님은 인류의 죄를 처리하기 위해 세상에 오시고 십자가를 지시기까지 우리를 중심에 두고 섬기셨을 뿐이라는 뜻이다.

> 내게 주신 영광을 내가 그들에게 주었사오니(요 17:22).

성부와 성령 하나님과 더불어 영원 전부터 해 오셨던 일을 그대로 인간에게 적용하기 시작하셨다. 지금도 마찬가지다. 스스로에게는 아무 유익이 없음에도 불구하고 우리를 중심에 두고 사랑하신다.

춤으로
돌아오다

예수님이 하신 일이 정말 아름답다고 생각하는가? 마음에 감동이 있다면 자기중심과 두려움에서 벗어나 그분과 신뢰 관계를 구축하는 첫걸음을 내딛은 셈이다. 인류를 위해 목숨을 버리시면서 예수님은 말하자면 함께 춤을 추자고 초대하신 것이다. 주님이 우리에게 자신을 내주셨던 것과 마찬가지로, 삶의 모든 면에서 그분을 중심에 두기 시작하라고 한 사람 한 사람을 부르시는 것이다.

부름에 응하면 관계들이 빠짐없이 치유되기 시작한다. 9장에서 살펴보았듯, 죄란 무얼 하든 하나님이 아니라 스스로의 정체성을 그 중심에 놓는 마음가짐을 가리킨다. 오로지 자아의 탑을 쌓아 올리고 자신을 합리화하고 창조해 내는 노력에 힘을 쏟는 행위이다. 다른 한편으로 그 결과 우리는 똑같은 수준의 성취와 정체성 형성 요인들을 갖추지 못한 이들을 낮춰 보고 멸시하게 된다.

그러나 예수님이 찾아오셔서 자신을 내주는 한없는 사랑으로 우리를 감싸는 걸 알아차리는 순간, 온전히 새로운 토대 위에 삶을 구축하라는 초대장을 받는 셈이다. 이제 그분을 새로운 삶의 중심으로 삼고, 자신이 직접 구원자요 주인 노릇을 하려고 덤비는 짓을 집어치울 수 있다. 스스로 구원이 필요한 죄인임을 인정하고 삶을 통째로 바꾸는 하나님의 사랑을 새로운 정체성의 토대로 받아들일 수 있다. 그렇게 되면 더 이상 남들한테 자신을 입증해 보일 이유가 없어진다. 다른 이들을 끌어다 자신의 자부심과 자존감을 뒷받침하는 데 이용할 까닭이 없다. 그리고 예수님이 다가오신 것처럼 이웃들을 향해 나가는 게 가능해진다.

> 자신을 내어 줄 때, 그런 게 있는지 모르겠지만, 모든 창조의 리듬뿐만 아니라 모든 존재의 리듬에 접하게 됩니다. 영원한 말씀이신 주님도 자신을 희생물로 드리셨습니다. 십자가에 못 박히셔서, 세상의 토대가 놓이기 전부터 '집에서 영광과 기쁨 가운데 편안히 하시던 일을 외진 변방의 험한 날씨 속에서 행하셨습니다. … 지극히 높은 곳에서 가장 낮은 곳까지, 자아는 버려지기 위해 존재하며, 그런 포기를 통해 더 진실한 자아가 되고 그래서 도리어 더 내려 놓는 과정이 끝없이 이어집니다. 이는 피할 수 있는 법이 … 아닙니다. 자신을 내어 주는 시스템 밖에 있는 것은 그저 … 자기 속에 철저하게 갇히는 지옥뿐입니다 … 자

기를 내어 주는 건 절대 현실입니다.[10]

춤의 미래

그렇다면, 인간사는 어떻게 마무리될 것인가? 성경의 마지막 책을
보면, 다른 종교들의 예측과 완전히 상반되는 모습을 볼 수 있다. 세상이
녹아내리거나 영혼이 물리적인 세계를 빠져나와 하늘나라로 들어가는
장면 따위는 어디에도 없다. 도리어 하늘나라가 이 세상으로 내려와 하
나가 되고 그 속에 들었던 온갖 깨어지고 불완전한 부분들을 깨끗이 씻어
낸다. '새 하늘과 새 땅'이 열리는 것이다. 이사야 선지자는 이를 인간과
자연이 다시 완벽한 조화를 이루고, 인종간의 모든 적대감과 전쟁의 소멸
과 함께 상처와 질병, 죽음이 사라지는 '새로운 에덴동산'이라고 표현했
다. 더 이상 가난한 이들이나 종살이하는 이들, 범죄자들, 마음이 상해 슬
피 우는 이가 없을 것이다.

이는 모두 춤과도 같은 창조에 대해 우리가 알고 있는 바에 따른다.
삼위일체 하나님은 세상을 만드신 뒤에 말 그대로 '환호' 하셨다. 기쁨에
겨워 우주를 창조하시고 다른 존재들이 거룩한 기쁨에 발을 들이게 하셨
으며 갓 만든 별들로 노래하게 하셨다. 지금까지도 창조 세계는 창조주의
영광을 이야기하며 그분을 바라본다. "그들이 다 즐거이 외치고 또 노래
하나이다"(시 65:12-13). 하나님은 깊은 관심과 사랑을 품고 세상에 다가서
신다. 헌신적으로 창조 세계 구석구석을 사랑하고 유지하는 데 전념하신

다. 죄와 악이 세상을 망쳐 놓았을지라도, 그래서 참다운 실체의 그림자에 불과하게 되었을지라도 마지막 때가 되면 자연은 그 영광을 완전히 회복하며 우리도 그리될 것이다. "피조물도 썩어짐의 종 노릇 한 데서 해방되어 하나님의 자녀들의 영광의 자유에 이르는 것이니라"(롬 8:21). 온 세상은 치유되어 완전한 하나님의 영광에 들어갈 것이다. 악은 멸망하고 그 순간까지 숨었던 창조 세계의 잠재력은 활짝 피어나 더없는 온전함과 아름다움을 드러낼 것이다. 앞으로 있을 일에 비하면, 지금은 고작 푸성귀 정도에 지나지 않는다. 임재만으로도 늘 슬픔을 춤으로 바꾸시는 왕이 돌아오면 나무들마저 그 면전에서 노래할 것이다.

창조 세계는 한 분이면서 또 여럿인 하나님의 형상을 좇아 지어졌으므로, 인류는 결국 다시 연합하겠지만, 새로워진 세계에서도 인종과 문화적인 다양성은 한 점 손상 없이 그대로 유지될 것이다. 인류는 마침내 서로 의지하면서 평화롭게 어울려 살아갈 것이다. 지극히 높은 데서 평화로 세상에 임하신 하나님께 영광!

크리스천의 삶

여기에 우리는 어떻게 반응할 것인가? 이 스토리 라인의 전모를 살펴보면, 기독교 신앙이 단순히 개인적으로 죄를 용서받고 하늘나라에 들어가는 수준에 그치지 않음을 또렷이 알 것이다. 이는 하나님이 세상을 구원하는 중요한 도구이긴 하지만 최종 목표나 목적이 될 수는 없다.

예수님이 오신 목적은 이 땅에서 벗어나는 게 아니라 세상을 바로세우며, 창조 세계를 갱신하고 회복하는 데 있다. 개인적인 용서와 평화를 이룰 뿐만 아니라 세상에 정의와 샬롬을 실현하는 데 있다. 하나님은 육신과 영혼을 둘 다 창조하셨으며 부활 사건은 몸과 영혼을 모두 구속하려 하시려는 예수님의 뜻을 여실히 보여 준다. 성령의 사역은 영혼을 구원할 뿐만 아니라 세상, 곧 물질세계를 보살피고 가꾸는 일을 한꺼번에 아우른다.

이런 비전의 독특함은 아무리 강조해도 지나치지 않는다. 성경을 제외하고 나면, 그 어떤 신앙도 물질세계에서 완전한 샬롬과 정의, 온전함을 회복하고자 하는 소망을 품기는커녕 관심조차 갖지 않는다. 스리랑카의 크리스천 저술가 비노트 라마찬드라(Vinoth Ramachandra)는 이점을 아주 명쾌하게 풀어낸다. 다른 종교들은 하나같이 인간의 통상적인 됨됨이에서 풀려나는 식의 구원을 제시한다는 것이다. 개별적인 존재의 특성과 물리적으로 형상화된 실체라는 족쇄를 풀고 달아나 일종의 초월적이고 영적인 존재가 되는 것을 구원으로 보았다는 지적이다.

> (성경의) 구원은 이 세상에서 벗어나는 게 아니라 이 세상을 탈바꿈하는 것에 있다. … 인류의 그 어떤 신앙 체계나 철학에서도 이 세상에 대한 소망을 찾아볼 수 없다. … 성경의 비전은 독특하다. 누군가 다른 신앙에도 구원이 있다고 이야기하는 것을 들을 때마다 '도대체 어떤 구원을 말하는 겁니까?'라고 캐묻는 속내가 거기에 있다. 예수님의 십자가와 부활이 제시하듯 세상(통상적인 세계)의 영원한 구원을 약속하는 종교는

어디에도 없다.[11]

　그렇다면 세상에서 하나님이 일으키신 역사의 일부가 된다는 것은 무슨 뜻인가? 크리스천의 삶을 산다는 것은 무엇을 의미하는가? 삼위일체 하나님의 삶과 처음 세상이 창조되던 과정을 되짚어 보는 것도 여기에 답하는 한 가지 방편이 될 것이다. 하나님은 스스로 만끽하는 즐거움과 환희를 우리도 똑같은 방식으로 점점 더 깊이 공유하게 하셨다. 어떻게 그럴 수 있는가? 우선 주님께 영광을 돌릴 때, 곧 우리 자신이 아니라 그분을 예배하고 섬길 때 그 기쁨을 누릴 수 있다. 다음으로는 하나님의 영광스러운 형상대로 지어진 다른 인간들의 존엄을 존중하고 받드는 길에 그 기쁨이 있다. 세 번째는 하나님에서 비롯되고 다시 그분을 비쳐 보이는 자연계에 담긴 영광을 소중히 여기는 방식이다. 하나님을 예배하고, 인간 공동체를 섬기고, 거룩하게 지음 받은 환경을 보살필 때 비로소 그분을 영화롭게 하고 기쁘시게 할 수 있다는 얘기다.

　반면에 최종적인 회복이라는 또 다른 관점에서 크리스천의 삶을 바라보는 방법도 있다. 세상과 인간의 마음은 깨지고 부서진 상태다. 예수님의 삶과 죽음, 그리고 부활은 억눌리고 소외된 이들에게 정의를, 병들어 죽어 가는 이들에게 온전함 몸을, 궁벽하고 외로운 이들에게 공동체를, 하나님으로부터 멀어진 이들에게는 영적인 기쁨과 관계를 회복시켜 주기 위해 한없이 큰 희생을 감수하며 치른 구조 작전이었다. 오늘날 크리스천이 된다는 것은 온갖 고통과 난관이 예상되지만 틀림없이 성공한다는 즐거운 확신을 품고, 같은 작전에 참여한다는 뜻이다.

복음의 이야기는 우리에게 도덕적인 의무와 정의의 실재를 믿는 신념을 알려 준다. 그러므로 크리스천들은 기회가 닿는 대로 회복시키고 재분배하는 정의를 실천한다. 복음의 이야기는 결코 지워지지 않는 신앙을 설명한다. 그러므로 크리스천들은 예수님을 통해 용서를 받고 하나님과 화해하는 길을 가리켜 보이며 복음을 전하기에 힘쓴다. 복음은 인간의 뿌리 깊은 관계적인 속성을 일깨워 준다. 그래서 크리스천들은 교회 공동체, 곧 교회뿐만 아니라 주위의 인간 공동체들을 단단히 세우기 위해 헌신적으로 일한다. 복음의 이야기는 또한 아름다운 것들을 기뻐하고 즐기는 마음을 알게 해 준다. 그러므로 크리스천들은 과학과 원예를 통해 자연 속의 피조물들을 잘 돌보는 이들에서부터 예술적인 작업에 온 힘을 기울이는 이들에 이르기까지 물질세계의 청지기가 되며, 그런 일들이 인간을 풍요롭게 하는 데 반드시 필요함을 모두 알고 있다. 하늘들과 나무들은 하나님의 영광을 '노래'하고, 우리는 그 하나하나를 보살피고 기리는 일들을 통해 그 목소리를 자유로이 풀어내 하나님을 찬양하고 인간에게 환희를 선사하는 것이다. 간단히 정리하자면, 크리스천의 삶이란 다른 모든 사람들에게 신앙을 가지라고 권해서 기독교 공동체를 세울 뿐만 아니라 정의와 섬김을 실천해 인간 공동체를 굳세게 형성하는 것을 가리킨다.

크리스천은 정의와 진리를 위해 일하는 참다운 '혁명가'들이다. 우리는 완전한 세상이 오기를 기대하는 마음을 품고 수고를 아끼지 않는다.

모든 눈물을 그 눈에서 닦아 주시니 다시는 사망이 없고 애통하는 것이나 곡하는 것이나 아픈 것이 다시 있지 아니하리니 처음 것들이 다 지나갔음이러라(계 21:4).

우리가 거기에 이르면 기쁨에 겨워 소리칠 것이다. "드디어 집에 왔
다! 그래, 여기가 진짜 고향이지. 본래부터 난 여기 사람이었어. 어떤 곳
인지 전혀 몰랐지만, 평생 이 땅을 그리워하며 살아왔거든." 하지만 여기
가 이야기의 끝이 아니다. C. S. 루이스의 표현처럼, 여태 거쳐 온 온갖
모험들은 사실 '표지와 제목이 적힌 속표지'에 지나지 않는다. "세상 누구
도 읽어 보지 못한 이야기, 영원히 계속될 이야기, 한 쪽을 넘길 때마다
이전보다 훨씬 근사한 내용이 튀어나오는 더없이 위대한 이야기의 첫 장
이 펼쳐질" 것이다.[12]

"스스로를 안다는 것은 일단, 무엇이 부족한지를 안다는 말이다. 이는 진실에
자신을 견주어 보는 일이며 그 반대는 아니다."
_플래너리 오코너, 《소설 작가와 그의 나라(*The Fiction Writer and His Country*)》

"그러자 에오윈의 마음이 바뀌었다. 적어도 이해하기는 했다."
_J. R. R. 톨킨, 《왕의 귀환(*The Return of the King*)》

이제 하나님을
믿을 준비가 되었는가

|

확신할 수는 없지만, 이 책을 읽고 나면 기독교 신앙이 좀 더 타당하게 느껴질지 모른다. 우리 세계의 필요와 인간의 조건, 그리고 이 세상에서 감당하신 그리스도의 소명 등에 관한 설명에 개인적으로 마음이 움직였을지 모르겠다. 만약 그리스도를 믿을 준비가 되었다면 어떻게 되는 걸까? 이제 어디로 가야 하는가?

동기를
되짚어 보라

　동기는 늘 뒤섞여 있게 마련이다. 속내가 순수하고 이타적이 될 때까지 대기했다가 무슨 일인가를 하려 한다면 영원히 기다리기만 해야 할 것이다. 그럼에도 불구하고 마음을 움직여 행동에 나서게 하는 요인이 무엇인지 묻는 건 대단히 중요한 일이다. 예를 들어, 몹시 힘들고 고달픈 시기를 지나고 있을 수 있다. 어쩌면 난생처음 문제를 풀어 나가기 위해 하나님과 모종의 영적인 도움이 필요하다는 사실을 깊이 자각하고 있을지 모른다. 그런 마음을 잘못으로 치부할 이유는 전혀 없지만, 그런 형편에서는 하나님을 자신의 뜻을 이루기 위한 수단으로 보고 접근하기 쉽다. 하나님을 섬기기 위해 기독교 신앙을 가지려 하는가, 아니면 그분을 끌어다 자신을 섬기게 할 심산인가? 후자라면 기도와 신앙적인 관습들을 통해 하나님을 조종하려 노력하는 샤머니즘의 한 갈래로 봐야 한다. 하나님을 믿는다기보다 이용하는 행태다.

　우리는 대부분 무언가 바라는 게 있어서 하나님을 향한 여정을 시작한다. 하지만 하나님이 이미 해 주신 일 때문에 인간은 삶 전체를 빚지고 있음을 똑똑히 알아야 한다. 그분은 우리의 창조주시다. 그 사실만 가지고도 인간은 그분께 모든 걸 빚진 셈이다. 하지만 하나님은 동시에 구원자가 되셨다. 더없이 큰 대가를 스스로 치르고 인류를 구원하신 것이다. 이러한 비밀을 깨달은 심령이라면 전능하실 뿐만 아니라 우리를 위해 무엇이든 다 내어 주신다는 걸 증명해 보이신 분께 무릎을 꿇고 싶은 마음이 절로 들 수밖에 없다.

　하나님을 향한 여정에 나서면서 보통 이렇게 생각한다. '어떻게 해야 그분한테서 이런저런 것을 얻을 수 있을까?' 하지만 결국엔 '어떻게 하면 그분을 얻을 수 있을까?'라고 생각을 바꿔 가야 한다. 그쪽으로 옮겨 가지 못하면 아무리 애를 써도 참 하나님을 실제로 만나지 못하고 그저 캐리커처 버전쯤 되는 하나님을 믿는 데 그칠 것이다.

치러야 할 대가를
가늠해 보라

　크리스천은 문자 그대로 '그리스도의 사람', 다시 말해 기독교 교리에 막연히 영향을 받은 정도가 아니라 가장 근본이 되는 충성을 예수님께 바치는 쪽으로 방향을 완전히 바꾼 사람을 가리킨다. 크리스천이라면 누구나 예수님의 가르침이 너무도 광대해서 '모 아니면 도'식의 선택을 할 수밖에 없음을 충분히 알고 있다.

　아주 초기부터 크리스천들은 "크리스토스 퀴리오스", 즉 "예수는 나의 주"라고 고백했다. 반드시 "카이저 퀴리오스", 그러니까 "황제는 나의 주"라고 이야기해야 했던 역사적인 시대 상황에서 이는 예수님을 최고 권력자로 인정한다는 뜻이었다. 그리스도는 그저 신성한 천사 같은 존재가 아니었다. 초기 크리스천들이 불렀던 찬송가 가사처럼 그분은 "모든 이름 위에 뛰어난 이름"(빌 2:9)이었다. 예수님 안에는 "신성의 모든 충만이 육체로" 거하셨다(골 2:9).

이는 어마어마한 주장이지만 거기엔 확실한 논리가 있다. U2의 리드싱어 보노(Bono)는 가장 최근에 그 논리를 언급한 인물들 가운데 하나다. 미치카 아사야스(Michka Assayas)와 나눈 이야기를 옮겨 보자.

아사야스: 그리스도를 세계의 위대한 사상가들 가운데 하나로 꼽는 건 좋습니다. 하지만 하나님의 아들이라니, 황당하지 않습니까?

보노: 천만에요. 나한테는 조금도 터무니없는 소리가 아닌걸요. 자, 한 번 들어 보세요. 그리스도 이야기가 나오면 세상의 반응은 늘 이런 식으로 흘러갑니다. "그분은 위대한 선지자였어. 아주 흥미로운 분이라는 데는 의심의 여지가 없지. 엘리야, 무하마드, 붓다, 공자 같은 다른 선견자들과 어깨를 견줄 만해." 하지만 사실 그리스도는 그걸 용납하지 않으십니다. 그렇게 마음대로 생각하도록 내버려두지 않으시죠. 그리스도는 이렇게 말씀하세요. "아니다. 난 교사라고 말하지 않으니 그렇게 부르지 말거라. 예언자라고도 하지 않으니 그리 불러서도 안 된다. 나는 '메시아'다. 분명히 말한다. 난 몸을 입고 온 하나님이다." 그래도 사람들은 말합니다. "아니죠, 아니고말고요. 제발 그냥 예언자가 돼 주세요. 그러면 우리도 받아들일 수 있잖아요. 조금 괴팍스러운 데가 있으신 거 아시죠? 하지만 메뚜기와 석청을 먹었던 세례요한의 전례가 있으니 그 정도는 봐드릴 수 있습니다. 하지만 메시아

의 '메'자도 꺼내지 마세요! 잘 아시겠지만, 그럼 우리가 다시 십자가에 못 박아야 할 테니까요." 하지만 그분은 포기하지 않으십니다. "아니다, 아니고말고. 너희들은 내가 군대를 이끌고 돌아와서 이 소름끼치는 현실에서 벗어나게 해 주길 기대하고 있지? 잘 안다. 하지만 난 정말 메시아란다." 이 대목에 이르면 다들 고개를 푹 숙이며 중얼거립니다. "세상에나! 저 소리를 계속할 건가 봐." 그러므로 이제 남은 건 그분이 말하는 대로 예수님을 메시아로 받아들일지 아니면 천하에 미치광이로 치부할지 선택하는 일뿐입니다. 말하자면 지금 찰스 맨슨(Charles Manson, 사교집단의 우두머리이자 살인마 - 옮긴이) 수준의 미치광이 이야기를 하고 있는 셈입니다. … 웃자고 하는 얘기가 아닙니다. 미치광이 하나가 지구의 절반이 넘는 지역에서 문명의 운명을 송두리째 바꾸고 물꼬를 완전히 돌려놓았다는 사실이 내게는 더 터무니없어 보입니다.

보노는 예수님이 스스로를 설명하는 말씀 속에서 어떻게 '모 아니면 도'식의 선택으로 몰아가는지 잘 보여 준다.

그는 찰스 맨슨이나 데이비드 코레쉬처럼 정신적으로 정상이 아닌 인간이 추종자들과 세상에 그런 종류의 영향을 미칠 가능성이 과연 있겠느냐고 묻는다. 그러나 만일 예수님이 미치광이가 아니라면, 우리의 유일한 대안은 그분의 주장을 받아들여 그분을 우리 삶의 중심에 맞아들여야 한다. 그분에게 온화하게 대답하는 것은 우리에게 주어지지 않은 단 하나의 선택이다.

플래너리 오코너는 〈착한 사람은 찾아보기 어렵다(*A Good Man Is Hard to Find*)〉라는 소설에서 비슷한 이야기를 들려준다. 미스피트(Misfit)는 남부의 어느 시골 마을에서 한 가족을 구금해 두고 있는 강도다. 집안의 어른인 할머니는 기도와 교회, 그리고 예수님에 대해 이런저런 이야기를 하면서 죽음을 피해 보려 하지만 미스피트는 냉정하게 대꾸한다.

> 예수는 … 균형을 깨고 모든 걸 헝클어 놓았어. 그분이 정말 자신이 말한 일들을 다 했다면 할망구가 할 일이라곤 가진 걸 다 버리고 그 뒤를 따라가는 것뿐이야. 반대로 그가 말한 대로 행한 게 아니라면 다만 몇 분이라도 남아 있는 시간을 최대한 즐기는 일만 남은 거지. 누구를 죽이든, 그 집을 불태우든, 아니면 뭐라도 남한테 야비하게 굴면서 말이야. 재미있는 일이 아니라 심술 사나운 짓을 하는 거지.

언젠가 오코너는 이 만남을 언급하면서, 미스피트야말로 예수님을 둘러싼 '모 아니면 도' 식의 함의를 제대로 알고 있는 인물이라고 했다. "이 소설은 할머니와 그의 피상적인 믿음, 그리고 그리스도의 행동과 관련된 미스피트의 더 심오한 감각, 그러니까 그분 때문에 세상이 균형을 잃었다는 그 인식 사이의 갈등을 다룬 이야기다."[1] 오코너는 개인적으로 이런 압력을 느꼈다. 예수를 믿노라고 아무리 말해 봐야 그 믿음이 삶을 바꾸고 만물을 바라보는 시각에 영향을 미치지 못한다면 아무짝에도 쓸모없는 일이었다. "우리가 사는 실생활을 떠받치는 동기를 그 안에서 찾을 수 없다면 구속은 아무런 의미가 없다"고 오코너는 어느 에세이에 적었다. "나는 정통 기독교의 입장에서 세상을 바라본다. 그리스도를 통한 구원을 구심점으로 삶의 의미를 찾으며 세상에서 무엇을 보든 그 맥락에서 볼 따름이다."[2]

보노와 오코너는 성격이 완전히 다른 인물들이지만, 둘 다 예수님의 주장에 담긴 급진적인 의미를 간파해 냈다. 크리스천이란 예수님의 실재가 저마다의 됨됨이와 세상을 보는 눈, 그리고 살아가는 방법을 바꾸도록 자신을 내맡긴 이들을 가리킨다.

면밀히 살펴보라

보노와 오코너가 던지는 이런 도전 앞에서 혹시 마른 침을 집어삼키고 있지 않은가? 갈수록 기독교 신앙을 존중하고 점점 더 관심이 가지만 아직 그처럼 큰 헌신에 나설 준비가 되어 있지 않다면 어떻게 할 것인가? 아직도 기독교 신앙을 받아들이지 못하게 가로막는 장벽이 여전히 남아 있음을 감지할 수도 있다.

형편이 그러하다면 느낌이 좀 달라지고 담장이 얼마쯤 무너져 내리길 바라면서 무작정 기다리지 말라. 의구심이 드는 분명한 이유를 분별하기 위해 철저하고 면밀한 조사에 착수하라. 여기 작업에 도움이 될 만한 질문이 있다.

- 내용과 관련된 문제들 : 창조, 죄, 예수의 신성, 십자가, 부활을 비롯해 기독교의 메시지 가운데 어느 하나라도 이해할 수 없거나 동의하기 어려운 부분이 있는가?
- 일관성과 관련된 문제들 : 기독교 신앙에 대한 도저히 풀 수 없는 의심이나 반대가 여전히 남아 있는가?
- 대가와 관련된 문제들 : 온전한 기독교 신앙을 갖는 쪽으로 마음을 정하면 무언가 치러야 할 대가가 있으리란 생각이 드는가? 헌신을 하는 것에 대해 어떤 두려움을 품고 있는가?

이런 간략한 밑그림을 이용해 온전한 헌신을 가로막는 장애물들을 분석하고 분별할 수 있지만 제힘으로 그 일을 해낼 수 있다고 과신하지 말라. 무엇이든 (새로운 언어에서 신기술까지) 다채로운 수준에서 같은 길을 가는 이들이 함께하는 공동체에 속해 있을 때 가장 잘 배울 수 있는 법이다. 교회 안에 들어가 시간을 보내라. 예배와 구성원들의 교제에 참여해 크리스천과 대화를 나누며 이러한 의심을 어떻게 처리하는지 들어 보라.

크리스천이 된다는 것은 믿고 행해야 할 일의 목록을 들고 하나씩 체크해 나가는 식의 간단한 문제가 아님을 명심하는 게 중요하다. 예수님은 마태복음 11장 끝부분에서 명령하셨다. "수고하고 무거운 짐 진 자들아 다 내게로 오라. 내가 너희를 쉬게 하리라. … 나의 멍에를 메고 내게 배우라. … 이는 내 멍에는 쉽고 내 짐은 가벼움이라 하시니라." 어떤 이가 목회자를 찾아가 기독교의 진리를 완벽한 논리로 설명해 주면 흔쾌히 믿겠노라고 이야기했다. 그러자 그 목회자가 대답했다. "하나님이 완벽한 논리를 주는 대신, 한 점 빈틈없이 완벽한 분을 주셨다면 어떻게 하시겠습니까?"[3] 예수님은 말씀하고 계신다. "내가 바로 그런 존재다. 내게 오너라. 와서 나의 됨됨이를 살펴보렴. 내 십자가를 보거라. 내 부활을 보거라. 아무도 이런 일을 하지 못했단다. 내게 오너라. 그럼 네 영혼이 쉼을 찾을 것이다."

결국 신앙과 확신은 예수님에 대해, 그러니까 그분이 어떤 분이고 무슨 일을 하셨는지 더 깊이 알아 갈수록 성장하게 마련이다.

이쯤에서 많은 이들이 느끼는 장벽이 하나 더 있는데, 생각만큼 처리하기 어려운 난관은 아닐지 모른다. 뉴욕시에는 다양한 교회에서 자라고 세례를 받았지만 십 대 청소년기와 대학생활을 거치면서 신앙을 버린 뒤 여러 해 동안 새카맣게 잊고 사는 이들이 가득하다. 그들은 그러다 무언가에 걸려 덜컥대면서 자신을 찾는 영적인 탐색 모드에 들어간다. 기독교 신앙의 기초를 두루 떼고 나면 예전에는 전혀 몰랐던 내용인 것 같은 느낌을 받는다. 그래서 목회자인 내게 묻는다. "제가 크리스천인지 아닌지 정말 모르겠어요. 전 지금 신앙으로 돌아가고 있는 중인가요, 아니면 난생처음 알아 가고 있는 건가요?" 대답은 간단하다. 난 모른다. 그리고 그건 중요치 않다. 하나님과 처음 만나든 다시 만나고 있든, 어떤 경우든 두 가지 일을 완수해야 한다. 그 두 가지는 무엇일까?

행동에
착수하라

처음 해야 할 일은 회개다. 썩 우아하게 들리지 않겠지만 피해 갈 길이 없다. 하나님과 새로운 관계를 시작하는 회개는 뉘우치고 변화되길 원하는 구체적인 죄악들을 시시콜콜 끌어내는 작업과는 근본부터 다르다. 오해하지 말라. 가난한 이들을 착취하고 배우자의 눈을 피해 부정을 저지르고 있는 상황에서 그리스도를 믿고 싶은 마음이 들었다면 무슨 수를 써서라도 그런 짓을 멈춰야 한다. 크리스천은 가난한 이들을 사랑하고 결혼 서약에 충실해야 할 의무가 있다. 하지만 그런 행동의 변화만으로는 크리스천이 될 수 없다. 사회적으로, 또 인격적으로 지극히 도덕적이지만 예수 그리스도를 통해 하나님과 관계를 맺지 않고 사는 이들이 세상에 얼마나 많은지 모른다. 회개는 개인의 죄를 뉘우치는 데 그치지 않으며 훨씬 더 큰 의미를 담고 있다.

제힘으로 자신을 구원하려는 계획이야말로 다른 모든 죄의 밑바닥을 흐르는 가장 중요한 죄이다. 이 사실을 인식하고 인정할 때, 비로소 진실로 마음을 변화시키며 하나님과의 관계를 바꾸는 회개가 시작된다. 9장과 10장에서 살펴보았듯, 인간은 악행과 선행 양면에 걸쳐 스스로 구원자이자 삶의 주인이 되기를 추구한다. 실제로 그렇게 부르지는 않을지라도, 속내를 들여다보면 대체 신앙과 대체 '신들'을 가지고 있다. 그래서 윤리적인 선이나 가정과 직장생활에서 이룬 업적 따위를 통해 스스로를 입증하려 든다. 교회와 신앙에 관련된 일에 열심히 참여하는 행위를 하나님과 이웃들에게 의로움을 쌓아 두는 일쯤으로 여긴다면, 그마저도 회개가 필요할지 모른다.

그렇다면 회개는 하나님 외에 다른 무언가에 기대어 소망과 의미, 안전을 추구하고 있음을 고백하는 일이 되어야 한다. 바람을 피우거나 거짓말을 하는 것처럼 잘못한 일들뿐만 아니라 선한 일의 이면에 숨은 동기들에 대해서도 회개할 필요가 있다는 뜻이다.

두 번째는 그리스도를 믿는 일이다. 이는 내용이 명확하다. 그리스도는 스스로 말씀하신 바로 그분이며, 우리는 구원을 받아야 하고, 주님은 십자가에서 그 구원을 보장하셨으며, 죽음에서 다시 살아나셨음을 믿어야 한다. 하지만 삶을 바꾸는 기독교 신앙은 이를 지성적으로 믿는 수준을 훨씬 넘어선다.

'신뢰'라는 단어는 삶을 변화시키고 하나님과 관계를 맺게 하는 신앙을 더없이 잘 담아낸다. 깎아지른 벼랑에 섰다가 발을 헛디뎌 곤두박질치기 시작한다고 생각해 보자. 떨어져 내리는 순간, 절벽 끝에 튀어나온 나뭇가지 하나가 보인다. 그게 유일한 희망이다. 몸무게를 지탱하고도 남을 만큼 튼튼하다. 그럼 어떻게 해야 목숨을 건질 수 있을까? 나뭇가지가 버텨 줄 거라는 지적인 확신이 마음에 가득하더라도 손을 내밀어 붙들지 않으면 추락을 피할 수 없다. 반면에, 나뭇가지가 정말 튼튼한지 의심되고 불안한 마음이 가득하더라도 어쨌든 손을 뻗어 단단히 잡는다면 살 수 있다. 어째서인가? 실제로 목숨을 구하는 건 믿음의 세기가 아니라 그 대상이다. 허약한 가지에 대한 강한 믿음보다 튼실한 가지에 대한 연약한 믿음이 훨씬 유리하다.

의심과 두려움이 죄다 사라질 때까지 기다렸다가 그리스도께 손을 내밀 필요가 없다는 뜻이다. 불안을 다 쫓아내고 나서야 하나님을 만날 수 있다고 생각하는 실수를 저지르지 말라. 그것은 스스로의 믿음을 구세주로 삼는 또 다른 방편에 지나지 않는다. 헌신의 품질과 순도에 공을 들이는 건 스스로 자격을 갖추고 하나님으로부터 당연히 구원을 받아 내려는 시도로 변질될 공산이 크다. 인간을 구원하는 힘은 마음의 깊이나 순도가 아니라 우리를 위해 예수 그리스도가 감당하신 사역에서 나온다.

그러므로 신앙은 하늘 아버지 대신 신뢰의 대상으로 삼는 다른 무언가나 신들을 인식하고 거부하면서, 스스로의 윤리적인 노력이나 공로가 아니라 예수님이 하신 일들을 토대로 하나님과 관계를 맺게 해 주시길 요청하는 데서 비롯된다. 개인적으로 알고 지내는 젊은이들 가운데 이렇게 기도하는 방식으로 신앙 여정을 시작한 이들도 있다.

> 아버지, 하나님과 예수 그리스도를 늘 믿기는 했지만, 내 마음속 가장 깊은 신뢰를 드리지는 않았습니다. 나는 스스로의 능력과 덕성을 믿었습니다. 그러다 보니 형편이 더 어려워지기만 했습니다. 오늘 내 마음을 모아 주님께 드립니다. 내 신뢰를 주님께 드립니다. 그리고 무엇이 됐든 내 행위가 아니라 나를 위해 그리스도가 해 주신 모든 일들에 기대어 나를 받아 주시고 용납해 주시길 간구합니다.

이는 평생 이어 갈 과정의 첫걸음일 뿐이다. 이제 삶의 모든 영역에서 천천히 일어날 변화들을 통해 복음의 이야기가 점점 더 우리를 빚어갈 것이다.

공동체에 헌신하라

"실제로 어떻게 크리스천이 될 수 있습니까?"라는 질문을 받으면, 십중팔구 "우선 두 가지를 하고, 그 다음에 세 번째가 있습니다"라고 대답한다. 두 가지란 방금 설명한 회개와 믿음이다. 하지만 아주 중요한 측면이 하나 더 있다. 그럼 왜 처음부터 그냥 세 가지라고 말하지 않는가? 이 세 번째는 세 번째 요소라기보다 처음 두 일을 하는 일종의 통로이기 때문이다. 그래서 나는 '두 가지와 세 번째'라고 말하는 걸 좋아 한다.

크리스천이 된다는 데는 언제나 개인적인 면과 집단적인 면이 다 있다. 서구 문화 속에 사는 이들이 흔히 과소평가하는 사실이 있다. 자신이 개인적인 선택의 산물이 아니라 가족과 공동체, 문화의 소산이라는 점이다. 그러므로 회개와 믿음 역시 개인적으로만이 아니라 공동체적으로도 이뤄져야 한다. 기도하는 가운데 개인적으로 하나님 앞에 나가는 동시에 교회의 일부가 되어 그리스도와 공개적으로 하나가 되어야 한다.

누가복음은 십자가에 달리신 예수님 좌우에 같은 형벌을 받는 강도 둘이 있었다고 말한다. 한쪽이 험한 말로 그리스도를 비난하자 다른 강도가 그에게 말한다. "우리는 우리가 행한 일에 상당한 보응을 받는 것이니 이에 당연하거니와 이 사람이 행한 것은 옳지 않은 것이 없느니라." 상황을 생각해 보면 이는 대단히 놀라운 통찰이다. 강도는 예수님이 결백하며 죄를 대신 속하기 위해 죽어 간다는 사실을 알았다. 그는 고개를 돌려 말한다. "예수여 당신의 나라에 임하실 때에 나를 기억하소서." 강도는 온 신뢰와 소망을 그리스도에게 두었으며 장차 다가올 나라, 새 하늘과 새 땅을 구하고 있었다. 그가 주님을 믿고 의지하는 순간, 예수님은 분명히 말씀하셨다. "내가 진실로 네게 이르노니 오늘 네가 나와 함께 낙원에 있으리라"(눅 23:41-43).

여기서 이 이야기를 꺼내는 까닭은 하나님과 개인적으로 진심을 주고받는 바로 그 순간에 그리스도께 속했음을 확신할 수 있음을 선명하게 보여 주는 사건이기 때문이다. 그럼에도 불구하고 신약성경은 시종일관 크리스천들에게 세례라는 공식적이고 공동체적인 행동을 통해 개인의 헌신을 공식화하고 다짐해야 한다고 가르친다. 마음은 제멋대로여서 제어하기 어려우며 다른 무엇보다 예수님께 확실히 마음을 두고 의지하기 위해서 우리는 크리스천 공동체를 따르고 한 몸이 되어야 한다.

예수님보다 교회와 관련된 문제 때문에 기독교 신앙을 어려워하는 이들이 훨씬 많다. 그들은 크리스천이 되고 크리스천다운 삶을 살기 위해서는 잘 성장할 수 있는 교회를 찾아야 한다는 말을 듣고 싶어 하지 않는다. 교회와 얽힌 불쾌한 경험이 수두룩해서다. 충분히 이해한다. 전반적으로 교회에 다니는 이들이 그러지 않는 이들보다 정신적, 윤리적으로 허약하다는 걸 인정한다. 일반적으로 병원 진료실 앞에 앉아 있는 이들이 그렇지 않은 이들보다 더 병약한 것과 같으니 딱히 놀랄 일도 아니다. 교회들은 도움이 필요한 이들을 제대로 끌어들이고 있는 셈이다. 하지만 다른 한편으로 교회에는 삶을 완전히 돌이켜 그리스도의 기쁨이 충만한 삶을 사는 이들도 숱하게 많다.

　그러므로 예수 그리스도의 교회는 큰 바다와도 같다. 끝없이 광대한 동시에 한없이 다채롭다. 대양이 그러하듯, 따뜻하고 맑은 자리가 있는가 하면 극도로 차가운 지점이 있고 서슴없이 쉽게 들어갈 수 있는 곳과 단번에 낚아채 숨을 끊어 버리는 곳이 있다. 독자들에게 교회를 찾으라고 말하는 게 얼마나 위험천만한 일인지 잘 안다. 그만큼 이는 가볍게 하는 얘기가 아니며 조심조심 주의를 기울이라고 당부하고 싶다. 하지만 달리 대안이 없다. 그리스도를 좇는 동료 집단이 없으면, 신앙의 가족이 없으면 크리스천의 삶을 제대로 살아갈 수가 없다.

은혜, 그 충격적인 경험

　"어떻게 크리스천이 될 수 있습니까?"라는 질문을 받으면, 확실한 답을 주는 게 중요하다. 그러나 하나님을 만나는 게 본질적으로 테크닉, 그러니까 기본적으로 우리 손에 달렸다는 인상을 주는 것 또한 위험하다. 하나님을 열심히 찾아야 한다는 데는 두말이 필요 없다. 예수님도 "구하라, 찾으라, 문을 두드리라"고 친히 명령하셨다. 하지만 하나님과 친밀한 관계를 누리는 이들은 어김없이 지난날을 돌아보며 주님의 은혜가 끈질기게 따라다녔으며 결국 새로운 현실에 눈을 뜨게 했음을 인정한다. 인간으로서는 도무지 가늠할 수 없는 어떤 특별한 방식으로, 우리가 가진 타락한 본성의 실체와 하나님의 철저하고도 폭발적인 은혜가 한 점에서 만난 것이다. 선하고 행복해지고자 하는, 또는 진실해지려는 노력이 도리어 문제라는 사실을 깨닫는다. 막상 일이 벌어지고 완전히 다른 눈으로 세상을 보게 되지만 어떻게 이런 일이 생겼는지는 전혀 알지 못한다. 이러한 사실은 사도바울과 어거스틴, 마르틴 루터, 존 웨슬리를 비롯해 수많은 영적인 거장들의 전기에서, 또는 삶이 백팔십도 달라진 우리 교회 교인 수천 명의 간증을 통해 얼마든지 보여 줄 수 있다. 하지만 개인적으로는 은혜가 얼마나 충격적인 체험인지 잘 보여 주는 본보기로 플래너리 오코너의 짧은 단편, 〈계시(*Revelation*)〉의 내용을 첫손에 꼽고 싶다.

이야기는 어느 의사의 진료실 앞에서 시작된다. 터핀(Turpin) 부인과 남편 클로드(Claud)는 다른 이들과 함께 순서를 기다리고 있다. 터핀 부인은 한 방에 앉은 이들이 대표하는 그야말로 모든 종류의(인종, 계급, 체형, 그리고 기질) 인간들을 평가하고 우월감을 느끼며 시간을 보낸다. 몹시 우쭐해하고 독선적이지만 짐짓 점잔을 빼고 있다. 오코너는 불편하리만치 익숙한 방식을 동원해 터핀 부인이 다른 이들을 판단하는 과정을 솜씨 좋게 풀어낸다.

부인은 메리 그레이스(Mary Grace)라는 딸을 데려온 어느 여인과 이야기를 나누기 시작한다. 여자아이는 책을 읽고 있었다. 대화를 하는 사이에도 터핀 부인의 엄청난 독선과 남들을 얕보는 기질이 여지없이 튀어나왔다. 메리 그레이스는 아무 말도 하지 않았지만 끝없이 떠들어 대는 부인 때문에 잔뜩 얼굴을 찌푸렸다. 터핀 부인은 마침내 큰 소리로 외치기에 이르렀다.

다른 건 몰라도 딱 한 가지, 감사한 게 있답니다. 지금의 나 자신이 아니라 완전히 다른 사람이 될 수도 있었잖아요? 내가 받을 수 있었던 모든 걸 생각하면, 이렇게 소리치고 싶은 심정이라고요. '고맙습니다, 예수님, 만물을 이렇게 지어 주시니!' 세상은 완전히 달라질 수도 있었거든요! … 오, 감사합니다, 예수님, 고맙습니다!

바로 그 순간, 메리 그레이스가 폭발한다. 읽고 있던 책을(《인간 발달》이란 제목이었다) 터핀 부인에게 집어던져 눈을 정통으로 맞힌다. 그리고 책상 너머로 맹렬히 돌진하더니 손가락으로 부인의 목을 졸라 대기 시작한다. 그러다 갑자기 발작을 일으키고 사람들이 달려들어 소녀를 제지한다. 어안이 벙벙해진 부인은 몸을 굽혀 소녀를 내려다본다. "나한테 하려는 얘기가 뭐지?" 터핀 부인은 쉰 소리로 묻고 숨을 죽였다. 계시를 기다리듯 귀를 기울였다." 한편으로는 사과를 요구했지만, 다른 한편으로는 소녀야말로 하나님의 은혜를 전하는 사신이라는 사실을 깨닫기 시작한다. 메리 그레이스는 부인을 올려보며 말한다. "지옥으로 돌아가 버려, 이 늙어빠진 혹돼지야!"

계시는 정확하게 표적에 도달했다. 터핀 부인은 이제 거기에 맞춰 세계관을 바꾸어야 한다. 그날 저녁, 터핀 부인은 자기 집 돼지우리 곁에 홀로 서서 골똘히 생각에 잠긴다. "도대체 무엇 때문에 저한테 이런 메시지를 보내시는 거죠?" 부인은 하나님을 향해 으르렁거렸다. "어떻게 돼지면서 또 나일 수 있다는 거죠? 어떻게 구원을 받았으면서 동시에 지옥에서 튀어나오기도 했다는 거냐고요?" 수백 년 전, 마르틴 루터도 하나님이 선한 행위가 아니라 은혜로 구원하신다는 사실을 그만큼 커다란 충격 속에 깨달았다. 크리스천은 그리스도 안에서 오로지 은혜로 의롭다 하심과 용서를 받았지만(simul iustus et peccator) 여전히 '죄인(peccator)'임을 절감했던 것이다. 구원받았지만 동시에 지옥에서 온 흑돼지인 셈이다.

하지만 부인도 처음에는 마르틴 루터처럼 하나님이 베푸시는 은혜의 계시에 맞선다. "나한테 왜 이러세요?" 터핀 부인은 툴툴거린다. "검둥이든 흰둥이든, 이 동네 쓰레기들 가운데 나한테 도움 받지 않은 친구가 있는 줄 아세요? 난 날이면 날마다 등골이 휘도록 일한다고요. 교회일도 열심히 하고요. 나보다 저런 쓰레기가 더 좋으시면, 가서 직접 챙기시던가요. … 도대체 어떻게 제가 그들과 같다는 거죠? … 저도 일을 집어치우고 빈둥거리며 추잡하게 살 수 있어요." 부인은 웅얼댄다. "온종일 루트비어를 들이키며 거리를 어슬렁거릴 수 있다고요. 코담배를 잘근거리다 아무 웅덩이에나 내뱉고 나타난 얼굴에 떡칠을 할 수도 있고요. 나도 얼마든지 고약해질 수 있어요." 덮치듯 치밀어 오르는 울화를 견디지 못하고 터핀 부인은 소리친다. "당신이 도대체 누구시기에 나한테 이러시냐고요!"

순간, 해가 진다. 부인은 하늘이 검붉게 물드는 걸 바라본다.

꿈결 같은 빛이 눈에 깃들었다. 불길이 활활 타오르는 불길 사이로 땅에서 하늘로 이어지는 까마득한 흔들다리가 걸린 게 … 보였다. 그 위로 숱한 영혼들이 큰 무리를 지어 하늘나라를 향해 우르르 몰려가고 있었다. 온통 쓰레기 … 떼와 흠 많고 넋 나간 … 패거리들이었다. 다들 소리를 지르고, 손뼉을 쳐 대고, 개구리처럼 폴짝거렸다. (하지만) 행렬 맨 끝에는 한눈에 보기에도 자신과 남편처럼 늘 모든 걸 조금씩 가지고 있으며 그걸 제대로 쓸 수 있는 하나님이 주신 위트까지 갖춘 사람들이 있었다. … 그들은 행렬 뒤편에서 여느 때처럼 반듯한 질서와 상식, 품위 있는 태도를 잃지 않고 아주 당당하게 행진했다. 그들만 제정신이었다. 하지만 충격을 받고 변해 버린 얼굴을 보니 그들의 덕성마저도 불타 사라져 버렸음을 알 수 있었다. … 불현듯 환상이 사라졌다. … 숲속에서 눈에 보이지 않는 귀뚜라미들의 합창이 일제히 시작됐지만, 부인이 들은 것은 별이 빛나는 들판으로 들어가며 할렐루야를 외치는 영혼들의 목소리 뿐이었다.[4]

얼마나 과격한 발상인가! 도덕적으로 반듯한 이들보다 '흠 많고 넋나간' 이들이 앞서 가다니! 하지만 예수님도 놀라서 얼이 빠진 당대의 종교 지도자들에게 똑같은 말씀을 선포하셨다. "내가 진실로 너희에게 이르노니 세리들과 창녀들이 너희보다 먼저 하나님의 나라에 들어가리라"(마 21:31).

이 책을 끝까지 다 읽고 내용을 살핀 끝에 신앙을 가지면 좋겠다고 생각하지만 실행에 옮기지 않는다면 어떻게 될까? 작가 조지프 엡스타인 (Joseph Epstein)은 지성적이고 깊이 있는 신앙을 지니고 더없이 참혹한 위기를 헤쳐 나가는 이들을 보며 부러웠다고 고백한 적이 있다. 특히 루프스로 이른 나이에 세상을 떠난 플래너리 오코너가 한 점의 불평이나 두려움

없이 죽음을 맞는 모습에 몹시 놀라고 탄복했다고 했다. 하지만 엡스타인은 결론짓는다. "아, 신앙에 대한 부러움은 말없이 품을 뿐, 어찌해 볼 도리가 없는 부러움이다."[5] 믿음의 신비를 존중하는 엡스타인의 마음 씀씀이는 참으로 고맙다. 신앙은 테크닉을 써서 인위적으로 만들어 낼 수 없다. 하지만 정말 할 수 있는 일이 아무것도 없을까?

우리 교회에 일생일대의 힘겨운 시기를 보내며 "하나님을 찾을 수 있게 도와주세요"라고 기도하던 여성이 있었다. 수없이 같은 기도를 드렸지만 아무 소용이 없었다. 그때 크리스천 친구가 기도를 이렇게 바꿔 보라고 귀띔해 주었다. "하나님, 나를 찾아와 주세요. 주님은 잃어버린 양을 두루 찾아다니시는 선한 목자이십니다." 이 이야기를 들려주면서 그는 단호하게 말했다. "이렇게 말씀드리는 이유는 딱 하나에요. 그분이 내게 정말 그렇게 해 주셨거든요."

감사의 글

리디머장로교회의 지도자들과 식구들에게 고마운 마음을 전한다. 특히 지난 여러 해 동안 만나며 캐묻고 씨름하고 비판하기를 멈추지 않는 이들에게 감사하다. 이 책은 그들에게서 얻은 가르침을 고스란히 적은 기록에 지나지 않다. 오랫동안 글쓰기 작업을 격려하고 뒷받침해 준 질 라말(Jill Lamar)에게 인사를 보낸다. 탁월한 에이전트인 데이비드 맥코믹(David McCormick)과 뛰어난 편집자 브라이언 타트(Brian Tart)에게 고맙다는 말씀을 전한다. 네타니얼 칼훈(Nathaniel Calhoun)과 제니퍼 새뮤얼스(Jennifer Samuels), 데이비드 네그린(David Negrin), 린 랜드(Lynn Land), 짐과 수지 레인 부부(Jim and Susie Lane), 재니스 워드(Janice Worth), 니콜 다이아몬드-오스틴(Nicole Diamond- Austin)을 비롯해 원고를 돌려 읽어 준 여러 여성들과 배우자들, 그리고 지난 4년 간 이 책을 쓰는 사이에 엄청난 지지와 숱한 제안을 아끼지 않았던 내 아이들(David, Michael, Jonathan)에게도 고마운 뜻을 밝힌다.

크리스천으로서 신앙의 토대를 잡는 데 더없이 깊은 영향을 준 세 분에게 한없는 감사를 전한다. 아내 캐시(Kathy)와 영국의 작가 C. S. 루이스, 미국의 신학자 조나단 에드워즈가 그분들이다.

　루이스의 말은 거의 모든 장에서 인용했다. 신앙적인 통찰의 상당 부분을 그분에게서 빌려 왔음을 인정할 수밖에 없다. 에드워즈의 이야기는 자주 등장하지 않는다. 나의 '신학'이라고 할 수 있는 기본 구조를 잡는 데 더 큰 도움을 주었기 때문이다. 그럼에도 불구하고 에드워즈의 사상은 대단히 놀라운 방식으로 이 책에 스미고 또 집약되어 있다. 예를 들어, 하나님의 춤을 이야기하는 13장만 하더라도 상당한 영향을 받았다.

　아내 캐시는 본문에 등장하지 않지만 이 책의 저자인 나의 신앙과 사상을 집필한 주요 필자이다. 루이스와 에드워즈는 개혁신학을 알려 주었으며 기도와 사회 정의, 그리고 도시의 중요성을 일깨워 주었다. 누군가의 세계관과 인생관에 토대가 되었다면 '감사의 글'에 소개하는 게 마땅하지 않겠는가. 아내가 이 글을 좋아해 준다는 사실은 이 책을 출간하는 중요한 이유 가운데 하나이다. "칭송할 가치가 있는 것을 칭송하는 일이야말로 더없이 큰 보람이다."

프롤로그

1. 조지 바나 그룹에서 내놓은 보고서 "One in Three Adults Is Unchurched" (March 28, 2005)를 보라. 유럽의 경우, 교회에 다니지 않는 이들의 숫자는 훨씬 가파르게 줄어들고 있다. 영국인의 교회 출석률은 그 중간쯤 될 것이다. Grace Davie, "Europe: The Exception that Proves the Rule?" in Peter L. Berger, ed. *The Desecularization of the World : Resurgent Religion and World Politics* (Eerdmans, 1999)와 Peter Brierly, *The Tide Is Running Out* (Christian Research, 2000)를 보라.

2. Ross Douthat, "Crises of Faith," *The Atlantic Monthly*, July/August 2007.

3. George Marsden, *The Soul of the American University : From Protestant Establishment to Established Non-belief* (Oxford University Press, 1999).

4. 근거 자료 : 2006년 12월 4일, 플로리다 주 키웨스트에서 열린 Pew Forum Faith Angle Conference에서 행한 Peter Berger의 강연. http://pewforum.org/events/index.php ?Event ID=136에 녹취본이 실려 있다. Douthat, "Crises of Faith," *The Atlantic Monthly* (July/August 2007)도 보라. Douthat은 Berger의 주와 똑같은 데이터를 인용해서 흔히 알고 있는 바와 달리, 미국은 차츰 종교화와 세속화 사이가 더 깊이 벌어지고 있는 반면, 유럽은 갈수록 신앙 쪽에 기울고 있음을 보여 준다. 두 갈래 경향 모두 지금 벌어지고 있는 문화적 정치적 갈등과 극단주의를 의미한다.

5. Douglas Groothuis의 글 "Defending the Faith", *Books and Culture* (July/August 2003) : 12. www.philoonline.org/library/smith_4_2.htm에 올라와 있는 Quentin Smith, "The Metaphilosophy of Naturalism," *Philo* 4, no. 2를 보라. Society of Christian Philosophers (1978년 출범) 는 미국 철학 교사 및 교수의 10퍼센트 정도를 회원으로 두고 있다. 여기에 관해서는 K. Clark, Philosophers Who Believe (Oxford University Press)를 보라.

6. "One University Under God?" *The Chronicle of Higher Education : Careers*, January 7, 2005.

7. 이를 전반적으로 살피려면 Peter Berger가 주도한 Pew Forum(앞에서 인용한 바 있다) 자료를 참고

하라.

8. "A New Jerusalem," *The Economist*, September 21, 2006.

9. 흔히 '사실'이란 누구나 다 알기에 따로 증명할 필요가 없거나(예를 들어, "길에 돌이 떨어져 있다") 감
각적으로 자명하지는 않지만 과학적으로 증명할 수 있는 걸 가리킨다. 어느 쪽 특성도 보여 주
지 않는 것은 '믿음'이나 '신앙 행위'에 해당한다.

10. 너나없이 모두 '신앙인'이라고 말하는 까닭을 간결하게 잘 정리한 글이 필요하면 Christian
Smith, "Believing Animals," *Moral Believing Animals : Human Personhood and Culture* (Oxford
University Press, 2003)를 보라.

11. 리디머교회에서는 부활절마다 교인들에게 저마다의 신앙적인 여정을 개인적으로 서술해보도
록 주문한다. 여기에는 2006년 부활절에 나온 이야기들이며 글쓴이의 허락을 받고 옮겨 실었
다.

- PART 1 -

Chapter 1

1. 각 장 앞머리에 수록한 인용문들은 기독교를 의심하고 반대하는 주요한 이유를 밝혀 달라는 요
청에 대해 20대 뉴요커들이 내놓은 이메일 답변을 정리한 글이다. 글쓴이의 이름은 바꿔 적었
다. 아이디어를 내고 이메일을 정리해 준 Nicole Diamond Austin에게 감사의 뜻을 전한다.

2. 최근에 쏟아져 나오고 있는 Richard Dawkins, Sam Harris, Daniel Dennett, and Christopher
Hitchens 같은 이들이 쓴 반종교적인 베스트셀러들은 종교를 통제해야 한다고 주장하지 않는
다. 다른 이유가 있는 게 아니라 그저 압박 전략은 통하지 않는다고 생각해서일 뿐이다. 그들
이 기대하는 바는 주로 종교가 심하게 욕먹고, 조롱당하고, 공식적으로 사유화돼서 차츰 약하
고 보잘것없어지는 상황이다.

3. Alister McGrath, *The Twilight of Atheism : The Rise and Fall of Disbelief in the Modern World*
(Oxford University Press, 2004), p. 230. pp. 187, 235도 보라.

4. 20세기 중엽에 활동했던 여러 뛰어난 사상가들은 언젠가 손자손녀들이 자신들만 한 나이가 되
면 대다수 종교들은 시들거나 소멸되리라고 보았다. 예를 들어, 어느 인류학자는 1966년에 이
런 글을 썼다. "종교의 진화적인 미래는 멸종이다. … 갈수록 과학 지식의 타당성이 입증되고
널리 유포되면서 초자연적인 힘에 대한 믿음은 전 세계에 걸쳐 사라질 수밖에 없다." A. F. C.
Wallace, *Religion : An Anthropological View* (Random House, 1966), p. 265.

5. 사회학자들이 세속화 이론에서 후퇴하게 된 전말을 조금 더 상세히 알아보려면 Peter L. Berger,
ed., *The Deecularization of the World : Resurgent Religion and World Politics* (Eerdmans, 1999)을
보라.

6. 서방 세계 밖에서 일어나고 있는 기독교의 성장 현황을 살피려면 Philip Jenkins, *The Next*

Christendom (Oxford University Press, 2002) and Lamin Sanneh, *Whose Religion Is Christianity?* (Eerdmans, 2003)을 보라.

7. Joe Klein, "Because I Promised and You Seemed So Darn Curious⋯." on the Time magazine blog, March 7, 2007. http://time-blog.com/swampland/2007/03/ because_i_promised_and_ you_see.html에서 볼 수 있다.

8. Lesslie Newbigin, *The Gospel in a Pluralist Society* (Eerdmans, 1989), pp. 9-10, 170.

9. Peter Berger, *A Rumor of Angels : Modern Society and the Rediscovery of the Supernatural* (Doubleday, 1969), p. 40.

10. 상대주의의 자기모순적인 본질을 고스란히 보여 주는 교묘한 비평들은 수없이 많다. H. Siegel, *Relativism Refuted : A Critique of Contemporary Epistemological Relativism* (Dordrecht : D. Reidel, 1987)만 해도 그렇다. 여기에는 '진리'는 오로지 특정한 믿음의 틀 안에만 존재하며 진리를 내세우는 온갖 주장들 사이에서 정확한 판단을 내릴 '틀을 넘어서는 기준' 따위는 존재하지 않으므로 그 하나하나는 동일한 가치를 지닌다는 대단히 영향력 있는 시각을 담고 있다. 이런 관점에서 조금 더 나간 포스트모던 버전은 진실이란 '말놀음'이며 진리라고 일컫는 온갖 이야기들은 특정한 언어 공동체의 통찰에 지나지 않는다는 주장이다. 하지만 Siegel이 지적하듯, 진실에 대한 설명은 모두 말놀음이며 언어 공동체에 따라 상대적이라는 말은 그 자체가 모든 공동체를 아우르는 언어의 작용에 대한 보편적인 설명이므로 엄밀히 말해 인간 조건에 관한 이야기다. 상대주의자들 스스로의 시각대로라면 그렇게 말할 권리가 없다. 그들은 다른 공동체들에게는 하지 말라면서 정작 자신들은 그 일을 하고 있다. "그러므로 ⋯ 상대주의를 입 밖에 내는 순간, 아니 스스로 인식하기만 해도 곧바로 붕괴되고 만다"(p. 43).

11. Alvin Plantinga, "A Defense of Religious Exclusivism," in *The Analytic Theist*, ed. James F. Sennett (Eerdmans, 1998), p. 205.

12. John Hick, *The Myth of God Incarnate* (Westminster, 1977)과 *An Interpretation of Religion* (Yale University Press, 1989). Hick의 주장에 대해 여기 소개한 것보다 더 많은 답이 필요하다면 Peter Van Inwagen, "Non Est Hick," in *The Rationality of Belief and the Plurality of Faith*, ed. T. Senor (Cornell University Press, 1995)를 보라.

13. 이에 대한 세밀한 설명은 Stanley Fish의 "The Trouble with Tolerance" in the November 10, 2006(*Chronicle of Higher Education*에 게재)에서 볼 수 있다. 본문은 Wendy Brown의 *Regulating Aversion : Tolerance in the Age of Identity and Empire* (Princeton University Press, 2006)의 리뷰 내용이다. Wendy Brown(Fish도 마찬가지지만)의 주장을 핵심만 추리자면, "모든 관점들을 다 용인한다"는 서구적인 관념은 그 자체로 사회가 누굴 받아들이고 말지 판가름하는 기준으로 쓸 만한 진실을 둘러싼 또 하나의 가정이라는 것이다. Fish는 우리 사회에는 '선택의 존엄성'처럼 의문을 제기할 여지가 없을 만큼 거룩하게 여기는 일단의 고유한 신념들이 있다고 말한다. Brown과 Fish는 자유주의적인 서구 사회가 새로운 해석을 덧씌운 탓에 수많은 역사적, 전통적 신념들이 우리 사회에서 '편협하다'는 지적을 받고 있다고 말한다. "인간은 무엇을 믿기 때문이 아니라 유대인, 무슬림, 흑인, 또는 동성애자이기 때문에 이러저러하게 행동한다고 생각한다. ⋯ 그들은 이성적인 호소에 흔들리지 않는다." 그러므로 '관용'보다 고유한 진리를 앞세우는 종교는 무엇이 됐든 저만의 문화에 '지나치게 집착해' 이성적이 될 수 없다는 것이다. "일단 한 집단

이 지도 원리로 관용을 거부하고 교회나 종족의 문화적 강령을 선택하면 관용의 이름으로 자행되는 편협의 후보가 된다."

14. C. John Sommerville, *The Decline of the Secular University* (Oxford University Press, 2006), p. 63.

15. Mark Lilla, "Getting Religion : My Long- lost Years as a Teenage Evangelical," in *New York Times Magazine* September 18, 2005, p. 95.

16. Robert Audi, "The Separation of Church and State and the Obligations of Citizenship," *Philosophy and Public Affairs* 18 (1989), 296 ; John Rawls, *Political Liberalism* (Columbia University Press, 1993), pp. 212-254.

17. On February 28, 2007, 이 자료는 http://www.cfidc.org/declaration.html에서 볼 수 있다.

18. Richard Rorty, "Religion as a Conversation-Stopper," *Philosophy and Social Hope* (Penguin, 1999), pp. 168-169.

19. See Richard Rorty, *Consequences of Pragmatism* (University of Minnesota Press, 1982) pp. 166-167을 보라.

20. Stephen L. Carter, *The Dissent of the Governed* (Harvard University Press, 1999), p. 90.

21. 예를 들어, Linda Hirshman의 경우, 여성들이 시장에 머물지 않고 아이들을 키우기 위해 빠져나가는 데 반대한다. 자유롭고 자발적인 선택이라 할지라도 그런 행동은 여성들에게 부적절하다고 주장한다. "가사(반복적이고, 사회적으로 드러나지도 않고, 육체적인 일보따리인)는 피할 수 없는 삶의 일부이긴 하지만 시장이나 정부 같은 공적인 장에 비해 온전한 인간 번영의 기회는 상대적으로 적을 수밖에 없다. 이처럼 번영이 제한된 영역이 오로지 여성들만의 자연적이고 윤리적인 책임이 될 수는 없다. … 그걸 스스로 짊어지고 있는 여성은 … 부당하다." ("Homeward Bound," in *The American Prospect* 16, no. 12, December 2005). Hirshman의 주장은 경험적으로 증명될 수 없는 '인간 번영'에 대한 평가에 기대고 있음에 주목하라. 이는 인간과 사회의 존엄성을 바라보는 시각들에 뿌리를 두고 있다. 표면적으로는 세속적으로 보이지만 입증이 불가능하고, 포괄적이며, 결국은 신앙적 가정을 기반으로 한 세계관을 토대로 삼고 있는 것이다. David Brooks는 Hirshman을 반박한다. "고소득 일자리가 자녀양육보다 더 인간을 번영하게 한다고 말하지만, 삶을 돌아보라. 어떤 기억이 더 소중한가? 가족과 함께했던 시간인가, 아니면 사무실에서 일했던 때인가?" "The Year of Domesticity," *New York Times*, January 1, 2006을 보라.

22. Gary Rosen, "Narrowing the Religion Gap?" *New York Times Sunday Magazine*, February 18, 2007.

23. 이 강연 내용은 C. John Sommerville, "The Exhaustion of Secularism," *The Chronicle Review* (June 9, 2006)에서 가져왔다.

24. Michael J. Perry, *Under God? Religious Faith and Liberal Democracy*(Cambridge University Press, 2003), p. 44. 그럼에도 불구하고 Perry는 신앙을 둘러싼 공적인 담론은 '독단적'이 되어선 안 되며 반드시 '심사숙고'해야 한다고 지적한다. 화자들은 비판을 기꺼이 받아들이고, 거기에 답하며, 깊이 생각하고, 토론하고, 다른 이들에게 가능한 한 설득력 있게 진술해야 한다는 것이다.

25. Perry's Chapter 3 : "Why Po liti cal Reliance on Religiously Grounded Morality Is Not Illegitimate in a Liberal Democracy" in *Under God?*을 보라.

26. John Witte, Jr., "God's Joust, God's Justice : An Illustration from the History of Marriage Law," in *Christian Perspectives on Legal Thought*, M. McConnell, R. Cochran, A. Carmella, eds. (Yale University Press, 2001), pp. 406-425를 보라.

27. Stanley Fish, "Our Faith in Letting It All Hang Out," *New York Times*, February 12, 2006.

28. Miroslav Volf, "Soft Difference : Theological Reflections on the Relation Between Church and Culture in 1 Peter," *Ex Auditu* 10 (1994) : 15-30.

29. C. S. Lewis's appendix, "Illustrations of the Tao" in *The Abolition of Man* (Macmillan, 1947)을 보라. Lewis의 논지는 윤리, 다시 말해 세상을 어떻게 살아갈 것인가 하는 측면에서는 종교들 사이에 중요한 중첩이 존재한다는 것이다. 종교 간의 미세한 차이는 구원론이라는 전혀 다른 차원에서 발생한다. 신과 어떻게 교통하며 규정된 대로 살아가는 데 필요한 영적인 힘을 얻는가에 대한 가르침에서 길이 갈린다.

30. 기독교보다 고대 종교와 이방신앙이 여성들에 대해 더 긍정적이었다고 들어온 여러 독자들은 이런 이야기가 놀랍기만 할 것이다. 그리스-로마 세계에서는 여성의 사회적 지위가 워낙 낮아서 갓난아이가 딸이면 저절로 숨이 끊어지도록 내다버리는 일이 허다했다. 교회는 그런 짓을 하지 못하도록 교인들을 단속했다. 그리스-로마 사회는 결혼관계 밖의 여성을 무가치하게 여겼다. 따라서 남편을 잃은 여성이 이태 안에 재혼하지 않는 걸 불법으로 규정했다. 하지만 기독교는 뭇 종교들 가운데 처음으로 여성들에게 결혼을 강요하지 않았다. 공동체 안에서 홀로 사는 여성들을 재정적으로 지원하고 존중해서 스스로 원하지 않는 한 재혼의 압박에 시달리지 않게 했다. 이교도 미망인들은 재혼과 동시에 전 남편이 남긴 재산에 대한 권리가 모두 사라졌지만 교회는 유산을 유지하도록 허용했다. 마지막으로, 기독교는 동거를 인정하지 않았다. 크리스천 남성이 어느 여성과 함께 살기를 원하면 반드시 결혼해야 했다. 이는 여성들에게 훨씬 큰 안정감을 주었다. 남성은 결혼 뒤에도 혼외관계를 갖거나 정부를 둘 수 있었던 이방인들의 이중 잣대도 금지시켰다. 이처럼 크리스천 여성들은 주변 문화권의 여성들보다 훨씬 큰 안전과 평등을 누렸다. Rodney Stark, *The Rise of Christianity* (Harper, 1996), Chapter 5 : "The Role of Women in Christian Growth"를 보라.

31. 기독교가 긍휼과 공의를 행동에 옮기는 실천을 통해 이방신앙을 압도한 이유를 근사하게 정리한 자료를 보려면 Rodney Stark, *The Rise of Christianity* (Harper, 1996), Chapters 4, 6, 7을 참조하라.

Chapter 2

1. 이런 주장의 가장 고전적인 형태는 David Hume의 *Dialogues Concerning Natural Religion*, ed. Richard Popkin (Hackett, 1980)에서 볼 수 있다. "'에피쿠로스'의 옛 질문들은 아직 답을 얻지 못한 채 남아 있다. 신은 악을 막을 뜻이 있는지만 그럴 능력이 없는가? 정말 그렇다면 신은 무능하다. 힘은 있지만 그럴 의지가 없는가? 그렇다면 신은 악하다. 힘도 있고 뜻도 있는가? 그럼 악은 도대체 어디서 비롯되는가?"(p. 63)

2. Ron Rosenbaum, "Disaster Ignites Debate : Was God in the Tsunami?" *New York Observer*,

January 10, 2005. 물론 Mackie는 Epicurus로부터 David Hume에 이르도록 면면히 이어져온 해묵은 질문을 거론했을 뿐이다. 주1을 참고하라.

3. W. P. Alston, "The Inductive Argument from Evil and the Human Cognitive Condition," *Philosophical Perspectives* 5:30-67. 악의 근원을 캐는 신학적인 논리들을 조금 더 깊이 살피려면 *The Evidential Argument from Evil*, Daniel Howard-Snyder, ed., (Indiana University Press, 1996) 도 함께 보라.

4. Mackie의 주장은 Daniel Howard-Snyder의 "God, Evil, and Suffering," in *Reason for the Hope Within*, ed. M. J. Murray (Eerdmans, 1999), p. 84에 소개된 내용을 간추렸다. Howard-Snyder의 글은 그 자체로도 대단히 뛰어난 요약본으로 이 시대의 철학자들 가운데 악과 고통이 하나님의 존재가 거짓임을 반증한다고 자신 있게 주장하는 소리를 찾아볼 수 없는 까닭을 잘 보여 준다. 그런 이야기를 담은 의미 있는 저작물로는 Mackie의 책(1982)이 사실상 마지막인지도 모른다.

5. '좀모기' 예화와 악의 문제에 관련된 내용들은 Alvin Plantinga, *Warranted Christian Belief* (Oxford, 2000), pp. 466-67를 다듬었다. Alvin Plantinga, "A Christian Life Partly Lived" in *Philosophers Who Believe*, ed. Kelly James Clark (IVP, 1993), p. 72도 참고하라.

6. C. S. Lewis, Mere Christianity (Macmillan, 1960), p. 31.

7. Alvin Plantinga, "A Christian Life Partly Lived," *Philosophers Who Believe*, ed. Kelly James Clark (IVP, 1993), p. 73.

8. William Lane, *The Gospel According to Mark* (Eerdmans, 1974), p. 516.

9. Ibid, p. 573.

10. Jonathan Edwards는 결론짓는다. "그리스도가 육신을 입고 십자가에 달려 견디신 고통들은 … 주님이 끝내 감내하셨던 온갖 고난들 가운데 지극히 작은 부분에 지나지 않는다. … 물론 그것만으로도 무시무시하기 짝이 없지만, 육신의 고통이 전부였다면 그리스도가 그걸 내다보고 그토록 심각하게 휘둘렸으리라고 생각하기 어렵다. 그리스도처럼 신체적으로 심각한 고문을 당하면서도 … 심령이 짓눌리지 않았던 순교자들은 수없이 많다." "Christ's Agony," *The Works of Jonathan Edwards*, vol. 2, E. Hickman, ed. (Banner of Truth, 1972)를 보라.

11. 무한하고 영원한 하나님이 정말 '수난'을 당하고 기쁨과 고통, 슬픔을 경험하는 게 가능하냐를 두고는 신학사를 통틀어 무수한 논쟁이 있어 왔다. 한편에서는 하나님은 고통을 느끼지 못하며 성경의 기록은 은유적인 표현들일 뿐이라고 주장한다. 반면에 Jurgen Moltmann(*The Crucified God*)을 비롯해 다른 생각을 가진 이들은 하나님도 고통을 느끼신다고 강력하게 주장한다. Don Carson은 *The Difficult Doctrine of the Love of God* (IVP, 2000), pp. 66-73에서 균형 잡힌 입장을 내놓는다. 하나님은 괴로움이나 고통을 겪지 않으시지만, 그런 처지에 있는 이들을 세밀한 능력과 안정된 개입으로 보호하신다는 것이다.

12. *Essais* (Gallimard, 1965), p. 444. Translated and quoted by Bruce Ward in "Prometheus or Cain? Albert Camus's Account of the Western Quest for Justice," *Faith and Philosophy* (April 1991) : 213.

13. J. R. R. Tolkien, "The Field of Cormallen," *The Return of the King* (various editions).

14. George MacDonald의 이야기도 같은 맥락일 것이다. "평범한 삶에 한데 섞여 있는 괴로움 덕에 누리는 기쁨이 얼마나 많은지 가늠하기 어려울 정도다. 더없이 심오한 진리는 한없는 즐거움을 부르게 마련이지만, 즐거움만으로는 깊고 깊은 진리들을 밝혀낼 수 없다." *Phantastes : A Faerie Romance* (Eerdmans, 1981), p. 67.

15. Fyodor Dostoevsky, *The Brothers Karamazov*, Chapter 34. Dostoevsky는 악, 그 자체를 정당화할 수 있다고 보는 게 아님을 분명히 짚고 넘어가야 할 듯하다. 하나님은 악을 써서 그처럼 나쁜 일이 일어나지 않았을 때보다 더 큰 선을 이루실 수 있지만, 그럼에도 불구하고 악은 여전히 악이다. 따라서 악에는 변명이나 합리화의 여지가 전혀 없다.

16. C. S. Lewis, *The Great Divorce* (Macmillan, 1946), p. 64.

Chapter 3

1. M. Scott Peck, *The People of the Lie* : *The Hope for Healing Human Evil* (Simon and Schuster, 1983), Chapter 4, p. 168. Peck은 인생을 통틀어 개인적인 필요와 욕구를 채우는 것보다 더 중요한 일은 없다고 믿는 불건전한 정신 상태에 사로잡혀 사는 이의 전형적인 본보기로 Charlene을 내세운다. "인간 의지를 굽혀 더 고상한 무언가를 따르는 노력이 정신 건강을 지키는 데 반드시 필요하다. 세상에서 정상적으로 살아가기 위해서는 매순간 원하는 바에 우선하는 어떤 원칙에 따라야 한다." p. 162.

2. Emma Goldman, "The Failure of Christianity," first published in 1913, in Goldman's *Mother Earth* journal. http://dwardmac.pitzer.edu/Anarchist_Archives/ goldman/failureofchristianity.html December 26, 2005에서도 볼 수 있다.

3. '인생의 달콤한 신비'라는 유명한 진술이 들어 있는 미연방대법원의 Planned Parenthood v. Casey 판결문의 한 대목이다. "자유의 핵심에는 존재, 우주의 의미, 인생의 신비에 대한 관념을 스스로 규정할 권리가 자리 잡고 있다."

4. David Friend and the editors of Life, *The Meaning of Life* : *Reflections in Words and Pictures on Why We Are Here* (Little Brown, 1991), p. 33에서.

5. "Truth and Power," in Michel Foucault, *Power/Knowledge* : *Selected Interviews and Other Writing* 1972-1977, ed. Colin Gordon (Pantheon, 1980), p. 131.

6. C. S. Lewis, *The Abolition of Man* (Collins, 1978), p. 48.

7. Emily Eakin, "The Latest Theory Is That Theory Doesn't Matter," *New York Times*, April 19, 2003, and "The Theory of Everything, RIP," *New York Times*, October 17, 2004. Dinitia Smith, "Cultural Theorists, Start Your Epitaphs," *New York Times*, January 3, 2004도 보라.

8. G. K. Chesterton, in *Orthodoxy* : *The Romance of Faith* (Doubleday, 1990), pp. 33, 41-42.

9. 자유민주주의의 기저를 이루는 신앙적인 약속들을 잘 정리한 글을 보려면 Michael J. Perry, *Under God?*, p. 36을 살펴보라. 아울러 Stanley Fish's November 10, 2006, *Chronicle of Higher Education* article, "The Trouble with Tolerance"도 참고하라.

10. Alasdair MacIntyre, *After Virtue : A Study in Moral Theory*, 2nd ed. (University of Notre Dame Press, 1984), and *Whose Justice? Which Rationality?* (University of Notre Dame Press, 1988).

11. 이 주제에 관해서는 좋은 책들이 많이 나와 있다. Stephen L. Carter, *The Dissent of the Governed* (Harvard University Press, 1999), p. 90도 그 가운데 하나다. Alasdair MacIntyre, *Whose Justice? Which Rationality?* (Duckworth, 1987), Richard John Neuhaus, *The Naked Public Square : Religion and Democracy in America*, 2nd ed. (Eerdmans, 1986), Wilfred McClay, "Two Kinds of Secularism," *The Wilson Quarterly* (Summer 2000)도 보라. R. Audi and N. Wolterstorff, *Religion in the Public Square : The Place of Religious Convictions in Po liti cal Debate* (Rowman and Littlefield, 1997)는 수준 높은 대화를 담고 있다. 인권신장을 위한 세계관적인 토양을 더 깊이 살피려면 8장에 주목하라.

12. Michel Foucault는 개인의 권리들에 대한 서구 사회의 강조와 소수자, 여성 등에 대한 '포용'은 배타의 '그림자 서술'을 동반한다고 지적한다. 개인의 권리와 프라이버시라는 서구의 개념을 받아들이지 않는 이들을 어떻게 볼 것인가? Foucault는 권리와 이성을 현대적으로 바라보지 않는 이들은 '비윤리적'이라거나 '이단적'(중세 때처럼)이라는 평가가 아니라 '비이성적'이고 '야만적'이라는 손가락질을 받는다고 꼬집는다. 이른바 서구의 '배타성'을 비판하는 Foucault의 설명을 좀 더 자세히 살피려면 Miroslav Volf, *Exclusion and Embrace : A Theological Exploration of Identity, Otherness, and Reconciliation* (Abingdon, 1996), pp. 58-64을 보라.

13. 극단적인 불확실성은 … 영역을 나누는 경계선들을 모두 무너뜨리는 식의 포용을 지속적으로 추구하는 흐름과 밀접한 관련이 있다. 하지만 이는 포용이라는 개념을 안에서부터 서서히 갉아먹지 않는가? 경계선이 없으면 맞서 싸우는 상대만 알 수 있을 뿐, 무얼 위해 싸우는지 알 수 없다. 배타성과 지능적으로 싸우려면 억압적인 행위와 비억압적인 행위를 구분하는 범주와 규범적인 기준이 필요하다. 없다는 건 행복도 기쁨도, 자유도 정의도 분간할 수 없다는 뜻이다." Volf, *Exclusion and Embrace*, p. 61.

14. 여기에 딱 들어맞는 본보기로, 911테러 직후 Jerry Falwell이 했던 말을 꼽을 수 있다. Pat Robertson이 이끄는 *The 700 Club*에서 그는 주장했다. "이교도와 낙태에 찬성하는 자들부터 페미니스트들, 동성애를 대안적인 라이프 스타일로 만들려 활발하게 움직이는 게이와 레즈비언들, 미국시민자유연맹(ACLU), 미국의 생활방식을 지지하는 사람들(People for the American Way)까지 이 모두가 미국을 세속화시키려 안간힘을 써 온 세력이라고 믿어 의심치 않습니다. 그들 얼굴에 손가락을 들이대고 말할 겁니다. '댁들이 이런 일을 부추겼소!'" 격렬한 항의와 비판이 교회 내부에서 광범위하게 터져 나오자 Falwell은 몇 시간 만에 주장을 철회했다(http://archives. cnn.com/2001/US/09/14/Falwell.apology를 보라. 2007년 3월 5일 최종접속).

15. Lamin Sanneh, *Whose Religion Is Christianity?* (Eerdmans, 2003), p. 15.

16. Philip Jenkins, *Christendom : The Coming of Global Christianity* (Oxford, 2002), p. 56. *The Next Christendom : The Coming of Global Christianity* (Oxford University Press, 2002), p. 56.

17. Ibid., p. 70.

18. David Aikman, *Jesus in Beijing : How Christianity Is Transforming China and Changing the Global Balance of Power* (Regnery, 2003), p. 285.

19. Sanneh는 이를 기독교의 '변환성' 덕분으로 보았다. 한때 감비아의 무슬림이었던 Sanneh는

기독교와 이슬람교를 비교하면서 쿠란은 사실상 '번역 불가'라고 단언한다. 진정으로 신의 말씀을 들으려면 아랍어를 배워야 한다. 하지만 한 언어를 사용하면 한 문화를 소유하는 셈이다. 어느 언어에서든 핵심 어휘들은 문화적인 전통과 사고방식에서 비롯된 의미를 지니기 때문이다. 이슬람에 비해 기독교는(사도행전에 따르면) 한 자리에 모인 이들이 저마다 자신의 모국어로 복음을 들었던 오순절의 기적을 통해 태어났다. 그러므로 어느 한 언어나 문화가 다른 언어나 문화를 지배하지 못한다. 성경은 모든 언어와 문화로 번역되었다. Lamin Sanneh, "Translatability in Islam and Christianity, with Special Reference to Africa," *Translating the Message : The Missionary Impact on Culture* (Orbis, 1987), p. 211를 보라.

20. Lamin Sanneh, *Whose Religion Is Christianity?* (Eerdmans, 2003), p. 43.

21. Ibid., pp. 43-44, 69-70.

22. Sanneh와 Andrew F. Walls는 특정한 문화에서(예를 들면 유럽 문화) 파견된 선교사들이 통상적으로 출신지의 고유한 문화 형식에 담은 기독교 신앙을 새로운 회심자들에게 강요한다는 사실을 부정하지 않는다. 하지만 회심자들이 자신들의 언어로 성경을 읽으면서부터 차츰 선교사들이 제 문화의 시각과 편견을 좇아 '깎아 내렸던' 일들(축사를 비롯해)과 '떠받들었던' 일들을 말씀 가운데 확인하게 된다. 이는 선교사들의 신앙에 대한 과잉반응으로 이어질 수 있다. 결국 회심자들은 스스로의 문화와 전통 가운데 어느 정도는 배격하고 얼마만큼은 긍정하며, 또 일부는 성경에서 읽어낸 사실들에 비추어 수정하면서 스스로의 전통과 문화를 받아들이려 애쓰게 된다.

23. R. Niebuhr, "Humour and Faith," *The Essential Reinhold Niebuhr*, R. M. Brown, ed. (Yale University Press, 1986), p. 49. Sommerville, *The Decline of the Secular University*, p. 129에서 인용.

24. Andrew F. Walls, "The Expansion of Christianity : An Interview with Andrew Walls," *Christian Century*, August 2-9, 2000, p. 792.

25. "기독교는 세상에 존재하는 2천 개가 넘는 언어집단이 믿는 신앙이다. 지상의 그 어떤 종교들보다 더 많은 이들이 더 많은 언어로 기도하고 예배한다. … 문화적으로나 언어적으로 선구적임을 보여 주는 이러한 사실들은 기독교 신앙을 문화적 편협성을 드러내는 거대한 움직임으로 보는 세간의 평판과 명백하게 충돌한다. 이는 기독교 세계 안에 어떤 증거를 들이대도 소용없을 만큼 깊은 죄책감을 낳았다. 하지만 그런 생각을 돌려 놓는 게 중요하다. 그들이 지금 실행하고 있는 무기력한 기독교는 훨씬 더 위대하고 신선한 본체에서 떨어져 나온 낡아빠진 문화적 파편에 지나지 않기 때문이다." Sanneh, *Whose Religion Is Christianity?*, pp. 69-70.

26. 이 말은 A. J. Conyers, "Can Postmodernism Be Used as a Template for Christian Theology?" *Christian Scholar's Review* 33 (Spring 2004) : 3에서 가져왔다.

27. Kevin Vanhoozer, "Pilgrim's Digress : Christian Thinking on and About the Post/Modern Way," in *Christianity and the Postmodern Turn*, ed. Myron B. Penner (Brazos, 2005), p. 74.

28. John Stott, *The Contemporary Christian* (IVP, 1992)에 인용. 인터뷰의 영어 번역은 the *Guardian Weekly*, June 23, 1985에 수록되어 있다.

29. C. S. Lewis, *The Four Loves* (Harcourt, 1960), p. 123.

30. 이름이 알려지지 않은 이 '노작가'는 C. S. Lewis, *The Four Loves* (Harcourt, 1988), p. 140에 등장한다.

Chapter 4

1. Mark Lilla, "Getting Religion : My Long-lost Years as a Teenage Evangelical," in the *New York Times Magazine*, September 18, 2005, p. 94-95.

2. "여러분이 원하는 게 기독교에 반대할 논리라면 … 완고하고 데데한 크리스천을 몇 명쯤 쉽게 찾아내서 이야기할 수 있을 겁니다. … '그러니까 댁들이 뽐내는 새 사람이 바로 이런 양반들 이로군요. 차라리 옛 사람이 낫겠소!' 하지만 일단 기독교 신앙이 다른 토대 위에 서 있을 개연성을 보기 시작하면, 그건 문제를 회피하는 처사에 지나지 않는다는 사실을 마음으로 인정하게 될 것입니다. 다른 이들의 심령에 대해, 그들의 유혹과 기회와 씨름에 대해 정확하게 알 수 있는 게 도대체 무어란 말입니까? 창조 세계를 통틀어 여러분이 알고 있는 심령은 단 하나뿐입니다. 여러분의 손에 그 운명이 달린 영혼도 그 하나뿐입니다. 하나님이 있다면, 어찌 보자면 여러분은 그분과 함께 있는 단독자입니다. 이웃에 대한 어림짐작이나 책에서 읽은 어렴풋이 기억나는 사실들만 가지고 그분을 제쳐 둘 수는 없습니다. '자연'이나 '현실 세계'라고 부르는 감각을 떨어뜨리는 안개가 사라지고 늘 함께 하는 거룩한 임재가 뚜렷해지고, 가까워지며, 피할 수 없게 된다면, 온갖 잡다한 얘기며 풍문들은 어떻게 되겠습니까?" C. S. Lewis, *Mere Christianity* (Macmillan, 1965), p. 168.

3. Christopher Hitchens, *God Is Not Great : How Religion Poisons Everything* (Hachette, 2007), pp. 35-36.

4. 세상의 사상가들 가운데는 더러 현존하는 종교들에는 어김없이 억압의 씨앗이 내재되어 있다고 주장하는 이들이 있다. 그러나 이러한 관점들은 종교들마다 회심에 대한 관점이 판이하게 다르다는 사실을 제대로 고려하지 않고 있다. 예를 들어, 불교와 기독교는 개인적인 결단을 토대로 심오한 내면의 변화를 요구한다. 겉으로 드러나는 규정들에 마지못해 따르는 방식은 영적으로 생명이 없다고 본다. 이러한 신앙들은 저마다 진리를 학습하고 아무런 제약 없이 거기에 자신을 바칠 수 있도록 신앙의 자유를 소중하게 여기는 사회를 추구할 공산이 크다. Max Weber를 포함한 일부 학자들은 기독교, 특히 프로테스탄트 형태의 기독교 교리들은 민주주의와 자본주의가 성장하는 데 유리한 토양을 제공한다고 주장한다. 다른 철학과 사상들은 개인적인 선택의 자유를 훨씬 덜 중요하게 생각한다. 회심의 의미를 둘러싼 기독교와 이슬람교 사이의 시각 차이는 이를 한눈에 보여 준다. 크리스천의 회심에는 '하나님에 대해 아는' 데서부터 개인적으로 '하나님을 아는' 쪽으로 옮겨 가는 과정이 따르게 마련이다. 무슬림들은 대부분 신을 인격적으로 친밀하게 안다고 이야기하는 건 주제넘은 짓이라고 볼 것이다. 그럼에도 불구하고 크리스천 가정에서 성장한 아이는 열 살, 열다섯 살, 또는 스무 살 즈음이면 회심을 고백한다. 무슬림 가정에서 성장한 아이는 이슬람교로 개종했다는 이야기를 절대로 입 밖에 내지 않을 것이다. 이러한 인식의 차이는 크리스천들에게는 사회적으로 압력을 가해 개종을 유도하거나 신앙고백을 유지시키는 게 중요치 않음을 의미한다. 하지만 이슬람교는 법률적이고 사회적인 압박을 가해 시민들로 하여금 무슬림 계율을 따르게 하는 데 아무런 문제가 없다고 본다 (Don Carson의 통찰에 도움을 받았음).

5. Alister McGrath, *The Dawkins Delusion? Atheist Fundamentalism and the Denial of the Divine* (Inter-Varsity Press, 2007), p. 81.

6. Merold Westphal, *Suspicion and Faith : The Religious Uses of Modern Atheism* (Eerdmans, 1993),

Chapters 32-34. 203쪽을 참조하라. "Marx를 표절혐의로 고발하고 싶다. 자본주의에 대한 비판은, 간단히 말해서, 과부와 고아에 대한 성경의 관심에서 신학적인 토대만 벗겨낸 채 현대적인 상황에 적용한 것이기 때문이다."

7. Westphal, *Suspicion and Faith*, p. 205.

8. 잠 14:31, 19:17 마 25:31-46을 보라. Calvin의 설명은 합 2:6에 대한 주석에서 가져왔으며 Westphal, *Suspicion and Faith*, p. 200에 들어 있다.

9. C. John Sommerville, The Decline of the Secular University (Oxford University Press, 2006), p. 63.

10. Ibid., pp. 69-70.

11. Ibid., p. 70.

12. Rodney Stark, *For the Glory of God : How Mono the ism Led to Reformations, Science, Witch-Hunts, and the End of Slavery* (Princeton University Press, 2004), p. 291. 폐지운동을 개괄적으로 살펴려면 pp. 338-53을 보라.

13. 납치와 인신매매를 금하고 있는 신 24:7과 딤전 1:9-11을 보라. 성경이 노예제도를 지지한다고 믿는 이들이 교회 안팎에 적지 않다. 여기에 관한 더 자세한 설명은 6장을 참조하라.

14. 노예제도와 관련해 성경해석을 달리해가며 토론한 내용을 더 깊이 살펴려면 Mark Noll의 *The Civil War as a Theological Crisis* (University of North Carolina Press, 2006)를 보라. Noll의 책은 어떻게 일부 교회지도자들이 노예제도와 관련된 성경본문을 이용해 노예무역을 합리화했는지 보여 준다. 그들은 재화로 취급된 아프리카 출신 노예와 성경에 등장하는 종 및 계약고용노예 사이의 선명한 차이를 외면했다.

15. Stark, *For the Glory of God* (Princeton, 2004), pp. 350ff.

16. David L. Chappell, *A Stone of Hope : Prophetic Religion and the Death of Jim Crow* (University of North Carolina Press, 2003).

17. 1970년대와 1980년대에 가톨릭교회가 공산주의와 맞서 벌인 저항에 관한 이야기는 Charles Colson and Ellen Vaughn, *The Body* (Thomas Nelson, 2003)의 제17장, "Between Two Crosses"에서 가져왔음.

18. Dietrich Bonhoeffer, *Letters and Papers from Prison : Enlarged Edition*, Eberhard Bethge, ed. (Macmillan, 1971), p. 418.

Chapter 5

1. Pew Forum이 한 해 걸러 개최하며 종교, 정치, 공공생활 등의 주제를 다루는 Faith Angle 컨퍼런스로, 이 집회는 2005년 5월 23일, Key West, Florida에서 열렸다. 관련 자료는 http://pewforum.org/events/index.php?Event ID=80에서 볼 수 있다(2005년 9월 5일 현재).

2. Robert Bellah, et al., *Habits of the Heart : Individualism and Commitment in American Life*, 1st ed., (University of California Press, 1985), p. 228.

3. C. S. Lewis, *The Abolition of Man* (Collins, 1978), p. 46에서. 이 주제에 관해서는 Lewis, *English Literature in the Sixteenth Century, Excluding Drama* in the Oxford History of English Literature series (Oxford University Press, 1953), pp. 13-14도 참조하라.

4. Lewis, *Abolition of Man*, p. 46.

5. Alan Jacobs는 Lewis의 전기를 쓰면서 주인공이 과학적인 방식 자체에 불만을 가지는 게 아님을 애써 설명했다는 사실에 주목했다. 과학적인 방식은 자연의 균일성을 전제로 하는데, 학자들 가운데는 그 논리의 배경으로 기독교 세계관을 지목하는 이가 많다. 하지만 Lewis는 현대 과학의 모태는 '권력의 꿈'이라고 지적한다. Jacobs, *The Narnian : The Life and Imagination of C. S. Lewis* (Harper San Francisco, 2005), pp. 184-187을 보라.

6. Rebecca Pippert, *Hope Has Its Reasons* (Harper, 1990), Chapter 4, "What Kind of God Gets Angry?"

7. Miroslav Volf, *Exclusion and Embrace : A Theological Exploration of Identity, Otherness, and Reconciliation* (Abingdon, 1996), pp. 303-304.

8. Volf, *Exclusion and Embrace*, p. 303.

9. Czeslaw Milosz, "The Discreet Charm of Nihilism," *New York Review of Books*, November 19, 1998.

10. 성경에서 볼 수 있는 천국과 지옥에 대한 기술과 묘사는 모두 상징적이고 은유적이다. 이런 은유는 저마다 천국과 지옥의 일면을 드러낸다(예를 들어 '불'은 해체와 붕괴를 말하고 '어둠'은 고립을 가리킨다). 그렇기는 해도, 천국과 지옥 자체가 송두리째 '은유'라는 얘기는 아니다. 도리어 지극히 현실적이다. 예수님은 육신을 입은 채로 천국으로 올라가셨음을 기억해야 한다. 성경이 제시하는 바에 따르면, 천국과 지옥은 엄연한 현실이다. 하지만 천국과 지옥을 설명하는 말들은 암시적이고, 은유적이며, 부분적임을 보여 준다.

11. 죄와 중독의 유사성을 더 깊이 살펴려면, Cornelius Plantinga, *Not the Way It's Supposed to Be : A Breviary of Sin* (Eerdmans, 1995), Chapter 8, "The Tragedy of Addiction"을 보라.

12. Lewis sources : Mere Christianity (Macmillan, 1964), p. 59; *The Great Divorce* (Macmillan, 1963), pp. 71-72; "The Trouble with X," in God in the Dock : Essays on Theology and Ethics (Eerdmans, 1970), p. 155 등 세 책에서 뽑은 글들을 모았다.

13. C. S. Lewis, *The Problem of Pain* (Macmillan, 1961), p. 116; *The Great Divorce* (Macmillan, 1963), p. 69에서.

Chapter 6

1. Richard Dawkins, *The Blind Watchmaker* (W. W. Norton, 1986), p. 6.

2. Richard Dawkins, *The God Delusion* (Boston : Houghton Mifflin, 2006), p. 100.

3. 예를 들어, Van Harvey는 비판적인 역사가라면 기적적인 사건들을 변호할 마음을 먹지 않을 것이라면서 '이른바 상식이라는 세계관'을 침해하기 때문이라고 말한다. Van Harvey, *The*

380 팀 켈러, 하나님을 말하다

Historian and Believer (Macmillan, 1966), p. 68. 그의 논문, "New Testament Scholarship and Christian Belief" in Jesus in History and Myth, R. Joseph Hoffman and Gerald A. Larue, eds. (Prometheus, 1986)도 보라.

4. John Macquarrie, *Principles of Christian Theology* (Scribner, 1977), p. 248, Plantinga, *Warranted Christian Belief*, p. 394에 인용됨.

5. Plantinga, *Warranted Christian Belief*, p. 406. Plantinga는 만일 하나님이 기적을 일으키셨고 지금도 더러 그럴 것이라고 생각한다 할지라도 한 점 부족함 없이 과학을 연구할 수 있다는 철학자 William Alston의 말을 인용한다. "Divine Action: Shadow or Substance?" in *The God Who Acts: Philosophical and Theological Explorations*, Thomas F. Tracy, ed. (Pennsylvania State University Press, 1994), pp. 49-50을 보라.

6. John Paul II's Message to the Pontifical Academy of Sciences, October 22, 1996, "Magisterium Is Concerned with the Question of Evolution for It Involves Conception of Man"을 보라.

7. Francis Collins, *The Language of God: A Scientist Presents Evidence for Belief* (Free Press, 2006). *God's Universe* (Belknap Press, 2006)를 쓴 Harvard의 천문학자 Owen Gingerich는 애초에 하나님이 세상을 설계하셨다고 믿지만 지적설계와 유물론 철학으로서의 진화를 둘 다 거부하는 뛰어난 과학자의 또 다른 본보기다.

8. Ian Barbour, *When Science Meets Religion: Enemies, Strangers, or Partners?* (Harper, 2000). Barbour는 여기서 크리스천들은 이 모든 모델을 사용하지만, '통합'이 으뜸이라고 주장한다. Chapter 4 on "Evolution and Continuing Creation"을 보라.

9. Christian Smith, ed., *The Secular Revolution : Power, Interests, and Conflict in the Secularization of American Public Life* (University of California Press, 2003).

10 Ibid., pp. 1-12. Alister McGrath의 "Warfare: The Natural Sciences and the Advancement of Atheism," *The Twilight of Atheism* (Oxford University Press, 2002)과 Rodney Stark의 "God's Handiwork: The Religious Origins of Science," in *For the Glory of God* (Princeton University Press, 2004)도 살펴보라.

11. Edward Larson and Larry Witham, "Scientists Are Still Keeping the Faith," Nature (April 3, 1997). Stark, *To the Glory of God*, pp. 192-97도 보라.

12. Edward Larson and Larry Witham, "Leading Scientists Still Reject God," *Nature* 394, no. 6691 (1998): 313.

13. Alister McGrath, *The Dawkins Delusion?*, p. 44.

14. Stephen Jay Gould, "Impeaching a Self-Appointed Judge," Scientific American 267, no. 1 (1992)에서. Alister McGrath, *The Dawkins Delusion?* (Inter-Varsity, 2007), p. 34에 인용됨.

15. Thomas Nagel, "The Fear of Religion," *The New Republic* (October 23, 2006).

16. Stark, *For the Glory of God*, pp. 192-97.

17. Gordon Wenham, *Genesis* 1-15 (Word, 1987).

18. 달리 보는 시선이 교회 안팎에 두루 퍼져 있음에도 불구하고, 다윈의 이론이 처음 등장했던 19

세기만 하더라도 보수적이고 복음주의적인 개신교회의 전형적인 반응은 창조과학이 아니었다. 도리어 창세기 1장의 날수는 문자적인 의미를 가졌다기보다 더 긴 세월을 말할지 모른다는 사실이 널리 받아들여졌다. 〈The Fundamentals〉(1910-1915년에 발행되었던 잡지로 근본주의 정신을 고스란히 구현했다)의 근본주의적인 편집인 R. A. Torrey도 "성경의 무오성을 철저하게 믿으면서 동시에 특정한 유형의 진화론자가 되는 게" 얼마든지 가능하다고 했다(Mark Noll, *Evangelical American Christianity: An Introduction* [Blackwells, 2001], p. 171에서 인용). 성경무오의 교리에 충실한 인물이었던 Princeton의 (d. 1921) B. B. Warfield 역시 하나님은 진화를 사용해 생물을 만드실 수도 있다고 믿었다. Ronald L. Numbers, *The Creationists: the Evolution of Scientific Creationism* (Knopf, 1992)은 현대 창조과학의 발생 과정을 더없이 잘 설명하고 있다. Mark Noll, *The Scandal of the Evangelical Mind* (Eerdmans, 1994), "Thinking About Science", 그리고 Mark Noll and David Livingstone, *B. B. Warfield on Evolution, Scripture, and Science* (Baker, 2000)도 참고하라.

19. David Atkinson, *The Message of Genesis 1–11* (IVP, 1990), p. 31.

Chapter 7

1. George Sim Johnston이 *The Wall Street Journal*, November 12-13, 2005에 쓴 *Christ the Lord: Out of Egypt* 리뷰에서 인용.

2. 예를 들어, 그리스도의 신성에 관한 유명한 변증도("거짓말쟁이나 미치광이, 아니면 주님"이라는) 실제로 예수가 신이라고 주장하는 무언가가 존재하지 않으면 쓸모가 없어진다. C. S. Lewis는 아주 고전적인 형식으로 이를 변증해낸다. "인간에 지나지 않는 누군가가 예수와 같은 식의 얘기를 했다면 도덕적으로 위대한 스승일 수가 없습니다. 정신병자거나(자기가 수란이라고 말하는 수준의) 지옥의 악마가 고작일 겁니다. 선택해야 합니다. 예나 지금이나 하나님의 아들이든지, 아니면 미치광이나 그보다 더 심한 무엇이든지 둘 중 하나입니다. 바보로 여겨 입을 틀어막을 수도 있고 그 발아래 엎드려 주님이자 하나님이라고 고백할 수도 있습니다. 하지만 그분의 존재를 두고 위대한 스승이라는 터무니없는 입발림만은 집어치웁시다. 그분은 그럴 가능성을 조금도 열어두지 않으셨습니다"(*Mere Christianity*, Book 2, Chapter 3). 이 변증의 문제점은 예수님에 대한 성경의 설명이 틀림없다는 사실을 전제로 하고 있다는 점이다. 성경이 총체적으로, 최소한 일반적으로라도 신뢰할만하다는 확증이 필요하다. 예수님은 "거짓말쟁이든지, 미치광이든지, 전설이든지, 그게 아니라면 주님"이라고 말하는 편이 논지를 더 잘 압축한 명제가 될 것이다. 성경에 그려진 그리스도의 모습을 제시하지 않는 한, 무슨 소릴 해도 처음부터 끝까지 전설이 될 뿐이며 그 유명한 변증도 제대로 힘을 쓰지 못하게 된다.

3. 예수세미나는 성경본문의 역사적 타당성을 평가하면서 '이중적 차이'를 요구하는 잣대를 들이댔다. 다시 말해, 복음서의 가르침이 1세기 유대교나 초대교회로부터 왔을 가능성이 없어야 비로소 그 본문이 역사적으로 진실함을 확신할 수 있다고 주장한다. 따라서 1세기 유대교나 기독교 신앙을 지배했던 믿음과 서로 달라야 한다고 강변한다. 그렇지 않으면 지배적인 신념들을 뒷받침하기 위해 지어낸 본문이 아님을 확인할 수 없다는 것이다. 하지만 이런 잣대에는 유대교의 유산이 예수님에게 아무런 영향도 미치지 못했으며 제자들에게 아무런 흔적도 남길 수 없었다는 가정이 깔려 있다. 가능성이 워낙 떨어지는 주장이어서 예수세미나의 작업을 쓸

데없이 부정적이며 복음에 반대하는 쪽으로 지나치게 편향되어 있다고 비판하는 성경학자들이 갈수록 늘어나고 있다.

4. 여기서 성경이 가진 전적인 신뢰성을 변증해 볼 생각은 없다. 지금은 일단 성경이 그려내는 예수님의 삶과 가르침이 역사적으로 정확하다는 이야기를 할 따름이다. 그게 사실이라면, 우리가 읽는 정보로부터 예수님이 어떤 분이신지 결론지을 수 있다. 그리고 마침내 예수를 믿게 되면 성경에 나타난 그분의 시각이 우리의 관점으로 자리 잡게 될 것이다. 개인적인 이야기를 하자면, 나로서는 성경의 내용이 처음부터 끝까지 사실이라는 걸 '입증할' 수 있어서 성경 전체를 믿음직한 가르침으로 인정하는 게 아니다. 예수님을 믿기에 성경을 받아들일 따름이며 이는 그분의 성경관이기도 했다.

5. Ben Witherington이 쓴 *The Gospel Code* (IVP, 2004)는 *The Da Vinci Code*에 대한 학구적이면서도 어렵잖게 읽히는 답 글이다. *The Da Vinci Code*의 이면에 감춰진 역사적 가정을 공략하는 Witherington의 논박은 대단히 파괴적이다.

6. 복음서의 역사적 신뢰성을 주장하는 일류학자들이 큰 집단을 이루고 있으며 나날이 몸피가 커지고 있다. 여기서 다룰 수 있는 수준 이상의 구체적인 사례가 더 필요하다면 다음과 같은 주요한 책들을 참고하라. Richard Bauckham, *Jesus and the Eyewitnesses* (Eerdmans, 2006) / N. T. Wright, *Jesus and the Victory of God* (Fortress, 1998)과 *The Resurrection of the Son of God* (Fortress, 2003) / C. Blomberg, *The Historical Reliability of the Gospels* (IVP, 1987)과 *The Historical Reliability of John's Gospel* (IVP, 2002). 조금 더 대중적이고 오래된 책으로 F. F. Bruce, *The New Testament Documents: Are They Reliable?* (Eerdmans, reissued 2003 with a foreword by N. T. Wright)도 읽어볼 만하다. 무신론자들이 내놓은 성경비평 가운데 대다수는 열성적인 역사연구에 토대를 두었다고 주장하지만 철학적인 추정(가령, 대안신앙 같은)의 영향이 짙게 배어 있다. 이러한 철학적 토대를 살펴려면 C. Stephen Evans, *The Historical Christ and the Jesus of Faith* (Oxford University Press, 1996)와 Alvin Plantinga, "Two (or More) Kinds of Scripture Scholarship," *Warranted Christian Belief* (Oxford University Press, 2002)를 보라.

7. 오늘날은 말 그대로 모든 역사가들이 여기에 동의한다. 18-19세기 유럽의 학자들은 계몽주의가 강조하는 합리성에 깊은 영향을 받았으므로 복음서에 나타난 기적적인 요소들은 '사실에 기초를 둔' 원래의 설명들에 뒤늦게 덧붙여졌음에 틀림없다는 선입견을 가지고 성경본문을 대했다. 역사적 사건들이 일어난 뒤로 오랜 시간이 지난 뒤에야 그 일을 전하는 전설적인 서술이 이뤄지곤 했음을 잘 알고 있던 터라, 복음서들 역시 예수가 세상을 떠난 뒤 적어도 백 년 이상의 시간이 흐른 후 기록되었으리라고 단정했다. 하지만 20세기에 들어 필사본에서 증거들이 나오면서 극렬한 비판을 쏟아내던 학자들마저도 복음서들이 예상보다 훨씬 이른 시기에 기록되었다는 결론을 내릴 수밖에 없게 되었다. 다양한 신약성경 문서들(복음서들을 포함해)이 작성된 시기에 관한 쉬운 설명이 필요하면 탁월한 연구가인 N. T. Wright가 서문을 쓴 F. F. Bruce, *The New Testament Documents: Are They Reliable?*을 보라. 아울러 Paul Barnett, *The New Testament*도 살펴보라. 일반적으로 마가복음은 A.D. 70년경, 마태복음과 누가복음은 80년 즈음, 요한복음은 90년 무렵에 기록되었다고 본다. 사도들과 다른 증인들이 하나둘 세상을 떠나기 시작하는 시점에 작성하기 시작했지만 여전히 많은 증인들이 생존해 자문을 해 줄 수 있었음을 의미한다(누가복음 1:1-4절에 적힌 누가의 주장을 들어보라).

8. Richard Bauckham, *Jesus and the Eyewitnesses*, Chapters 2, 3, and 6. Bauckham은 Chapters 4

에서 한 걸음 더 나아가 복음서 이야기들에 등장하는 인물들의 이름을 철저하게 분석한다. 그 이름들은 A.D. 70년, 예루살렘이 완전히 파괴되기 전에 팔레스타인에 살던 유대인들의 이름과 같은 유형이며 그 이후 디아스포라 유대인이 쓰던 고유한 이름들과는 살짝 다른 형태라는 게 Bauckham의 결론이다. 복음서의 이야기들이 오랜 시간이 지난 뒤, 팔레스타인 크리스천 공동체 바깥에서 작성되었을 가능성이 거의 없다는 뜻이다.

9. N. T. Wright, *Simply Christian* (Harper, 2006), p. 97.

10. Gopnik은 덧붙인다. "파피루스에는 여태 아무 의심을 품지 않았던 이에게 의심을 불러일으킬 만한 새로운 확신도 없고, 새로운 논증도 없으며, 새로운 증거도 단연코 없다." 영지주의 문서, *The Gospel of Judas*를 두고 하는 말이다. "Jesus Laughed," *The New Yorker*, April 17, 2006를 보라.

11. 신약 정경이 형성되는 과정에 대해 더 깊이 살펴보려면 Bruce M. Metzger, *The Canon of the New Testament: Its Origin, Development, and Significance* (Oxford University Press, 1987)를 보라. 간단한 개괄이 필요한 경우에는 David G. Dunbar, "The Biblical Canon," in *Hermeneutic, Authority, and Canon*, D. Carson and J. Woodbridge, eds. (Zondervan, 1986)를 참조하라.

12. C. John Sommerville, *The Decline of the Secular University*, pp. 105-106.

13. 복음서 내러티브가 가진 이러한 특성은 나중에 12장에서 조금 더 깊이 살펴볼 작정이다.

14. Bauckham, *Eyewitnesses*, pp. 170-78.

15. Wright, *Simply Christian*, p. 97.

16. C. S. Lewis, *Christian Reflections*, Walter Hooper, ed. (Eerdmans, 1967), p. 155.

17. Bauckham, *Eyewitnesses*, pp. 324-346.

18. Ibid., p. 273.

19. David Van Biema, "Rewriting the Gospels," *Time*, March 7, 2007.

20. Vincent Taylor, The Formation of the Gospel Tradition 2nd ed. (Macmillan, 1935), p. 41. Bauckham, p. 7에도 인용 언급됨.

21. Bauckham은 자신의 저서에서 신약학자들에게 대단히 회의주의적이고 시대에 뒤떨어진, 특히 Rudolph Bultmann과 잇닿아 있는 '양식비평'을 집어치우라고 요구한다. 그런 일이 곧 일어날지 여부는 사람마다 의견이 다 다를 수 있다. 하지만 Bauckham과 Wright 같은 계열의 학자들이 쓴 책들은 성경을 신뢰할 수 있다는 증거에 더 열려 있는 수많은 소장학자들을 위해 문을 활짝 열어젖히고 있다. 회의론적인 성경비평의 역사적 기원에 관한 흥미로운 설명이 필요하면 Hans Frei, *The Eclipse of Biblical Narrative* (Yale University Press, 1974)를 보라. 요즘 연구자들이 과거의 학자들에 비해 갈수록 덜 회의적인 시선으로 복음서의 역사성을 바라보게 되었다는 사실을 개괄할 수 있는 자료로는 Craig Blomberg, "Where Do We Start Studying Jesus?" in *Jesus Under Fire: Modern Scholarship Reinvents the Historical Jesus*, M. J. Wilkins and J. P. Moreland, eds. (Zondervan, 1995)가 있다. 최근의 예수 연구 경향을 소개하는 단행본 가운데서는 *The Jesus Quest*, 2nd ed. (IVP, 1997)를 으뜸으로 꼽고 싶다. *A Marginal Jew: Rethinking the Historical Jesus*라는 방대한 3부작의 저자인 John P. Meier는 성경연구를 존중하는 분위기가 얼마나 더 확산되고 있는지 보여 주는 흥미로운 본보기라고 할 수 있다. Meier는 몇몇 성경본

문들을 역사적으로 미심적은 기록으로 보고 거부하는 중도성향의 학자다. 그럼에도 불구하고 이전 시대의 회의주의를 맹렬하게 비판하는 한편, 철저한 역사연구를 토대로 예수의 말과 행적을 바라보는 전통적인 시각의 기본골격은 충분히 신뢰할만함을 입증해 보인다.

22. Murray J. Harris, *Slave of Christ: A New Testament Metaphor for Total Devotion to Christ* (IVP, 1999), pp. 44, 70을 보라. Andrew Lincoln, *Ephesians*, Word Bible Commentary, 1990, pp. 416-17도 살펴보라. "현대의 성경독자들은 1세기 노예제도와 관련된 숱한 가정에서 벗어날 필요가 있다. 노예와 자유인 신분 사이에는 광범위한 단절이 존재했으며 … 종살이는 하는 이들은 하나같이 그 속박에서 벗어나려 안간힘을 썼으리라는 어림짐작만 해도 그렇다. … 그리스 사회와 로마사회 모두 노예와 자유인 신분 사이에 광범위한 연속성이 있었다. 그리스인 상전을 섬기는 노예는 제 하인을 비롯해 사유재산을 소유할 수 있었고 주인의 허락을 받아 종살이를 하면서 다른 일을 겸할 수도 있었다. … 자유인이 되면 더 값싸게 노동력을 이용할 수 있다는 점을 염두에 두고 주인이 노예를 해방시켜주는 데 관심을 갖는 경우도 많았다. … 잔인하고, 포악하며, 부당한 대접을 받는 사례가 숱했다는 데는 의심의 여지가 없지만, 그래도 노예들 사이에 보편적으로 불안한 분위기가 감돌았던 건 아니다."

23. "웬만하면 부정하고 싶어들 하지만, 로마제국이 망하자마자 크리스천의 신학에 노예제도에 반대하는 교리가 등장하기 시작했으며 결국 기독교화 된 유럽 언저리만 남기고 노예가 사라지게 되었다. 나중에 유럽인들은 신세계에 노예제도를 세우면서 교황의 완강한 반대에 부닥쳤다. 이는 역사에서 편리하게 '실종되었다가' 최근에야 드러난 사실이다. 결국 신세계의 노예제 폐지는 크리스천 활동가들의 손에서 시작되고 또 성취되었다. … 한때는 노예가 모든 사회에서 통용되던 보편적인 제도였으며 오로지 서구에서만 도덕적인 반대운동이 일었고 결국 폐지에 이르렀다"(Rodney Stark, *For the Glory of God*, Princeton University Press, 2004, p. 291).

인터미션

1. Dawkins, *The God Delusion*, p. 31ff.

2. 강한 합리주의와 비판적인 이성주의 사이의 차이에 관한 비전문적인 개요를 살피려면 Victor Reppert, *C. S. Lewis's Dangerous Idea* (Inter-Varsity, 2003), pp. 30-44를 보라.

3. W. K. Clifford는 이 주제와 관련된 유명한 논문, "The Ethics of Belief"에서 이렇게 말한다. "(실증적인) 증거가 충분치 않은 무언가를 믿는다는 건 언제 어디서나, 누구에게나 옳지 못한 일이다." A. J. Ayer의 더없이 잘 알려진 글, Language, Truth, and Logic도 참고하라.

4. 구체적인 사례가 필요하면 Reppert를 보라.

5. Alasdair MacIntyre의 *Whose Justice, Which Rationality?* (Notre Dame University Press, 1988)는 어떻게 유독 서방사회에서만 아리스토텔레스 류, 어거스틴 / 토마스 아퀴나스 류, 상식적 실재론 등 몇 가지 다른 형태의 이성주의 '전통들'이 존재할 수 있었는지 도발적이면서도 자신만만하게 보여 준다. 이들 하나하나는 인간본성, 이성과 감정 및 의지의 관계, 개인과 사회적 맥락 및 전통의 관계 따위와 같은 요소들에 대한 저마다의 상이한 기본가정들 속에 작동되는 논리와 추론을 보유하고 있다. '합리적인' 주장인지의 여부는 특정한 전통이 가진 신념들 전반에 일관성

이 있느냐로 판가름 난다. 이런 전통들 사이에는 겹치는 부분이 많았을지 모른다. 또 어떤 주장들은 여러 전통들 가운데 하나 이상의 신뢰를 받았을 수도 있다. 하지만 모든 합리적인 전통에서 그 구성원 전체에게 완전한 확신을 주는 하나님에 관한 논리가 과연 존재했을지는 의심스럽기 그지없다(MacIntyre는 불가능하다고 보았다).

6. 강한 합리주의라는 계몽주의의 시각을 비판한 뛰어난 글로는 *Faith and Rationality: On Reason and Belief in God.*, A. Plantinga and N. Wolterstorff, eds. (Notre Dame University Press, 1983)가 있다. 계몽주의적 관점은 전통적인, 또는 데카르트식의 '기초주의'라고 불려왔는데, 철학자들 사이에서는 거의 보편적으로 폐기되다시피 한 접근 방식이다. Nicholas Wolterstorff, *Reason Within the Bounds of Religion* (Eerdmans, 1984)도 함께 살펴보라.

7. Thomas Nagel, *The Last Word* (Oxford University Press: 1997), p. 130.

8. Terry Eagleton, "Lunging, Flailing, Mispunching" : A Review of Richard Dawkins's *The God Delusions in London Review of Books*, vol. 28, no. 20, October 19, 2006.

9. 조금 더 구체적인 사례를 살피려면, H. Siegel, *Relativism Refuted: A Critique of Contemporary Epistemological Relativism* (D. Reidel, 1987)을 보라. 상대주의자들은 '진리'는 그저 그 사람이 가진 신념의 틀 속에서만 진실일 뿐이며, 모든 다른 이들의 틀 또한 동일한 타당성을 갖는다고 강변한다. 상대주의자들은 틀을 초월해 스스로 진리임을 내세우는 모든 주장들 사이에서 판단 근거가 될 기준 따위는 존재하지 않는다고 말한다. 하지만 Siegel이 지적하듯, 모든 틀은(그 자신의 틀뿐만 아니라) 동등하다는 상대주의자들의 관념은 그 자체가 틀을 초월해 진리를 판별하는 기준이 된다. 그런 주장 자체가 스스로의 틀에서 비롯되었으며 자신의 틀로 다른 이들을 평가하고 있는 것이다. 남들한테 해선 안 된다고 말하는 일을 정작 본인들이 하고 있는 셈이다. "그러므로 … 상대주의는 입 밖에 꺼내놓는 순간, 아니 스스로 인식하는 순간 곧바로 자멸하고 만다"(p. 43).

10. 비판적 합리주의를 대하는 문제와 관련해서는 Reppert, *C. S. Lewis's Dangerous Idea*, p. 36ff를 보라.

11. *A Devil's Chaplain* (Weidenfield and Nicolson, 2003), p. 81에서. A. McGrath, *The Dawkins Delusion* (Inter- Varsity, 2007), p. 100 n16에서 인용.

12. "이게 내 주장의 기본구조다. 과학자와 역사학자, 수사관들은 자료를 면밀히 살피고 그런 데이터가 나오게 된 앞뒤 관계를 가장 잘 설명하는 논리를 진전시킨다. 이들이 데이터로부터 출발해 특정한 이론이 다른 것보다 더 낫다는 결론에 도달하기까지 사용하는 기준을 분석해 볼 수 있다. … 똑같은 기준을 적용해 보면, 하나님이 살아 계신다는 관점이 협소한 범위의 데이터가 아니라 사실상 우리가 보는 모든 것들을 설명해 준다는 사실이 선명하게 드러난다. Richard Swinburne, *Is There a God?* (Oxford University Press, 1996), p. 2.

13. C. S. Lewis, "Is Theology Poetry?" *The Weight of Glory and Other Addresses* (HarperCollins, 1980), p. 140.

PART 2

Chapter 8

1. http://www.homestead.com/philofreligion/files/Theisticarguments.html에 실린 Alvin Plantinga의 강의노트, "Two Dozen (or so) Theistic Arguments"를 비롯해 여러 인터넷 게시물에서 이에 관한 조사결과를 볼 수 있다. Murray, *Reason for the Hope Within*에 정리된 William C. Davis, "Theistic Arguments"도 참조하라.

2. Stephen Hawking and Robert Penrose, *The Nature of Time and Space* (Princeton University Press, 1996), p. 20.

3. http://www.salon.com/books/int/2006/08/07/collins/index2.html, Salon.com과의 인터뷰, 2007년 3월 9일 최종접속.

4. http://www.truthdig.com/report/page2/20060815_sam_harris_language_ignorance/에서 볼 수 있다. 2007년 3월 9일 최종접속.

5. 이런 주장을 요약한 내용이 필요하면 Robin Collins, "A Scientific Argument for the Existence of God : The Fine-Tuning Design Argument," *Reason for the Hope Within*, Michael J. Murray, ed. (Eerdmans, 1999)를 보라.

6. http://www.salon.com/books/int/2006/08/07/collins/index2.html, Salon.com과의 인터뷰, 2007년 3월 9일 최종접속.

7. Francis Collins, *The Language of God : A Scientist Presents Evidence for Belief* (Free Press, 2006), p. 75에 인용.

8. Richard Dawkins, *The God Delusion* (Houghton Mifflin, 2006), p. 10를 보라.

9. Alvin Plantinga, "Dennett's Dangerous Idea," in *Books and Culture* (May-June 1996) : 35에서.

10. Collins, "A Scientific Argument," p. 77에 언급.

11. See "Science Gets Strange" in C. John Sommerville, *The Decline of the Secular University* (Oxford University Press, 2006)를 보라. Diogenes Allen, *Christian Belief in a Post-Modern World* (John Knox, 1989)도 참조하라.

12. Arthur Danto, "Pas de Deux, en Masse : Shirin Neshat's *Rapture*," *The Nation*, June 28, 1999.

13. Leonard Bernstein's "The Joy of Music" (Simon and Schuster, 2004), p. 105에서.

14. Robin Marantz Henig가 "Why Do We Believe?" in *The New York Times Magazine*, March 4, 2007, p. 58에서 인용.

15. 이런 주장에 대한 전형적인 언급은 C. S. Lewis, *Mere Christianity* (Macmillan)의 'Hope' 장에서 볼 수 있다.

16. N. T. Wright는 아름다움에 대한 크리스천의 시각은 플라톤주의의 관점과는 다르다고 지적한다. 플라톤과 그리스 철학자들은 지상에서 체험하는 모든 아름다움은 이 물질적이고 그늘

진 세계에서 궁극적인 실재가 지배하는 영원한 영적 세계로 인도한다고 믿었다. 그러나 성경에서 꿈꾸는 구원은 새 하늘과 새 땅을 가리킨다. 우리가 품고 있는 성취되지 않은 갈망은 영적이고 영원한 세계만이 아니라 이 땅, 바로잡아 완전하게 된 이 세상까지 아우른다(Wright, *Simply Christian*, pp. 44-45을 보라). 이는 아주 중요한 포인트다. *Mere Christianity*에 등장하는 C. S. Lewis의 "argument from desire"는 플라톤 모델의 한 구석을 대단히 가깝게 따르기 때문이다.

17. Leon Wieseltier, "The God Genome," *New York Times Book Review*, February 19, 2006에 인용.

18. T*he New York Times Magazine*, March 4, 2007.

19. Henig, "Why Do We Believe?" p. 43.

20. Ibid., p. 58.

21. Dawkins, *The God Delusions*, p. 367ff, "인간의 두뇌 자체가 진화된 ⋯ 생존을 돕도록 진화된 기관이다."

22 Henig, p. 7.

23. Robert Trivers는 Richard Dawkins의 *The Selfish Gene*에 붙이는 글에서 속임수가 동물의 삶에 중요한 역할을 한다는 지은이의 주장에 주목하면서 "속임수가 동물 간 의사소통의 기본요소라면, 속임수를 찾아내는 게 강력한 선택요인이었을 테고 이는 자연스럽게 어떤 사실이나 동기들을 무의식에 제공해 노출되지 않게 하면서(자기인식의 은밀한 신호를 통해) 일정 수준의 자기기만을 선택하는 쪽으로 흐를 수밖에 없었을 것이다. 그러므로 자연도태란 세상에 대해 한결 정확한 이미지를 생산하는 신경계를 선택하는 것이란 전통적인 관념은 정신진화를 바라보는 대단히 순진한 시각임에 틀림없다." Robert Wright, *The Moral Animal* (Pantheon, 1994), pp. 263-64에서 인용. 인지심리학자 Justin Barrett은 이렇게 적었다. "개중에는 인간의 두뇌와 신체기능은 자연선택에 따라 설계되어왔으므로 진실을 말하고 있음을 확신할 수 있다고 가정하는 인지과학자들이 있지만, 이는 인식론적으로 미심쩍기 짝이 없는 추정이다. 성공적으로 생존하고 복제를 거듭해왔다는 사실만 가지고 인간정신이 전반적으로 무언가에 관한(특히 복잡미묘한 사고에 대해서는) 진실을 들려준다고 볼 이유가 전혀 없기 때문이다. 인간정신과 관련해 안전하게 받아들일 수 있는 완전히 자연주의적인 시각은 '우리의 정신은 지난날 생존하는 데 유리했었던 것'이라는 입장이다. Justin L. Barrett, *Why Would Anyone Believe in God?* (AltaMira Press, 2004), p. 19.

24. Patricia S. Churchland, "Epistemology in the Age of Neuroscience," *Journal of Philosophy* (October 1987), p. 548. Plantinga, *Warrant and Proper Function* (Oxford University Press, 2000), p. 218에 인용.

25. Nagel, *The Last Word*, pp. 134-35.

26. Alvin Plantinga, "Is Naturalism Irrational?" in *Warrant and Proper Function* (Oxford University Press, 2000), p. 219에 인용.

27. 이 주장의 전문은 A. Plantinga, Chapters 11 and 12 in *Warrant and Proper Function* (Oxford University Press, 2000)에서 볼 수 있다.

28. Richard Dawkins가 쓴 *The God Confusion*에 대해 Alvin Plantinga가 *Books and Culture*(March/April 2007) : 24에 실은 리뷰에서.

29. "The God Genome"에 대한 Wieseltier의 리뷰에서. *New York Times*, February 19, 2006에 게재되었다.

30. C. S. Lewis, "On Living in an Atomic Age," in *Present Concerns* (Collins, 1986), p. 76.

Chapter 9

1. Michael J. Perry, *Toward a Theory of Human Rights: Religion, Law, Courts* (Cambridge University Press, 2007), p. 28에 인용.

2. Christian Smith, *Moral Believing Animals: Human Personhood and Culture* (Oxford University Press, 2003), p. 8.

3. 윤리적 의무감을 자연선택의 결과로 설명하려 시도하는 작품으로는 Edward O. Wilson, *On Human Nature* (Harvard University Press, 1978)와 *Atlantic Monthly*, April 1998에 게재된 "The Biological Basis for Morality", Richard Dawkins, *The Selfish Gene* (Oxford University Press, 1976), Robert Wright, *The Moral Animal: Evolutionary Psychology and Everyday Life* (Pantheon, 1994) 등이 있다. 이런 접근 방식을 대단히 통렬하게 비판하는 글이 필요하면 Philip Kitcher, *Vaulting Ambition: Sociobiology and the Quest for Human Nature* (MIT Press, 1985), Hilary Rose and Steven Rose, *Alas, Poor Darwin: Arguments Against Evolutionary Psychology* (Harmony, 2000), John Dupre, *Human Nature and the Limits of Science* (Oxford University Press, 2001) 등을 참조하라.

4. Francis Collins, *The Language of God*, p. 28. 지은이는 더러 입에 오르는 일개미의 사례를 검증한다. 일개미는 알을 낳지 못하지만 여왕개미가 더 많은 동기들을 생산할 수 있는 환경을 조성하기 위해 헌신적으로 일한다. "그러나 알을 낳지 못하는 일개미의 동기를 유발하는 유전자들과 어미가 그 일개미들의 도움으로 태어난 동기들에게 전달하는 유전자는 정확하게 동일하다는 사실로 미루어 '개미의 이타주의'는 진화론적인 맥락으로도 얼마든지 설명할 수 있다. 이처럼 통상적이지 않은 DNA의 직접 연결은 더 복잡한 개체군에는 적용되지 않는다. 선택은 집단적으로가 아니라 개별적으로 작동된다는 점에 대해서는 거의 모든 진화론자들이 의견을 같이 한다." George Williams, *Adaptation and Natural Selection*, reprint ed., (Princeton University Press, 1996)도 참조하라. 지은이는 집단선택은 일어나지 않는다고 주장한다.

5. "만일 (우리가 생각하듯) 자연계가 … 우주의 전부라면 … 아무 생각도 할 수 없을 것입니다. 그게 참이기 때문에, 그러니까 오로지 눈먼 자연이 억지로 그 생각을 하게 하기 때문입니다. 그게 옳으므로 어떤 행동도 할 수 없습니다. 자연이 우리를 그렇게 하도록 몰아가기 때문입니다. … (하지만) 사실, 이는 … 믿을 수 없는 결론입니다. 우선, 인간은 오직 그 정신을 신뢰할 때에만 자연을 알게 됩니다. … 그렇다면 과학은 원자의 우발적인 배열에 지나지 않는데 그렇게 믿을 이유가 전혀 없습니다. … 그건 그저 두개골 속의 원자들이 특정한, 그러니까 정말 비이성적이고, 비인간적이며, 비윤리적인 요인들이 빚어내는 어떤 상태가 될 때 우리 인간과 동종의 유인원들이 갖는 사고방식입니다. 이런 수렁에 빠지지 않는 길은 단 하나뿐입니다. 훨씬 수월한 관점으로 돌아가야 합니다. 우리가 지금 자유로운 영혼들, 자유롭고 이성적인 존재들로 비이성적인 우주에 살고 있다는 사실을 받아들여야 하며, 아울러 스스로 거기서 비롯된 생물체가 아니라는 결론을 내려야 합니다"(C. S. Lewis, "On Living in an Atomic Age" in *Present Concerns*).

6. Carolyn Fleuhr-Lobban이 *The Chronicle of Higher Education*, June 9, 1995에 기고한 "Cultural Relativism and Universal Human Rights"에서. George M. Marsden도 *The Outrageous Idea of Christian Scholarship* (Oxford University Press, 1997), p. 86에서 이 기사를 인용하고 활용하여 비슷한 논리를 펼친다.

7. Michael J. Perry, *Toward a Theory of Human Rights: Religion, Law, Courts* (Cambridge University Press, 2007), p. 3에 인용.

8. Ibid., p. 6.

9. Chapter 1 of Alan M. Dershowitz, *Shouting Fire: Civil Liberties in a Turbulent Age* (Little, Brown, 2002).

10. Ibid., p. 15.

11. Perry, p. 20에 인용.

12. Perry, p. 21.

13. Sartre의 유명한 에세이 "Existentialism Is a Humanism"을 보라. "신은 없다. 그리고 … 신의 부재에 따른 결론을 반드시 끝까지 끌어내야 한다. … 어떤 형태든 더 이상 연역적인 선은 존재하지 않는다. 그걸 생각할 만한 무한하고 완벽한 정신은 아무데도 없기 때문이다. '선'이 존재하며, 정직해서 거짓말하지 않는다는 흔적은 어디에도 남아 있지 않다. 우리는 오로지 인간뿐인 지상에 사는 까닭이다. 언젠가 도스토예프스키는 이렇게 적었다. '만일 하나님이 없다면 무엇이든 다 가능하다. … 하나님이 존재하지 않는다면 말 그대로 뭐든 다 허용될 테고 인간은 황폐해질 것이다. 안팎 어디에도 기댈 만한 존재가 없기 때문이다.'" 이 에세이는 *Existentialism from Dostoyevsky to Sartre*, ed. Walter Kaufman (Meridian, 1989)에서 볼 수 있다. http:// www. marxists. org/reference/archive/sartre/works/exist/sartre. htm에도 실려 있다(March 17, 2007 현재).

14. Perry, *Toward a Theory of Human Rights*, p. xi.

15. Ibid., p. 23. 이 주제와 관련해 최근에 발간된 또 다른 책으로는 E. Bucar and B. Barnett, eds., *Does Human Rights Need God?* (Eerdmans, 2005)이 있다.

16. Arthur Allen Leff, "Unspeakable Ethics, Unnatural Law," *Duke Law Journal* (December 1979).

17. F. Nietzsche, *Thus Spoke Zarathustra*, part IV, "On the Higher Man," section I 말미 어간.

18. Raimond Gaita, *A Common Humanity: Thinking About Love and Truth and Justice.* (Michael J. Perry, *Toward a Theory of Human Rights*, pp. 7 and 17-18에 인용됨).

19. "Fecundity," Annie Dillard, *Pilgrim at Tinker Creek* (HarperCollins, 1974), Chapter 10에서.

20. Peter C. Moore, *One Lord, One Faith* (Thomas Nelson, 1994), p. 128에 인용됨.

21. C. S. Lewis, "On Living in an Atomic Age" (1948), *Present Concerns*, pp. 73-80으로 재간.

Chapter 10

1. Barbara B. Taylor, *Speaking of Sin: The Lost Language of Salvation* (Cowley, 2000), pp. 57-67.

2. Andrew Delbanco, *The Real American Dream: A Meditation on Hope* (Harvard University Press, 2000), p. 25

3. Soren Kierkegaard, *The Sickness Unto Death : A Christian Psychological Exposition for Edification and Awakening* (Penguin, 1989), pp. 111, 113.

4. Ernest Becker, *The Denial of Death* (Free Press, 1973), pp. 3, 7.

5. Ibid., p. 160.

6. Ibid., p. 109.

7. Ibid., p. 166. Becker는 신앙을 홍보하려는 게 아니다. 이점을 기억하는 게 중요하다. Becker는 무신론자이므로 그런 뜻을 품었을 여지는 전혀 없다.

8. Kierkegaard의 정의를 사용하면 '하나님의 대체품'들을 다양한 범주로 나누고 그 하나하나가 삶에 가져오는 특정한 고장과 손상을 분류해 볼 수 있다. 다음과 같은 갈래들을 분간할 수 있을 것이다.

- 배우자나 연인을 삶과 정체성의 중심으로 삼으면, 정서적으로 의존적이 되고 질투하며 통제하려 들게 된다. 상대방의 문제들이 이편을 짓누르게 될 것이다.

- 가족과 자녀들을 삶과 정체성의 중심으로 삼으면, 아이들을 통해 자신의 삶을 살려들게 된다. 결국 부모를 원망하거나 스스로의 자아가 정립하지 못한 자식을 두게 될 것이다. 최악의 경우, 아이들이 잘 따라오지 못하면 학대를 저지를 수도 있다.

- 일과 직장생활을 삶과 정체성의 중심으로 삼으면, 일중독에 빠지며 진부하고 깊이 없는 인간이 될 공산이 크다. 최악의 경우에는 가족과 친구들을 다 잃어버리고 일이 형편없이 돌아갈 때마다 우울이 깊어진다.

- 돈과 재산을 삶과 정체성의 중심으로 삼으면, 재물에 대한 걱정과 시샘에 사로잡힌다. 라이프 스타일을 유지하기 위해 비윤리적인 짓도 서슴지 않고 저지르게 될 테고 결국 삶에 치명적인 타격을 입게 될 것이다.

- 쾌락과 희열, 위안 따위를 삶과 정체성의 중심으로 삼으면, 차츰 무언가에 중독되게 마련이다. 인생의 고단함을 피해 '이탈 전략들'에 얽매이게 될 것이다.

- 관계와 인정을 따위를 삶과 정체성의 중심으로 삼으면, 비판을 받을 때마다 쉴 새 없이 필요 이상의 상처를 받게 되고 친구도 늘 잃어버리게 될 것이다. 누군가와 맞서기를 두려워하는 까닭에 쓸모없이 친구가 되기 십상이다.

- '고상한 명분'을 삶과 정체성의 중심으로 삼으면, 세상을 '선'과 '악'으로 나누고 반대편에 속한 이들을 악마 취급하게 된다. 아이러니컬하게도 적들에게 휘둘리는 삶을 살기 일쑤다. 그들이 없으면 삶의 목적도 사라지기 때문이다.

- 신앙과 도덕을 삶과 정체성의 중심으로 삼으면, 스스로 세운 윤리기준대로 산다 싶을 때마다 오만하고 독선적이며 잔인해진다. 그 잣대에 미달할 때는 죄책감이 삶을 극도로

황폐화시킨다.

9. Thomas C. Oden, *Two Worlds : Notes on the Death of Modernity in America and Russia* (IVP, 1992), Chapter 6.

10. 누군가를 용서한다 한다는 게 그편이 저지른 일에 책임을 묻지 않는다는 뜻은 아님을 기억하는 게 중요하다. 이는 양단간에 선택할 문제가 아니다. 두 쪽을 모두 해야 한다. 그 여성에게 용서를 권면했다는 게 곧 남편과 직면하지 말고 무슨 짓을 하든지 계속 용납하기만 하라고 조언했다는 의미는 아니다. 이는 11장에서 더 자세히 다룰 것이다.

11. Darcey Steinke, *Easter Everywhere : A Memoir* (Bloomsbury, 2007), p. 114.

12. Cynthia Heimel, "Tongue in Chic" *The Village Voice*, January 2, 1990, pp. 38-40에 게재한 칼럼.

13. Dorothy L. Sayers, *Creed or Chaos?* (Harcourt and Brace, 1949), pp. 38-39.

14. 이 대단한 논문의 비할 바 없이 근사한 판본이 Paul Ramsay, *The Works of Jonathan Edwards : Ethical Writings, vol. 8* (Yale University Press, 1989)로 출판되었다. Ramsay가 붙인 주석들이 대단히 중요하다.

15. Debra Rienstra, *So Much More : An Invitation to Christian Spirituality* (Jossey- Bass, 2005), p. 41.

Chapter 11

1. 넓은 의미에서 종교란 세상에서 특정한 부류의 삶을 추구하도록 이끌어가는 궁극적인 가치를 둘러싼 신념체계를 가리킨다. 세속주의를 기독교와 마찬가지로 신앙으로 보는 게 공평한 까닭이 여기에 있다. 그러나 사실상 종교란 종교는 모두 행위를 통한 자기구원을 이루길 요구한다. 다양한 의식을 행하고, 규칙을 따르며, 이런저런 일을 해서 차츰 가치 있는 인간이 되라고 가르친다. 이것이 종교라는 말을 들을 때 대다수 사람들이 떠올리는 개념이다. 그런 점에서 신약성경에 나타난 기독교 신앙은 그야말로 완전히 다르다. 이것이 바로 11장의 목적을 감안해 기독교를 '종교'와 구별하는 중요한 이유다.

2. Flannery O'Connor, *Wise Blood: Three by Flannery O'Connor*(Signet, 1962), p. 16.

3. Richard Lovelace, *The Dynamics of Spiritual Life* (IVP, 1979), pp. 212ff.

4. 어떻게 배제를 통해 자아가 형성되는지에 관해서는 Miroslav Volf, *Exclusion and Embrace* (Abingdon, 1996)를 보라.

5. Victor Hugo, *Les Miserables*, Book One, Chapter 13, "Little Gervais."

Chapter 12

1. C. S. Lewis, *Letters to Malcolm: Chiefly on Prayer* (Harcourt Brace, and World, 1964), p. 106.

2. 용서와 관련해, Bonhoeffer의 사례를 좀 더 깊이 살펴보고 싶다면, Chapter 1, "The Cost of Forgiveness : Dietrich Bonhoeffer and the Reclamation of a Christian Vision and Practice," in L. Gregory Jones, *Embodying Forgiveness : A Theological Analysis* (Eerdmans, 1995)를 보라.

3. Dietrich Bonhoeffer, *The Cost of Discipleship* (Macmillan, 1967), p. 100.

4. Eberhard Bethge, Dietrich Bonhoeffer, eds. *Letters and Papers from Prison*, 요약본. (London: SCM Press, 1953), p. 144.

5. 십자가는 '거룩한 아동학대'라는 고발은 하늘 아버지만 참 신이고 예수님은 그저 피살당한 전혀 다른 형태의 신적인 존재로 가정하는 데서 비롯된 듯하다. 기독교의 삼위일체교리를 제대로 파악하지 못한 시각이다. 크리스천은 비록 성부와 성자의 위격은 서로 다르지만 양쪽 모두 같은 존재로 동일한 속성을 가지므로 예수님이 용서의 대가를 치르실 때 아버지도 그러셨다고 믿는다. 삼위일체에 관해서는 13장에서 더 자세히 살피기로 하자.

6. 적절한 예화가 있다. 나란히 강가를 걷고 있는데, 친구가 갑자기 "너를 얼마나 사랑하는지 보여 주겠어!"란 한 마디를 남기곤 곧장 강물로 뛰어들어 익사했다 치자. 그럼, "와, 날 이렇게 사랑하다니!"라며 감격하겠는가? 아니다. 천만의 말씀이다. 도리어 친구의 정신상태가 정상인지 의심할 것이다. 하지만 나란히 걷다가 사고로 강물에 빠졌는데, 수영을 못해 허우적거리는 걸 보고 친구가 물에 뛰어들어 안전하게 끌어내주고 자신은 물살에 휩쓸려 가라앉고 말았다면 어떻게 되겠는가? 백이면 백, "아, 날 정말 사랑했구나!"라는 반응을 보일 것이다. 단순한 예로만 보자면 예수님의 경우는 나쁜 사례에 해당한다. 우리를 건져내야 할 만한 위험 요인이(죽음으로 값을 치러야 할 필요가) 전혀 없었다면, 희생적인 사랑을 보여 준 예수님의 본보기는 감동적이지도 않고 삶을 변화시킬 수도 없다. 그건 미친 짓이다. 마땅히 죽어야 할 우리 대신이 아니라면, 희생적 사랑의 감동적인 본보기로 돌아가셨다고 볼 수 없다.

7. David Van Biema, "Why Did Jesus Have to Die?" *Time*, April 12, 2004, p. 59에 인용.

8. John Stott, *The Cross of Christ* (Inter-Varsity Press, 1986), p. 160.

9. JoAnne Terrell의 사연은 Van Biema, "Why Did Jesus Have to Die?," p. 61에 소개되어 있다. John Stott의 인용문도 같은 쪽에 실렸다.

10. N. T. Wright, *Simply Christian* (Harper, 2006), p. 110.

11. 마태복음 27장 45-46절.

12. "복음서들은 뭇 이야기들의 정수를 다 아우르는 광범위한 부류의 내러티브를 담고 있다. 하지만 이 이야기는 역사와 주요한 세계에 두루 들어갔다. … 이 이야기는 최고다. 그리고 사실이다." J. R. R. Tolkien, "On Fairy Stories," in *The Tolkien Reader* (Del Rey, 1986).

Chapter 13

1. Bauckham, *Eyewitnesses*, p. 273.

2. N. T. Wright, *The Resurrection of the Son of God* (Fortress, 2003), p. 608.

3. Ibid., pp. 686, 688.

4. 신들이 '죽었다가 살아난다'는 건 근동 고대종교들에서 두루 나타나는 개념이라고 주장하는 이들이 적지 않다. 그렇다. 분명히 그런 신화들이 존재한다. 하지만 설령 예수님의 유대인 제자들이 그러한 이교의 전설들을 알고 있었다 할지라도(가능성이 높지 않는 일이지만) 이방종교를 믿는 이들 가운데 누구도 개인적인 차원에서 부활이 일어난다고 믿지 않았다. N. T. Wright, *Simply Christian*, p. 113과 *Resurrection of the Son of God*에 실린 죽었다 소생한 신들의 신화에 대한 확대연구를 보라.

5. Wright., *The Resurrection of the Son of God* (Fortress, 2003), pp. 200-206.

6. Wright, *Who Was Jesus?* (Eerdmans, 1993), p. 63.

7. Wright, *The Resurrection of the Son of God* (Fortress, 2003), pp. 578-83.

8. Ibid., p. 552.

9. Ibid., p. 707 and n. 63.

10. N. T. Wright, *For All God's Worth : True Worship and the Calling of the Church* (Eerdmans, 1997), pp. 65-66.

Chapter 14

1. Hilary of Poitiers는 *Concerning the Trinity* (3:1)에서 삼위일체의 세 위격은 각각 "서로 다른 위격들을 함유하므로 나머지 두 위격을 영원히 품으며 매한가지로 상대를 품은 다른 위격들 품에 안겨 있다"고 말한다. Robert Letham on Tom Torrance : *The Holy Trinity : In Scripture, History, Theology, and Worship* (Presbyterian and Reformed, 2004), pp. 265, 373도 살펴보라. "삼위일체 교리'는 상호내주뿐만 아니라 상호운동을 포함한다. 영원히 멈추지 않는 사랑의 운동, 또는 성령이 그 안에 머무는 사랑의 교제다."

2. Cornelius Plantinga, *Engaging God's World: A Christian Vision of Faith, Learning, and Living* (Eerdmans, 2002).

3. C. S. Lewis, "The Good Infection," in *Mere Christianity*.

4. 삼위일체 사상에 대해서는 대단히 심오한 해석들이 숱하게 존재한다. 장구한 세월에 걸쳐 수많은 사상가들이 그 의미를 파헤쳐왔다. 플라톤과 아리스토텔레스 사상에서 모더니즘과 포스트모더니즘에 이르기까지 '하나이자 여럿'이란 개념을 둘러싼 해묵은 문제는 시대를 초월해 철학자들을 몹시 괴롭혔다. 개체성보다 통일성이 더 중요한가? 아니면 반대인가? 문화마다 절대주의와 상대주의, 개인주의와 집단주의 가운데 어느 한 쪽을 선택해야 하는 난관에 부닥쳤다. 하지만 하나님이 삼위일체라면 통일성도 다양성만큼 중요하지 않을까? 그렇다면 삼위일체를 다루는 철학사상 절대주의와 상대주의 사이에 스펙트럼에 끼어들어갈 수 없고, 그 사회사

상 역시 집단주의와 전체주의 스펙트럼에 들어맞지 않는다. 개인이든 가족/부족이든 궁극적인 사회단위가 되어선 안 된다. 율법주의든 상대주의든 윤리철학의 특성이 되어선 안 된다. 삼위일체사상이 제시하는 바를 철저하게 파고들려면 Colin Gunton의 글들, 특히 *The One, the Three, and the Many*(Bampton Lectures) (Cambridge University Press, 1993, *The Triune Creator: A Historical and Systematic Study* (Eerdmans, 1998), *The Promise of Trinitarian Theology* (T.&T. Clark, 2004) 등을 보라.

5. 1994년, Michael Fay에게 내려진 태형선고에 반대하는 의견들에 대해 싱가포르 고문장관 Lee Kuan Yew가 했던 이야기를 생각해 보라. 서방 기자에게 그는 말했다. "우리 아시아에서, 개인은 개미에 지나지 않는다. 댁에게는 하나님의 자녀일 것이다. 이는 놀라운 개념이다." Daniel C. Dennett, *Darwin's Dangerous Idea: Evolution and the Meaning of Life* (1995), p. 474에 인용.

6. G. K. Chesterton, *Orthodoxy* (Dodd, Mead, 1959), p. 245. Rienstra, *So Much More*, p. 37에 인용.

7. "그렇다면 우리가 소유한 건 창조 이전부터 타자지향적인 하나님의 그림이다. ⋯ 하나님의 본성에는 늘 타자지향성이 존재해 왔다. ⋯ 하나님은 때가 무르익자 구속사역을 실행하셨다. 영원 전부터 마음에 품고 계셨던 일을 정확한 시점에 도달하는 순간, 역사의 시공간 속에 폭발시키신 것이다." D. A. Carson, *The Difficult Doctrine of the Love of God* (IVP/UK, 2000), pp. 44-45.

8. George Marsden, *Jonathan Edwards: A Life* (Yale University Press, 2003), pp. 462-63.

9. Rienstra, *So Much More*, p. 38.

10. C. S. Lewis, *The Problem of Pain* (Macmillan, 1961), p. 140.

11. Vinoth Ramachandra, *The Scandal of Jesus* (IVP, 2001).

12 C. S. Lewis, *The Last Battle* (Collier, 1970), pp. 171, 184.

에필로그

1. "Letter to Mr. -." *Flannery O'Connor: Collected Works* (Library of America, 1988), p. 1148.

2. "The Fiction Writer and His Country." *Flannery O'Connor: Collected Works* (Library of America, 1988), pp. 804-805.

3. Dick Lucas의 마태복음 11장 설교 가운데서.

4. "Revelation" in *Three by Flannery O'Connor* (Penguin, 1983)에 인용.

5. Joseph Epstein, "The Green Eyed Monster: Envy Is Nothing to Be Jealous Of," *Washington Monthly*, July/August 2003.

THE
REASON
FOR
GOD